Encarnación Guerrero García
Núria Xicota Tort

UNIVERSO.ele

Spanisch für Studierende

A1

Kurs- und Arbeitsbuch
mit Audios online

Hueber Verlag

Fachliche Beratung

Christine Beckmann, Dozentin für Englisch und Spanisch an der THM
(Technische Hochschule Mittelhessen)
María del Pilar Seijas Chao, Lektorin an der Universität Augsburg
Dr. Cristina Pozo Vicente, Dozentin an der Fachhochschule Köln
und Dozententrainerin an der Universität Duisburg-Essen
Javier Alcántara, Lehrbeauftragter an der Hochschule für angewandte
Wissenschaften, München

Konzeption: Encarnación Guerrero García in Zusammenarbeit mit der Hueber-Redaktion

Ein **MP3-Download** der Sprachaufnahmen ist unter www.hueber.de/universo erhältlich.
Inhalt der MP3-Dateien: © Hueber Verlag GmbH & Co. KG, München, Deutschland

Sprecher: Lucy Alvarino Pacheco, Cecilia Bolaños, Hugo de las Heras Gala,
Jürgen Frank, Ernesto Garzón Villada, Hans Hillreiner, Elisa Klüber, Julia Lauber,
Anne Maier, Raquel Muñoz, Juan Ignacio Rodríguez Sandoval, Giancarlo
Sánchez Aizcorbe, Stephanie Strohmeier

Produktion: Tonstudio Langer e. K, Neufahrn bei Freising

4. 3. 2. | Die letzten Ziffern
2023 22 21 20 19 | bezeichnen Zahl und Jahr des Druckes.
Alle Drucke dieser Auflage können, da unverändert,
nebeneinander benutzt werden.
1. Auflage

Redaktion: Raquel Muñoz, Anne Maier, Hueber Verlag, München
Ersetzt die ISBN 978-3-19-004333-0
Umschlaggestaltung: Sieveking · Agentur für Kommunikation, München
Zeichnungen: Mascha Greune, München
Layout und Satz: Sieveking · Agentur für Kommunikation, München
Druck und Bindung: Passavia Druckservice GmbH & Co. KG, Passau
Printed in Germany
ISBN 978-3-19-014333-7

Art. 530_22595_001_02

UNIVERSO.ELE » DAS LEHRWERK SPEZIELL FÜR STUDIERENDE!

Liebe Lernerin, lieber Lerner,

UNIVERSO.ELE ist konzipiert für alle, die Spanisch für ihr Studium benötigen, ein UNIcert®-Zertifikat erwerben wollen oder einfach in relativ kurzer Zeit die spanische Sprache erlernen möchten. Das Lehrwerk entspricht den Richtlinien des Gemeinsamen Europäischen Referenzrahmens (GER) sowie den Anforderungen von UNIcert®.

UNIVERSO.ELE A1 führt zum Niveau A1 des Gemeinsamen Europäischen Referenzrahmens und lässt sich flexibel an unterschiedliche Kurslängen anpassen. Der Band bietet Stoff für 40 bis 60 Unterrichtsstunden: Optionale Seiten in jeder Lektion ermöglichen die weitere Vertiefung zu Hause oder im Unterricht. Vielfältige Übungen im Arbeitsbuchteil und weitere Aktivitäten und Tests im Lehrwerkservice sowie auf der Moodle-Plattform dienen der Konsolidierung und Vertiefung.

Die Lektionen

Die Auftaktseite jeder Lektion bietet einen Überblick über die kommunikativen Ziele. Der Lektionstitel, Fotos und Aktivitäten ermöglichen einen ersten Zugang zum Thema.

Teile A, B und C

Die Lektionen sind jeweils in die Teile A, B und C gegliedert. Für jeden Teil sind Lernziele angegeben. Damit gewinnt der Lernprozess an Transparenz. Verschiedene relevante Textsorten sorgen für den notwendigen Input. Die dazugehörigen Aktivitäten dienen der Analyse und dem Verständnis des neuen Stoffes. Im Anschluss wird das Gelernte sofort angewendet.

Mi proyecto

Der Kernteil jeder Lektion wird mit einer Projektarbeit im Team und einer Schreibaufgabe zu interessanten Themen abgeschlossen.

Mi gramática und Mi léxico

Auf diesen Seiten werden nochmals grammatische und lexikalische Aspekte der Lektion aufgegriffen und genauer analysiert bzw. intensiver geübt. Diese Seiten können bei Bedarf auch selbstständig zu Hause bearbeitet werden. Auf der Seite *Mi léxico* werden außerdem Strategien zum Wortschatzlernen eingeführt.

Cultura

Anhand eines Textes wird ein zur Lektion passendes soziokulturelles Thema behandelt. Die Seite kann bei Bedarf ebenfalls zu Hause bearbeitet werden.

Arbeitsbuchteil

Die Arbeitsbuchseiten bieten weitere Aufgaben zur Anwendung und Vertiefung des Gelernten. Es werden sowohl grammatische als auch lexikalische Inhalte trainiert.

Der Anhang

Im Anhang befinden sich ausführliche Grammatikerläuterungen zu den Lektionen, die Transkriptionen zu den Hörtexten, die Lösungen zum Arbeitsbuch und der Wortschatz der Lektionen.

Wir wünschen Euch viel Spaß und Erfolg beim Spanischlernen!

Euer Universo.ele-Team

INHALT

	Kommunikation	Wortschatz
1 S.7 Mis primeras horas de español	» sich vorstellen » buchstabieren » Unterrichtssprache Spanisch » jemanden begrüßen und sich verabschieden	» bekannte Wörter auf Spanisch » die Zahlen von 0 bis 10 » das spanische Alphabet » Objekte im Klassenraum
2 S.15 Mis compañeros y yo	» sich vorstellen (Studiengang, Nationalität, Wohnort) » über Sprachkenntnisse sprechen » über Freizeitaktivitäten, Interessen und Hobbys sprechen » ein Anmeldeformular mit persönlichen Daten ausfüllen » begründen, warum man Spanisch lernt	» Studiengänge » Länder und Nationalitäten » Modaladverbien » Angaben zur Person » einige Freizeitaktivitäten » die Zahlen von 0 bis 19 » nützliche Fragen für den Unterricht
3 S.27 Mis amigos, mi familia	» das Aussehen und den Charakter einer Person beschreiben » über Verwandtschafsbeziehungen sprechen » nach dem Familienstand und Alter fragen und darüber Auskunft geben » Auskünfte über Beruf und Arbeitsort geben und erfragen	» einige Farben » Aussehen und Charakter » Familienstand und Verwandtschaftsbeziehungen » die Zahlen von 20 bis 100 » Berufsbezeichnungen
4 S.39 Mi vida de estudiante	» über Tagesablauf, Gewohnheiten und Freizeit sprechen » Handlungen zeitlich einordnen: *primero, luego, después (de), antes (de), por último* » die Uhrzeit angeben und erfragen » die Häufigkeit angeben » über Essgewohnheiten berichten » etwas in einer Bar bestellen	» die Tageszeiten » die Uhrzeit » der Tagesablauf: alltägliche Aktivitäten » die Wochentage » Häufigkeitsangaben: *siempre, casi siempre, ..., nunca* » Lebensmittel
5 S.51 ¿A qué país quieres viajar?	» Absichten äußern » Gefallen, Interessen und Vorlieben ausdrücken » Einverständnis und Ablehnung äußern » über ein Land, eine Stadt und ihre Sehenswürdigkeiten sprechen » die Lage von Ländern und Städten angeben » über Klima und Wetter sprechen	» Monate und Jahreszeiten » Klima und Wetter: *húmedo, seco, tropical* » Landschaften: *mar, laguna, montaña, bosque, ...* » Länderinfos: Hauptstadt, Bewohner, Lage, geopolitische Daten » die Zahlen von 100 bis 1.000.000
6 S.63 Mi ciudad, mi barrio	» Orte beschreiben und vergleichen » Auskunft darüber geben, was es in einer Stadt gibt » über den Standort sprechen » nach dem Weg fragen und ihn beschreiben » unbekannte Personen nach etwas fragen und sich für die Hilfe bedanken	» Faktoren der Lebensqualität » öffentliche Gebäude in der Stadt » Infrastruktur einer Stadt » die Ordinalzahlen von 1 bis 10 » Universitätsgebäude » Verkehrsmittel
7 S.75 De fin de semana	» nach Plänen und Absichten fragen » über vergangene Ereignisse berichten » Pläne und Wünsche ausdrücken » einen Vorschlag machen, akzeptieren oder ablehnen » sich verabreden	» Freizeitaktivitäten » Sehenswürdigkeiten und andere Orte, wo man seine Freizeit verbringen kann

Übungen zu den Lektionen 1–7	S. 88	Lösungen der Übungen	S. 169
Grammatik	S. 142	Wortschatz nach Lektionen	S. 175
Transkriptionen der Hörtexte	S. 163	Alphabetischer Wortschatz	S. 194

Grammatik	Textsorten	Soziokulturelle Inhalte
» *llamarse* und *ser* » Aussprache » Buchstaben und Laute » das unpersönliche *se* » der bestimmte Artikel » Singular- und Pluralformen der Substantive	» Straßenschilder	» Begrüßungs- und Abschiedsformeln
» regelmäßige Verben im Präsens » die Präpositionen *a/de* + Artikel » Nationalitätsadjektive » die Konnektoren *y/e, pero, porque* und *para* » die Präpositionen *a, por* und *en*	» Steckbriefe » ein Anmeldeformular	» Vornamen und Nachnamen
» die Verben *tener* und *estar* » die Adverbien *muy, bastante,* und *un poco* » die Anpassung des Adjektivs in Genus und Numerus » Possessiv- und Demonstrativbegleiter » *ser* + Beruf, *trabajar de/como* + Beruf » Genus bei Berufen » die unbestimmten Artikel *un/una* » Präpositionen: *de, en* » das Fragepronomen *cuánto*	» Blogeintrag » Infotext zu einer Fernsehserie » Zeitungstext: Beruf und Karriere	» die Fernsehserie (Telenovela) *Cuéntame* » der Stellenwert der Familie in Spanien im Vergleich mit anderen Werten
» reflexive Verben » Verben mit unregelmäßiger 1. P. Singular: *hacer, salir...* » Verben mit Vokalwechsel im Präsens: (e>i) *vestirse,* (o>ue) *almorzar,* (e>ie) *empezar* » Zeit- und Häufigkeitsangaben: *pronto, tarde, primero, después, luego, siempre, a veces, ...* » *antes de* und *después de* + Infinitiv » die Verneinung mit *nunca*	» Artikel aus einer Unizeitung » Terminkalender » Studie: Mittagessen in Spanien » Zeitungsinterview: Arbeitszeiten in Spanien	» Lebensrhythmen in spanischsprachigen Ländern » Arbeitszeiten in Spanien: historische und soziologische Erklärung
» das Verb *querer* (+ Inf.) » die Verben *encantar, gustar, interesar* und das indirekte Objekt » *A mí también, a mí tampoco, a mí sí, a mí no* » der Superlativ » Adverbien der Menge: *mucho, bastante, nada, ...* » der Gebrauch *estar* (Standort) und *hay/tener* (Existenz) » die Fragewörter *qué* und *cuál/cuáles* » die Indefinita *muchos/-as, pocos/-as, bastante/s* » die Verneinung mit *nada*	» Auszug aus einem Reiseführer über Ecuador » Werbetexte verschiedener Sprachschulen » Zeitschriftentext über die spanische Sprache	» Amtssprachen in der spanischsprachigen Welt und weitere Sprachen
» die Indefinita *demasiado, suficiente* + Substantiv » der Komparativ: *más/menos... que* » die Steigerung: *menor, mejor, peor* » die Konnektoren *sin embargo* und *por eso* » die Verben *seguir* und *poder* » der Kontrast *hay/está* » die Indefinita *alguno/-a/-os/-as, ningún/-a/-os/-as* » Ortsangaben » die Verben *venir* und *ir* » *tener que / hay que* + Infinitiv	» Umfrage zur Lebensqualität in einer Stadt » Informationstext über San Sebastián » Sachtext über den Kolonialstil in Südamerika	» Bauweise von Städten in Südamerika
» *Pretérito perfecto* der regelmäßigen und unregelmäßigen Verben » der Gebrauch des *Pretérito perfecto* mit *ya* und *todavía no* » das Verb *apetecer* » *ir a* + Infinitiv » *aunque* » Pronomen mit der Präposition *con* » direkte Objektpronomen	» Text aus einem Reiseführer » Auszug aus einem Freizeitführer » Artikel: Freizeitbeschäftigungen	» Freizeitbeschäftigungen in Spanien

23 Hörtext auf CD mit Tracknummer
Aktivität zu zweit
Aktivität in einer kleinen Gruppe
Reflexion über Sprachphänomene
Schreibübung auf den Mi proyecto- Seiten

el dibujo
la letra
el número
el póster
la palabra
ABC
123
¡Me encanta el español!
la profesora
la frase
el compañero
el libro
la compañera
la libreta
la conversación
el ejercicio
la tarjeta
el grupo
el texto

1

In dieser Lektion lernst du …
… dich auf Spanisch vorzustellen
… die Ausspracheregeln
… wichtige Fragen für den Unterricht
… andere zu begrüßen und dich zu verabschieden

Mis primeras horas de español

1 **a** Vier Personen stellen sich vor. Höre zu.

b Wie heißt die Lehrerin? Woher kommt sie? Wie heißen die drei Studierenden?

c Reihum: Sage deinen Namen und woher du kommst.

1A

Kommunikation sich vorstellen » Gewissheit und Ungewissheit ausdrücken **Grammatik** *llamarse* und *ser*
Wortschatz Zahlen von 0-10 » internationale Wörter » *Sí, no, no sé*

1 ¿Cómo te llamas?

a Höre die zwei Dialoge und markiere dann in verschiedenen Farben, wie man nach dem Namen fragt, wie man sich vorstellt und wie man auf die Vorstellung reagiert.

2-3

1. ■ ¡Hola! Me llamo Gema. Y tú, ¿cómo te llamas?
   ● Yo me llamo Guillermo.
   ■ Hola, Guillermo, ¿qué tal?
   ● Hola. Encantado.

2. ■ ¡Hola, buenos días! Soy Joaquín Díaz. Y usted, ¿cómo se llama?
   ● Carmen. Carmen Jiménez.
   ■ Hola. ¡Mucho gusto!
   ● ¡Encantada!

b Ordne die markierten Sätze aus **1a** in die Tabelle ein. Vergleiche dann beide Dialoge. Welche Situation ist formell, welche nicht? Woran erkennst du das?

wie man nach dem Namen fragt	wie man sich vorstellt	wie man auf die Vorstellung reagiert
....	....	....
....	....	....
....	....	....
....	....	....

c Ergänze die Verbformen.

	llamarse	**ser**
yo	**me** ...llamo...	...soy...
tú	**te** ...llamas...	**eres**
él / ella, usted	**se** ...llama...	**es**
nosotros/-as	**nos** llam**amos**	**somos**
vosotros/-as	**os** llam**áis**	**sois**
ellos / ellas, ustedes	**se** llam**an**	**son**

duzen / siezen

¿Cómo **te** llam**as**?
Me llamo..., ¿y **tú**?

¿Cómo **se** llam**a** **usted**?
Me llamo..., ¿y **usted**?

d Frage drei andere Kursmitglieder, wie sie heißen und stelle auch dich vor.

■ *Hola, me llamo Martin, ¿y tú?*
● *Luisa.*
■ *Encantado.*
● *Mucho gusto.*

2 Palabras en español

a Sieh dir die Bilder an. Welche Wörter kennst du schon?

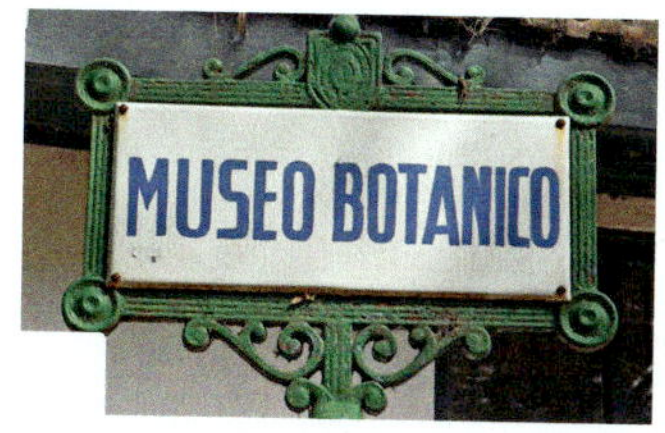

4 **b** In welcher Reihenfolge hörst du die Wörter? Nummeriere und vergleiche die Ergebnisse mit deinem Partner / deiner Partnerin.

- *La foto número 1 es Mercado de Triana.*
- *Sí, y la 2 es...*

c Was bedeuten die Wörter?

- *La palabra mercado es... "Markt", ¿verdad?*
- *Creo que sí. ¿Y la palabra calle?*
- *Creo que es "Straße". / No sé.*

d Welche weiteren spanischen Ausdrücke und Wörter kennt ihr? Sammelt in der Gruppe und stellt anschließend euer Ergebnis im Kurs vor.

- ...
- ...
- ...

Zahlen von 0 bis 10

0	cero
1	uno
2	dos
3	tres
4	cuatro
5	cinco
6	seis
7	siete
8	ocho
9	nueve
10	diez

Gewissheit und Ungewissheit

(Creo que) sí.	→	👍
(Creo que) no.	→	👎
No sé.	→	¿ ?

Kommunikation buchstabieren » nach der Übersetzung und Schreibweise eines Wortes fragen Grammatik Ausspracheregeln » unpersönliche Konstruktionen mit *se* Wortschatz Gegenstände im Klassenraum

3 ¿Cómo se pronuncia?

5 **a** Wie spricht man diese Wörter aus? Höre. Ergänzt dann zu zweit die Ausspracheregeln.

B/V

BARCELONA CU**B**A
BOLIVIA **V**IENA

..... und ..... werden gleich ausgesprochen.

Ch

CHILE

..... wird wie das deutsche **tsch** in .... gesprochen.

C/Qu

CANADÁ **C**OSTA RICA
QUITO **QU**EBEC

..... vor **a**, **o**, **u** und **qu** werden wie **k** ausgesprochen. Nach **q** wird das **u** nicht ausgesprochen.

G/Gu

GALICIA TARRA**G**ONA
GUATEMALA SAN
MI**GU**EL DE TUCUMÁN
GUIPÚZCOA

..... vor **a**, **o** und **u** wird wie das deutsche **g** ausgesprochen. **Gue** und **gui** werden wie das deutsche **ge** und **gi** ausgesprochen.

C/Z

CÁCERES FRAN**C**IA
SUI**Z**A **Z**ÚRICH LA PA**Z**

C vor ..... und ..... und **z** vor ....., **o** und ..... oder am Ende des Wortes werden in weiten Teilen Spaniens wie das englische **th** ausgesprochen. In Teilen Südspaniens, auf den Kanarischen Inseln und in Lateinamerika werden **c** und **z** wie ein **s** gesprochen.

H

HONDURAS **H**UESCA

..... wird nicht mitgesprochen.

G/J

GERONA **G**IJÓN
JAPÓN **J**EREZ
TRU**J**ILLO SAN **J**OSÉ
CIUDAD **J**UÁREZ

g vor **e** und **i** und **j** werden wie das deutsche ..... in Kuchen ausgesprochen.

Ñ

ESPA**Ñ**A
VI**Ñ**A DEL MAR

Ñ wird ähnlich gesprochen wie ..... in „Champignon".

R/rr/-r-

ROMA MA**RR**UECOS
PE**R**Ú U**R**UGUAY

Am Wortanfang und als ..... wird das **r** immer stark gerollt. Ein einzelnes **r** wird weniger stark gerollt.

Y/LL

GUA**Y**AQUIL **Y**UCATÁN
SEVI**LL**A MEDE**LL**ÍN
URUGUA**Y** PARAGUA**Y**

..... am Wort- und Silbenanfang und **ll** werden wie das deutsche **j** ausgesprochen. Das **y** am Ende des Wortes wird wie ein ..... ausgesprochen.

6 **b** Welches der beiden Wörter wird jeweils genannt? Markiere es.

1. Fernández Hernández
2. cenicero zapatero
3. chico Quito
4. perro pero
5. Javier Gabriel
6. arriba arepa

4 El alfabeto

buchstabieren
ch = ce hache
ll = doble ele
rr = doble erre
ü = u con diéresis
ó = o con acento
M = m mayúscula
m = m minúscula

7 **a** Höre zu. Welche Buchstaben gibt es in deiner Muttersprache nicht?

A (a) B (be) C (ce) D (de) E (e) F (efe) G (ge) H (hache) I (i) J (jota)
K (ka) L (ele) M (eme) N (ene) Ñ (eñe) O (o) P (pe) QU (cu) R (erre)
S (ese) T (te) U (u) V (uve) W (uve doble) X (equis) Y (ye, i griega) Z (zeta)

b Suche dir auf den Landkarten auf den inneren Umschlagseiten sechs Städte- oder Ländernamen aus. Buchstabiere sie den anderen. Wer errät das Wort am schnellsten?

■ *Ge-erre-a-ene-a...* ● *Granada.*

5 ¿Cómo se escribe?

Unpersönlichkeit mit *se*
¿Cómo **se** dice...?
¿Cómo **se** escribe...?
Das unpersönliche man wird im Spanischen mit **se** + 3. Person ausgedrückt.

8 **a** Höre und lies dabei den Dialog. Markiere die Objekte, von denen gesprochen wird.

- ● ¿Cómo se dice “Buch” en español?
- ■ Se dice libro.
- ● ¿Se escribe con be o con uve?
- ■ Con be. Se escribe así: ele-i-be-erre-o.
- ● ¿Y bolígrafo? ¿Cómo se dice en alemán?
- ■ “Kugelschreiber”.
- ● Gracias.
- ■ ¿Y qué significa “pizarra”?
- ● “Tafel”, creo.

b Lies den Dialog noch einmal. Wie fragt man...

... nach der Übersetzung eines deutschen Wortes? ¿Cómo se dice?
... nach der Schreibweise eines spanischen Wortes? ¿Cómo se escribe?
... nach der Bedeutung eines spanischen Wortes? ¿Qué significa?

c Zu zweit. Wie sagt und schreibt man das auf Spanisch? Jede/r bittet um die Information, die auf der eigenen Übersicht fehlt (Teil B findet ihr auf S. 87).

■ *¿Cómo se dice “Mäppchen” en español?* ● *Se dice ...*
■ *¿Y cómo se escribe?* ● *...*

Kommunikation im Unterricht Fragen stellen » sich über Vorkenntnisse über die spanischsprachige Welt unterhalten » Begrüßung und Verabschiedung **Grammatik** der bestimmte Artikel » Genus der Substantive **Wortschatz** im Unterricht » weitere internationale Wörter

6 Más despacio, por favor.

a Lies die Sätze. Wer sagt was? Markiere mit „1" für Dozent / Dozentin und „2" für Lerner / Lernerin. Manche Sätze könnten beide sagen. Welche?

¡Puedes repetir, por favor?
Kannst du das bitte wiederholen? ....

Más despacio, por favor.
Langsamer, bitte. ..2..

¿Podemos escuchar el diálogo otra vez, por favor?
Können wir den Dialog bitte noch einmal hören? ....

Abrid el libro por la página 3.
Öffnet das Buch auf Seite 3. ....

¿Qué página es?
Welche Seite? ....

¿Ya está?
Seid ihr fertig? ....

Tengo una pregunta.
Ich habe eine Frage. ....

¿Está claro?
Ist das klar? ....

¡Adiós! ¡Hasta la próxima semana!
Tschüss! Bis nächste Woche! ....

b Schreibe die wichtigsten Sätze für den Spanischkurs aus Übung 6a und aus vorigen Übungen auf kleine Lernkarten. Verwende sie in den nächsten Stunden so oft wie möglich.

7 Mis temas favoritos

a Mit welchen Ländern aus der spanischsprachigen Welt assoziierst du diese Themen? Schreibe die Ländernamen zu jedem Begriff. Sprich dann mit deinem Partner / deiner Partnerin darüber.

la naturaleza
....
....

la política
....
....

el arte
....
....

la música
....
....

la historia
....
....

la arquitectura
....
....

la literatura
....
....

la cocina
....
....

el deporte
....
....

- *Con la arquitectura asocio México, Guatemala... y España. ¿Y tú?*
- *Yo también. Y con la naturaleza, España. ¿Y tú?*
- *Yo, no. Yo, Costa Rica o Chile.*

b Sieh dir die Wörter in Aufgabe 7a noch einmal an.
Woran erkennt man im Spanischen das Genus? Ergänze die Regeln.

Die meisten Substantive auf **-o** sind ...., die meisten Substantive auf **-a** sind ....

Wörter auf **-dad**, **-ción** und **-sión** sind immer feminin, wie z. B. **ciudad**, **estación** oder **pensión**. Wörter auf .... können sowohl feminin als auch maskulin sein, wie z. B. **deporte**.

der bestimmte Artikel

	m.	f.
Sg.	**el** deporte	**la** ciudad
Pl.	**los** deporte**s**	**las** ciudad**es**

c Zu dritt. Listet alle Substantive der Übungen 2a und 5c auf. Ergänzt die Substantive mit dem entsprechenden Artikel. Wie viele unterschiedliche Endungen habt ihr gefunden?

- *La plaza, la universidad, ...*

8 Saludos y despedidas

9 **a** Höre die fünf kurzen Dialoge. In welcher Reihenfolge hörst du die Gruß- und Abschiedsformeln? Nummeriere.

- .... ¡Adiós, hasta mañana!
- .... ¡Hola, buenas tardes!
- .... ¡Hasta pronto!
- .... ¡Chao!
- .... ¡Hola!, ¿qué tal?
- .... ¡Buenos días!
- .... ¡Adiós, buenas noches!

9 **b** Höre noch einmal. Zu welcher Situation oder Tageszeit passen die Dialoge?

A.

B.

E.

C.

D.

c Ordne die Gruß- und Abschiedsformeln aus Übung 8a in die Tabelle ein.

saludos	despedidas
Hola	Hasta pronto

d Stehe auf, begrüße fünf andere Kursmitglieder und verabschiede dich dann von ihnen.

2

Hier lernst du ...

... über Sprachkenntnisse zu sprechen
... dich vorzustellen (Nationalität, Wohnort)
... wichtige Freizeitaktivitäten zu benennen
... ein Anmeldeformular auszufüllen
... über Interessen und Hobbys zu sprechen
... zu erklären, warum du Spanisch lernst

Mis compañeros y yo

In dieser Lektion stellen wir ein anderes Kursmitglied vor und schreiben einen Vorstellungstext für einen Sprachaustausch.

MARTINE, estudiante de Traducción e Interpretación en Lyon

NACHO, estudiante de Medicina en Bogotá

DYLAN, estudiante de Periodismo en Dublín

ARKAN, estudiante de Biología en Berlín

VERÓNICA, estudiante de Diseño Industrial en Barcelona

a Auf den Fotos siehst du einige Studierende. Was studieren sie? Wie heißt der Studiengang in deiner Muttersprache?

- *Traducción e interpretación en mi lengua se dice...*

b Was studierst du? Frage deinen Dozenten / deine Dozentin oder suche in einem Wörterbuch, wie dein Studiengang auf Spanisch heißt. Erstellt dann gemeinsam eine Liste mit den spanischen Begriffen für die Studiengänge aller Kursmitglieder.

Kommunikation über Sprachkenntnisse sprechen » sich vorstellen (Nationalität, Wohnort)
Grammatik regelmäßige Verben im Präsens » die Verbindungswörter *y / e* und *pero* » die Präposition *en*
Wortschatz Sprachen » Modaladverbien » Studiengänge » Länder » Freizeitaktivitäten

1 ¿Qué idiomas conoces?

a Welche Sprachen sprichst du und wie gut? Kreuze die zutreffenden Sprachen an und bewerte deine Sprech-, Hörverständnis-, Lese- und Schreibfähigkeiten mithilfe des Bewertungssystems im Kasten.

bewerten
+++ = muy bien
++ = bastante bien
+ = bien
+/– = regular, un poco (de)
– = mal
–– = bastante mal
––– = muy mal

☐ inglés ☐ francés ☐ alemán
☐ español ☐ italiano ☐ portugués
☐ ruso ☐ chino ☐ otros: ....

idiomas	hablar	comprender	leer	escribir
....	....	....	....	....
....	....	....	....	....
....	....	....	....	....
....	....	....	....	....

b Wie gut sprichst du welche Sprachen? Trage deine Ergebnisse aus der Tabelle ein.

die Verbindungswörter *y / e*
Mit **y** reiht man zwei oder mehr Elemente aneinander. Fängt das nachfolgende Wort mit **i-** oder **hi-** an, benutzt man **e** statt **y**.

Yo hablo ...., ... y / e ....
Comprendo .... el ....
Leo .... en .... ,
pero escribo .... en
....

c Vergleiche nun mit deinem Partner / deiner Partnerin.

- *Yo hablo bastante bien francés e inglés y leo un poco en italiano. ¿Y tú?*
- *Yo también hablo bien inglés, pero hablo regular francés.*

Verbgruppen
Im Spanischen gibt es drei Gruppen von Verben, die man an der Infinitivendung des Verbs erkennt:
Die Verben auf **-ar**, wie z. B. **hablar**,
die Verben auf **-er**, wie z. B. **comprender** oder **leer**,
die Verben auf **-ir**, wie z. B. **escribir**.
Die Endungen der drei Konjugationen unterscheiden sich nur im Vokal.

das Verbindungswort *pero*
No hablo francés, **pero** hablo inglés.

Pero führt einen Sachverhalt ein, der im Gegensatz zu einem anderen Sachverhalt steht.

2 Busco un intercambio

a Fünf Studierende stellen sich in einer Sprachaustauschbörse vor. Lies ihre Texte und ergänze die Steckbriefe.

Intercambio de idiomas

NOMBRE: .... IDIOMA MATERNO: ....
NACIONALIDAD: .... INTERCAMBIO: ....

Hola, me llamo Dylan y soy irlandés, de Dublín, pero ahora vivo en Londres. Estudio Periodismo. Mis lenguas maternas son el inglés y el francés. Ahora aprendo español y busco un intercambio para practicar el idioma.

NOMBRE: .... IDIOMA MATERNO: ....
NACIONALIDAD: .... INTERCAMBIO: ....

Hola, soy Arkan. Vivo en Berlín. Mis lenguas maternas son el turco y el alemán. Ahora aprendo español y busco un intercambio para practicar la conversación.

NOMBRE: .... IDIOMA MATERNO: ....
NACIONALIDAD: .... INTERCAMBIO: ....

Hola, somos dos amigas de Barcelona. Yo soy Verónica y mi amiga se llama Patricia. Nuestras lenguas maternas son el español y el catalán. Las dos estudiamos Diseño Industrial y buscamos un intercambio de inglés o francés.

NOMBRE: .... IDIOMA MATERNO: ....
NACIONALIDAD: .... INTERCAMBIO: ....

Hola, me llamo Martine. Soy francesa, de Lyon, pero vivo en Londres. Busco un intercambio. Escribo y comprendo español bastante bien, pero necesito practicar la conversación con hispanohablantes.

b Markiere in den Texten die Ausdrücke, die verwendet werden, um Auskunft über Namen, Nationalität, Studium, Wohnort und Herkunft zu geben.

c In den Texten findest du verschiedene Verbformen. Vervollständige damit die Tabelle. Finde in 1a weitere Beispiele für jede Verbgruppe.

regelmäßige Verben im Präsens			
	estudi**ar**	aprend**er**	viv**ir**
yo	....	aprend**o**	....
tú	estudi**as**	aprend**es**	viv**es**
él / ella, usted	estudi**a**	aprend**e**	viv**e**
nosotros/-as	....	aprend**emos**	viv**imos**
vosotros/-as	estudi**áis**	aprend**éis**	viv**ís**
ellos / ellas, ustedes	estudi**an**	aprend**en**	viv**en**

die Präposition *en*

- ¿**Dónde** vives?
- **En** Berlín.
- ¿**Dónde** estudias?
- **En** Potsdam.

Mit der Präposition **en** wird ein Ort angegeben.

d Schreibe nun einen Text wie in Übung 2a über dich. Tausche ihn mit deinem Partner / deiner Partnerin. Stellt euch dann gegenseitig zwei anderen Kursmitgliedern vor.

- *Mi compañera se llama Lisa, es de Bochum. Estudia...*

Kommunikation über Nationalität und Herkunft sprechen » über Freizeitaktivitäten sprechen **Grammatik** Nationalitätsadjektive » Das Verb *ser* » Die Präposition *de* **Wortschatz** Freizeitbeschäftigungen

3 ¿De dónde eres?

a Ordne die Nationalitätsadjektive den Ländern zu.

Turquía	rusa
Japón	portugués
Austria	chino
Marruecos	alemán
Portugal	polaco
Estados Unidos	turca
China	marroquí
Alemania	austriaco
Francia	japonés
Rusia	estadounidense
Polonia	francesa

10 **b** Höre die drei Dialoge. Welche Staatsangehörigkeiten kommen darin vor? Markiere sie in **3a**.

c Wie werden die maskulinen und femininen Formen der Nationalitätsadjektive gebildet? Suche Beispiele aus Übung **3a** und ergänze.

♂	♀	♂+♀
-o	-a	marroquí
....	....	estadounidense
....	....	belga
Konsonant	Konsonant + a	
....	....	
....	....	

Nationalität und Herkunft

● ¿**De dónde** eres?
■ **Soy** polac**o**/**-a**.
ser + Nationalität

■ **Soy de** Polonia.
ser de + Herkunft (Land, Stadt)

→ *Mi léxico 1*

d Welche Nationalitäten gibt es im Spanischkurs? Frage die anderen Kursmitglieder, woher sie kommen.

● *¿De dónde eres?*
■ *Soy...*

ser

soy
eres
es

somos
sois
son

→ *Mi gramática 1*

e Bastle dir einen Steckbrief und stelle ihn auf deinen Tisch.

Nombre: Nicole
Nacionalidad: francesa
Estudio universitario: Medicina

4 Mi tiempo libre

a Was machst du in deiner Freizeit? Markiere die Kästchen.

tocar un instrumento

escuchar música

quedar con amigos

cocinar

bailar zumba

correr

ver la tele

leer revistas o el periódico

viajar

escribir a los amigos

aprender idiomas

cantar en un coro

hacer senderismo = wandern

b Sprich mit anderen Kursmitgliedern über eure Freizeitbeschäftigungen.

- *¿Qué haces en tu tiempo libre?*
- *Yo corro y bailo zumba. ¿Y tú?*

c Erzähle dem Kurs, mit welcher Person du die meisten Übereinstimmungen hast.

- *Sandra corre, baila y escucha música, y yo también.*

5 Un curso de idiomas en Granada

11 **a** Martin, ein Student aus Köln, meldet sich für einen Spanischkurs an.
Höre den Dialog und ergänze das Anmeldeformular.

Centro de Idiomas

FORMULARIO DE INSCRIPCIÓN
CURSOS INTENSIVOS DE LENGUA ESPAÑOLA
EN GRANADA

Apellido/s:	Keller
Nombre:	Martin
Nacionalidad:	Alemánia
Facultad / Carrera:	ingeniería ambiental
Idiomas que habla:	alemán, inglés, español
Lugar de residencia:	Granada
Dirección:	C / Adelfa, nº 6.
Teléfono:	958 12 24 38
Correo electrónico:	martin@digital-drop.com

☒ Curso intensivo
☐ Curso de lengua y cultura española
☐ Curso individual
☐ Curso específico
☐ Curso de preparación DELE

11 **b** In welcher Reihenfolge werden die Fragen beantwortet? Höre noch einmal und nummeriere.

3 ¿De dónde es?
5 ¿Qué idiomas habla?
1 ¿Cómo se llama?
4 ¿Qué estudia?
2 ¿Cuál es su apellido?
8 ¿Dónde vive?
6 ¿Cuál es su número de teléfono?
7 ¿Cuál es su dirección de correo electrónico?

c Ergänze die Karteikarte mit den persönlichen Informationen deines Partners / deiner Partnerin. Befragt euch gegenseitig und verwendet dazu die Fragen aus 5b.

Nombre:
Apellido/s:
Nacionalidad:
Estudios:
Correo electrónico:

Zeichen
@ arroba
. punto
/ barra
- guion
_ guion bajo

6 ¿Cuál es tu número de teléfono?

12 **a** Höre die Zahlen und ergänze.

0 CERO	4 CUATRO	8	12	16 DIECISÉIS
1 UNO	5	9 NUEVE	13 TRECE	17 DIECISIETE
2	6 SEIS	10 DIEZ	14 CATORCE	18 ....
3 TRES	7 SIETE	11 ONCE	15	19 DIECINUEVE

b Diktiere deinem Partner / deiner Partnerin zwei der Telefonnummern. Weiß er / sie, zu wem sie gehören?

- *¿El uno, uno, dos?*
- *Es el teléfono de emergencias.*

Emergencias	112
Aeropuerto	958 24 52 00
Servicio al estudiante	958 24 66 10
Bomberos	900 19 95 00
Correos	958 22 48 35
Cruz roja	958 22 22 22
Objetos Perdidos	958 22 14 15
Policía	091
Radio Taxi	958 13 23 23
Renfe	958 27 12 72

die Präpositionen *a* / *de* + Artikel

el teléfono **del** aeropuerto
el teléfono **del** servicio **al** estudiante

de + el wird zu **del**
a + el wird zu **al**

c Frage fünf andere Kursmitglieder nach ihrem Namen und ihrer Handynummer.

- *¿Cómo te llamas?*
- *Me llamo Sarah.*
- *¿Y cuál es tu número de móvil?*
- *Es el…*

7 ¿Por qué estudias español?

a Warum lernen diese Personen Spanisch? Höre zu und kreuze die richtigen Antworten an. (13)

- ☐ para viajar por Latinoamérica
- ☐ para chatear con gente de habla hispana
- ☐ para ir a Cuba
- ☐ para hacer unas prácticas en Chile
- ☐ porque tengo una amiga en Argentina
- ☐ por mis estudios

1.

2.

3.

4.

b Warum lernst du Spanisch? Markiere alle Gründe, die auf dich zutreffen und ergänze die Sätze.

- ☐ ... vivir en...
- ☐ ... estudiar en...
- ☐ ... hacer unas prácticas en...
- ☐ ... ir a...
- ☐ ... viajar por...
- ☐ ... hablar con...
- ☐ ... placer, mis estudios, mi trabajo,...
- ☐ ... conocer gente nueva, ciudades,...

die Präpositionen *a* und *por*

Estudio español para viajar **a** Latinoamérica.
Estudio español para viajar **por** Latinoamérica.

Die Präposition **a** gibt eine genaue Richtung oder ein genaues Ziel an.
Die Präposition **por** steht für eine ungefähre Ortsangabe bzw. für die Bewegung in einem abgegrenzten Raum.

Estudio español...
para ....
por ....
porque ....

einen Zweck angeben

para viajar	**para** + Infinitiv

eine Begründung angeben

por trabajo	**por** + Substantiv
porque tengo	**porque** + Satz

c Frage drei Kursmitglieder, warum sie Spanisch lernen. Mit wem stimmst du überein?

- ● *Yo estudio español para viajar a Latinoamérica. ¿Y tú?*
- ■ *Yo también.*

NOMBRE	¿POR QUÉ?

NUESTRO PROYECTO

Hier stellen wir den anderen ein Kursmitglied vor und schreiben einen persönlichen Vorstellungstext für einen Sprachaustausch.

a Frage ein anderes Kursmitglied nach den unten stehenden persönlichen Informationen. Fülle mit seinen Antworten den Fragebogen aus.

Nombre ....

Apellido/s ....

Nacionalidad ....

Estudios ....

Estudia español por / porque / para ....

....

Lenguas ....

Actividades de tiempo libre ....

b Stelle ihn / sie nun den anderen vor.

Hola, os presento a Martin Keller. Estudia Ingeniería Ambiental. En su tiempo libre toca la guitarra y lee. Estudia español para viajar a Perú y ver el Machu Picchu. Habla alemán e inglés.

Escribimos

Schreibe nun einen Vorstellungstext für eine Sprachaustauschbörse. Gib z.B. Informationen über...

Nombre · Nacionalidad · Lengua materna · Estudio · Idiomas · Tiempo libre · ¿Por qué estudias español?

1 Die regelmäßigen Verben im Präsens

14

a Ergänze die Texte mit den passenden Endungen bzw. den passenden Formen des Verbs *ser*. Höre danach und überprüfe deine Lösungen.

¡Hola! Me llam...... Marta. Estudi...... Derecho en Granada. Mi novio se llam...... Nacho. Él estudi...... Medicina en Granada también. Los dos vivi............ en Granada, pero no .... de aquí. Nacho ...... de Cáceres y yo de Madrid.

b Schreibe nun einen ähnlichen Text über dich. Tausche ihn dann mit einer anderen Person. Welche Gemeinsamkeiten findet ihr? Tauscht euch aus und fasst kurz zusammen.

Los dos / Las dos ...

15

c Höre die fünf Sätze. Achte dabei auf die Endungen der Verbformen. Wer handelt? Kreuze an und notiere die Verbform.

	1. Person	2. Person	3. Person	usted/es	
1	☐	☐	☐	☐	....
2	☐	☐	☐	☐	....
3	☐	☐	☐	☐	....
4	☐	☐	☐	☐	....
5	☐	☐	☐	☐	....

Da die Subjektpronomen im Spanischen oft nicht gebraucht werden, muss man auf die Endung des Verbs achten. Bei den Formen der 3. Person und *usted / ustedes* ist es wichtig, den Kontext zu berücksichtigen.

d Suche in der Lektion Beispiele für Verben auf *-ar*, *-er* oder *-ir* und ergänze die Liste. Schreibe danach zu jeder Konjugation zwei Sätze mit Verben aus deiner Liste.

Konjugation auf *-ar*: ....

Konjugation auf *-er*: ....

Konjugation auf *-ir*: ....

-ar:
-er:
-ir:

1 Palabras, países y nacionalidades

a Was assoziierst du mit folgenden Nationalitäten?
Trage in die Liste die Wörter oder andere Begriffe ein, die du mit den Ländern verbindest.
Achte auf die passenden Endungen der Adjektive (Genus und Numerus).

el tango | el poncho  | la música | los bailes | la artesanía 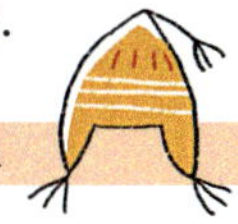 | el café

los paisajes | el cine | el mate  | la hamaca 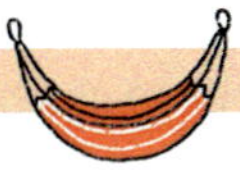 | la Amazonía | el chocolate

la cocina mexicana

.... guatemaltec......

la naturaleza hondureña

.... salvadoreñ......

la fauna costarricense

.... nicaragüense

 el sombrero panameñ......

.... cuban......

las playas dominicanas

.... puertorriqueñ......

 el oro colombiano

.... venezolan......

la literatura peruana

.... ecuatorian......

la política paraguaya

.... bolivian......

la arquitectura chilena

.... argentin......

la arquitectura colonial uruguaya

b Vergleiche nun mit anderen Kursmitgliedern.
Welche neuen Wörter sind dabei?

ESTRATEGIA
Das Zeichnen von Bildern zu den Begriffen hilft dir beim Lernen.

CULTURA

NOMBRES Y APELLIDOS

a Sieh dir den Steckbrief von Michelle Bachelet an. Welche Informationen findest du interessant? Sprich mit deinem Partner / deiner Partnerin darüber.

MICHELLE BACHELET JERIA

Fecha y lugar de nacimiento:	29 de septiembre de 1951 en Santiago de Chile
Profesión:	Política chilena y médica pediatra
Estudios:	Medicina (Santiago de Chile y Universidad Humboldt de Berlín)
Idiomas:	español, alemán, inglés, francés y portugués
Estado civil:	divorciada
Hijos:	3

b Sieh dir den Familienstammbaum der Familie Bachelet Jeria an. Wie werden in spanischsprachigen Ländern die Nachnamen gebildet? Vergleiche diese Namensregelung mit der Regelung in deinem Land.

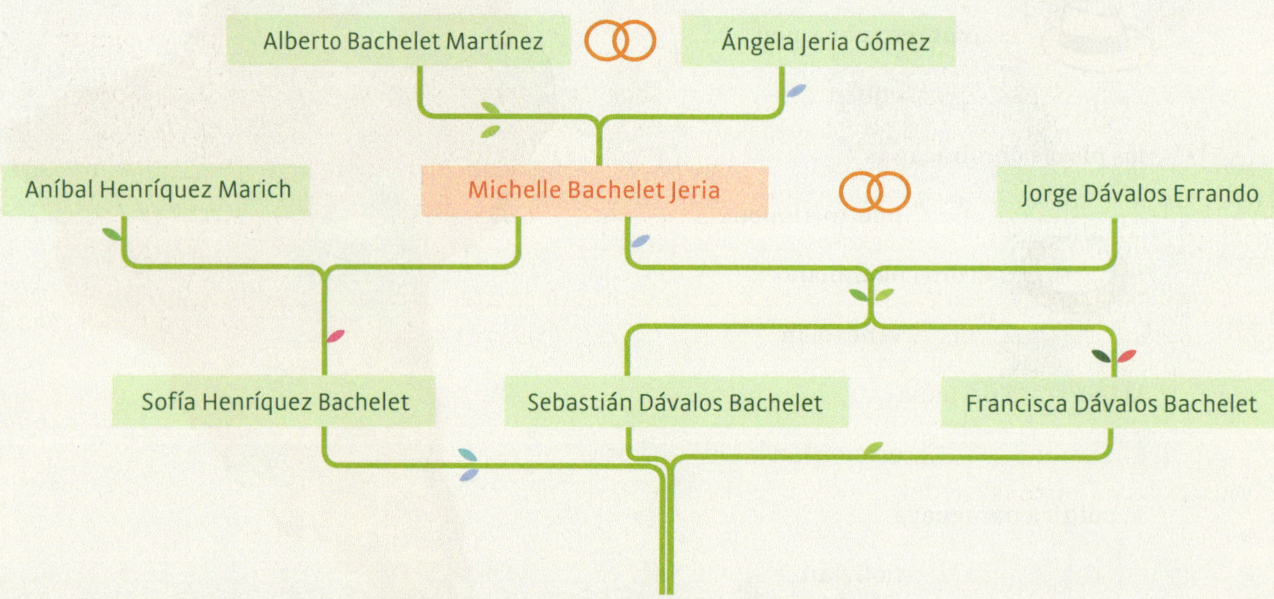

c Ordne die Vor- und Nachnamen in die Tabelle ein. Kennst du berühmte Personen mit diesen Vor- oder Nachnamen? Vergleiche anschließend deine Liste mit den Listen von zwei anderen Kursmitgliedern.

Pérez	Luis	Raúl	Guardiola
Vargas	Fernando	Penélope	Francisco
Frida	Alonso	López	Javier
Martínez	Cruz	Llosa	Molina

nombres	apellidos

d Welche weiteren spanischen Vor- und Nachnamen kennst du?

3

Hier lernst du …

… eine Person zu beschreiben
… dich über Familie und Freunde zu unterhalten
… über verwandtschaftliche Beziehungen zu sprechen
… Familienstand und Alter anzugeben
… über Beruf und Arbeitsort zu sprechen

Mis amigos, mi familia

In dieser Lektion stellen wir Personen vor, die uns nahestehen, und beschreiben sie.

1.

2.

3.

Wie sehen die Personen auf den Fotos aus? Ordne die Beschreibungen zu.

- *La chica de la foto número 2 …*
- *El chico de la foto número …*

tiene el pelo rizado

tiene el pelo rubio

tiene el pelo oscuro

tiene los ojos marrones

lleva barba

es muy simpática

lleva gafas

es serio

Kommunikation Aussehen und Charakter einer Person beschreiben **Grammatik** *tener* » Anpassung des Adjektivs in Genus und Numerus » die Adverbien *muy* und *bastante* **Wortschatz** Adjektive (Aussehen, Charaktereigenschaften) und einige Farben

1 Un blog desde Argentina

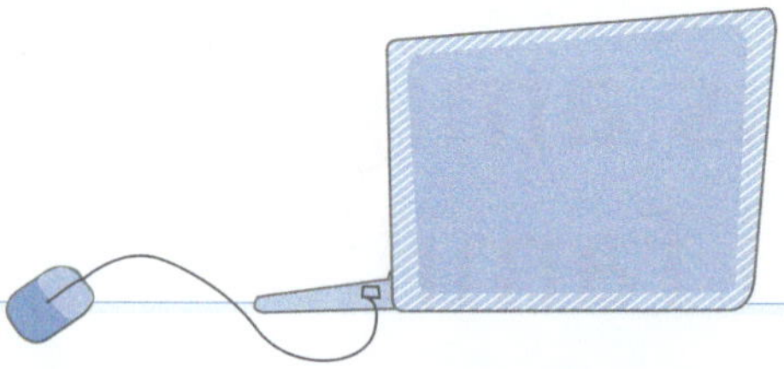

a In ihrem Blog stellt Marta ihre Gastfamilie in Argentinien vor. Lies den Text und identifiziere die Personen auf dem Foto.

MI AÑO EN BUENOS AIRES

INICIO

08 SEP 16:56

Desde Buenos Aires...

Hoy desde el campus...
Estos que ven aquí son mis nuevos amigos en Buenos Aires. A la izquierda de la foto ven a Marcelo, el chico que lleva gafas y tiene el pelo rizado. Marcelo es muy alto y delgado. Tiene 21 años y es brasileño, de São Paulo. Estudia Diseño Industrial y es muy deportista. Es jugador de baloncesto. En el centro ven a Fabio, el chico que tiene el pelo corto y rubio. Fabio es muy simpático, sociable y divertido. Todos lo llamamos "Peque" porque es bajito. ¡Ah! Fabio tiene además unos ojos verdes preciosos, pero en la foto no los ven porque lleva gafas de sol. Y el chico de la foto que lleva barba y bigote se llama Daniel. Daniel es muy tranquilo y a veces bastante serio pero muy amable. Y ahora les presento a las chicas: Elisa, mi compañera de habitación, es la chica que tiene el pelo moreno, largo y rizado. Elisa es una persona encantadora, extrovertida y muy deportista. Estudia Educación Física y Deportes en la Universidad de Buenos Aires. Y a su lado ven a Malena y a Flavia. Flavia es la chica que tiene el pelo castaño claro. Las dos son muy inteligentes. Estudian primero de Medicina como yo. ¿Y yo? ¿Quién soy?

Soy Marta Bosch, tengo 19 años y soy de Caracas. En este blog escribo sobre mi experiencia como estudiante de intercambio en Buenos Aires.

ENTRADAS RECIENTES

Mi primer día de clase

De paseo por Puerto Madero

Bailando el tango

DEJA UN COMENTARIO

1 comentario

Buscar ...

b Lies den Text noch einmal. Wie sind die Personen? Ergänze die Tabelle.

	es / son	tiene	lleva
Marcelo	alto y delgado	....	....
Fabio	....	....	....
Daniel	....	....	....
Elisa	....	....	....
Flavia y Malena	....	....	....

tener

tengo
tienes
tiene
tenemos
tenéis
tienen

Genus und Zahl bei Adjektiven

♀	♂	♀ + ♂
Flavia **es** simpátic**a**. Elisa **es** encantador**a**.	Marcelo **es** simpátic**o**. Flavio **es** divertid**o**.	Flavia **es** inteligent**e** y deport**ista**. Marcelo **es** inteligent**e** y deport**ista**.
Elisa y Flavia **son** simpátic**as** y encantador**as**.	Marcelo y Flavio **son** simpátic**os** y divertid**os**.	Flavia y Marcelo **son** inteligentes y deport**istas**.

→ *Mi gramática 1*

Steigerung

Fabio es **muy** divertido.
Daniel es **bastante** serio.

Verkleinerung

Es baj**ito**/**-ita**.

c Wie ist Marta? Beschreibe sie.

- *Marta es… y tiene los ojos….*
- *Y de carácter, creo que es… y muy…*

2 ¿De quién hablamos?

a Wie sind sie? Höre und mache dir Notizen. Einige Informationen passen nicht ganz zu den Fotos.

16-18

1. hace mucho deporte, corre todos los días

2. Luis, tranquilo, alegre, cocinar, tiene el pelo corto con canas, barba

3. Pilar, seria y tímida, pelo corto y moreno

b Welche Informationen passen nicht zu den Fotos? Korrigiere sie und vergleiche mit deinem Partner / deiner Partnerin.

c Wer ist es? Beschreibe eine andere Person aus dem Kurs. Die anderen versuchen zu erraten, wer gemeint ist.

- *Pues es… y tiene…*
- *¿Es Anne?*
- *Sí, correcto. / No, lo siento, no es Anne. Tiene…*

Farben

tiene el pelo…
… rubio
… moreno
… castaño

tiene los ojos…
… grises
… marrones
… verdes
… azules
… negros

Kommunikation über Verwandtschaftsbeziehungen sprechen » nach Familienstand und Alter fragen und darüber Auskunft geben **Grammatik** Possessiv- und Demonstrativbegleiter » *estar* » das Fragepronomen *cuántos/-as* **Wortschatz** Zahlen von 20 bis 100 » Familienstand und Verwandtschaftsbeziehungen

3 La familia Alcántara

a Eine Fernsehserie. Lies den Text über die Protagonisten der berühmten spanischen Fernsehsendung „Cuéntame", in dem Carlos seine Familie vorstellt. Einige Familienmitglieder sind nicht auf dem Foto abgebildet. Wer fehlt?

Cuéntame

Hola, yo soy Carlos, el chico moreno y con barba y os voy a presentar a mi familia, la familia Alcántara. Estos son mis padres: Antonio, el señor con barba y bigote, y Mercedes, la señora de pelo rubio a su lado. Mi abuela, la madre de mi madre, se llama Herminia. Ella está viuda y por eso vive con nosotros. Mi madre no tiene hermanos, pero mi padre sí, su hermano se llama Miguel. Es el señor un poco calvo, al lado de mi abuela. Mi tío Miguel está divorciado y tiene una hija, mi prima Françoise, que vive en Francia. Yo tengo tres hermanos: mi hermana Inés, que es la mayor, y es la chica morena de la foto, y mi hermana María, que tiene 9 años. Mi hermana Inés está separada y tiene un hijo que es mi sobrino Oriol. Y por último, mi hermano Toni, el chico de pelo castaño claro. Toni está soltero y no tiene hijos. ¿Os apetece conocer a mi familia?

b Ergänze den Stammbaum mit den Namen der Familie Alcántara.

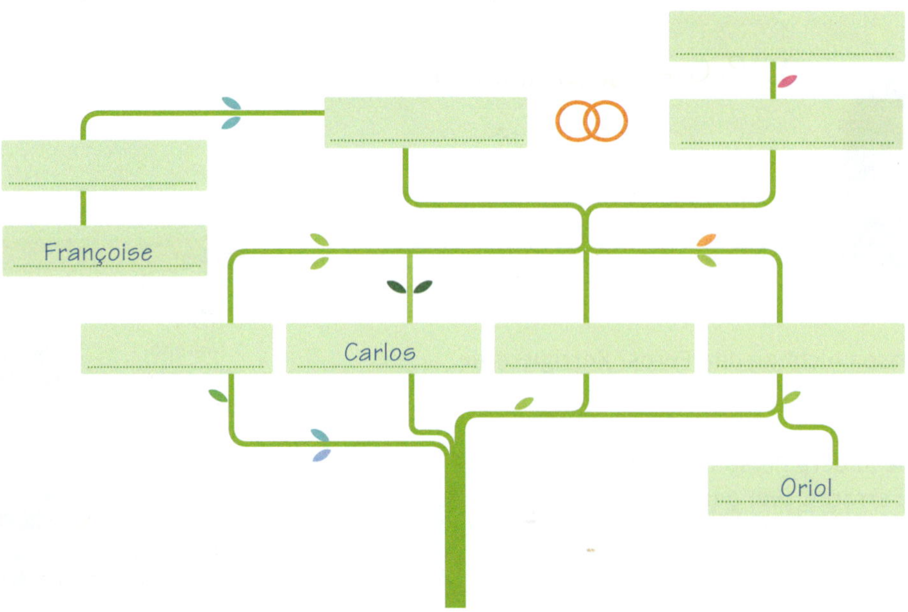

estar

estoy
estás
está
estamos
estáis
están

Familienstand

soltero/-a
casado/-a
separado/-a
divorciado/-a
viudo/-a

● ¿Estás casada?
■ No, estoy soltera.

c Welche Verwandtschaftsbeziehungen haben die Mitglieder der Familie Alcántara? Suche im Stammbaum und ergänze die Sätze.

Estas son María y su .... Herminia.

Estos son Carlos y sus ....

Mercedes y Antonio.

Estos son Inés y sus .... Toni y Carlos.

Estos son Miguel y su .... Inés.

die Possesivbegleiter *mi, tu, su*

Singular ♀+♂	Plural ♀+♂
mi tío / tía	**mis** tíos / tías
tu tío / tía	**tus** tíos / tías
su tío / tía	**sus** tíos / tías
nuestro/-a tío/-a	**nuestros/-as** tíos/-as
vuestro/-a tío/-a	**vuestros/-as** tíos/-as
su tío / tía	**sus** tíos / tías

→ *Mi gramática 2*

d Notiere nun vier Fragen über die Familie Alcántara. Du kannst die angegebenen Wörter zu Hilfe nehmen. Stelle deine Fragen dann einer anderen Person im Kurs.

quién | cuántos/-as | cómo | soltero/-a | años | viudo/-a | casado/-a | sobrino/-a | hermanos/-as

1. ....

2. ....

3. ....

4. ....

Demonstrativbegleiter

Este es mi padre.
Esta es mi madre.
Estos son mis sobrinos.
Estas son mis sobrinas.

Mit **este, esta, estos** oder **estas** nehmen wir Bezug auf etwas oder jemanden, der / die sich räumlich oder zeitlich in der Nähe des Sprechers befindet (**hier / aquí**).

Zahlen von 20 bis 100

20	veinte
21	veintiuno
30	treinta
31	treinta y un/-o/-a
40	cuarenta
41	cuarenta y un/-o/-a
50	cincuenta
60	sesenta
70	setenta
80	ochenta
90	noventa
100	cien

→ *Mi léxico 2*

4 Mi árbol genealógico

a Erstelle den Stammbaum einer anderen Person im Kurs. Stelle so viele Fragen wie möglich, um Informationen über ihn / sie zu bekommen.

- *¿Cómo se llaman tus padres?*
- *Sabine y Peter.*
- *¿Y tienes hermanos?*
- *Sí, dos. Max y Julia.*
- *¿Y cuántos años tienen?*
- *Pues Julia tiene 18 y Max 27.*
- *¿Tu hermano Max está casado?*

...

b Stelle nun seine / ihre Familie im Kurs vor.

- *Estos son los padres de... Su madre se llama... y tiene... Sus hermanos se llaman... y tienen...*

ungefähre Angaben

- ¿Cuántos años tiene?
- **Unos** 34.

Ungefähre Angaben werden mit **unos** oder **unas** gemacht.

das Fragepronomen *cuántos/-as*

¿Cuánt**os años** tienes?
¿Cuánt**as hermanas** tienes?

Kommunikation Auskünfte über Beruf und Arbeitsort geben und erfragen Grammatik Genus bei Berufen » die unbestimmten Artikel *un / una* » *ser* + Beruf Wortschatz Berufsbezeichnungen

5 Estudios y profesiones

a Lies den Text und trage die Studiengänge und Berufe in die Tabelle ein.

Las profesiones relacionadas con la Medicina entre las favoritas

Las profesiones favoritas de los estudiantes españoles son las relacionadas con el área de las Ciencias de la Salud (un 25%) y en concreto las profesiones de médico, enfermero o psicólogo. Otras profesiones también muy bien valoradas por los estudiantes españoles son las relacionadas con la carrera de Derecho (un 23%) y, en concreto, las profesiones de abogado y juez. A estas les siguen las relacionadas con las Ingenierías y la Arquitectura (un 18%). Por detrás, un 12% escoge una carrera de Ciencias para trabajar de biólogo o de químico y un 11% quiere ser maestro o profesor de instituto y, por eso, estudia Magisterio o Educación. Entre las opciones para trabajar al terminar la carrera, un 41% elige la empresa privada, un 26% afirma que quiere montar su propio negocio, mientras que el 26 % quiere ser funcionario.

Estudios	Profesiones
Ciencias de la Salud	
Derecho	
Arquitectura	

b Was machen diese Personen beruflich? Höre zu und markiere die richtige Lösung. (19-26)

1. Marina
   - ☐ médica
   - ☒ profesora
2. Rafael
   - ☒ informático
   - ☐ músico
3. Fernando
   - ☒ mecánico de coches
   - ☐ actor
4. Elena
   - ☒ enfermera
   - ☐ pintora
5. Graciela
   - ☐ taxista
   - ☒ dentista
6. Cecilia
   - ☐ empleada de banco
   - ☒ empleada en una tienda
7. Andrés
   - ☒ cocinero
   - ☐ policía
8. Amparo
   - ☒ camarera
   - ☐ periodista

c Welche Berufe kennst du schon? Ergänze mit weiteren Beispielen aus Übung 5b.

-o/-a	-or/-ora	♀ + ♂	Ausnahmen
médico/-a,	profesor/a,	periodista, policía,	actor / actriz

6 Lugares de trabajo

a Vier Personen stellen sich vor. Lies die Texte und ergänze dann 6b.

Pablo de la Rúa
Soy colombiano, pero vivo en Granada desde hace veinte años. Soy economista y trabajo en el banco Santander. Me gusta la gente de esta ciudad.

João do Santos
Soy brasileño, pero vivo en Buenos Aires. Soy psicólogo, pero ahora estoy en paro. Por eso, hago minijobs: cuido a personas mayores, ayudo a jóvenes con problemas.

Ulrike Schöffer
Soy alemana, tengo 28 años y estudio. Vivo en la ciudad de Santiago de Chile. Los fines de semana trabajo de camarera en un bar. Así gano dinero, conozco a gente y aprendo más español.

Alicia Morales
Soy peruana, pero vivo en Valencia. Me encanta la ciudad. Tengo 34 años y trabajo como enfermera en un hospital.

den Beruf angeben

Luis **es** médic**o**.
Rosa **es** médic**a**.
ser + Beruf

- ¿A qué te dedicas? / ¿Qué haces?
- **Soy** enfermera.
- **Trabajo como** / **de** enfermera.

b Wer sagt das? Schreibe den Namen darunter.

»Ahora no tengo trabajo.«
....

»Soy estudiante, pero trabajo en un bar de copas.«
....

»Soy enfermera.«
....

»Trabajo en un banco.«
Pablo de la Rúa

trabajar

trabaj**o**
trabaj**as**
trabaj**a**
trabaj**amos**
trabaj**áis**
trabaj**an**

c Ein Ratespiel: Ein Kursmitglied wählt einen Beruf und die anderen versuchen, diesen durch Fragen herauszufinden.

un hospital | un bar | un hotel | una oficina | un supermercado | la universidad | una escuela | una empresa | un banco | un restaurante

- *¿Trabajas en un bar?* ■ *No.*
- *¿En una escuela?* ■ *Sí.*
- *¿Eres profesor?* ■ *...*

die unbestimmten Artikel

Trabajo en **un** hospital.
Trabajo en **una** escuela.

Man benutzt **un / una**, wenn man sich auf einen unbestimmten Ort bezieht.

Aber:
Trabajo en **el** banco BBVA.
Trabajo en **la** Universidad Autónoma.

Man benutzt **el / la**, wenn ein bestimmter Ort gemeint ist.

d Arbeiten die anderen Gruppenmitglieder neben dem Studium? Wann? Was machen sie? Ergänze die Tabelle.

durante la semana	el fin de semana	en las vacaciones
quién y dónde	quién y dónde	quién y dónde
....	....	....
....	....	....
....	....	....
....	....	....
....	....	....
....	....	....

Übereinstimmung ausdrücken

- Yo sí. ☺
- ■ Yo también. ☺
- Yo no. ☹
- ■ Yo tampoco. ☹

- *¿Trabajas?*
- ■ *Yo no, ¿y tú?*
- *Yo sí, en las vacaciones, como guía turístico y los fines de semana en una tienda.*

NUESTRO PROYECTO

Wir stellen Personen vor und beschreiben sie. Außerdem schreiben wir einen Text über zwei Personen, die uns nahestehen.

a Wie fragst du, um folgende Informationen zu erhalten? Achtung: Bei einer Frage brauchst du kein Fragepronomen.

¿Qué? ¿Dónde? ¿Cómo? ¿Cuántos? ¿De dónde? ¿A qué?

Nombre ....
País ....
Edad ....
Lugar de residencia ....
Estado civil ....
Carácter ....
Profesión ....

b Schreibe in die Kästchen die Namen von drei Personen aus deinem Freundeskreis oder deiner Familie. Denke über Folgendes nach:

edad | profesión | estado civil | descripción física | lugar de residencia | descripción de carácter | actividades de tiempo libre

c Zeige den anderen Gruppenmitgliedern die Skizze von Übung **b** oder, falls vorhanden, Fotos der Personen auf deinem Smartphone. Die anderen stellen dir Fragen zu den Themen aus Übung **a**. Mache dir außerdem zu 3 Personen, die dir vorgestellt werden, kurze Notizen.

- *¿Quién es Luise?* ■ *Es una amiga mía.*
- *¿Qué hace?* ■ *Es enfermera.*

d Wähle eine der drei Personen, zu denen du dir in Übung **c** Notizen gemacht hast. Beschreibe sie in der Kleingruppe, ohne den Namen desjenigen / derjenigen, der / die ihn / sie vorgestellt hat, zu nennen. Die anderen sollen erraten, wer sie ist.

- *Os presento a…*

Escribimos

Wähle zwei Personen aus deinem Freundeskreis oder aus deiner Familie und stelle sie in einem kurzen Text vor.

MI GRAMÁTICA

1 Die Endungen der Adjektive

Lies die Sätze und markiere die Endungen der Adjektive. Ergänze danach die Regel.

Gerard Piqué, el famoso futbolista del F.C. Barcelona, es joven, alegre, encantador y muy inteligente (tiene un coeficiente intelectual de 140). Por su profesión es muy deportista.

Shakira, su novia, es una cantante colombiana muy famosa. También es deportista. Es una chica encantadora y muy alegre.

- Adjektive, deren maskuline Form auf **-o** endet, bilden die feminine Form, indem **-o** durch **-a** ersetzt wird, wie z.B. ...famoso...
- Adjektive, deren maskuline Form auf **-or** endet, bilden die feminine Form durch Anfügen von **-a**.
- Bei einigen Adjektiven stimmt die feminine mit der maskulinen Form überein. Dies ist der Fall bei Adjektiven, die auf **-e** oder **-ista** enden.

2 Die Possessiva *su / sus*

Ergänze die Sätze mit *su* oder *sus*. Wie lauten die Sätze in deiner Muttersprache?

a ● Mira, Juan. Estos son Luis y ...su... madre.
b ● Señora Martín, aquí tiene ...sus... gafas. ■ Muchas gracias.
c ● Señor Fernández, ¿dónde vive ...su... hijo?
d ● ¿Dónde están María y Carlitos? ■ Pues, están con ...sus... abuelos.

die Possessiva *su / sus*

Die Possessiva ***su / sus*** können sich auf verschiedene „Besitzer“ beziehen: **él, ella, usted, ellos, ellas** oder **ustedes**. Sie stimmen im Numerus mit dem Besitz überein.

3 Possessiva nach dem Substantiv

Im Spanischen können die Possessivpronomen auch nachgestellt werden. Formuliere die Sätze wie im Beispiel um. In welcher Spalte wird die Person, über die gesprochen wird, eindeutig identifiziert?

a Es un profesor mío. → Es mi profesor de Historia.
b ¿Es una amiga tuya? → ¿Es ...tu amiga... Ana?
c Una tía suya vive en Nueva York. → ...Su tía... vive en Nueva York.

Die nachgestellten Possessivpronomen stimmen in Genus und Numerus mit dem Substantiv, hinter dem sie stehen, überein. Sie stellen eine Person (oder eine Sache) aus einer Gesamtheit heraus, bestimmen diese jedoch nicht genau. Die nachgestellten Formen sind **mío**, **tuyo**, **suyo**, **nuestro**, **vuestro**, **suyo**. Sie werden oft in Kombination mit dem unbestimmten Artikel verwendet.

1 Describir a personas

a Bilde Wortgruppen und markiere diese in verschiedenen Farben. Nach welchen Kriterien hast du die Wörter geordnet? Ergänze danach das Wortrad mit den Oberbegriffen.

pelo largo rubia ojos azules marido gafas simpática
soltero hermano periodista veintiocho optimista joven
serio divorciado deportista moreno pelo corto alegre
bajo antipática mujer tío amigo bigote tranquilo
alto barba morena sociable lentillas

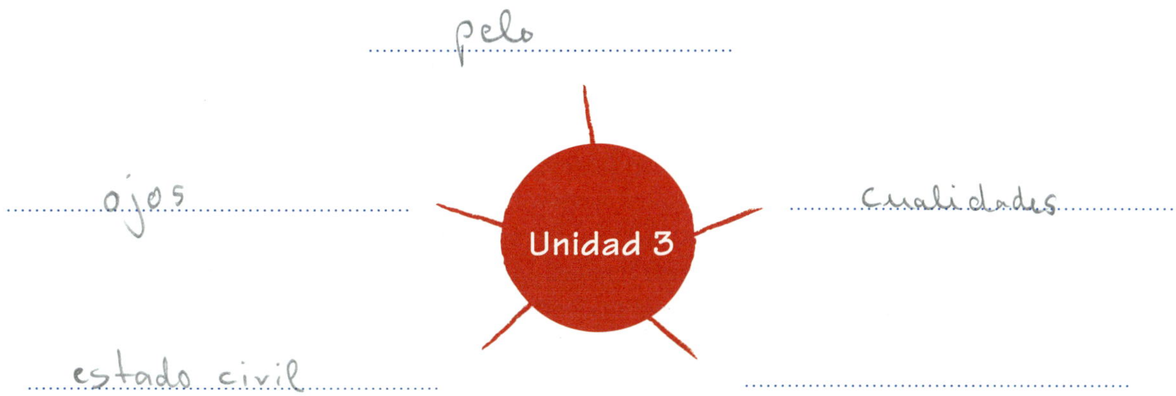

b Suche unter den Wörtern von Übung **1a** Gegensatzpaare und schreibe sie in eine Liste. Notiere weitere Gegensatzpaare aus der Lektion in der Liste.

ESTRATEGIA
Lerne Wörter und Ausdrücke in Gruppen und suche für diese einen passenden Oberbegriff.

ESTRATEGIA
Wörter kannst du dir besser merken, wenn du sie in Gegensatzpaaren anordnest.

2 Zahlen

27 **a** Höre zu und kreuze die Zahl an, die genannt wird.

1. ☐ 2 ☐ 12
2. ☐ 3 ☐ 13
3. ☐ 24 ☐ 34
4. ☐ 5 ☐ 15
5. ☐ 66 ☐ 76
6. ☐ 7 ☐ 17

b Sieh dir die Zahlen im Kasten rechts an und ergänze die Regel.

Bis .... werden die Zahlen als **ein** Wort geschrieben. Ab .... sind die Zehner und Einer mit der Konjunktion **y** verbunden. Zwischen .... und .... wird diese durch ein **i** ersetzt.

Zahlen

20	veinte
21	veintiuno
22	veintidós
23	veintitrés
24	veinticuatro
…	
30	treinta
31	treinta y uno
32	treinta y dos
33	treinta y tres
…	

c Diktiere nun einer anderen Person aus dem Kurs fünf Zahlen. Hat er / sie die Zahlen korrekt notiert?

CULTURA

LA FAMILIA PARA LOS ESPAÑOLES

a Wie wichtig sind folgende Aspekte in deinem Leben? Bewerte sie von 0 bis 10 (0= nicht wichtig, 10= sehr wichtig). Notiere deine Bewertung in der zutreffenden Spalte.

	la salud	la familia	la pareja	el trabajo	el bienestar económico	los amigos	el tiempo libre
yo							
mi compañero/-a							

b Erstellt eine Statistik im Kurs. Befrage ein Mitglied der Kleingruppe und notiere die Bewertung in **a**. Errechnet dann gemeinsam den Durchschnitt der Kleingruppe. Sammelt die Ergebnisse an der Tafel.

- *¿Cuántos puntos das a la salud?*
- *¡Hum!, 10.*

c Diese Befragung wurde auch in Spanien durchgeführt. Sieh dir die Ergebnisse der Umfrage unter jungen Spaniern an. Vergleiche mit den Ergebnissen in **b**. Gibt es Gemeinsamkeiten?

VALORACIÓN MEDIA DE ALGUNOS ASPECTOS DE LA VIDA.
¿Podría decirme qué importancia tienen en su vida los siguientes aspectos? En una escala de 0 a 10 en la que 10 significa "muy importante" y 0 significa "nada importante" ¿Dónde se coloca usted en ella?

	la salud	la familia	la pareja	el trabajo	el bienestar económico	los amigos	el tiempo libre
Edad							
De 18 a 24 años	9,55	9,26	8,47	8,49	8,37	8,50	8,00
De 25 a 34 años	9,62	9,44	8,82	8,60	8,33	8,25	8,11
De 35 a 44 años	9,70	9,60	9,12	8,65	8,22	8,27	8,07
De 45 a 54 años	9,67	9,64	8,95	8,83	8,34	8,14	7,79
De 55 a 64 años	9,60	9,57	8,67	8,49	8,14	7,95	7,46
De 65 y más años	9,62	9,59	7,97	7,99	8,22	7,43	7,26
Total	9,64	9,54	8,69	8,51	8,27	8,06	7,79

Valoración media. 2010. Fuente: Informe España 2.0

d Ergänze nun die Sätze mit den Ergebnissen der Kursstatistik und der Statistik aus Spanien.

Los jóvenes españoles dan una valoración máxima a ....
y a ...., mientras que los jóvenes alemanes de nuestra clase valoran más
.... y ....

4

Mi vida de estudiante

In dieser Lektion lernst du …
- … über alltägliche Tätigkeiten zu berichten
- … die Uhrzeit anzugeben und zu erfragen
- … Handlungen zeitlich einzuordnen und die Häufigkeit anzugeben
- … über Freizeitaktivitäten zu sprechen
- … über Essgewohnheiten zu berichten

In dieser Lektion erstellen wir eine Umfrage zu den Gewohnheiten der anderen Kursmitglieder und führen damit eine Befragung durch. Anschließend werten wir die Umfrage aus.

Limpio la casa.

HAGO YOGA.

Voy al mercado.

Quedo con amigos.

Voy de excursión.

Nado en la piscina.

Visito museos.

Me quedo en casa todo el día.

a Welche dieser Aktivitäten machst auch du?

b Ordne die Aktivitäten ein: Was machst du unter der Woche und was machst du am Wochenende? Tausche dich danach mit deinem Partner / deiner Partnerin aus.

Actividades durante la semana	Actividades durante el fin de semana

- *Pues yo hago yoga el fin de semana porque durante la semana no tengo tiempo.*
- *¡Mira! Yo también.*

Kommunikation über alltägliche Tätigkeiten sprechen » Handlungen zeitlich einordnen
Grammatik Indikativ Präsens einiger unregelmäßiger Verben » reflexive Verben
Wortschatz alltägliche Aktivitäten

1 Un día normal

a Javier, ein Austauschstudent an der UNAM (Universidad Autónoma de México) in Mexiko Stadt, erzählt in einer Unizeitung, wie ein normaler Tag in seinem Leben verläuft. Was macht er alles? Lies den Text und markiere die Aktivitäten, die zu den Fotos passen.

1.

ESTUDIANTES ESPAÑOLES POR EL MUNDO...

Javier Fernández, español de Granada, 24 años. Estudiante de postgrado en la UNAM (México D.F.)

5.

Mi vida aquí en México D.F. es muy distinta a la de Granada, menos relajada pero muy linda, como dicen los mexicanos. Un día normal entre semana transcurre así:

2.

Tengo clases por la mañana y, como aquí la jornada empieza más pronto, me levanto a las seis de la mañana, me ducho y me visto rápidamente. Salgo de casa a las 6 y media y voy a la uni a pie. Vivo muy cerca de la universidad.

6.

Las clases empiezan normalmente a las siete y terminan a la una.

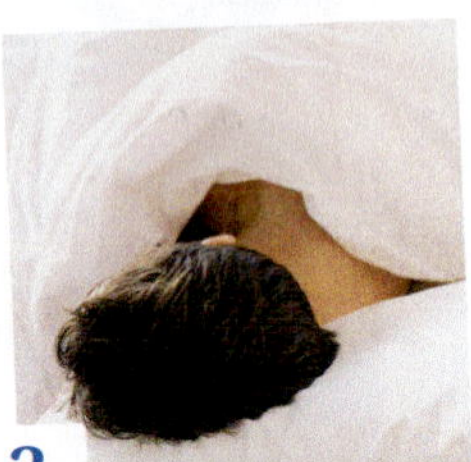
3.

El horario de las comidas también es un poco diferente. Antes de salir de casa tomo solo un café, pero a las 9 de la mañana desayuno en la cafetería de la universidad. El desayuno aquí consiste en un café, un jugo de frutas y para comer churros, un pan dulce o unas tortillas de maíz con queso. Después de las clases, a eso de la 1 y media, almuerzo en el comedor universitario, o vuelvo a casa y como con mis compañeros de piso. Nos gusta mucho cocinar.

7.

4.

Por la tarde voy a la biblioteca para estudiar. Allí me quedo hasta las siete o siete y media. Y después, por la noche, hago deporte, salgo con amigos a tomar unas cervezas o a cenar, o me quedo en casa y me conecto por skype. Casi nunca me acuesto antes de las once.

8.

Como veis llevo una vida muy activa. Eso sí, los fines de semana duermo hasta las 10 o las 11 de la mañana.

b Ergänze die fehlenden Verbformen und Pronomen. Einige Formen findest du im Text.

	reflexive Verben	**unregelmäßige Verben**	
	levantarse	salir (→ go)	ir
yo	....	....	....
tú	**te** levantas	sales	vas
él / ella, usted	**se** levanta	sale	va
nosotros/-as	**nos** levantamos	....	vamos
vosotros/-as	**os** levantáis	salís	vais
ellos / ellas, ustedes	**se**	salen	....

Verben mit Vokalwechsel			
	vestirse (e → i)	**almorzar (o → ue)**	**empezar (e → ie)**
yo	**me**	....	emp**ie**zo
tú	**te** vistes	alm**ue**rzas	emp**ie**zas
él / ella, usted	**se** viste	alm**ue**rza	....
nosotros/-as	**nos** vestimos	....	empezamos
vosotros/-as	**os** vestís	almorzáis	....
ellos / ellas, ustedes	**se** visten	alm**ue**rzan	emp**ie**zan

Die Verben ***volver***, ***dormir*** und ***acostarse*** haben den gleichen Vokalwechsel wie ....

→ *Mi gramática 1*

→ *Mi léxico 1*

c Schreibe zu jedem Foto von **1a** eine kurze Erklärung.

1. *Por la noche queda con amigos.*
2. ....
3. ....
4. ....
5. ....
6. ....
7. ....
8. ....

Tageszeiten

por la mañana

a / al mediodía

por la tarde

por la noche

d Was machst du jeden Tag und in welcher Reihenfolge? Erzähle es deinem Partner / deiner Partnerin. Die Ausdrücke im Kasten rechts helfen dir dabei.

- *Bueno, pues yo primero... y después...*
  Luego... y después...
- *Pues yo...*

zeitliche Einordnung von Handlungen

primero...
después...
luego...
y por último / al final...

e Schreibe einen kurzen Eintrag mit Informationen zu deinem Tagesablauf.

UN DÍA NORMAL DE ESTUDIO

Primero ...., después ...., luego ....
.... y por último ....
....

Kommunikation die Uhrzeit angeben und erfragen » über Freizeitaktivitäten sprechen
Grammatik Verneinung mit *nunca* » *antes de / después de* + Infinitiv **Wortschatz** Uhrzeit » Tageszeit » Wochentage » Häufigkeitsangaben

2 ¿A qué hora...?

a Sieh dir die Uhrzeiten an und ergänze die kurzen Dialoge wie im Beispiel.

1. ● Perdona, ¿qué hora es?
■ La una y media.

2. ● Perdone, ¿tiene hora?
■ Sí, son las tres y cuarto.

3. ● ¿A qué hora empieza la clase?
■ A las .... menos .... de la tarde.

4. ● ¿A qué hora abre la biblioteca?
■ A las .... en punto.

5. ● ¿Sabes cuándo cierra la biblioteca?
■ Creo que a las .... menos diez.

die Uhrzeit angeben
● ¿Qué hora es?
■ **Es la** una. / **Son las** dos (en punto).

menos  y

b Höre zu und überprüfe deine Lösungen. (28)

3 Un día en la vida de Ángel

a Ángel, ein spanischer Beamter, erzählt uns, wie für ihn ein normaler Tag verläuft. Höre zu und ergänze die Information. Wie würdest du sein Leben beschreiben? (29)

interesante | estresante | monótona | tranquila | organizada

■ *Su vida es ....*

6:00 Se levanta.
7:00 empieza a trabajar
11:00-11:15 en la cafetería
15:00 Sale del trabajo.
16:00 Recoje a su hijo Pablo. Ayuda a su hijo a hacer los deberes.

Ángel Santaella, 37 años. Funcionario en jornada intensiva.

18:30-19:30 Va a la piscina con su hijo.
20:30-21:00 Cena
22:00-23:30 Hace las tareas del hogar o ve la tele.
23:30-24:00 va a dormir

b Um wie viel Uhr machen andere Kursmitglieder folgende Aktivitäten? Wessen Tagesablauf ähnelt deinem am meisten?

levantarse | desayunar | salir de casa | almorzar | volver a casa | estudiar | acostarse

● *¿A qué hora te levantas?*
■ *Normalmente a las seis y media de la mañana. ¿Y tú?*

Uhrzeiten erfragen und angeben
¿A qué hora...? / ¿Cuándo...? / ¿Hasta qué hora...?

A la una y cuarto **de la noche / de la madrugada.**
A las cinco y media **de la mañana / de la tarde.**
Hasta **las 12 del mediodía / de la medianoche.**
A medianoche / Al mediodía.

c Erzähle den anderen, mit wem du viele Übereinstimmungen hast.

- *Stefan y yo tenemos días parecidos. Nos levantamos a las..., después..., luego... y por último...*

4 ¿Cuántas veces...?

a Sieh dir Rosas Terminkalender für diesen Monat an. Was macht sie und wie oft? Ergänze die Liste mit Rosas Aktivitäten.

LUNES	MARTES	MIÉRCOLES	JUEVES	VIERNES	SÁBADO	DOMINGO
18:30 clases de chino	18:30 gimnasio	18:30 clases de chino	19:00 Skype con Jarrie	20:00 de tapas con Javier	11:00 piscina	15:00 comida con la familia
18:30 clases de chino	18:30 gimnasio	18:30 clases de chino	18:00 exposición fotografía	21:00 cena grupo biblioteca	10:15 tenis con Paco	15:00 comida con la familia
18:30 clases de chino	18:30 gimnasio	18:30 clases de chino	Estudiar toda la tarde	23:00 de copas con Luisa	11:00 piscina	15:00 comida con la familia
18:30 clases de chino	18:30 gimnasio	18:30 clases de chino 20:00 cine	18:00 Skype con Jarrie	23:00 de copas con amigos	10:30 piscina	15:00 comida con la familia

Todos los martes va al gimnasio.

Dos veces a la semana ....

A menudo ....

Todos los domingos ....

Una vez al mes ....

Häufigkeit ausdrücken

siempre / todos los días
casi siempre / a menudo
(todos) los lunes
dos veces por semana
a veces
cada quince días
una vez al mes / al año
casi nunca
nunca

(100% → 0%)

b Lies dir die Sätze unten durch und kreuze an, was auf dich zutrifft. Erweitere die Liste dann um zwei Aktivitäten.

	NOMBRE
☐ Hago deporte todos los días.	....
☐ Todos los fines de semana salgo con mis amigos.	....
☐ Siempre leo después de cenar.	....
☐ A veces salgo de casa sin desayunar.	....
☐ Casi siempre me ducho antes de acostarme.	....
☐ Como con mis padres una vez al mes.	....
☐ Nunca	....
☐	....

die Verneinung mit *nunca*

No hago deporte **nunca.**
Nunca kann vor und nach dem Verb stehen. Steht es danach, so muss **no** vor das Verb gestellt werden.

***antes de / después de* + Infinitiv**

Leo **antes de acostarme.**

Desayuna **después de ducharse.**

¡Atención!
Bei reflexiven Verben wird das Pronomen dem Subjekt angeglichen.

c Frage nun drei andere Kursmitglieder nach ihren Gewohnheiten und notiere in Übung **4b** die Namen derjenigen, auf die die Sätze zutreffen.

- *¿Cuándo / Con qué frecuencia / Cuántas veces a la semana...?*
- *Yo, una vez al mes. ¿Y tú?*

5 ¿Dónde y qué comen los españoles?

a Lies den Text und ordne die Sätze 1 bis 3 den entsprechenden Absätzen zu.

1. Los jóvenes españoles prefieren llevarse la comida al trabajo.
2. El clima influye en la comida regional. En el norte prefieren las sopas.
3. La mayoría de los trabajadores come el menú del día.

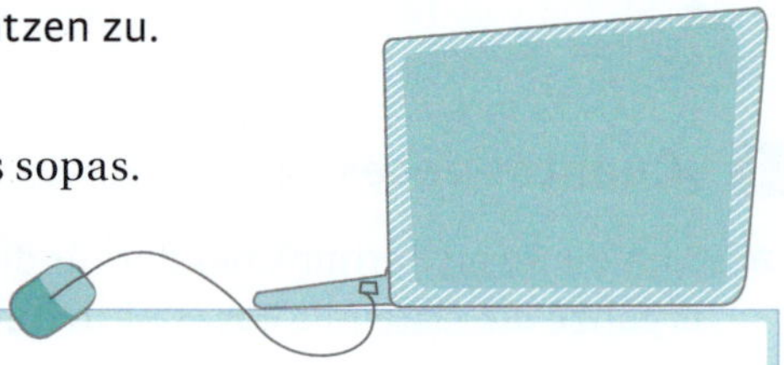

LOS ESPAÑOLES Y EL ALMUERZO

¿DÓNDE COMEN LOS ESPAÑOLES?

☐ Según un estudio reciente, la mayoría de los trabajadores come en un restaurante o en la cantina de la empresa el menú del día porque no tienen tiempo suficiente para volver a casa y comer tranquilamente. Pero esta cifra varía según el tamaño de la ciudad: cuanto más grande, más gente come fuera. El coste medio por persona es de unos 217 euros al mes.

☐ Por edades, los españoles entre 18 y 35 años optan mayoritariamente por llevarse la tartera al trabajo. Entre 35 y 50 años eligen el restaurante o cantina y a partir de los 50 años hay un equilibrio entre ambas opciones.

¿QUÉ ELIGEN PARA COMER?

☐ La elección de los platos depende de cada región y del clima. Así, en ciudades del norte de España prefieren las comidas de cuchara, mientras que en las zonas más templadas, como la región de Valencia, prefieren las verduras. En general, los españoles comen bastante carne (17%), aunque aumenta el porcentaje de personas que comen pescado (12%). Respecto a la bebida elegida para acompañar las comidas, cuatro de cada diez encuestados prefieren el agua. De las bebidas alcohólicas, la más pedida es la cerveza y después el vino.

b Sieh dir die Fotos an. Wo würdest du sie im Text platzieren?

A.

B.

C.

preferir (*e → ie*)
- pref**ie**ro
- pref**ie**res
- pref**ie**re
- preferimos
- preferís
- pref**ie**ren

c Vervollständige das Wortnetz mit den wichtigsten Wörtern aus dem Text.

dónde ← la comida y los españoles → qué

Sätze verbinden mit *aunque*

Mit **aunque** wird ein Gegensatz zur Hauptaussage eingeleitet.
Aunque hat die Bedeutung von **obwohl**.

→ *Mi gramática 2*

d An welchem Ort isst du normalerweise?

- *Yo normalmente como en... porque... aunque prefiero...*
- *Sí, yo también como normalmente... pero...*

6 En la barra del bar

a Ordne die Bezeichnungen der Getränke und Gerichte den Fotos zu.

zumo de naranja | cerveza | pincho de tortilla | arepas | tostada con mantequilla y mermelada | bocadillo de jamón | guacamole | copa de vino | ración de queso | botella de agua | café con leche | ensalada | ración de calamares | tapa de paella | ración de patatas bravas o al alioli

- *La foto número 11 es guacamole, ¿verdad?*
- *Sí, y la 7 creo que son las arepas.*

Angaben mit *de*

una ración **de**
un pincho **de**
una tapa **de**
una botella **de**
una copa **de**
un vaso **de**
una lata **de**

→ *Mi léxico 2 y 3*

b (30) In einer Bar. Höre die Dialoge 1-5. Welche Speisen und Getränke werden genannt? Markiere sie in Übung **6a**.

c (30) Höre die Dialoge noch einmal. Wie bestellt man etwas in einer Bar? Ergänze.

Kellner	Kunde
	■ Oiga, ..., ¿me pone un bocadillo de jamón y una botella de agua mineral con gas?
● Sí, ahora mismo. / Enseguida.	
	■ Pues, ... y una .... con mantequilla y mermelada.
● Hola, buenos días. ¿Qué desea?	■ Pues .... una ensalada.
	● Y yo unas arepas.

d Ergänze die Tabelle mit den Begriffen aus Übung **6a**. Trage auch weitere Getränke, Lebensmittel oder Gerichte ein, die du kennst.

platos a base de carne	platos a base de pescado	verdura	fruta	bebidas	otros

e Wie oft isst du diese Nahrungsmittel bzw. trinkst du diese Getränke?
Sprich mit den anderen Gruppenmitgliedern und finde ihre persönlichen Vorlieben heraus.

- *Yo como carne dos veces a la semana. ¿Y tú?*
- *Yo, nunca.*
- *¿Eres vegetariana?*
- *No, pero prefiero comer pescado.*

dulces

lácteos

verdura
pasta
café
zumo

té

pescado
carne
fruta
cereales

arroz

7 Diferentes países, diferentes horarios

31-33

a Ángela aus Cartagena de Indias, Juan aus Santiago de Chile und Almudena aus Madrid sprechen über ihren Tagesablauf und ihre Essgewohnheiten. Höre den Dialog und mache dir Notizen zu den unten stehenden Fragen.

	¿Cuándo se levanta?	¿Cuándo y qué desayuna?	¿Cuándo y qué almuerza?	¿Cuándo y qué cena?
 Ángela				
 Juan				
 Almudena				

b Welche Unterschiede gibt es zwischen den Personen?

c Wie oft isst du am Tag? Was isst du?

NUESTRO PROYECTO

Wir erstellen nun eine Umfrage, um die Gewohnheiten der anderen Kursmitglieder kennenzulernen, führen diese durch und werten sie aus.

a Ihr wollt Informationen zu den Punkten in Übung **b** erhalten. Wie fragt ihr danach?

b Stellt euch die Fragen gegenseitig und beantwortet sie.

NOMBRE: ....

SOBRE LA RUTINA DIARIA:
HORARIO Y ACTIVIDADES

Hora de levantarse ....
Comienzo de las clases ....
Almuerzo ....
Hora final de clase ....
Tiempo dedicado al estudio ....
Cena ....
Hora de irse a dormir ....
Actividades más frecuentes después de las clases ....
....
....
Actividades más frecuentes el fin de semana ....
....
....
....
....
....

SOBRE LOS HÁBITOS ALIMENTICIOS:
COMIDAS, HORARIOS, LUGARES DONDE SE REALIZAN

Desayuno ....
....
Almuerzo ....
....
Cena ....
....

c Welche Gemeinsamkeiten und Unterschiede habt ihr herausgefunden? Jede Gruppe stellt ihre Ergebnisse vor.

Escribimos

Verfasse einen kurzen Bericht über die Gewohnheiten der Kursmitglieder. Die unten angegebenen Bausteine können dir als Hilfestellung dienen.

La mayoría ...., después ....,
pero unos pocos ....
Casi todos .... pero también ....
Después de las clases ....

MI GRAMÁTICA

1 Regelmäßige und unregelmäßige Verben im Präsens

a Lest die Dialoge und unterstreicht die Verbformen. Wie lauten die Infinitive? Ordnet die Verben den Gruppen zu. Achtung: Nicht für alle Gruppen findet ihr Beispiele in den Dialogen.

1.
- ¿Cómo vas a la universidad?
- En bicicleta. Así hago un poco de deporte.

2.
- Normalmente salgo de casa a las 8 de la mañana. ¿Y tú?
- Yo, no. Yo, a las 10 porque las clases nunca empiezan antes de las 11:30.

3.
- ¿Cocinas todos los días?
- No, solo cuando tengo tiempo.

4.
- ¿A qué hora vuelves del trabajo?
- Normalmente a las 6:30 de la tarde ya estoy en casa.

5.
- Hoy me quedo en casa.
- ¡Qué pena!

6.
- ¿Por qué aprendes español?
- Porque quiero hacer una pasantía en Buenos Aires.

7.
- No conozco a nadie del grupo. ¿Quiénes son?
- Son compañeros de Clara.

8.
- ¿A qué hora te levantas los domingos?
- Tarde, porque los sábados nunca me acuesto antes de la 1 de la madrugada. Por eso me despierto también más tarde.

regelmäßige Verben			reflexive Verben
-ar	-er	-ir	

conocer
cono**zco**
conoc**es**
conoc**e**
conoc**emos**
conoc**éis**
conoc**en**

unregelmäßige Verben					
(e → ie)	(o → ue)	(e → i)	(→ go)	(c → zco)	andere

b Ergänze die Kästchen mit weiteren dir schon bekannten Verben.

2 Sätze verbinden: aunque / porque

Ergänze die Sätze mit dem richtigen Verbindungswort.

A. Du möchtest etwas Gegensätzliches zur Hauptaussage nennen:
.... mañana tengo un examen de Biología, esta tarde voy a la fiesta de la facultad.

B. Du möchtest den Grund für etwas nennen:
Hoy me quedo en casa .... tengo que estudiar para el examen de mañana.

1 Verben und Präpositionen

Welche Aktivitäten sind hier abgebildet? Ergänze die Ausdrücke in den Wortnetzen mit den fehlenden Wörtern.

visitar — el ....
visitar — a ....

salir — con ....
salir — de ....

ir — a ....
ir — de ....

jugar — al ....

ESTRATEGIA
Lerne Verben immer mit ihren Ergänzungen und stelle dir die Handlungen bildlich vor.

2 Speisen und Getränke

Kreiere neue Speisen und Getränke, indem du die Begriffe rechts verbindest. Schreibe auf.

comidas	bebidas
....	....
....	....
....	....
....	....
....	....
....	....

una lata de | un refresco de | una tostada de | una copa de | un plato de | una botella de | un bocadillo de | una tortilla de | un vaso de | una ensalada de | una copa de | un zumo de

tomate | vino | queso | pollo | cerveza | calamares | manzana | patatas | piña | agua | naranja | mantequilla | leche

3 Wortfamilien

Welche Substantive kannst du aus diesen Verben ableiten? Schreibe das Substantiv neben das entsprechende Verb.

desayunar	....	almorzar	....
merendar	*merienda**	cenar	....
volver	....	salir	....

* Die *merienda* ist ein kleiner Snack, der nachmittags oder vor dem Abendessen gegessen wird, vor allem von Schulkindern.

ESTRATEGIA
Sammle beim Lernen von neuem Vokabular weitere Wörter der gleichen Wortfamilie. So behältst du sie leichter im Gedächtnis.

LA JORNADA LABORAL DE LOS ESPAÑOLES

a Im Interview in Aufgabe **b** stellt der Befragte Forderungen an den spanischen Staat. Lies diese Aussagen und stelle Hypothesen dazu auf, was er in dem Interview fordert.

"Las tiendas, las escuelas, los cines y también las oficinas ofrecen horarios poco adecuados."

"Los españoles se acuestan tarde y se levantan pronto."

"En los años 40 los españoles duermen la siesta y tienen dos o más trabajos."

"La jornada laboral de los españoles es demasiado larga."

b Lies das Interview und suche im Text die Absätze, die die Aussagen von **a** wiedergeben.

En España hay que cambiar el chip

Usted dice que en España hay que cambiar el chip, ¿qué quiere decir esto?

Que España debe abandonar la hora de Berlín. Estamos mucho más al oeste y se debería adoptar la de Londres, la que tienen Canarias, Portugal o Irlanda, entre otros.

¿Por qué?

Porque empezar el día laboral tarde y terminar tarde con un descanso de dos o tres horas en el medio es de locos.
Las consecuencias son jornadas laborales eternas y familias desestructuradas. España es el país que menos duerme de Europa.

¿Por dónde propone empezar?

Hay que regular los horarios comerciales (hasta las 20:00 h), los del mundo profesional (hasta las cinco o seis de la tarde o jornada intensiva), los del mundo educativo, los del ocio nocturno, avanzar la programación de la tele y del fútbol entre semana.

¿Es posible adecuarnos a las horas de los europeos?

Sí, por supuesto. El cambio a la hora de Berlín, es decir, una hora más que en Canarias o Portugal, es consecuencia de la política franquista, por su simpatía con el nacionalsocialismo. Mientras que los descansos de dos o tres horas en la jornada laboral son consecuencia del pluriempleo* de los trabajadores después de la Guerra Civil en los años 40.

¿No es utópico acercar nuestro carácter latino a esos parámetros?

No. Este horario también lo tienen los italianos, los griegos y los portugueses. En Nápoles o Sicilia se come entre las doce y la una. Su jornada laboral termina entre las cinco y las seis de la tarde. Son tan latinos como nosotros, tan mediterráneos como nosotros y pueden tener tantas horas de sol como puede tener Andalucía. Es una excusa absurda.

* Mehrfachbeschäftigung

c Suche im Internet die Öffnungszeiten für unten stehende Einrichtungen in Spanien. Vergleiche danach mit deinem Land. Welche Vor- und Nachteile gibt es in beiden Systemen?

	los grandes comercios	los bancos	las escuelas	los locales nocturnos
abren				
cierran				

5

In dieser Lektion lernst du...

- ... Absichten zu äußern
- ... Gefallen, Interessen und Vorlieben auszudrücken
- ... über ein Land oder eine Stadt zu sprechen
- ... über Klima und Wetter zu sprechen

¿A qué país quieres viajar?

In dieser Lektion wählen wir eine lateinamerikanische Stadt aus, in der wir einen Sprachkurs machen wollen.

A.

C.

E.

B.

D.

a ¿Conoces estos lugares? Relaciona los textos con las fotos.

LA ISLA DE PASCUA: *la isla más aislada y misteriosa del mundo.* 3.

CATARATAS DE IGUAZÚ: *el mayor espectáculo de agua y selvas.* 1.

LA CUMBRE DEL CHIMBORAZO: *el punto terrestre más cercano al sol.* 4.

LAGO TITICACA: *de paseo por el lago navegable más alto del mundo.* 2.

PARQUE NATURAL TAYRONA: *naturaleza salvaje y restos arqueológicos.* 5.

b ¿Qué paisaje te gusta más? Compara con tus compañeros/-as.
Welche Landschaft gefällt dir am besten? Vergleiche mit anderen Kursmitgliedern.

- *A mí, el Parque Natural me parece muy interesante porque me gusta mucho visitar restos arqueológicos.*
- *Pues... a mí, las Cataratas de Iguazú, ¡qué maravilla!*

c ¿Sabes en qué país están estos lugares?

- *Pues yo creo que Las Cataratas de Iguazú están en Chile, ¿no?*
- *No. Yo creo que están en Argentina.*

Kommunikation Absichten äußern » über Vorlieben und Interessen sprechen » Einverständnis und Ablehnung äußern **Grammatik** *querer* (+ Infinitiv) » *gustar* » Steigerung mit *mucho* und *bastante* **Wortschatz** Sehenswürdigkeiten » Reise

1 Planes de viajes

34 **a** Tres personas hablan sobre sus planes de vacaciones. ¿A dónde quieren ir? Escucha y anota los destinos.

34 **b** ¿Por qué quieren visitar estos lugares? Lies die Aussagen, höre danach den Dialog noch einmal und kreuze die zutreffenden Aussagen an.

- ☐ 1. Para terminar sus estudios de Biología sobre la flora en la cordillera andina.
- ☐ 2. Para conocer una de las mayores bellezas naturales del mundo.
- ☐ 3. Porque quiere investigar allí sobre el calentamiento del planeta.
- ☐ 4. Porque le interesa la cultura del pueblo maya.
- ☐ 5. Porque le interesan las culturas antiguas, especialmente las precolombinas.
- ☐ 6. Porque el año que viene quiere escalar en la cordillera de los Andes.

querer (e → ie)
quiero
quieres
quiere
queremos
queréis
quieren

c ¿A dónde queréis viajar? Überlegt gemeinsam, an welche Orte der Einstiegseite ihr reisen möchtet, und warum. Berichtet dann im Kurs.

- *¿A dónde quieres ir tú?*
- *Yo a... porque... ¿Y tú?*
- *Queremos ir / viajar a... para / porque...*

Absichten äußern
querer + Infinitiv
Quiero viajar a Chile.

2 ¿Qué tipo de vacaciones les gustan?

a Lies und markiere die Urlaubsvorlieben dieser Personen.

A mí me gusta la naturaleza, la ecología, me encanta estar al aire libre. Por eso me interesan siempre los viajes de aventuras y en especial países como Chile, Canadá, Costa Rica...

Para mí las vacaciones son para descansar. No me interesan mucho ni la aventura ni la vida cultural. Me gusta ir a la playa, tomar el sol, leer, tener tiempo para estar con los amigos... Por eso me gustan los destinos de playa.

A mí me encantan los países del lejano oriente. Me gusta descubrir cómo viven las personas, qué lenguas hablan, qué comen... y hacer trabajos voluntarios. Por eso me encantan países como Tailandia, Indonesia...

b Markiere in den Texten von **2a** alle Ausdrücke, mit denen Vorlieben oder Interessen geäußert werden. Ergänze danach die Tabelle mit Beispielen aus dem Text. Wann stehen die Verben im Singular und wann im Plural? Überprüfe dein Ergebnis mithilfe der Tabelle rechts.

Gustos (Vorlieben)	Intereses (Interessen)
Me gusta la naturaleza	....
....	....

das Verb *gustar*				Verdoppelung des indirekten Objekts
betontes indirektes Objekt	indirektes Objekt	Verb	Subjekt	
(A mí) (A ti) (A él / ella, usted) (A nosotros /-as) (A vosotros /-as) (A ellos / ellas, ustedes)	**me** **te** **le** **nos** **os** **les**	**gusta** → **gustan** →	Pablo. **la** naturaleza. **ir** de vacaciones. **viajar y conocer** a gente. **las** lenguas. **los** países lejanos. **la** naturaleza **y el** deporte. **los** viajes y **descubrir** nuevas culturas.	Wie beim Gebrauch der Subjektpronomen wird durch die Verwendung der betonten Form des indirekten Objekts die Person hervorgehoben. **A mí, a ti** usw. können aber nie allein stehen: dahinter muss immer die unbetonte Form des indirekten Objekts folgen. A mí **me** gusta viajar. A Pablo **le** gustan las motos.
→ *Mi gramática 1*				

c ¿Y a ti qué te gusta o te interesa? ¿Qué cosas no te gustan? Completa el texto.

Me encant...... .... y también me gust...... ....
.... pero no me gust..... ni ....
ni .... Pero me interes...... ....
.... y ....

Steigerung
++++ = Me **encanta**. +++ = Me gusta **mucho**. ++ = Me gusta **bastante**. + = Me gusta. – = **No** me gusta **mucho**. –– = **No** me gusta. ––– = **No** me gusta **nada**.
¡Atención! No me gusta viajar solo. **No me gusta (ni)** viajar **ni** leer.

3 A mí sí, a mí no.

a ¿Qué significan las palabras "también" y "tampoco" en estas situaciones?

Einverständnis oder Ablehnung äußern	
● Me encanta la naturaleza. ☺ ■ A mí **también**. ☺ ● Pues, a mí **no**. ☹	● No me gustan las playas. ☹ ■ A mí **tampoco**. ☹ ● Pues, a mí **sí**. ☺

b ¿Y tú cómo viajas? Marca tus preferencias. Compara después con tus compañeros/-as.

A mí me gusta...				
viajar	☐ solo/-a	☐ con la familia	☐ con amigos	☐ con mi pareja
ir	☐ a la montaña	☐ a la playa	☐ al campo	☐ a ciudades
dormir	☐ en un camping	☐ en un hotel	☐ en un hostal	☐ en un apartamento

● *Me gusta ir de vacaciones con mis amigos.*
Me gusta la montaña y alojarme en... ¿Y a vosotros?
■ *Pues a mí...*
● *A mí no. Yo prefiero...*

c ¿Quién tiene tus mismas preferencias? Cuéntalo.

● *A mí me gusta viajar en primavera y a Lars también.*

→ *Mi gramática 2*

4 Siete maravillas de la naturaleza

a ¿Qué sabes de Latinoamérica? Lies die Fragen: Welche Wunder der Natur oder Orte werden beschrieben? Schreibe den Namen des Ortes dahinter und verbinde die Sätze mit den Fotos.

CONCURSO *"Siete maravillas de América Latina"*

CERRO ACONCAGUA

ATACAMA

UPSALA

SALTO DEL ÁNGEL

¿SABES CÓMO SE LLAMA...

1 ...el pico **más alto de** América Latina? ....

2 ...el desierto **más seco del** mundo? ....

3 ...el sendero **más famoso y antiguo de** América? ....

4 ...el glaciar **más grande de** la Patagonia? ....

5 ...la cascada **más alta del** mundo? ....

6 ...el río **más largo** en la selva **más fascinante del** mundo? ....

7 ...el volcán activo **más alto del** mundo? ....

Envía tus respuestas a nuestro correo electrónico maravillas@info.com y gana un billete de avión a uno de estos destinos: ¡TE ESPERAMOS!

EL CAMINO INCA

AMAZONAS

OJOS DEL SALADO

b Y de Europa, ¿qué sabes? Überlegt euch in der Gruppe weitere Wunder der Natur aus Europa, die in einem „Ranking" gewinnen könnten. Folgende Wörter kannst du benutzen, um die Orte zu beschreiben:

famoso/-a | fascinante | grande | espectacular | salvaje | alto/-a | largo/-a | aislado/-a | misterioso/-a | hermoso/-a

Cataratas del Rin

Playa de las Catedrales en Galicia

c El ranking de la clase. Jede Gruppe kann ein Naturwunder vorstellen. Trefft eure Wahl und begründet sie.

- *Nuestra maravilla es la Catarata del Rin porque es la más alta de Europa y la más espectacular.*

der Superlativ

El Chimborazo es **el volcán más alto de** Ecuador.

Los Andes son **las montañas más altas de** América.

5 Las estaciones del año

a Relaciona las fotos con las estaciones.

- la primavera
- el verano
- el otoño
- el invierno

b Mira las fotos de 5a. ¿Qué tiempo hace?
Wie ist das Wetter auf den Fotos in Aufgabe 5a?

Hace calor.	Hace frío.	Hace sol.
Hace viento.	Hace buen tiempo.	Hace mal tiempo.
Llueve.	Nieva.	Hay niebla.
Hay tormenta.	Está nublado.	Está despejado.

c 35 Escucha el pronóstico meteorológico para cinco regiones de Chile.
Höre die Wettervorhersage für fünf Regionen in Chile.
Mache dir Notizen und überlege danach, wohin du reisen möchtest.

Zona	¿Qué tiempo hace?
1.	
2.	
3.	
4.	
5.	

Mengenangaben

Llueve **poco**. /
Hace **poco** calor.
Llueve **mucho**. /
Hay **mucha** niebla.

Die Indefinita **poco** und **mucho** sind unveränderlich, wenn sie sich auf ein Verb beziehen, aber veränderlich, wenn sie sich auf ein Substantiv beziehen. Dann richten sie sich in Genus und Numerus nach diesem.

→ *Mi léxico 1*

- *Yo quiero viajar a... porque...*
- *Pues yo prefiero ir a... porque...*

d ¿Y qué tiempo hace ahora en tu ciudad?

- *Ahora hace... / hay... / está...*

Kommunikation Informationen über Länder geben und erfragen » die Lage von Ländern und Städten angeben Grammatik ungefähre Mengenangaben » der Konnektor *mientras que* » die Fragepronomen *qué* und *cuál* » *tener* und *hay* Wortschatz Zahlen von 100 bis 1.000.000

6 Ecuador, un museo de paisajes

a ¿Qué lugares de Ecuador conoces? Lies den Abschnitt „Situación" aus dem Reiseführer über Ecuador und markiere in der Landkarte die Regionen und Orte, die erwähnt werden.

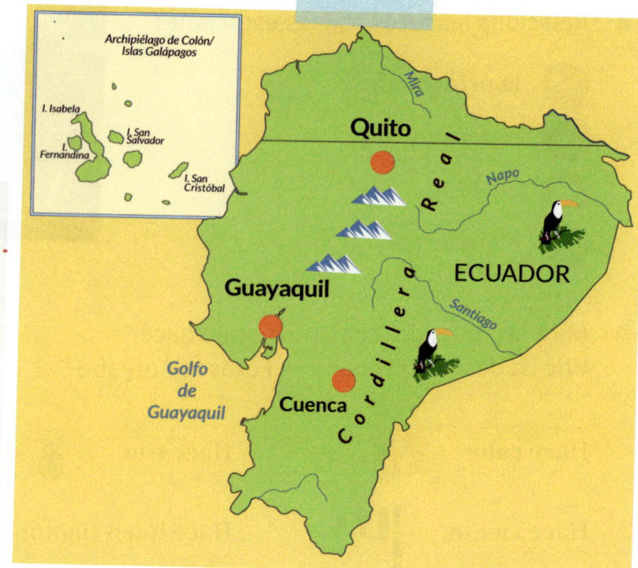

ECUADOR

SITUACIÓN
Ecuador es un país pequeño. Se divide en cuatro zonas geográficas: la Amazonía (selva amazónica), la Sierra (Cordillera de los Andes), la Costa del Pacífico y las Islas Galápagos. Su capital es Quito y la ciudad más grande es Guayaquil. Ecuador se sitúa sobre la Línea Equinoccial (la línea del Ecuador).

CLIMA
El país tiene un clima tropical y húmedo. En Ecuador solo hay dos estaciones: la húmeda, entre diciembre y mayo, y la seca, entre junio y septiembre. Hay grandes diferencias de temperatura entre las zonas geográficas. Por ejemplo, en la costa, la temperatura oscila entre los 20 y 33 °C, mientras que en la sierra puede oscilar entre los 3 y 26 °C, según la altura.

CIUDADES
Ecuador tiene aproximadamente una población de 15 millones de personas. Uno de cada tres ecuatorianos vive en Quito o Guayaquil. En esta última ciudad viven más de tres millones de personas y es el centro financiero del país, mientras que Quito, con más de dos millones, es la capital y el centro cultural de Ecuador. Quito está situada en el norte del país, entre dos montañas, y su altitud es de 2800 metros. Es la segunda capital más alta del mundo. La capital de Ecuador posee el centro histórico más grande y mejor conservado de América Latina y forma parte de la lista de lugares declarados Patrimonio Mundial de la Humanidad de la UNESCO.

NATURALEZA
Ecuador es famoso por ser uno de los países con más biodiversidad del planeta. El 20% del país es reserva ecológica. En Ecuador hay montañas, valles, bosques tropicales, lagos y volcanes. Cerca de Quito, a unos 50 km, está el volcán Cotopaxi, que es el segundo volcán más alto del país y todavía activo.

Zahlen von 100 bis 1.000.000

100	cien
101	ciento uno
200	doscientos /-as
300	trescientos/-as
400	cuatrocientos/-as
500	quinientos/-as
600	seiscientos/-as
700	setecientos/-as
800	ochocientos/-as
900	novecientos/-as
1.000	mil
1.001	mil uno
2.000	dos mil
3.000	tres mil
4.000	cuatro mil
5.000	cinco mil
6.000	seis mil
7.000	siete mil
8.000	ocho mil
9.000	nueve mil
10.000	diez mil
100.000	cien mil
1.000.000	un millón

b Du hast eine Reise nach Ecuador gewonnen.
¿Cuándo quieres viajar y a dónde? Lee el apartado "clima".

- *Yo quiero viajar en la época seca a las Islas Galápagos. ¿Y tú?*
- *Pues yo también.*

c Lee el resto del texto y completa las frases con la información principal del texto.

1. Ecuador tiene una población de .... En Guayaquil viven más de ....
2. Guayaquil es el centro ...., mientras que Quito es ....
3. Quito está situada ....
4. Es la segunda capital .... del mundo y posee el centro histórico ...., y .... de América Latina.
5. En Ecuador hay ...., ..., ..., ... y ....
6. Cerca de Quito está ...., que es el segundo volcán más alto del país.

Sätze verbinden mit *mientras que*

Mientras que wird verwendet, um eine gegensätzliche Information zu nennen. Im Deutschen kann man es mit „wohingegen" übersetzen.

d ¿Y cómo es tu país? Completa.

Mi país está .... de ....
En mi país viven ....
Mi país tiene ....
En mi país hay ....
Mi país es famoso por ....

die Lage angeben

¿Dónde **está** Quito?
Está (situada) **en** el centro de...

¿Dónde **están** las Islas Galápagos?
Las Islas Galápagos **están** **en** Ecuador.

en el norte (de)...
en el sur (de)...
en el este (de)...
en el oeste (de)...

7 El país elegido es...

a Escribe un breve texto sobre un país. Mache dir vorher Notizen:

¿Dónde está?

¿Qué hay?

¿Cómo es?

¿Es famoso por algo especial?

b Lies deine Länderbeschreibung vor, ohne das Land zu nennen. Die anderen Gruppenmitglieder raten, welches Land du beschreibst.

Vorhandensein ausdrücken

Ecuador...
... tiene ríos.
... tiene muchas montañas.
... tiene dos estaciones.
... tiene un volcán.

En Ecuador...
... hay ríos.
... hay muchas montañas.
... hay dos estaciones.
... hay un volcán.

→ *Mi léxico 2*

8 Eligiendo un destino

a Mark, Laura y Nathalie quieren pasar un tiempo en un país de América Latina. ¿Cuánto tiempo quieren estar en el país?

Mark

Estudia Biología en la Universidad de Dresden y tiene una beca del DAAD (Servicio Alemán de Intercambio Académico) para cursar un año académico en la Universidad de La Serena, en Chile.

Laura

Estudia Pedagogía en Düsseldorf y quiere solicitar un voluntariado de seis meses en una escuela de Argentina.

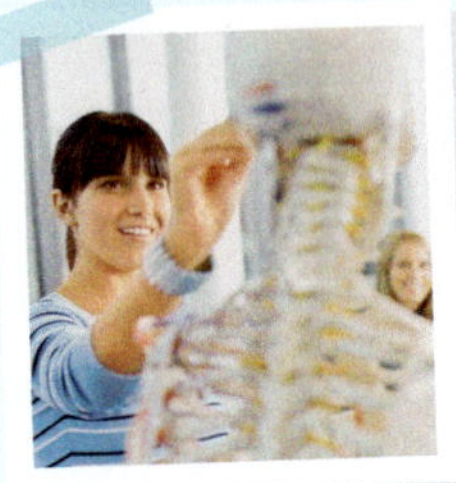

Nathalie

Estudia Medicina en Berlín. Quiere solicitar un periodo de prácticas de seis semanas en Colombia. Quiere asistir también a clases de español.

b ¿Cuáles de estas preguntas son importantes para preparar el viaje? Elige tres.

- ☐ ¿Cuál es la capital?
- ☐ ¿Cómo se llama la moneda?
- ☐ ¿Dónde está?
- ☐ ¿Qué idioma se habla?
- ☐ ¿Cuáles son los productos típicos del país?
- ☐ ¿Qué lugares interesantes hay?
- ☐ ¿Cuáles son las ciudades más importantes?
- ☐ ¿Cuántos habitantes tiene el país?
- ☐ ¿Cómo es el clima?
- ☐ ¿Cuál es el plato y la bebida típica del país?

die Fragepronomen *qué* und *cuál*

Qué + Substantiv / **Cuál / Cuáles** + Verb
¿Qué lenguas se hablan en Bolivia?
¿Cuál es la moneda de Bolivia?
→ Mit **qué** + Substantiv oder **cuál / cuáles** identifiziert man ein oder mehrere Dinge innerhalb einer Gruppe.

Qué + Verb
¿Qué es el quechua?
→ Mit **qué** fragt man nach Dingen oder Definitionen.

→ *Mi gramática 3*

c En parejas. Elegid uno de los tres países y haced una ficha con los datos más importantes para Mark, Laura o Nathalie. Podéis buscar información en Internet.

NUESTRO PAÍS ELEGIDO ES ....
Capital: ....
Ciudades: ....
Lugares interesantes: ....
..........: ....
..........: ....

36-38 **d** Escucha, toma notas y completa tu ficha de 8c. Höre, was ein Chilene, ein Argentinier und eine Kolumbianerin über ihre Länder erzählen. Mache dir Notizen und ergänze deinen Steckbrief aus 8c.

NUESTRO PROYECTO

Wir suchen uns ein Land in Südamerika aus, in dem wir einen Spanischkurs machen möchten, und schreiben einen Informationstext über das Land.

a Lee los anuncios de estas escuelas de español. ¿Cuál prefieres?

Aprende español en Latinoamérica

Latinoamérica, un lugar fascinante con 525 millones de habitantes que se unen principalmente en torno a un único idioma: el español. Te ofrecemos 11 países y más de 20 escuelas de español. ¡Elige tu país favorito!

Aprende español en Lima y disfruta de los encantos de ¡la apasionante capital de Perú!

Nuestra escuela está situada en el distrito de las playas de Miraflores que son ideales para hacer surf, o simplemente para disfrutar del calor del sol. Lima ofrece a los visitantes muchísimas atracciones.

- Excursiones a la playa
- Kayak, senderismo, parapente y surf
- Visitas a museos
- Cenas al aire libre con compañeros
- Tours para ver el ambiente nocturno
- Proyección de películas en español
- Excursiones a Cuzco y Machu Picchu

Clases de español en Pucón, Chile

Enseñanza de español a extranjeros a través de clases, actividades de aventura, trabajo voluntario y actividades culturales.
Pucón es un centro turístico de excelencia de la zona sur de Chile. Sus volcanes, termas, lagos, ríos y parques naturales ofrecen al visitante una gran variedad de alternativas para disfrutar de actividades al aire libre.

ESCUELA DE ESPAÑOL EN QUITO

→ Cursos intensivos de español
→ Cursos individuales de español
→ Voluntariado en América Latina

Las clases van de lunes a viernes. Cada sesión se divide en dos bloques con una pausa de 20 minutos entre ellos. El primer bloque se dedica principalmente a la gramática y vocabulario, mientras que en el segundo practicaremos la conversación.

ACTIVIDADES DE TIEMPO LIBRE

Excursiones a pueblos cercanos. // Visitas a centros culturales o museos. // Clases de cultura en la escuela.

b ¿A dónde quieren ir tus compañeros/-as de curso?
Suche jemanden im Kurs, der in die gleiche Stadt reisen möchte.

- *A mí me interesa la escuela de… porque está en… y tiene… ¿Y a ti?*
- *Yo prefiero… porque me gusta…*

c En parejas. Organizad el viaje según los siguientes puntos:

A qué escuela vais y por qué | Cuánto tiempo | En qué época del año | Qué queréis hacer allí

Escribimos

Schreibe nun einen Text über das Land, in dem die Stadt deiner Wahl liegt.
Berichte darin über die Lage, das Klima und weitere interessante Aspekte.

1 Die Verben gustar, encantar und interesar

a Estos son los gustos e intereses de Daniel. Formula las frases correctamente.

1. Encantar la comida española.
2. Gustar mucho ir al fútbol.
3. Gustar bailar salsa.
4. Interesar las galerías de arte y la naturaleza.
5. No gustar la televisión española.

Me encanta ....
....
....
....
....

b ¿Qué cosas le gustan a Daniel? Erzähle es einer Freundin.

A Daniel le encanta la comida española, también ....
....
....

2 Combinaciones

Une los elementos de las dos columnas y después formula frases completas.

leer	de copas con los amigos
chatear	el sol y la playa
salir	literatura hispanoamericana
interesar	chino en una escuela de idiomas
visitar	con mi amiga venezolana
aprender	la cocina peruana
encantar	el té al café
estudiar	Medicina
preferir	a mis padres

Yo leo mucha literatura hispanoamericana para aprender más español.

3 Qué und cuál / cuáles

a Completa las preguntas con *qué* o *cuál / cuáles*.

1. ● ¿................ es el quechua?
   ■ Una lengua precolombina, creo.
2. ● ¿................ es la moneda de Bolivia?
   ■ El boliviano, ¿no?
3. ● ¿................ moneda utilizan los argentinos?
   ■ Creo que el peso.
4. ● ¿................ son las lenguas oficiales de España?
   ■ El gallego, el catalán, el euskera y el castellano.

b Wie stellst du diese Fragen in deiner Muttersprache? Vergleiche.

1 Los meses y las estaciones del año

Completa las estaciones con los meses del año.

2 Paisajes

a ¿Cuáles de estos paisajes hay cerca de donde tú vives? ¿Y cuáles no? Completa la frase.
Welche dieser Landschaften gibt es in der Nähe deines Wohnorts, welche nicht? Ergänze den Satz.

- *Cerca de mi ciudad hay .... y también .... pero no hay ....*

b Relaciona los lugares con los adjetivos. A veces hay varias posibilidades.

valle, bosque, parque, selva, estación, cordillera, clima, isla, volcán, ciudad, centro

húmedo/-a, nacional, mediterráneo, cultural, histórico/-a, tropical, amazónica, andina, financiero, activo / inactivo, natural, templado/-a, seco/-a

ESTRATEGIA
Substantive werden oft durch ein Adjektiv ergänzt. Lerne sie zusammen.

c Ergänze nun deinen Satz aus 2a mit Adjektiven. Achte dabei auf die richtigen Endungen.

CULTURA

LENGUAS EN CONTACTO

a ¿Qué sabes sobre la lengua española y los países donde se habla español?
Entscheide, ob die Aussagen richtig *(verdadero)* oder falsch *(falso)* sind.

	verdadero	falso
1. El español es la tercera lengua más hablada del mundo como lengua nativa.	☐	☐
2. El español es lengua oficial en diecinueve países.	☐	☐
3. El quechua y el guaraní son las lenguas indígenas americanas más habladas.	☐	☐
4. En Paraguay hay dos lenguas oficiales: el español y el guaraní.	☐	☐
5. En España se hablan cuatro lenguas.	☐	☐

- *Yo creo que la número ... es verdad.*
- *No sé.*

b Lee ahora el texto y comprueba. Lies nun den Text und überprüfe deine Antworten.

El español en el mundo

El español o castellano es una lengua viva y en crecimiento. Más de 495 millones de personas lo hablan, incluyendo aquellas que no lo tienen como lengua materna. El español es la segunda lengua del mundo por número de hablantes nativos, después del chino mandarín, y el segundo idioma de comunicación internacional. Se habla y es lengua oficial en España, Guinea Ecuatorial y en diecinueve países del continente americano, y es la segunda lengua más hablada en los Estados Unidos, después del inglés.

Las lenguas de América latina

En los países hispanohablantes el español convive con otras lenguas precolombinas. El quechua, idioma oficial del antiguo imperio inca, es la lengua indígena con mayor número de hablantes y que se extiende por un área geográfica muy extensa que incluye Ecuador, Perú, Bolivia y partes de Argentina y Colombia. El guaraní, la segunda lengua indígena más hablada, tiene en Paraguay estatus de lengua oficial junto con el español y se habla, además, en diferentes países del área amazónica: Brasil, Paraguay, norte de Argentina y este de Bolivia. El náhuatl o lengua azteca se habla en México, Guatemala y el Salvador. En la actualidad se siguen hablando más de 1000 lenguas indígenas diferentes en América.

Las lenguas de España

En España se hablan, además del español, otras tres lenguas que son cooficiales en sus territorios: el catalán, el gallego y el vasco. El catalán, el gallego y el castellano o español son lenguas románicas, es decir que tienen su origen en el latín. El vasco o euskera es una de las lenguas más antiguas de Europa y no se conoce con certeza su origen.

c Suche auf den Landkarten von Spanien und Lateinamerika auf den inneren Umschlagseiten die Orte, wo neben dem Spanischen noch andere Sprachen gesprochen werden.

d ¿Qué lenguas o dialectos se hablan en tu país?

Mi ciudad, mi barrio

In dieser Lektion lernst du …
- … Orte zu beschreiben und zu vergleichen
- … über den Standort zu sprechen
- … Auskunft darüber zu geben, was es in einer Stadt gibt
- … nach dem Weg zu fragen und ihn zu beschreiben
- … unbekannte Personen nach etwas zu fragen und dich für die Hilfe zu bedanken

In dieser Lektion erarbeiten wir Vorschläge zur Verbesserung unserer Stadt.

1.

2.

3.

a Mira las fotos y relaciónalas con el adjetivo más adecuado.

grande | tradicional | limpia | sostenible | aburrida | turística | moderna | mediana | ruidosa

b ¿Qué lugar te gusta más? ¿Por qué? ¿Y a tus compañeros/-as? Überlege kurz, welcher der drei Orte dir am besten gefällt. Begründe deine Wahl. Vergleiche dann mit anderen Kursmitgliedern.

- *La ciudad que más me gusta es... porque... ¿Y a ti?*
- *Yo prefiero... porque...*
- *Pues yo también. / Pues yo no... A mí me gusta más...*

c ¿Cuál es vuestro lugar preferido?

- *La ciudad que más nos gusta es... porque...*
- *Y nuestra ciudad favorita es... porque...*
- *Pues nosotros preferimos... porque...*

6 A

Kommunikation Orte beschreiben » Auskunft darüber geben, was es in einer Stadt gibt
Grammatik einige Indefinita » die Adjektive *bueno / malo* Wortschatz Thema Lebensqualität: Substantive und Adjektive

1 ¿Cómo es tu ciudad?

a Una encuesta. Das Rathaus einer kleinen spanischen Stadt führt eine Online-Umfrage durch. Lies sie und bewerte dann deinen Wohnort nach den gleichen Kriterien (1 = nein, 2 = eher nicht, 3 = eher ja, 4 = ja).

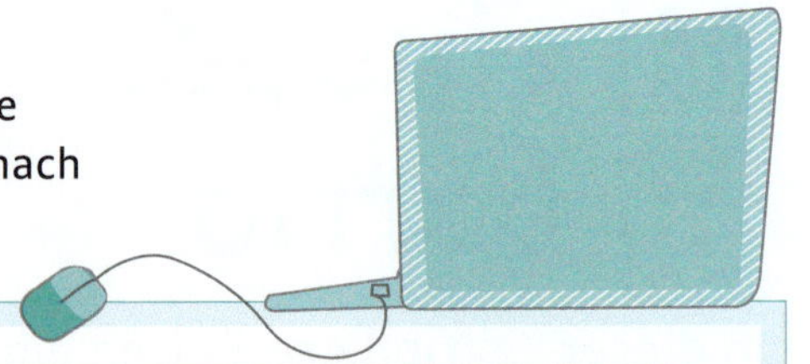

AYUNTAMIENTO DE ....

Valore su ciudad por medio de la siguiente encuesta.
Escriba una nota de 4 (totalmente de acuerdo) a 1
(para nada de acuerdo) respecto a los siguientes aspectos.

1. Es muy segura. En la ciudad hay poca criminalidad. ☐ 1 ☐ 2 ☐ 3 ☐ 4

2. Es una ciudad poco contaminada. ☐ 1 ☐ 2 ☐ 3 ☐ 4
3. Tiene una buena red de transportes públicos. ☐ 1 ☐ 2 ☐ 3 ☐ 4
4. Tiene suficiente oferta cultural (bibliotecas, museos, cines, teatros, exposiciones, etc.). ☐ 1 ☐ 2 ☐ 3 ☐ 4

5. Tiene suficientes zonas verdes (parques públicos, jardines). ☐ 1 ☐ 2 ☐ 3 ☐ 4

6. Tiene mucha y variada oferta para el tiempo libre (bares, discotecas, restaurantes, etc.). ☐ 1 ☐ 2 ☐ 3 ☐ 4
7. Es tranquila. Hay poco ruido. ☐ 1 ☐ 2 ☐ 3 ☐ 4
8. Es próspera. Hay poco desempleo. ☐ 1 ☐ 2 ☐ 3 ☐ 4

9. En la ciudad hay una buena oferta comercial (tiendas, supermercados, grandes almacenes, etc.). ☐ 1 ☐ 2 ☐ 3 ☐ 4
10. Mi ciudad es... ☐ 1 muy fea ☐ 2 un poco fea ☐ 3 bastante bonita ☐ 4 muy bonita

b Compara con un/a compañero/-a. ¿Tenéis la misma opinión?

- *En mi opinión nuestra ciudad es muy segura y es una ciudad poco contaminada.*
- *Sí, pero no tiene una buena red de transportes.*
- *Sí, es verdad.*

c Zähle nun alle Punkte zusammen und teile sie durch 10, um deinem Wohnort eine Note zu geben. Vergleiche deine Durchschnittsnote mit den Noten der anderen Kursmitglieder. Welche Gesamtnote bekommt eure Stadt? Siehe Seite 174.

2 Mi ciudad ideal

39-41 **a** Tres personas hablan de su lugar de residencia. Escucha.
In welcher Reihenfolge werden die Orte vorgestellt?

.... México D.F.
.... Deià
.... San Sebastián

39-41 **b** ¿Dónde están, cómo son y qué tienen las tres ciudades de la actividad 2a?
Lee las descripciones y escribe "M" para México, "S" para San Sebastián o "D" para Deià. Después escucha otra vez y comprueba.

¿DÓNDE ESTÁ?

.... Está cerca de las montañas.
.... Está cerca de la ciudad.
.... Está cerca del mar.

¿CÓMO ES LA CIUDAD?

.... Es antigua y moderna.
.... Es vital.
.... Es sostenible.
.... Es mediana, tranquila, limpia.
.... La gente es amable.
.... Es pequeña.
.... Es tranquila.

¿QUÉ TIENE LA CIUDAD?

.... Tiene muchos museos, teatros y bibliotecas.
.... Tiene bares, discotecas, restaurantes.
.... Tiene un río.
.... Tiene un centro histórico.
.... No tiene contaminación.
.... Tiene demasiados coches.
.... No tiene mucho tráfico.
.... Tiene carriles bici.
.... Tiene puntos verdes de reciclaje.
.... Tiene una playa.
.... Tiene puerto.
.... Tiene bastantes zonas verdes.
.... Tiene buen ambiente.

Mengenangaben + Substantiv

Tiene **muchos museos.**
muchos/-as + Substantiv

Tiene **demasiados coches.**
demasiado/-a/-os/-as + Substantiv

Tiene **bastantes museos.**
bastante/-s + Substantiv

Tiene **suficientes zonas** verdes.
suficiente/-s + Substantiv

En la ciudad hay **poca criminalidad.**
poco/-a/-os/-as + Substantiv

die Adjektive *buen / bueno, mal / malo*

Tiene un ambiente **bueno / malo**.
Substantiv + Adjektive

Tiene **buen / mal** ambiente.
Adjektive + Substantiv

Die Adjektive **bueno** und **malo** in ihrer maskulinen Form verlieren das **-o**, wenn sie vor dem Substantiv stehen.

c Ordne die Beschreibungen von 2b den unten genannten Themen zu. Notiere Stichwörter. Manche Aussagen können mehreren Themen zugeordnet werden.

Cultura y ocio: ....
Deportes: ....
Educación: ....
Seguridad: ....
Medio Ambiente: ....
Movilidad y transportes: ....
Salud y/o servicios sociales: ....

d ¿Cómo es para ti una ciudad ideal? Beschreibe sie deinem Partner / deiner Partnerin.

- *Mi ciudad ideal está..., es..., tiene... ¿Y la tuya?*
- *La mía...*

Kommunikation Orte vergleichen » über das eigene Stadtviertel sprechen Grammatik der Komparativ: Ungleichheit » die Steigerung: *menor / mejor / peor* Wortschatz öffentliche Gebäude in der Stadt

3 San Sebastián y sus barrios

a Mira la foto aérea de San Sebastián. ¿Qué ves?
Habla con un compañero/-a. Lee después el primer párrafo del texto y compara.

● *En la foto se ve el mar.* ■ *Sí, y también...*

San Sebastián (Donostia)

San Sebastián (en vasco Donostia) ofrece una buena calidad de vida. Situada entre el mar y la montaña, Donostia cuenta con varias playas, una extensa red de parques y jardines y una buena oferta gastronómica, además de importantes universidades. San Sebastián es, además, una ciudad con mucha historia y cada barrio tiene su propio carácter.

La Parte Vieja

Situado entre el puerto y el río Urumea, es el lugar más visitado de Donostia. La Parte Vieja es un barrio muy popular y antiguo. Sus calles están llenas de tiendas pequeñas, bares de pinchos y restaurantes.

Barrio de Gros

Situado en la orilla este del río Urumea es un barrio cosmopolita, dinámico y joven. Es una buena zona de la ciudad para ir de compras, sobre todo para comprar artículos deportivos y ropa playera. En este barrio está también el *Palacio de Congresos Kursaal* y la sede del Festival Internacional de cine. Por eso es una de las zonas más caras de San Sebastián.

Barrio de Alza (Altza)

Es el barrio más oriental de la ciudad y el más poblado. Está algo más lejos del centro, a unos diez minutos en coche. El rápido desarrollo urbano producido en las décadas de los 60 y 70 por la llegada de trabajadores de otras ciudades, marca el aspecto y la sociología de este barrio.

b ¿Qué dice el texto sobre los tres barrios de San Sebastián? Subraya la información más importante sobre cada barrio y decide cuál es....

el barrio turístico y comercial | el barrio residencial | el barrio de trabajadores en las afueras

c ¿De qué barrio se habla aquí? Completa.
Setze den Namen des passenden Stadtviertels ein.

En .... hay más vida cultural que en Altza.
En Altza la vivienda es menos cara que en ....
La Parte Vieja está más cerca de la playa que ....
Gros está más lejos del puerto que ....
En .... hay menos tiendas que en Gros.

Ungleichheit ausdrücken

San Sebastián es **más sostenible que** D.F.
En San Sebastián hay **menos contaminación que** en D.F. El barrio de Gros está **más lejos del centro que** los otros barrios.
Más / menos + Adjektiv / Substantiv / Adverb + **que**

En la ciudad la gente **se estresa más que** en el pueblo.
Verb **+ más / menos + que**

¡Atención!
Más pequeño → menor
~~Más bueno / a~~ → mejor
~~Más malo / a~~ → peor

d Quieres pasar un semestre en San Sebastián. ¿En qué barrio quieres vivir? Argumenta tu respuesta y compara con un/a compañero/-a.

- *Pues yo prefiero el barrio de Altza porque los pisos son más baratos.*
- *Sí, estoy de acuerdo, pero yo prefiero vivir en Gros porque...*

e Compara dos barrios de tu ciudad. Escribe 5 frases.

restaurantes | tiendas | museos | caro | joven | antiguo | cerca de | lejos de

4 El barrio que todos queremos

a Welche dieser Einrichtungen sollten in einem Stadtviertel nicht fehlen? Bestimme fünf, die für dich am wichtigsten sind.

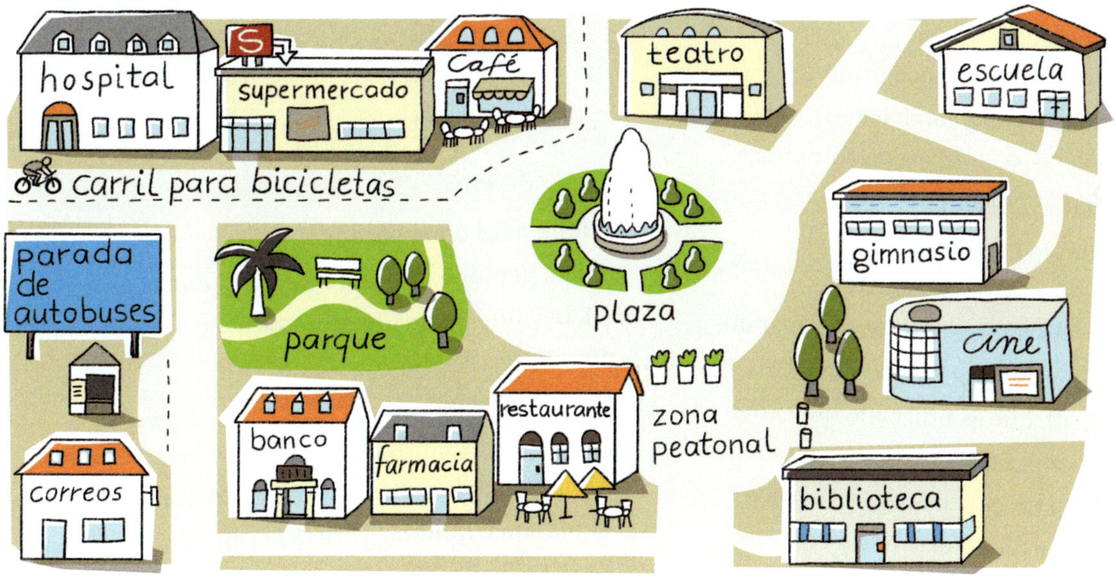

b ¿Dónde vives tú? ¿Qué hay en tu lugar de residencia y qué no hay? Marca los lugares en el plano de la actividad 4a y completa la lista.

Vivo... ☐ en el centro ☐ en las afueras ☐ en un pueblo ☐ cerca del centro

En mi barrio / pueblo hay	En mi barrio / pueblo no hay
....	....
....	....
....	....
....	....

c Completa el texto y describe tu barrio (sin decir el nombre) a tus compañeros/-as de curso. Die anderen raten, in welchem Viertel du wohnst.

Mi barrio está .... En mi barrio hay ...., también hay ...., sin embargo no hay .... ¿En qué barrio vivo?

> **Sätze verbinden mit *sin embargo***
>
> Mit **sin embargo** wird eine Aussage durch eine andere eingeschränkt.
>
> → *Mi gramática 3*

Kommunikation über den Standort sprechen » nach dem Weg fragen und ihn beschreiben Grammatik *hay / está* » Ordinalzahlen » einige Ortsangaben » die Verben *ir / venir, seguir* und *poder* » *tener que / hay que* + Infinitiv » *algún / ningún* Wortschatz Universitätsgebäude und Verkehrsmittel » einige Ortsangaben

5 ¿Dónde está?

42-43

a Elena, eine Studentin, die neu in Valparaíso ist, sucht zwei Orte. Escucha los diálogos. ¿A dónde quiere ir Elena? Busca y marca los lugares en el plano.

b Lee los diálogos y marca el camino en los planos.

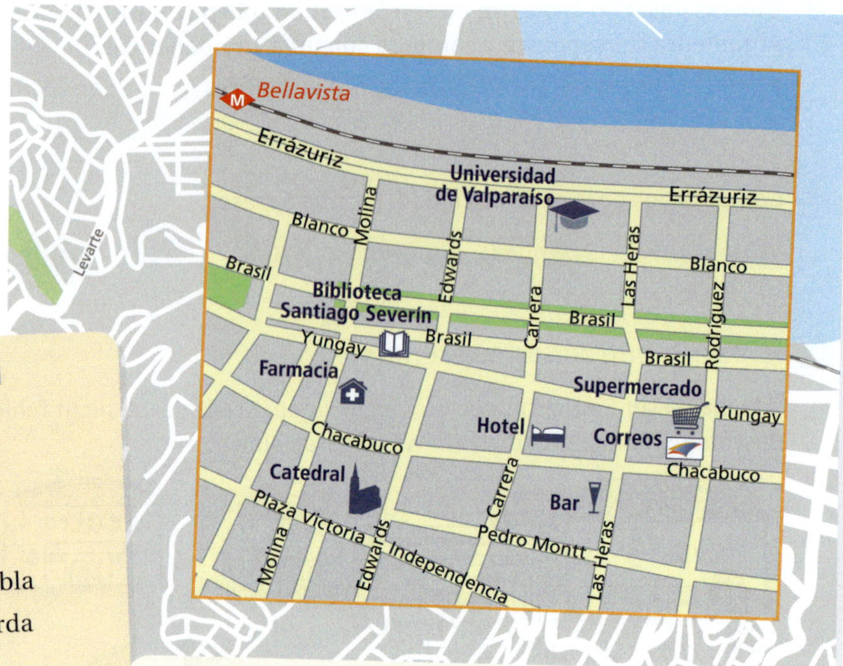

1. Elena está en la Universidad de Valparaíso.

- ■ Disculpe, ¿sabe dónde está la biblioteca Severín?
- ● Sí, está a unos cinco minutos a pie... Es muy fácil: usted dobla en la tercera calle a la izquierda y sigue derecho.
- ■ ... doblo la tercera calle a la izquierda y sigo derecho.
- ● Sí... En total... tiene que cruzar dos calles: la calle Blanco y la calle Brasil, que es una calle muy ancha con dos semáforos, y a la izquierda, entre las calles Brasil y Yungay, está la biblioteca: es un edificio grande de color blanco.
- ■ Muchas gracias.
- ● De nada.

2. Elena está en la catedral.

- ■ Oiga, perdone, ¿sabe si hay algún correo cerca de aquí?
- ● Sí, hay uno a unos 10 minutos a pie o puede tomar un micro.
- ■ Prefiero ir a pie.
- ● Entonces, usted sigue derecho por la calle Pedro Montt hasta la calle Rodríguez. En la calle Rodríguez dobla a la izquierda y cruza la calle Chacabuco. Y allí en la esquina, al lado del supermercado está la oficina de correos.
- ■ Gracias.
- ● De nada.

c Lee otra vez los diálogos y busca estas expresiones. Male dazu Piktogramme.

dobla / gira a la izquierda ↰

sigue derecho / todo recto

cruza la calle

en la esquina

al lado de...

seguir (e → i)	poder (o → ue)
sigo	puedo
sigues	puedes
sigue	puede
seguimos	podemos
seguís	podéis
siguen	pueden

Ordinalzahlen

primer semáforo
primera calle
segundo semáforo
segunda calle
tercer semáforo
tercera calle
cuarta calle

→ Vor einem maskulinen Substantiv werden **primero** und **tercero** zu **primer** und **tercer** verkürzt.

d Completa. Suche in den Dialogen, welche Ausdrücke verwendet werden, um…

… die Aufmerksamkeit einer Person auf der Straße zu gewinnen	… nach dem Weg zu fragen
● Perdón	....
■ Oiga, perdone.	....

hay und está

● ¿**Hay alguna** oficina de correos cerca de aquí?
→ Der Sprecher weiß nicht, ob es eine Post gibt.

■ Sí, **hay una** a unos cien metros.
→ Der Sprecher weiß, dass dem Zuhörer diese Information unbekannt war.

● Perdone, ¿sabe si **la Biblioteca está** cerca de aquí?
■ Sí, **está** al lado del Paseo Gervasoni.
→ Beide Gesprächspartner wissen, dass es die Bibliothek gibt.

→ *Mi gramática 2*

Indefinitbegleiter *(algún / alguno/-a)* und ihre Verneinung

● ¿Hay **algún** café cerca de aquí?
■ Sí, hay **uno** a unos cinco minutos a pie.
■ No, no hay **ningún** café. / No, no hay **ninguno**.

→ In Sätzen mit **ningún / ninguna** steht immer **no** vor dem Verb.
→ Das Substantiv kann wegfallen, wenn durch den Kontext klar ist, wovon gesprochen wird. In diesem Fall ist die maskuline Singularform **ninguno**.

→ *Mi gramática 1*

6 En la universidad con Elena

a Person A schaut sich diesen Plan an, Person B schaut sich auf S. 87 Plan B an. Befragt euch abwechselnd zu der Lage von Gebäuden oder Einrichtungen. Jede / r beschreibt mithilfe ihrer / seiner Karte, wo diese sich befinden. Trage die Bezeichnung des Ortes in deinen Lageplan ein. Die Ortsangaben im Kasten helfen dir beim Beschreiben.

ALUMNO A

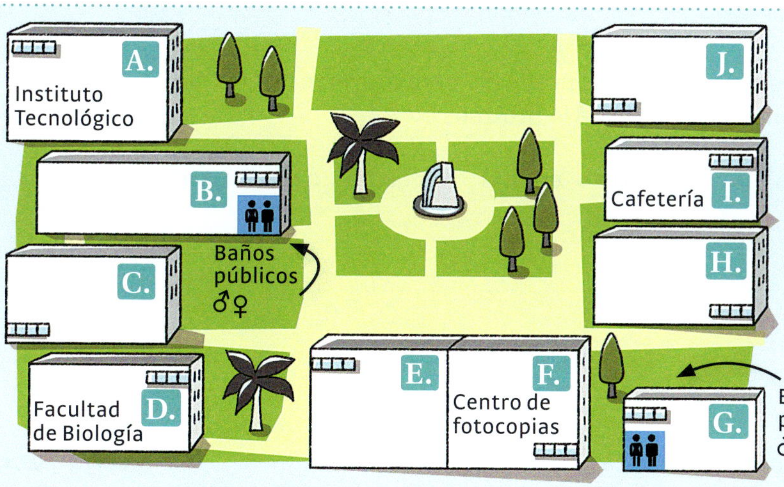

Tú buscas…
… la biblioteca
… un cajero automático
… la Facultad de Medicina
… el laboratorio de idiomas
… el comedor universitario

● *Perdona, ¿dónde está la biblioteca?*
■ *Está al lado de…*

b Wähle zwei Orte auf deinem Lageplan aus und beschreibe deinem Partner / deiner Partnerin den Weg. Er / Sie soll den Ort mithilfe deiner Beschreibung finden. Macht vorher einen gemeinsamen Startpunkt aus.

Ortsangaben
entre
al lado de
a la izquierda
a la derecha
enfrente

7 Medios de transporte

a ¿De qué medio de transporte hablamos? Compara un medio de transporte con otro sin decir el nombre. Die anderen Gruppenmitglieder raten.

rápido/-a | lento/-a | puntual | moderno/-a | confortable | seguro/-a | cómodo/-a | ecológico/-a | contaminante | barato/-a | caro/-a

- *Es más ecológico que la moto, pero también más lento.*
- *La bicicleta.*
- *Sí.*

b 44 Cuatro personas hablan de su medio de transporte preferido para moverse por la ciudad. Escucha y marca en la tabla el transporte y por qué lo utilizan.

Prefiero ir	en coche	en autobús	en metro	en taxi	en bici	a pie	¿Por qué?
1.							
2.							
3.							
4.							

c ¿Qué transporte utilizan tus compañeros en estas situaciones? ¿Por qué?

Para ir de casa a la uni. | Para salir el fin de semana. | Para visitar los fines de semana a vuestros padres o amigos. | Para hacer la compra en el supermercado. | Para moverse normalmente por la ciudad. | Para hacer viajes largos.

venir (→ *go*, *e* → *ie*)
vengo
vienes
viene
venimos
venís
vienen

- *Yo vengo normalmente en bicicleta a la uni porque es más barato.*
- *Yo prefiero el metro. Es más rápido.*

8 ¿Cómo voy a tu casa?

Du möchtest mit einem anderen Kursmitglied zusammen für eine Prüfung lernen. Ihr verabredet euch bei dir zuhause. Beschreibe den Weg von dem Gebäude aus, in dem euer Spanischunterricht stattfindet.

Tienes que tomar el autobús | tranvía número... en dirección...
Tienes que bajar en la parada... | También puedes ir a pie...

Notwendigkeit oder Verpflichtung ausdrücken

Tiene que ir hacia la derecha.
tener que + Infinitiv

Hay que pasar tres semáforos.
hay que + Infinitiv

NUESTRO PROYECTO

Wir erarbeiten eine Liste mit Vorschlägen zur Verbesserung der Lebensqualität in unserer Stadt.

a El ayuntamiento de tu ciudad quiere mejorar la calidad de vida de la ciudad. En pequeños grupos, responded las preguntas.

¿Qué hay en la ciudad donde estudiáis?	En la ciudad hay... La ciudad tiene...
¿Qué falta o no hay?	En la ciudad no hay... En la ciudad falta...

b ¿Qué se puede mejorar? Haced una lista. Entwerft eine Liste mit Vorschlägen, was man alles verbessern könnte. Denkt an die folgenden Aspekte:

Cultura y ocio | Transportes | Seguridad
Oferta comercial | Medio ambiente | Vivienda

c Contadle vuestras propuestas a la clase. Tragt die Ideen im Kurs zusammen.

- *Para mejorar nuestra ciudad necesitamos...*

Escribimos

Denke an ein Stadtviertel, das du kennst und das dir sehr gut gefällt. Beschreibe es in einem Text. Gehe dabei auf unten stehende Fragen ein.

¿Cómo se llama el barrio?
¿En qué ciudad está?
¿En qué parte de la ciudad está situado?
¿Qué tiene / no tiene?
¿Qué hay cerca de ese barrio?

1 Indefinitbegleiter

Mira el dibujo y marca si la información es verdadera (v) o falsa (f).
Corrige después las informaciones falsas.

¿QUÉ HAY EN TU BARRIO?	v	f
En mi barrio hay teatros.	☐	☐
En mi barrio hay una farmacia.	☐	☐
En mi barrio hay dos tiendas.	☐	☐
En mi barrio no hay ninguna biblioteca.	☐	☐
En mi barrio no hay ningún cajero automático.	☐	☐

2 Localización y existencia

Formula preguntas. Du suchst diese Orte. Ordne sie den Situationen zu.
Wie fragst du nach den Orten? Formuliere dann die Fragen mit *hay* oder *está*.

un cajero automático | el Hospital de San Juan | la Facultad de Ciencias | una farmacia | una biblioteca

Nachfragen, ob es etwas gibt oder nicht gibt	Nachfragen, wo der gesuchte Ort ist
Perdone, ¿hay un cajero automático cerca de aquí?	....
....	....
....	....
....	....

3 Sätze verbinden

Completa las frases con la conjunción correcta.

sin embargo / por eso

a. Du möchtest einer Aussage eine andere gegenüberstellen:
Me encantan las ciudades grandes, ... para vivir prefiero las ciudades pequeñas.

b. Du möchtest eine Aussage begründen:
Me encantan las ciudades grandes y .... vivo en México DF.

pero / además

c. Nach einer Aufzählung von Informationen möchtest du noch eine letzte neue Information hinzufügen:
Soy muy deportista: corro todos los días, voy al gimnasio, ando mucho y, ..., voy en bici al trabajo.

d. Du möchtest eine Sache erwähnen, die im Gegensatz zu dem vorher Gesagten steht:
Soy muy deportista: corro todos los días, voy al gimnasio, ando mucho, ... voy al trabajo en metro.

1 Establecimientos y actividades

a ¿Dónde puedes comprar o hacer estas cosas?

tomar prestado un libro → *biblioteca*
comprar aspirinas → ……………………
comprar sellos y enviar cartas → ……………………
cambiar dinero → ……………………
comprar el periódico, revistas, postales → ……………………
comer → ……………………
hacer deporte → ……………………
comprar leche, pasta → ……………………
pasear y tomar un poco el aire → ……………………

ESTRATEGIA
Wörter beim Lernen gedanklich mit ihrem Zweck zu verbinden, hilft dir dabei, sie schneller zu lernen.

b Familias de palabras: completa los verbos.

Substantiv	Verb
préstamo (de un libro)	*prestar*
compra	……………………
envío	……………………
cambio (de dinero)	……………………
comida	……………………
juego	……………………
paseo	……………………
vivienda	……………………

ESTRATEGIA
Achte auf die Wortbildung. Es gibt viele Wörter, die von anderen abgeleitet werden können, wie z. B. Substantive aus Verben.

c En parejas. Mira los dibujos y haz pequeños diálogos.

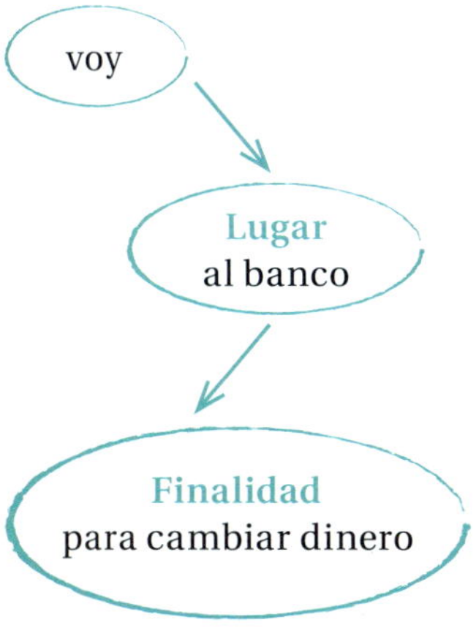

- *¿A dónde vas?*
- *Voy al banco para cambiar dinero. ¿Y tú?*
- *Voy a la farmacia para comprar aspirinas.*

CULTURA

PLAZAS DEL MUNDO HISPANO

a Mira las fotos en el texto y describe las plazas que ves. ¿Qué aspectos o elementos de las fotos son en tu opinión típicos de Latinoamérica o de España?

b Lee ahora el texto que acompaña a las fotos. Subraya las informaciones más importantes y compara con tus hipótesis en el ejercicio a.

EL ESTILO COLONIAL EN LATINOAMÉRICA

En el periodo entre 1521 y 1572 se planifican en Latinoamérica sus principales ciudades. Estas tienen que seguir la estructura propia de las ciudades españolas. Las plazas son un ejemplo de ello.

Por ejemplo, la Plaza de Lima sigue los criterios establecidos para la construcción de las principales plazas de ciudades españolas, principalmente la Plaza Mayor de Madrid.

Una de las primeras ciudades en planificarse es la ciudad de Lima (1535), seguida de Quito (1534) y Buenos Aires (1536). La ciudad de Montevideo es una de las últimas en construirse.

Estas son las características con las que se comienzan a planificar las nuevas ciudades al otro lado del Atlántico:

1 La plaza principal (Plaza Mayor o Plaza de Armas)
Tiene que estar situada en el centro de la ciudad y tiene siempre forma rectangular. El tamaño tiene que ser proporcional al número de habitantes de la ciudad.

2 Las calles principales
Tienen que partir de la Plaza Mayor. Deben ser anchas en las regiones frías y estrechas en las regiones cálidas.

3 La iglesia o catedral
Normalmente está en un lugar importante y prominente de la plaza, por encima del nivel del suelo. La gente tiene que subir unas pequeñas escaleras para entrar en la iglesia o catedral.

4 Los edificios
Alrededor de la plaza hay edificios públicos institucionales, edificios monumentales (catedral, ayuntamiento / alcaldía, gobierno, juzgado y comercios). Los edificios deben ser similares para así hacer el centro de la ciudad más bello.

Así encontramos plazas en ciudades latinoamericanas como La Plaza Mayor de Lima, La Plaza de la Constitución en Bogotá (hoy Plaza de Simón Bolívar) o la Plaza de Mayo en Buenos Aires.

Lima: Plaza Mayor

Buenos Aires: Plaza de Mayo

Madrid: Plaza Mayor

Bogotá: Plaza de la Constitución

c Kennst du andere Städte in Südamerika oder Spanien, die ebenfalls nach dieser Planungsweise erbaut wurden?

d ¿Cómo se llama la plaza principal de tu ciudad / pueblo? ¿Qué hay en la plaza? Compara la plaza de tu lugar de residencia con una de las plazas que aparecen en a.

De fin de semana

7

In dieser Lektion lernst du...
... nach Plänen und Absichten zu fragen
... über Vergangenes zu sprechen
... Pläne und Wünsche auszudrücken
... einen Vorschlag zu machen, zu akzeptieren oder abzulehnen
... dich zu verabreden

In dieser Lektion überlegen wir uns einen Vorschlag für die Freizeitgestaltung an einem Wochenende in unserer Stadt.

Dar un paseo por el parque

Salir de copas con amigos

Ir por la tarde al cine

Ir de compras por la ciudad

a ¿Cuáles de estas actividades haces durante el fin de semana? Kennzeichne die Fotos mit Zahlen, je nachdem, wie häufig du etwas tust. Vergleiche dann mit den anderen Gruppenmitgliedern.

1 (casi) siempre | 2 a menudo | 3 a veces | 4 (casi) nunca

- *El fin de semana siempre voy de compras por la ciudad, voy a menudo al cine, a veces doy paseos por un parque pero casi nunca salgo de copas. ¿Y tú?*

b ¿Qué otras actividades haces durante el fin de semana? Haz una lista y compara con otro/-a compañero/-a. ¿Hace las mismas actividades que tú? ¿Cuáles?

- *El fin de semana hago deporte, ¿y tú?*

Kommunikation nach Plänen und Absichten fragen » über Vergangenes sprechen
Grammatik das *Pretérito Perfecto* Wortschatz Freizeitaktivitäten in Madrid

1 Propuestas de ocio en Madrid

a Lee las propuestas de ocio de fin de semana en Madrid.
Elige un título para cada propuesta.

El Broadway madrileño | Una tarde en el parque | Cita con el arte | Un aperitivo o unas tapas | La noche madrileña | Madrid al atardecer | Cañas y tapas en el barrio de Huertas

VIERNES

20.00 ....

La calle de La Gran Vía es famosa por sus edificios, sus cines y sus teatros. La tarde del viernes es ideal para pasear por ella, ver una película o ir al teatro.

DOMINGO

10:00 *Un paseo por el Madrid antiguo*

El domingo por la mañana es ideal para pasearse por el Madrid de los Austrias y acercarse al Rastro, un mercadillo al aire libre.

13:00 ....

Por las calles del Rastro y alrededores los domingos se viven en la calle. La gente toma cañas de cerveza y tapas en las puertas de los bares y charla con los amigos.

16:00 *¡A descansar!*

SÁBADO

09:00 ....

Madrid reúne algunos de los mejores museos del mundo: el Museo del Prado, el Thyssen, el Reina Sofía. A este trío central se añade ahora el centro Caixa Fórum. En este último la entrada es gratis.

12:00 ....

En pleno corazón de Madrid y muy cerca de la ruta de los museos se encuentra El Retiro. Un parque extenso y lleno de vida, ideal para descansar y hacer un picnic.

17:00 *De compras*

Después de la comida y un café, no hay nada mejor que ir de compras. En los alrededores de la Puerta del Sol hay librerías, zapaterías y tiendas de ropa a buen precio.

19:30 ....

Desde el Templo de Debod o desde el Mirador de las Vistillas puedes contemplar las famosas tonalidades del cielo madrileño.

21:30 ....

En el barrio de Huertas se encuentran los mejores bares de tapas de la ciudad.

24:00 ....

La ciudad de Madrid es conocida por sus noches o la movida. Los sábados la ciudad se llena de gente que sale de copas, va a locales con música, a discotecas o a conciertos.

b Completa la lista con actividades que se pueden hacer en Madrid durante el fin de semana. Elige tus tres propuestas favoritas.

c Y tú, ¿qué quieres hacer en Madrid?
Ponte de acuerdo con un compañero/-a.

- *Yo quiero ir a… ¿Y tú?*
- *Vale, de acuerdo. / No sé, yo prefiero…*

ACTIVIDADES DE FIN DE SEMANA EN MADRID

- pasear por la Gran Vía
- …
- ver una película.
- …

2 ¿Qué has hecho ya?

45 **a** En el hostal Marta y Lucía hablan con otros jóvenes sobre su fin de semana.
Was haben sie schon gemacht und was nicht? Höre und kreuze an.

	ya	todavía no	no sé
han ido al Rastro	☐	☐	☐
han paseado por la Gran Vía	☐	☐	☐
han salido de tapas por el barrio de Huertas	☐	☐	☐
han visto un musical	☐	☐	☐
han hecho un picnic en el Retiro	☐	☐	☐
han comido en un restaurante de la Plaza Mayor	☐	☐	☐

b In 2a findest du das „Pretérito perfecto". Diese Zeitform wird durch das Hilfsverb *haber* + Partizip gebildet. Ergänze hier die fehlenden Partizipien und Infinitive.

	Verben auf -ar	Verben auf -er	Verben auf -ir
Infinitiv → Partizip	.... → paseado	.... → comido hacer → .... ver →	ir → .... → salido

c Versuche in der Liste aus 2b die unregelmäßigen Partizipien zu erkennen. Ergänze.

Pretérito Perfecto				
yo tú él / ella, usted nosotros/-as vosotros/-as ellos / ellas, ustedes	he has ha hemos habéis han	estado comido salido	Unregelmäßige Partizipien sind: ...., ..., **escrito, puesto, vuelto, dicho, roto.**	Das **Pretérito Perfecto** wird im Spanischen benutzt, um über Handlungen zu sprechen, die in einem noch nicht abgeschlossenen Zeitraum der Vergangenheit stattgefunden haben.

3 *Ya o todavía no*

a La familia Martínez pasa una semana en Madrid. ¿Qué han hecho ya y qué todavía no?
Mira su lista y escribe nueve frases.

- museo Reina Sofía ☑
- parque del Retiro ☑
- jamón de Bellota ☐
- barrio de los Austrias ☐
- copa en el barrio de los Austrias ☐
- el Escorial ☐
- la Plaza Mayor ☑
- Noche flamenca ☑
- Rastro ☐

b Überlege dir drei Aktivitäten, die man an deinem Wohnort machen kann.
Frage die anderen Gruppenmitglieder, ob sie diese schon einmal gemacht haben.

● *Yo he estado ya en la Fiesta de la cerveza. ¿Y tú?*
■ *¡Claro! Y yo ya he estado en el café de la torre de la televisión.*

4 Una guía del ocio

a Lee los planes de fin de semana de estas personas y busca en la guía de la página siguiente las actividades más adecuadas. Ponte de acuerdo con un/a compañero/-a.

La verdad es que la semana ha sido agotadora, así que me apetece un fin de semana tranquilo. Algo de cultura como ver alguna exposición, salir con amigos. Eso sí, no puedo llegar muy tarde a casa porque el domingo me tengo que levantar muy temprano.

1.

Queremos pasarlo estupendamente. Somos de Salamanca y acabamos de llegar a Madrid para pasar el fin de semana. Queremos marcha, salir, conocer gente, bailar hasta bien entrada la madrugada.

3.

2.

Pues a nosotras nos apetece primero ir al cine, después ir a cenar algo diferente, probar otros sabores. Pero eso sí, como estamos a fin de mes, ¡no tenemos mucho dinero!

¿Mi fin de semana? ¡Aburridísimo! No tengo tiempo, voy a quedarme en casa para terminar mi trabajo de fin de curso.

4.

- *Yo creo que la chica de la foto 1 puede...*
- *Sí, y también...*

b Mira las propuestas de la página siguiente y contesta las preguntas.

1. Hoy es domingo y quieres ir con unos compañeros a La Taberna Dolores. ¿Está abierta?
2. Hace mucho tiempo que no vas al cine porque es muy caro. Pero esta semana quieres ir: ¿Qué día vas? ¿A qué sesión?
3. Quieres escuchar y ver un concierto. ¿A dónde vas y a qué hora empieza?
4. ¿Qué día cierra el museo Reina Sofía?

Wünsche äußern mit *apetecer*

(A mí)	me	
(A ti)	te	
(A él / ella, usted)	le	
(A nosotros)	nos	**apetece** bailar.
(A vosotros/-as)	os	
(A ellos / ellas, ustedes)	les	

c Busca en los textos de 4a las tres estructuras utilizadas para expresar planes y deseos. Escríbelas en la caja.

Pläne ausdrücken	Wünsche äußern

Absichten und Pläne ausdrücken

El domingo **voy a dormir** todo el día.
Ir a + Infinitiv

DE TAPAS Y RESTAURANTES

EL INTI DE ORO

Tipo de cocina: Peruana
Precio: De 24 a 29 euros
Calle del Amor de Dios, 9
28014 Madrid
www.intideoro.com

TABERNA LA DOLORES

Tipo de cocina: Tapas y raciones
Horarios: L-J de 11:00 a 01:00
V, S de 11:00 a 02:00.
Domingo cerrado
Plaza de Jesús, 4, 28014 Madrid

A TODO MÉXICO

Tipo de cocina: Mexicana
Precio: De 15 a 25 euros
Especialidad: Tamales
Teléfono: 91 541 93 59
*Abierto domingo: Todo el día
*Notas: No cierra.
Calle San Bernardino 4, 28015 Madrid

MADRID DE NOCHE...

CAFÉ LA PALMA

Conciertos - Música en vivo

Lagarto Soup,
lo mejor del soul
y del funk
Viernes 6, 22:00
C/ La Palma, 62
28004 Madrid
www.cafelapalma.com

LA VÍA LÁCTEA

Bar de copas

C/ Velarde, 18
28004 Madrid
Horario: L-J de 19:30 a 03:00
V, S de 19:30 a 03:30
Cómo llegar: L1, L10 Tribunal / L2, L3, L10 Noviciado
www.facebook.com/lavialacteabar

DE ACTUALIDAD

CINE CALLAO

La gran familia española
Género: Comedia

Horarios: 16:30, 18:30, 20:30, 22:30
Todos los días (Entrada 3D): 9 euros
Viernes, sábados y festivos: 8 euros
Laborables: 7,5 euros
Día del espectador (Miércoles): 6,5 euros
Plaza de Callao, 3, 28013 Madrid
Cómo llegar: L5, L3 Callao
www.callaocitylights.com

MUSEO CENTRO DE ARTE REINA SOFÍA

Colección permanente
Desde el Cubismo hasta nuestros días

Horario: L, X, J, V y S de 10 a 21 h. D de 10 a 19 h.
M cerrado. El horario de la taquilla finaliza 30 minutos antes de la hora de cierre.
Precio: Exposiciones temporales y Colección: 8 euros
Exposiciones temporales: 4 euros
www.museoreinasofia.es
*Precios sujetos a variaciones del IVA

Kommunikation Vorschläge machen, akzeptieren oder ablehnen » sich verabreden » Pläne machen **Grammatik** Personalpronomen mit der Präposition *con* » direkte Objektpronomen **Wortschatz** Termine » Freizeitaktivitäten

5 Quedamos

a Dos amigos quedan para verse. Ordena el diálogo y completa la tabla con las informaciones más importantes.

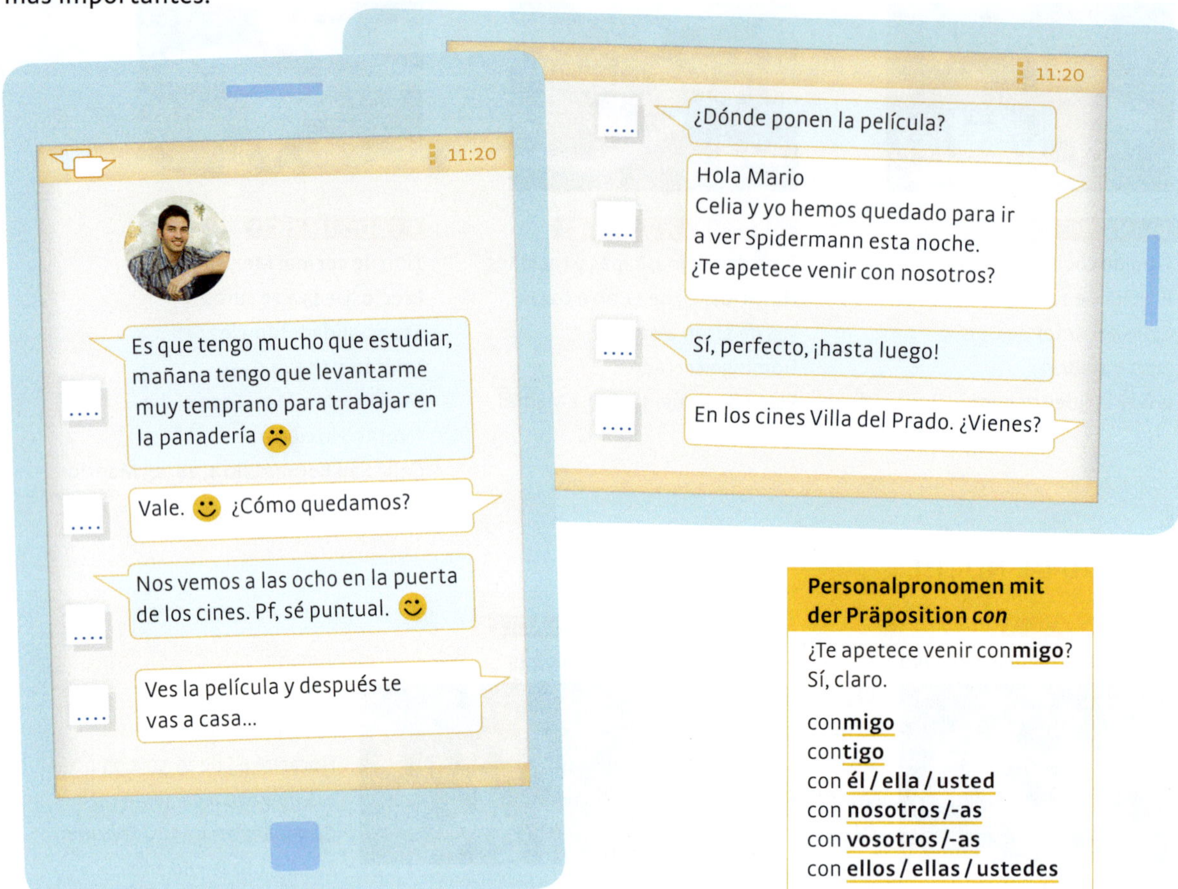

Personalpronomen mit der Präposition *con*

¿Te apetece venir con**migo**?
Sí, claro.

con**migo**
con**tigo**
con **él / ella / usted**
con **nosotros /-as**
con **vosotros /-as**
con **ellos / ellas / ustedes**

¿Qué van a hacer?	¿Cuándo?	¿Dónde?
....	....	....
....	....	....
....	....	....

b Completa la lista con ejemplos del diálogo.

Einen Vorschlag machen	Einem Vorschlag zustimmen	Einen Vorschlag ablehnen	Sich verabreden
¿Por qué no...?	*¡Qué bien!*	*Lo siento,*	*¿Dónde quedamos?*
¿Y si...?	*¡Fantástico!*	....	*¿A qué hora quedamos?*
¿Vamos a...?	*¡Estupendo!*	....	....
¿Qué tal si...?	*¡Genial! Me apetece mucho.*	*tengo que*	....
....	....	....	....
....	....	....	....

c Escribe en el calendario qué citas tienes la próxima semana. Quieres hacer tres actividades con tu compañero/-a. ¿Qué día, a qué hora y dónde podéis quedar?

- ir a nadar
- salir a cenar por la noche
- elegir el restaurante
- ir al cine
- elegir la película

HORA	LUNES	MARTES	MIÉRCOLES	JUEVES	VIERNES	SÁBADO	DOMINGO
8 – 12							
12 – 16							
16 – 20							
20 – 24							

d Contad al curso vuestros planes. Schildert dem Kurs eure Pläne.

- *Nosotros queremos ir a... , el día..., a las... y hemos quedado en...*

→ *Mi léxico 1, 2 y 3*

6 Ya la he visto

a Lies die Dialoge und achte auf die fett gedruckten Wörter. Worauf beziehen sie sich? Verbinde die Dialoge mit dem passenden Foto.

A.

B.

C.

1.
- Hoy termino muy tarde. ¿Las puedes comprar tú?
- Vale, yo **las** compro.

3.
- Y..., ¿dónde **la** ponen?
- En los Multicines.
- ¡Ah! Vale. ¿A qué hora quedamos?

2.
- ¿Has llamado a Pedro y a Teresa?
- Sí, **los** he llamado esta mañana.

Direkte Objektpronomen (OD)

	m.		f.
Sg.		me	
		te	
	lo		la
Pl.		nos	
		os	
	los		las

¿**Te** ha llamado tu madre?
Sí, **me** ha llamado hace cinco minutos.

¿Quién compra **las entradas**?
Yo **las** compro.

¿Has llamado ya **a Pedro** y **a Teresa**?
Sí, ya **los** he llamado.

¡Atención! Handelt es sich bei dem direkten Objekt um eine Person, wird es von der Präposition **a** begleitet.

→ *Mi gramática 1 y 2*

b Lee los diálogos de nuevo. ¿Cómo expresas las informaciones marcadas? Wie sagst du die fett gedruckten Wörter in deiner Muttersprache?

7 Ernesto cumple años

46 **a** Escucha. Was wollen Ernestos Freunde ihm schenken?
Wer kümmert sich um was? Notiere.

	¿quién?
Las entradas las compra...	Marina
La reserva del restaurante la hace...	....
Las fotografías las hace...	....
El álbum lo compra...	....

Verdoppelung

La reserva la hago yo.

Die direkten Objektpronomen (**lo, la, los, las**) werden auch dann benötigt, wenn das Objekt zuvor im Satz genannt wurde.

b Aquí tienes más información sobre lo que otros amigos de Ernesto también quieren hacer. Mira quién hace qué y después formula frases como en 7a.

- la tarjeta de felicitación: ....
- el regalo: ....
- las llamadas a los amigos: ....
- la tarta: ....

c En pequeños grupos: Queréis quedar el sábado. Seht euch die Vorschläge auf S. 79 an und entscheidet, was ihr gerne machen möchtet, was ihr dafür organisieren müsst und wer was macht. Erzählt danach dem Kurs von euren Plänen.

- *Nosotros hemos quedado para el sábado. Primero vamos a cenar al restaurante "A todo México" y después vamos al cine. La reserva del restaurante la hago yo y las entradas para el cine las compra Sophia.*

NUESTRO PROYECTO

Wir organisieren für verschiedene Zielgruppen ein Wochenende in unserer Stadt oder in unserer Region.

a Erstellt eine Liste mit Aktivitäten, die man in der jetzigen Jahreszeit in eurer Stadt oder der Region machen kann. Denkt dabei an kulturelle und sportliche Aktivitäten sowie die Möglichkeiten, abends auszugehen.

b Wählt eine Zielgruppe aus und entscheidet, welche Aktivitäten ihr der Gruppe anbieten möchtet. Überlegt, wie ihr die Aktionen organisiert und auf das Wochenende verteilt.

GRUPO META:
- Un grupo de estudiantes universitarios españoles.
- Un grupo de profesores latinoamericanos.
- Un grupo de chicos y chicas de 16 años que estudian en el colegio alemán de Bogotá.

- Actividades para el sábado.
- Actividades para el domingo.
- Lugar y hora de encuentro por la mañana.
- Descripción de las actividades: hora, lugar, y lo que hacen o pueden ver allí.

c Präsentiert euren Vorschlag in der Gruppe und wählt aus den Vorschlägen der anderen Gruppenmitglieder die aus, die euch am besten gefallen.

Escribimos

Contesta al correo electrónico de Lucía en el que le cuentas cómo es tu ciudad y qué propuestas de tiempo libre hay en ella para el fin de semana.

A:

Asunto:

....Muchas gracias por todas las informaciones. Por aquí, quiere saber la gente cómo es tu ciudad y qué se puede hacer en ella en el fin de semana.

Bueno, espero noticias tuyas.
Muchos besitos,
Lucía

MI GRAMÁTICA

1 Die direkten Objektpronomen

47

¿De qué se trata? Escucha y escribe el número de la frase en el objeto correspondiente.
Höre die Sätze und schreibe die Nummer des Satzes zum passenden Gegenstand.

.... las entradas

.... el periódico

.... los ojos

.... la televisión

.... las gafas

2 Pronomen

a Lee las frases y completa la tabla con los pronombres que faltan.

1. Hoy he comido esa fruta que **te** gusta tanto.
2. Los sábados por la mañana a mis compañeras de piso y a mí **nos** gusta pasear.
3. ● ¿Has comprado ya el periódico?
   ■ No, todavía no **lo** he comprado.
4. A Juan y a Carlos **les** interesa mucho la naturaleza.
5. ● ¿**Te** ha llamado Juan? ■ Sí, esta mañana.
6. ● ¿Vienes **conmigo**?
   ■ No, es que tengo que estudiar.
7. A Juan no **le** apetece ir al cine.
8. A María **le** encanta viajar.
9. Las entradas **las** reservo yo.
10. ● Y **a vosotros**, ¿**os** gusta el cine? ■ Sí, mucho.

Subjektpronomen	direkte Objektpronomen (OD)	indirekte Objektpronomen (OI)	Präposition + Personalpronomen
yo	me	me	a mí / para mí, con..........
tú	....	te	a ti / para ti, contigo
él	....	....	a / para / con él
ella	la	....	a / para / con ella
usted	lo, la	le	a / para / con usted
nosotros /-as	nos	....	a / para / con nosotros/-as
vosotros /-as	os	....	....
ellos	los	....	a / para / con ellos
ellas	....	les	a / para / con ellas
ustedes	los, las	les	a / para / con ustedes

b Schreibe fünf Sätze mit den in der Tabelle vorgegebenen Pronomen und den folgenden Verben.
Tausche die Sätze danach mit einem anderen Kursmitglied und korrigiere seine / ihre.

conocer | comprar | gustar | reservar | apeceter | visitar | venir | ir | encantar | traer | interesar

1.
2.
3.
4.
5.

1 Verben und Ergänzungen

Relaciona los substantivos con el verbo adecuado. Completa la tabla.

yoga | la guitarra | deporte | de tapas | una excursión | fotos | la flauta | al fútbol | el piano | al golf | al tenis | al cine | a las cartas | de copas

tocar	jugar	hacer	ir
....	....	....	....
....	....	....	....
....	....	....	....
	....	....	

2 En mi tiempo libre

Escribe bajo cada categoría todas las actividades de tiempo libre que puedes decir en español hasta el momento.

ESTRATEGIA
Versuche, Wörter unterschiedlichen Kategorien zuzuordnen. So kannst du sie dir einfacher merken.

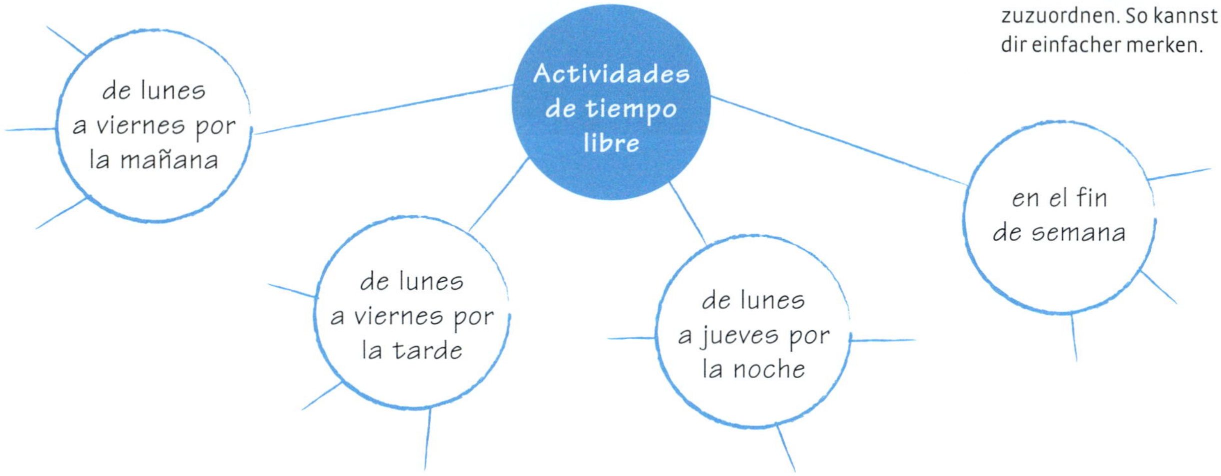

3 ¿Quedar o quedarse?

a ¿Cómo lo dices en español?

1. Wo treffen wir uns?

....

2. Heute bleibe ich zu Hause.

....

3. Können wir uns bitte später im Café treffen?

....

b Welches Verb entspricht dem Deutschen „bleiben", welches entspricht „sich treffen"?

CULTURA

LOS JÓVENES ESPAÑOLES EN SU TIEMPO LIBRE

a Mira las fotos. Vergib Punkte von 1 (sehr wichtig) bis 5 (unwichtig), je nachdem, wie wichtig dir diese Freizeitbeschäftigungen sind.

b Lee el texto. Nummeriere dann die Fotos nach der Wichtigkeit der jeweiligen Freizeitaktivität für spanische Jugendliche. Nutze dafür die Informationen aus dem Text.

Los jóvenes actuales no disfrutan de mucho tiempo libre entre semana, pero durante los fines de semana y los periodos vacacionales sí. La Fundación SM ha publicado el informe "Jóvenes españoles 2010" a partir de una encuesta realizada a jóvenes entre 15 y 24 años. Los resultados de este informe son:

- Las actividades relacionadas con ir a bares, a discotecas o salir al cine siguen estando entre las favoritas.
- Salir de tiendas aparece como una actividad más frecuente entre las mujeres (81%) que entre los hombres (62%).
- La lectura se da más entre las mujeres que entre los hombres: el 75% de los lectores jóvenes son mujeres.
- Los juegos de ordenador y juegos electrónicos en general son una actividad más masculina, casi el 80% de los "jugadores" son hombres.
- Se ha duplicado el porcentaje de jóvenes que usa el ordenador a diario: actualmente lo hace uno de cada dos jóvenes. Muchos jóvenes pasan su tiempo libre metidos en redes sociales, sobre todo para "pasar el rato" (40%), hacer amigos (35%) o compartir información útil con otros (17%).

Después de leer las conclusiones de dicho informe, podemos observar que los jóvenes dedican casi todo su tiempo libre a salir con los amigos.

Después, muchos de ellos leen, juegan a juegos de ordenador o juegos electrónicos, navegan por Internet o se conectan a las redes sociales. Pero llama la atención que la participación social de los jóvenes es cada vez menor. El 81% no pertenece absolutamente a ningún tipo de asociación u organización juvenil, cultural o deportiva.

c Stimmen die Freizeitgewohnheiten junger Spanier und junger Spanierinnen mit den beliebtesten Aktivitäten von Jugendlichen in deinem Heimatland überein?

Unidad 1

5 ¿Cómo se escribe?

c Zu zweit. Wie sagt und schreibt man das auf Spanisch?
Jede/r bittet um die Information, die auf der eigenen Übersicht fehlt.

ALUMNO B

- *¿Cómo se dice "Radiergummi" en español?* ■ *Se dice ...*
- *¿Y cómo se escribe?* ■ *...*

Unidad 6

6 En la universidad con Elena

a Befragt euch abwechselnd zu der Lage von Gebäuden oder Einrichtungen. Jede/r beschreibt mithilfe ihrer / seiner Karte, wo diese sich befinden. Trage die Bezeichnung des Ortes in deinem Lageplan ein. Die Ortsangaben im Kasten helfen dir beim Beschreiben.

Ortsangaben

ALUMNO B

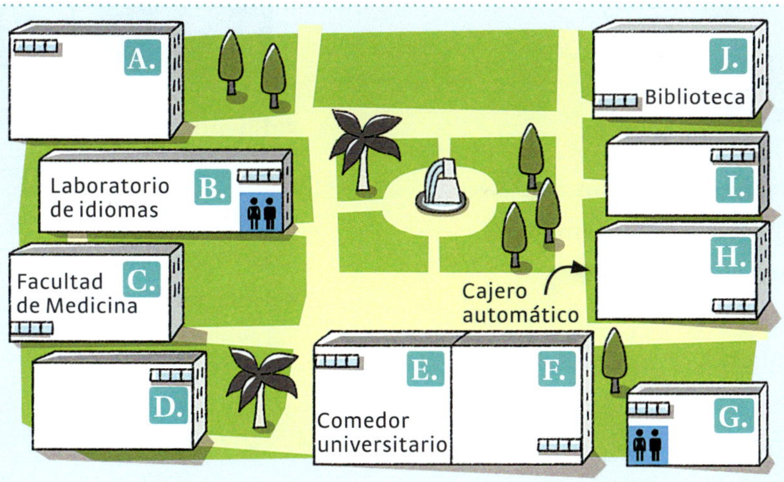

Tú buscas...
... el centro de fotocopias
... la Facultad de Biología
... el Instituto Tecnológico
... unos baños públicos
... la cafetería

- *Perdona, ¿dónde está la biblioteca?*
- ■ *Está al lado de...*

1 Un diálogo

Bringe die Sätze in die richtige Reihenfolge.

- ☐ Hola, encantada.
- ☐ Hola, soy Ernesto. Y tú, ¿cómo te llamas?
- ☐ Alicia, me llamo Alicia.
- ☐ Hola Alicia, mucho gusto.

2 ¿De quién hablamos?

a Wie lauten die Subjektpronomen? Ergänze.

vosotros ... os llamáis	nosotros ... nos llamamos	yo ... me llamo	tú ... eres
nosotros ... somos	él ... se llama	él ... se llaman	él ... es
yo ... soy	tú ... te llamas	vosotros ... sois	ellos ... son

In Lateinamerika und auf den Kanarischen Inseln wird statt *vosotros* die Form *ustedes* verwendet. Die Verbform **os llamáis** z. B. wird kaum gebraucht, stattdessen sagt man *ustedes se llaman*.

b Ergänze die Dialoge mit den richtigen Subjektpronomen.

1.

- ● Hola, me llamo Iván, y vosotras ..., ¿cómo os llamáis?
- ■ Yo ... me llamo Cristina y ella ... se llama Laura.
- ● Encantada.

2.

- ● Hola, ¿cómo se llaman ellas ...?
- ■ Nosotras ... nos llamamos Carmen y Rosa.
- ● ¡Hola, mucho gusto!
- ■ Encantadas.

3.

- ● Perdone, ¿cómo se llama él ...?
- ■ Antonio Blanco.
- ● ¿Y ustedes ...? ¿Cómo se llaman?
- ■ Gabriel García y Alicia Márquez.
- ● ¡Ah! Gracias.

4.

- ● Buenos días, soy José, estudiante Erasmus de Portugal. Y tú ..., ¿cómo te llamas?
- ■ Hola, yo soy Belén.

3 ¿Cómo se llaman?

Ergänze die Dialoge mit den passenden Formen des Verbs *llamarse*.

1. Nosotros nos llamamos Pedro y Pablo. Y tú, ¿cómo te llamas?

2. El chico se llama Pedrito y la chica se llama Pablita.

4. Nos llamamos Marta y Carlos.

3. Yo me llamo Candela. Y vosotros, ¿cómo os llamáis?

Das Verb **llamar** bedeutet auf Deutsch „rufen" oder „nennen". Wird es reflexiv benutzt **(llamarse)**, so sagen wir wörtlich „sich nennen" oder „sich rufen". **Yo me llamo Alberto** heißt also wortwörtlich „Ich nenne mich Alberto" und, in schönerem Deutsch, „Ich heiße Alberto". Die Reflexivpronomen (me, te, se, nos, os und se) werden vor das konjugierte Verb gestellt.

4 ¿Cómo se escribe?

48

Höre, wie die Namen der Länder und Städte der spanischsprachigen Welt buchstabiert werden und schreibe sie mit. Markiere danach rechts die Orte, die buchstabiert wurden.

1. CARACAS
2. Segovia
3. Colombia
4. Bogotá
5. Bolivia
6. Valencia

- ... Venezuela
- 4 Bogotá
- 3 Colombia
- 6 Valencia
- ... Sevilla
- 5 Bolivia
- ... Córdoba
- 1 Caracas
- 2 Segovia

5 ¿Está bien así?

Wurden diese Wörter richtig buchstabiert? Überprüfe es und korrigiere, wenn nötig.

1. Madrid: eme mayúscula, a, de, erre, i, de → √
2. cocina: ce, o, ~~ese~~, i, ene, a → ce
3. farmacia: efe, a, ~~doble~~ erre, eme, a, ce, i, a → ....
4. perro: pe, e, erre, o → doble erre
5. mochila: eme, o, hache, i, ele, a → ce
6. Honduras: hache minúscula, o, ene, de, u, erre, a, ese → mayúscula
7. estación: e, ese, te, a, ce, i, o con acento, ene → √
8. reloj: erre, e, ele, o, ge → jota

6 Respuestas

Welche Antwort passt zu welcher Frage?

1. ¿Cómo se dice "Stuhl" en español? → ....
2. ¿Qué significa "calle"? → ....
3. ¿"Vino" se escribe con be o con uve? → ....

silla

con uve

Straße

7 Preguntas y respuestas

Verbinde die Fragen mit den passenden Antworten.

a. ¿Cómo se dice "Radiergummi" en español?
b. ¿Cómo se escribe "Quito"?
c. ¿Cómo se pronuncia la eñe?
d. ¿Qué significa "Straße"?
e. ¿Qué página?

1. Calle, creo.
2. Como la "gn" en Champignon.
3. La nueve, creo.
4. Goma.
5. qu, u, i, te, o.

8 Preguntas de clase

a Hier siehst du einige nützliche Verben für den Spanischunterricht. Ordne sie den Bildern zu.

pronunciar | escuchar | escribir | abrir | repetir | comprender | hablar

1. ....

2. ....

3. ....

4. ....

5. ....

6. ....

7. ....

b Lies die Sätze und markiere das passende Verb.

1. ¿Puedes hablar / escuchar más despacio, por favor?
2. ¿Podemos escribir / escuchar el diálogo otra vez?
3. ¿Puedes escribir / abrir el libro por la página siete, por favor?
4. ¿Cómo se pronuncia / habla la hache en español?
5. ¿Cómo se comprende / escribe "Sevilla", con uve o con be?

9 En la clase de español

a Was brauchst du im Unterricht? Kreuze an.

- [x] un bolígrafo (Kugelschr.)
- [x] una goma
- [ ] un mercado
- [x] una agenda (Hausaufg.-heft)
- [x] un lápiz (Bleistift)
- [x] una mochila (Rucksack)
- [x] un diccionario de español
- [ ] una farmacia
- [x] un CD de español
- [x] una libreta (Notizbuch)
- [ ] una calle
- [x] un reloj (Uhr)
- [x] una tableta (Tafel)
- [x] una mesa (Tisch)
- [x] los libros de español

b Was sagst du in diesen Situationen? Du kannst auch S. 12 im Kursbuch zu Hilfe nehmen.

1. Du kennst die Bedeutung eines Wortes nicht. → ¿ Qué significa ?
2. Der Dozent / die Dozentin spricht sehr schnell. → ¡ Puedes repetir, por favor !
3. Du möchtest den Dialog noch einmal hören. → ¿ .... ?
4. Du möchtest etwas fragen. → Tengo una pregunta
5. Du verstehst etwas nicht. → No comprendo .
6. Du weißt nicht, auf welcher Seite die Übung ist. → ¿ Qué página es ?

10 ¿*El* o *la*?

a Setze die richtigen Artikel (*el* oder *la*) vor die Substantive.

la pensión	el estuche	el café	la ciudad	el restaurante	la naturaleza
el bombón	la calle	la universidad	el libro	la mochila	la chica
el país	el chico	la televisión	la estación		

b Ergänze die Tabelle mit Substantiven aus Übung 10a.

Wortendung auf...	maskulin	feminin
-a		
-o		
-e		
-sión, ción		
-dad		
andere Konsonanten		

c Sieh dir die Wörter in der Tabelle an. Woran erkennt man im Spanischen das Genus? Formuliere die Regel.

In der Regel sind Substantive, die auf **-a** enden, feminin und Substantive, die auf **-o** enden, maskulin. Es gibt aber Ausnahmen: ***el día***, ***el mapa*** und die Wörter auf **-ama**, wie ***programa***, auf **-ema**, wie ***tema*** oder ***problema***, oder auf **-oma**, wie ***idioma*** sind alle maskulin. Einige Wörter auf **-o**, wie ***mano*** oder ***radio***, sind feminin. Wörter auf **-dad**, **-ción** und **-sión** sind immer feminin. Wörter auf -e können sowohl feminin als auch maskulin sein.

11 Die Pluralbildung im Spanischen

a Schreibe die Anzahl zu den Substantiven.

cinco sillas

tres lápices

siete libros

dos relojes

tres estuches

seis bolígrafos

b Lies die Wörter noch einmal und markiere die Buchstaben, die auf eine Pluralform hinweisen. Ergänze danach die Regel.

Substantive, die im Singular auf einen **Vokal** enden, bilden den Plural mit **-s**.
Substantive, die im Singular auf einen **Konsonanten** enden, bilden den Plural mit -es.
Manchmal muss man bei den Pluralformen eine kleine orthographische Änderung vornehmen, wie z. B. bei lápi**z**: → lápi**c**es.

c Wie lauten die Pluralformen der Substantive aus Übung 9? Schreibe sie auf.

12 El mundo del español

a Wen oder was kennst du schon? Ordne die Namen von Landschaften, Personen und kulinarischen Spezialitäten aus der spanischsprachigen Welt dem passenden Oberbegriff zu.

Cervantes | desierto de Atacama | Javier Bardem | Picasso | Frida Kahlo | una caña de cerveza | Gaudí | Pedro Almodóvar | Messi | paella | guacamole | café de Colombia | Rafael Nadal | Gabriel García Márquez | playas del Caribe | volcanes de Costa Rica | El Quijote | fútbol de Argentina | islas del Mediterráneo

b Aus welchem Land kommen sie? Schreibe das Land unter das Foto.

G. García Márquez

Frida Kahlo

P. Almodóvar

L. Messi

1. .... 2. .... 3. .... 4. ....

13 ¿Cómo reaccionas?

Sieh dir diese Situationen an. Was antwortest du? Schreibe deine Antworten in die Sprechblasen.

14 Así como suena.

49 **a** Höre die Wörter und achte auf die Aussprache des Buchstabens *ñ*.

España, español, champiñón, mañana

50 **b** Welches der Wörter wird genannt? Kreuze an.

1. ☐ cuna ☐ cuña
2. ☐ caña ☐ cana
3. ☐ mono ☐ moño
4. ☐ Toño ☐ tono
5. ☐ pena ☐ peña
6. ☐ cañón ☐ canon

1 El primer día en la Universidad de Navarra

51 **a** João, ein Student aus São Paulo, beginnt ein Austauschjahr an der Universidad de Navarra. Im Auslandsamt der Universität *(Oficina de Relaciones Internacionales)* spricht er mit der Sekretärin Rosa. Über welche Themen sprechen sie? Kreuze an.

- .... los idiomas
- .... la nacionalidad
- .... los compañeros de clase
- .... el nombre y el apellido

51 **b** Höre den Dialog noch einmal und vervollständige die Tabelle mit den Sprachkenntnissen von João.

	Habla, escribe y comprende bien.	Escribe, pero no comprende muy bien.	Solo comprende.
¿Qué idioma?	....	....	....

c Setze die Wörter aus dem Kasten in den Text über Joãos Sprachkenntnisse ein.

regular | muy bien | pero | italiano | también

João es un estudiante de Psicología. Es de São Paulo y habla ......muy bien...... portugués porque es su lengua materna. ......También...... habla y escribe español. Comprende bastante bien ......italiano...... porque es una lengua muy similar al español, ...pero...... no lo habla. Para él, el inglés es una lengua muy importante, pero es bastante difícil y lo comprende ......regular.......

2 Uniendo frases

Verbinde die folgenden Satzteile mit den Konjunktionen *y*, *e* oder *pero* zu logischen Sätzen.

a. Hablo italiano
b. Soy rusa y vivo en Italia,
c. Somos de Berlín,
d. Hablo alemán
e. Ana estudia alemán
f. Luis lee libros en polaco

y
pero
e

1. comprendo holandés bastante bien porque son lenguas muy similares.
2. inglés.
3. busca un intercambio para practicar alemán.
4. vivimos en Buenos Aires.
5. en ruso.
6. no hablo muy bien italiano.

3 ¿De dónde es? ¿Cuál es su nacionalidad?

a Ordne jedem Text das passende Foto zu. Vervollständige danach die Texte mit den Ländernamen oder den Nationalitäten. Achte auf die Kongruenz zwischen Substantiv und Adjektiv.

1. Es ...Shakira..., de Barranquilla, pero vive en Barcelona. Habla español muy bien porque es su lengua materna. ...B.

2. Es una leyenda del fútbol. Habla portugués, español e inglés. Es de ...Brasil... . ...C.

3. Es de Hamburgo, pero vive en Berlín. Es ...Alemána... . Habla alemán, inglés y ruso muy bien. ...D.

4. Es ...chilena... y vive en la capital de su país. Es una mujer muy importante en la política de Chile. Su lengua materna es el español. ....

5. Es una persona muy importante en el mundo de la tecnología y los ordenadores. Es de los ...Estados Unidos... . ...F.

b Zu welchem Foto gibt es noch keine Informationen? Schreibe einen ähnlichen Text wie in Übung 3a mit Informationen über die Person.

c Lies die folgenden Sätze und versuche jeweils herauszufinden, von welcher Person aus Übung 3a die Rede ist.

1. Es mujer y es europea: ...Merkel...
2. Es hombre y no es del continente americano: ...Rafael Nadal...
3. Es una persona latinoamericana, pero no vive en Latinoamérica: ...Shakira...

Die Verneinung **no** steht im Spanischen immer .... dem Verb:
Shakira **no es** mexicana, es colombiana.

d Hier siehst du einige Sätze. Manche davon sind richtig, manche falsch. Verneine die, die falsch sind. Korrigiere sie dann wie im Beispiel.

Rafael Nadal es francés. → Rafael Nadal no es francés. Es español, de Mallorca.
Angela Merkel habla español. → ...Merkel no habla español...
La Sagrada Familia es un monumento de Barcelona. → ...Sí, es un monumento de B....
Quito es la capital de Bolivia. → ...No es la capital....
Las Baleares son unas islas del Atlántico. → ...No, son islas del mar mediterraneo.

4 ¿Qué nacionalidad tienen?

Die Regeln zur Bildung des Plurals von Substantiven (vgl. Lektion 1 im Kursbuch) gelten auch bei Adjektiven. Ergänze die Sätze mit den passenden Nationalitätsadjektiven.

1. Emma Watson y Kate Winslet son inglesas.
2. Shakira y Juanes son colombianos.
3. Laetitia Casta y Gérard Depardieu son franceses
4. Barack y Michelle Obama son estadounidenses
5. Gael García Bernal y Salma Hayek son mexicanos
6. Penélope Cruz y Javier Bardem son españoles

5 Intercambio de idiomas

a Lies dir die Vorstellungstexte der Studenten und Studentinnen, die im Kursbuch auf S. 17 einen Partner / eine Partnerin für einen Sprachaustausch suchen, noch einmal durch. Kreuze an, zu wem die Aussage passt.

1. Busca un intercambio para practicar español.

2. Estudia Periodismo.

3. Tiene dos lenguas maternas.

4. Vive en Londres.

5. Es de Francia.

	Dylan	Arkan	Verónica	Martine
1.	☒	☐	☐	☐
2.	☒	☐	☐	☐
3.	☐	☒	☐	☐
4.	☐	☐	☐	☒
5.	☐	☐	☐	☒

b Dies ist der Steckbrief von Roksana, einer Studentin aus Warschau, die einen Sprachpartner / eine Sprachpartnerin sucht, um ihr Spanisch zu verbessern. Hilf ihr dabei, den Vorstellungstext für die Sprachaustauschbörse zu schreiben.

NOMBRE: Roksana ESTUDIOS: Traducción e Intérprete LUGAR DE RESIDENCIA: Berlín
LENGUAS MATERNAS: polaco y ruso IDIOMAS: español e inglés

Hola, me llamo Roksana y soy de Berlín. Mis lenguas maternas son el polaco y el ruso. Estudio traducción e interprete. Busco un intercambio para el español e el inglés

6 Abreviaturas

Wie lauten die E-Mail-Adressen von Ana und Peter? Lies, wie sie es sagen würden, und schreibe auf.

1. ana guion bajo garcia arroba ge eme equis punto com → ....
2. peter punto ese arroba hotmail punto e ese → ....

7 A cada pregunta su respuesta

Verbinde die Fragen mit den passenden Antworten.

a. ¿Qué estudias?	1. En Berlín. 2. Comunicación de Empresa.
b. ¿Cuáles son tus apellidos?	1. Andrés. 2. Jiménez González.
c. ¿Tienes móvil?	1. Sí, es el 67888394562. 2. Sí, es la C/Tetuán, n° 13.
d. ¿Tu correo electrónico?	1. alejo punto clos arroba gmail punto com 2. Siete, ocho, cinco, tres, tres, nueve, cuatro
e. ¿Cuál es tu dirección?	1. En Madrid. 2. C/Fuenlabrada, n° 25.

8 ¿Qué interrogativo es?

Vervollständige die Sätze mit den passenden Fragepronomen.

cuál (2x) | de dónde | qué | dónde (2x)

1.
- ● ¿...................... estudias?
- ■ En la universidad Autónoma de Madrid.
- ● ¿Y .... estudias?
- ■ Biología Marina.

2.
- ● ¿...................... es tu nacionalidad?
- ■ Soy español.
- ● ¿Y .... eres?
- ■ Soy de Valladolid.

3.
- ● ¿...................... es tu número de teléfono?
- ■ ¿El móvil o el fijo?
- ● El móvil...
- ■ Es el 677 65 56 95.
- ● ¿Y .... vives?
- ■ En la C/ Industrial, n°34 en Barcelona.

Die Fragepronomen haben im Spanischen immer einen grafischen Akzent.

9 Mis primeros verbos

a Ordne die Verben der richtigen Konjugationsgruppe zu.

estudia | comprenden | practico | corréis | aprendemos | chateas | lee | necesito | viajan | escribimos | vivís | busca | hablas | cantáis

-ar ....

-er ....

-ir ....

b Zu welchen Personalpronomen gehören die Verbformen aus 9a? Trage sie hier unten ein.

yo
tú
é/ella/usted
nosotros/-as
vosotros/-as
ellos/ellas/ustedes

52

c Du hörst sechs Aussagen. Welche Verbform hörst du? Schreibe sie auf.

1. .... 3. .... 5. ....
2. .... 4. .... 6. ....

10 ¿Qué verbo es?

Vervollständige die Texte mit den konjugierten Verbformen.

hablar (2x) | llamarse | ser (2x) | vivir | aprender (2x) | buscar | comprender

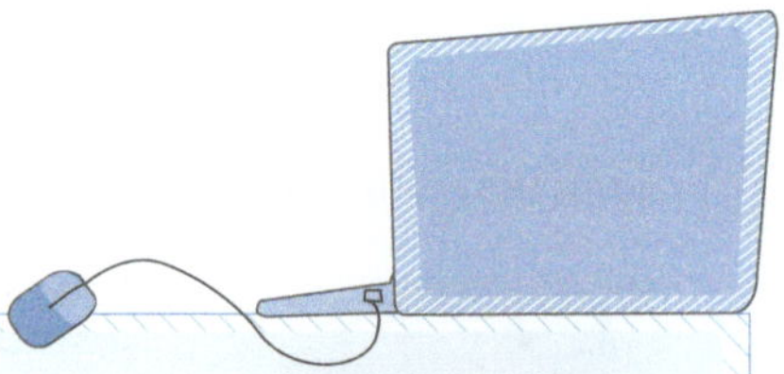

a

23 MAYO 17:10

¡Hola!

.... Carlota y .... un intercambio de sueco. Soy de México y ahora .... sueco en una academia de lenguas extranjeras en Estocolmo. También .... inglés.

>> Publicado por Carlota Pérez >> Comentarios 0

b
- ● Nosotros .... de Madrid, pero ahora .... en Londres. Y vosotros, ¿de dónde ....?
- ■ De Lisboa. Estamos en Londres dos semanas y .... inglés en una escuela de idiomas.
- ● ¿Y qué tal el curso?
- ■ Bien, ... mucho con estudiantes de diferentes países y ya .... inglés bastante bien.
- ● ¡Qué bien!

11 ¿Qué pregunta es?

Formuliere zu folgenden Antworten die Fragen.

a. ¿..? Vivimos en el centro de Hamburgo.
b. ¿..? No, no soy de los Países Bajos. Soy de Bélgica.
c. ¿..? Elisa habla español, francés y un poco de italiano.
d. ¿..? No, no comprendemos el vasco. Es muy difícil.

12 ¿Qué preposición, *de* o *en*?

Vervollständige den folgenden Tweet von Ángela López mit den Präpositionen *de* (Herkunft) oder *en* (Standort).

ÁngelaLópez @alopez • 15 mayo
Hoy día completo: Intercambio de chino con un estudiante .... Pekín .... la cafetería de la uni. Luego, deporte con amigos .... París y .... Bruselas. Una cerveza .... el bar Manolo y fiesta .... casa de Carmela. ¡Genial! #Intercambio

13 Actividades

Mit welchen Elementen kannst du die Verben verbinden?
Manchmal gibt es mehr als eine Möglichkeit.

hablar | escribir | tocar | viajar | ~~bailar~~ | correr | estudiar | ir
cocinar | vivir | aprender | escuchar

...bailar...	zumba	....	un texto	....	Periodismo
....	por el parque	....	la radio	....	la guitarra
....	en una ciudad	....	por América Latina	....	chino
....	con latinos	....	de vacaciones	....	una paella

14 ¿Para qué sirve?

a Für welchen Zweck brauchst du diese Gegenstände? Verbinde.

para escribir | para correr | para escuchar música
para viajar | para cocinar | para buscar palabras

b Lies diese Aussagen und vervollständige die Sätze mit den Wörtern aus **14a**.

1. Para .... necesito unas zapatillas de deporte.

2. Para conocer el significado de las palabras utilizo un ....

3. Para .... una paella necesito un .... de cocina española.

4. Para .... por Latinoamérica necesito un pasaporte.

5. Para .... música necesito una ....

6. Para escribir en mi libro de clase utilizo un ....

15 ¿Con o sin sujeto?

a Sieh dir die Texte an. Manchmal wird das Subjektpronomen genannt, manchmal nicht. Was denkst du, wann muss es im Spanischen genannt werden? Kreuze an.

1. ● ¿De dónde sois?
   ■ Yo soy de Segovia y Ana, de Sevilla.

3. ● ¿De dónde eres?
   ■ De Vitoria.

2. María estudia en mi universidad. Estudia Periodismo y yo estudio Medicina. Vive en el centro de Berlín en un piso. Yo vivo también en el centro de Berlín con tres estudiantes más, pero ella vive sola.

4. Me llamo Andrés y estudio Biología en Viena. Vivo con dos estudiantes en un piso cerca de la universidad. Aprendo sueco para estudiar con una beca Erasmus en Estocolmo.

Wir verwenden das Subjektpronomen: ...
- ☐ immer dann, wenn wir einen Satz beginnen.
- ☐ um einen Kontrast zwischen zwei oder mehreren Personen zu kennzeichnen.

b Vervollständige die Sätze, wo nötig, mit Subjektpronomen.

1. ● ¿De dónde son Stefan y Anne?
   ■ .... es francesa y .... es suizo.
2. ● ¿De dónde es Alberto?
   ■ .... es de Quito.
3. ● .... trabajo y estudio. Y ...., ¿trabajas o estudias?
   ■ .... estudio Turismo y .... trabajo los fines de semana.
4. Ana baila zumba y .... escucha música después de clase.
5. Jorge toca la guitarra, pero .... no toco la guitarra.

16 En un chat

a Lies diesen Text über Merche, eine Studentin, die sich in einem Forum vorstellt, um einen Partner / eine Partnerin für einen Sprachaustausch zu finden. Über welche Themen redet sie? Kreuze an.

☐ tiempo libre ☐ estudios ☐ dirección y número de teléfono
☐ idiomas ☐ dificultades con el aprendizaje de lenguas

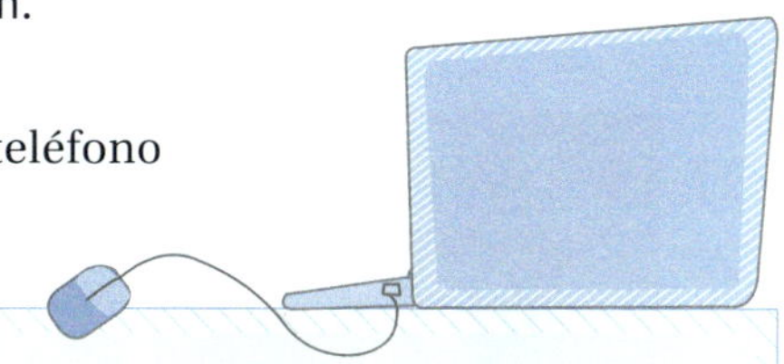

¡Hola chicos!
Soy Merche, tengo veintidós años y soy española de Valladolid. Estudio Medicina en la Universidad Complutense de Madrid, pero ahora estoy en Santiago de Chile para hacer un semestre de intercambio. Para mí, es muy interesante estudiar en el extranjero porque estoy en contacto con estudiantes de países diferentes: de Perú, de Argentina, de los Estados Unidos y también de Alemania. En mi tiempo libre, practico el inglés con mis compañeros estadounidenses. Es muy divertido porque no siempre comprendo lo que dicen y muchas veces tengo problemas con la pronunciación del inglés. También hago un curso de francés en la universidad, pero no lo hablo muy bien. Y tú, ¿qué estudias y qué lenguas hablas?

b Schreibe nun eine Antwort an Merche. Stelle dich in deinem Text vor, erkläre, was du studierst und welche Sprachen du lernst. Gehe auch auf die anderen Themen ein, über die Merche schreibt.

17 Así como suena.

53 **a** Höre zu und unterstreiche die betonte Silbe.

Chile	profesor	hablar	farmacia	apellido	viven	franceses	estudiante
lengua	italiano	estudiar	inglesa	Madrid	nombre	español	

b Ergänze die Regeln mit Beispielen aus Übung 17a.

Wörter, die auf Vokal, ***-n*** oder ***-s*** enden, werden auf der vorletzten Silbe (— — ▬ —) betont, wie z. B. .... und .... Wörter, die auf Konsonant (außer ***-n*** und ***-s***) enden, werden auf der letzten Silbe (— — — ▬) betont, wie z. B. ...., ... und .... Bei allen Wörtern, die von diesen Regeln abweichen, wird die betonte Silbe mit einem Akzent markiert.

54 **c** Höre diese Wörter und unterstreiche die betonte Silbe. Welche weichen von den Ausspracheregeln ab? Schreibe den Akzent an die richtige Stelle.

aleman	alemanes	austriaco	veintidos	America	musica	Malaga
ingles	ingleses	Panama	Mexico	marroqui		

1 ¿Cómo son?

a Erinnerst du dich an die Freunde von Marta? Hier sind drei von ihnen: Marcelo, Flavia und Daniel. Verbinde die Fotos mit der passenden Beschreibung.

1.

2.

3.

A. Tiene el pelo largo y castaño. Tiene los ojos marrones. Es guapa.

B. Es moreno y lleva barba y bigote. Tiene los ojos negros.

C. Es moreno. Tiene el pelo corto y rizado. Lleva gafas. Es alto y delgado.

b Kennst du die Gegenteile der fett gedruckten Wörter? Schreibe sie auf.

1. tener el **pelo largo** ....
2. tener el **pelo rizado** ....
3. tener los **ojos claros** ....
4. ser **alto** ....
5. ser **feo** ....
6. ser **rubio** ....
7. ser **delgado** ....

c In dieser E-Mail beschreibt Emilio seine neuen Freunde in Buenos Aires. Fülle die Lücken aus.

rubio | deportista | español | francesa | ojos | bajita | encantadora | rizado

De: Emilio Luque
Asunto: Mis amigos en Buenos Aires

Hola Sita:
¿Qué tal estás? Yo, genial en Buenos Aires.
El campus es muy grande y hay muchos estudiantes de países muy diferentes. Todo es fantástico aquí. Ya tengo amigos en la universidad: Claire, por ejemplo, que es ...., de París y es una persona .... y muy simpática. Y Lars que es de Suecia y su aspecto físico es como el de un sueco típico: es .... con .... azules y muy alto. Estudia Ingeniería Industrial como yo y como Carmen, una chica ...., no muy alta, con el pelo moreno, largo y .... ¡Ah! Y Miguel, un chico ...., de Sevilla, muy ...., es jugador de baloncesto, y muy divertido. ¿Y tú? ¿Cómo estás? ¿Ya tienes amigos en tu nueva universidad? ¿Me escribes pronto?

Un abrazo, Emilio

2 Vamos a describir el carácter

a Ordne die Adjektive in Eigenschaften, die für dich eher positiv sind, und in Eigenschaften, die für dich eher negativ sind.

antipático | sociable | divertido | nervioso | pesimista | extrovertido | inteligente | simpático | tranquilo | introvertido | optimista | trabajador | amable | alegre

ASPECTOS POSITIVOS		ASPECTOS NEGATIVOS
sociable	tranquilo	antipático
divertido	optimista	nervioso
extrovertido	trabajador	pesimista
inteligente	amable	introvertido
simpático	alegre	

b Ergänze die Sätze mit den Wörtern von Übung 2a. Vergiss nicht, das Adjektiv in Genus und Numerus an das zugehörige Substantiv anzupassen.

1. Ernesto y su hermano no son antipáticos. Ellos son s.impáticos.........
2. Ana tiene muchos contactos sociales. Es una chica muy s.ociable.................
3. Nuestro profesor trabaja muchas horas. Es muy t.rabajador............
4. Carmen no es una persona nerviosa. Es una chica bastante t.ranquila..........
5. Este chico habla muy poco con otras personas porque es muy i.ntrovertido.....
   Pero su hermana es totalmente diferente, habla con todo el mundo.
   Es muy e.xtrovertida..........

3 Tener o no tener...

a Ergänze die Dialoge mit den richtigen Formen des Verbs *tener*.

1.
- ● Mis padres ..tienen......... los ojos marrones, pero nosotros, sus hijos, ..tenemos.... los ojos verdes.
- ■ Pues en mi familia todos ..tienen...... los ojos azules.

2.
- ● ¿Cuántos años ..tenéis.......... (vosotros)?
- ■ Yo ..tengo......... 20 años.
- ● Y yo, 21.

3.
- ● ¿ ..Tiene....... coche ustedes?
- ■ Sí, ..tenemos........ (nosotros) un coche italiano, un Fiat. ¿Y tú?
- ● Pues yo no ..tengo........ coche.

4.
- ● ¿..Tiene.......... Charles Chaplin bigote?
- ■ Sí, ..tiene..... un bigote muy pequeño.

b Sieh dir die Sätze 3 und 4 noch einmal an. Manchmal wird hier der Artikel verwendet und manchmal nicht.

In Situationen, in denen das Substantiv nicht genauer beschrieben werden soll, wird kein Artikel verwendet: **Tengo Ø coche. Lleva Ø bigote.**
Wenn das Substantiv genauer beschrieben werden soll, braucht man den Artikel: **Tengo un coche italiano. Santa Claus tiene una barba blanca y larga.**

c Ergänze nun, wenn nötig, den Artikel.

1. Mi profesor de Economía lleva ...una... barba bastante larga.
2. Andrés y José llevan .../... barba y bigote.
3. Esther va en .../... moto a la universidad, en ...una... moto italiana.

4 Un correo electrónico

Erinnerst du dich an die E-Mail, die Emilio an Sita schreibt (Übung 1c)? Jetzt bist du dran: Schreibe eine E-Mail an einen Freund / eine Freundin, und erzähle ihm / ihr darin von deinen Freunden an der Uni. Was studieren sie? Was macht ihr in eurer Freizeit?

A: ...

Asunto: ...

Hola ...

¿Cómo estás? Yo, estudio en la Uni en Landau ciencias políticas y filosofía, ~~en~~ en este momento todas las clases son online. En mi tiempo libre escucho música, lee libros y juego fútbol.

5 ¡Un poco de matemáticas!

In der Tabelle siehst du einige Rechnungen, von denen ein paar falsch sind. Welche sind das? Schreibe die richtige Lösung auf.

	Cuenta	Correcta	Falsa	Correcto es...
1.	trece + doce = veintiséis		X	veinticinco
2.	quince + treinta = cuarenta y cinco	X		
3.	ocho + ocho = diecisiete	X		
4.	setenta + seis = sesenta y seis		X	setenta y seis
5.	ochenta - once = setenta y nueve	X		
6.	cien - quince = ochenta		X	ochenta y cinco
7.	sesenta + cuarenta = cien	X		

Rechenzeichen
+ = más
- = menos
= = son

6 Un árbol de familia

a Sieh dir den Stammbaum von Marías Familie an.

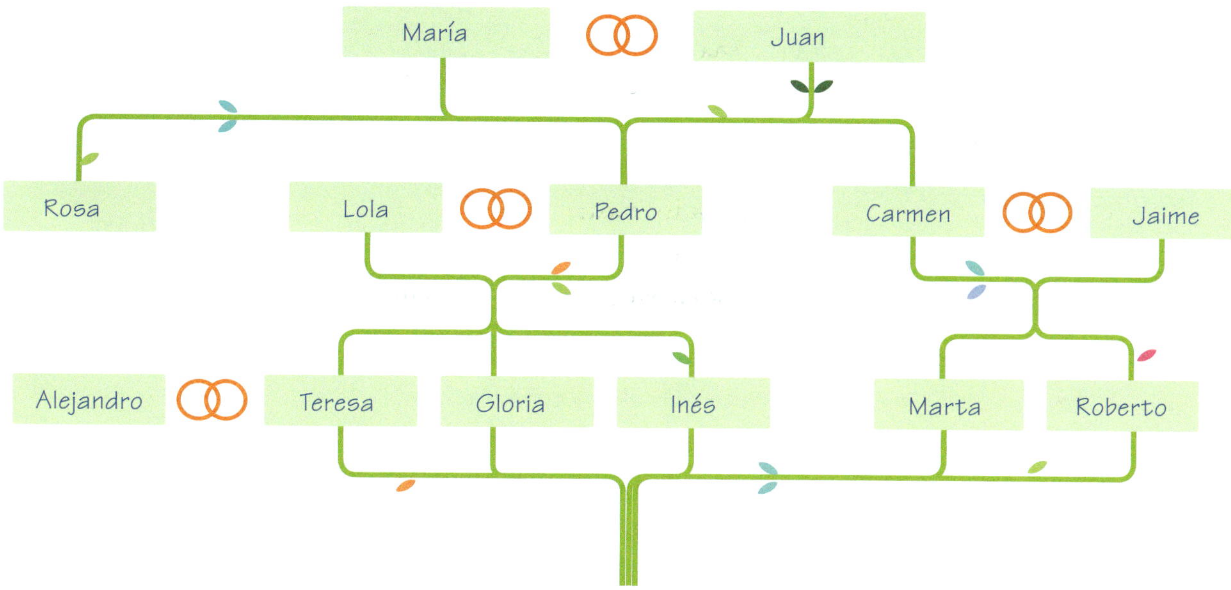

b Von wem reden wir? Kreuze die richtige Antwort an. Manchmal gibt es mehrere richtige Möglichkeiten.

1. Su tía se llama Rosa.	☐ Alejandro	☒ Gloria	☐ Marta
2. Sus padres se llaman Carmen y Jaime.	☒ Roberto y Marta	☐ Gloria e Inés	☐ Alejandro y Teresa
3. Sus abuelos son María y Juan.	☒ Marta	☐ Rosa	☒ Gloria
4. Sus primas se llaman Teresa y Gloria.	☐ Rosa	☒ Roberto	☒ Marta
5. Su hermana se llama Carmen.	☒ Pedro	☒ Rosa	☐ Lola

c Sage es anders! Benutze dabei das richtige Possessivpronomen.

1. La tía **de Gloria y Marta** se llama Rosa.
   → Su tía se llama Rosa.
2. Los abuelos **de Inés** son María y Juan.
   → Sus abuelos son María y Juan.
3. Los primos **de Teresa** son Roberto y Marta.
   → Sus primos son R. y M.
4. El cuñado **de Pedro y Rosa** se llama Jaime.
   → Su cuñado se ...
5. Los nietos **de Juan y María** se llaman Roberto y Marta.
   → Su nietos
6. El primo **de Teresa, Gloria e Inés** es Roberto.
   → Su primo

♂	♀	♂+♀
el abuelo	la abuela	los abuelos
el padre	la madre	los padres
el hijo	la hija	los hijos
el hermano	la hermana	los hermanos
el primo	la prima	los primos
el tío	la tía	los tíos
el nieto	la nieta	los nietos
el cuñado	la cuñada	los cuñados

7 La familia de María

a María beschreibt ihre Familie. Vervollständige die Beschreibung mit den passenden Possessivpronomen. Im Text gibt es einen kleinen Fehler. Findest du ihn?

Me llamo María y estoy casada. (1) ....Mi.... marido se llama Juan. Tenemos un hijo y dos hijas. (2) ....Nuestras.... hijas se llaman Carmen y Rosa. Rosa está soltera, pero Carmen está casada. Ella y (3) ....su.... marido tienen dos hijos: Roberto y Marta, que son (4) ....nuestros.... nietos. Roberto es (5) ....su.... hijo mayor, tiene 10 años, mientras que Marta tiene 9. Pedro es (6) ....nuestro.... hijo y está casado con Lola, que es una mujer encantadora y muy inteligente. Ellos tienen tres hijas: Teresa, Gloria e Inés. (7) ....su.... hija mayor, Teresa, está casada con Roberto.

b María stellt ihre Enkel vor. Ergänze die Vorstellungen mit *este, esta, estos, estas*.

....Estos.... son Teresa y Alejandro.

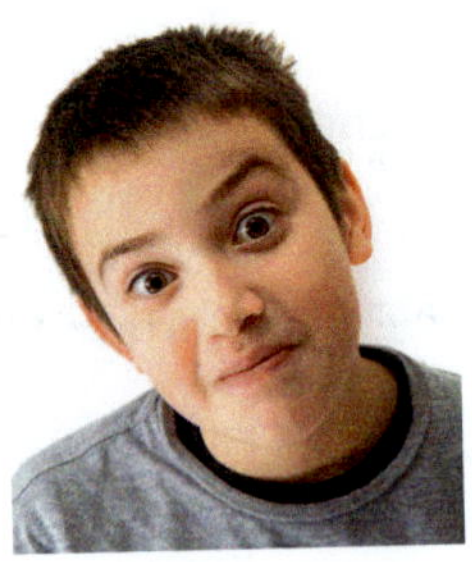

....Este.... es Roberto, el hijo de Carmen y Jaime.

....Esta.... es Marta, la hermana de Roberto.

....Estas.... son Gloria e Inés, las hijas de Lola y Pedro.

8 Esta es mi familia

Schreibe nun einen Text über deine Familie. Stelle die Familienmitglieder vor und beschreibe sie: Wie alt sind sie? Was machen sie? Wie sehen sie aus? Welchen Charakter haben sie?

Me llamo y soy de Mis padres se llaman...

9 Profesiones y lugares de trabajo

a Lies den Text über die beliebtesten Studiengänge und Berufe auf S. 32 im Kursbuch noch einmal. Vervollständige die folgende Grafik mit den beliebtesten Berufen unter jungen Spaniern. Verbinde den Beruf dann mit dem Arbeitsplatz.

25%	(1) médico / (2) enfermero / (3) psicólogo	una escuela
23%	(4) abogado / (5) juez	un juzgado
18%	(6) ingeniero / (7) Architecto	un hospital
12%	(8) biólogo / (9) químico	una oficina
11%	(10) maestro / (11) profesor de instituto	un laboratorio
		una empresa
		una consulta

b Welche weiteren Berufe kennst du?

dentista, cocinero, empleado de banco

10 A cada pregunta su respuesta.

Verbinde jede Frage mit der passenden Antwort.

a. ¿Cuántos años tiene?
b. ¿Cómo es de carácter?
c. ¿A qué se dedica?
d. ¿Trabajas?
e. ¿Tiene tu madre el pelo rizado?
f. ¿Cuántos hermanos tienes?
g. ¿Dónde trabajas?

1. En un banco.
2. No, estudio Derecho.
3. No lo sé, creo que unos 30.
4. Sí, y bastante largo también.
5. Estudia Periodismo.
6. Dos.
7. Muy sociable, pero a veces un poco pesimista.

11 Los artículos *el, la, los, las, un, una, unos, unas*

a Welche Erklärung (rechts) gibt wieder, was die Sätze links aussagen? Verbinde.

a. Esta es Ana, **una** hermana de Javier.
b. Esta es Ana, **la** hermana de Javier.

1. Javier tiene solo una hermana.
2. Javier tiene más de una hermana.

c. Estos son Pepe y Roberto, **los** amigos de Gonzalo.
d. Estos son Pepe y Roberto, **unos** amigos de Gonzalo.

3. Gonzalo tiene muy pocos amigos, solo dos.
4. Gonzalo tiene muchos amigos.

e. Luisa trabaja en **la** universidad de Valladolid.
f. Luisa trabaja en **una** universidad de Valladolid.

5. Valladolid tiene más de una universidad.
6. Valladolid tiene solo una universidad.

b Vervollständige die Regel über den Gebrauch der Artikel im Spanischen.

Wenn man sich auf etwas Konkretes bezieht, verwendet man die Artikel ..el.... / ..la.... / ..los... / ..las.., wenn man sich auf etwas nicht näher Bestimmtes bezieht, verwendet man die Artikel ..un... / ..uno... / ..unas / ..unos

c Fülle in die Lücken in jedem Satz den passenden Artikel.

1. Este semestre tenemos dos estudiantes suecas Erasmus en clase. ¡Mira! Estas son Erika y Viktoria, ..las......... estudiantes Erasmus de Suecia.
2. Adrián está casado y tiene tres hijos. ..La........... mujer de Adrián se llama Rita.
3. Andrés trabaja en ....una...... universidad española. Creo que es ..la........... Universidad Politécnica de Madrid.
4. Creo que Juan trabaja en ..la.......... biblioteca municipal de San Sebastián.

12 Pronombres interrogativos

Vervollständige die Fragen mit dem passenden Fragewort.

¿Qué? ¿Cómo? ¿Quién? ¿De dónde? ¿Cuántos? ¿Dónde?

1.
- ¿..Cuántos.. hermanos tienes?
- Dos, ¿y tú?
- Yo no tengo hermanos. Soy hijo único. ¿Y ..cómo..... se llaman?
- Alberto y Federico.

2.
- ¿A ...qué........... te dedicas?
- Soy enfermera.
- ¿Y .....dónde..... trabajas?
- En el Hospital General de Cantabria.

3.
- ¿..Quién..... es esa chica?
- Es una amiga de Enrique. Es venezolana y estudia con una beca aquí en España.
- ¿Venezolana? ¿..De dónde?
- De Caracas, creo.

13 Preguntas y respuestas

Notiere die Fragen zu folgenden Antworten:

a. ● ¿Quandos años tienen tu hijus y a qué se dedican?
■ Pues mi hija tiene 20 y mi hijo 22. Ya estudian en la universidad.

b. ● ¿De dónde trabaja y a qué se dedica?
■ Sí, trabajo en casa. Soy traductora.

c. ● ¿De dónde eres?
■ Somos de Santiago de Chile.

d. ● ¿A qué se dedican tus padres?
■ Pues mis padres son dentistas.

e. ● ¿Cual es la altura de tu hermana y qué pelo tiene?
■ Mi hermana es alta como yo, pero tiene el pelo moreno.

f. ● ¿A qué te dedicas / cual es tu profesion?
■ Medicina.

14 Así como suena.

55 **a** Höre zu und achte dabei auf die Intonation der folgenden Fragen:

Preguntas sin interrogativo	Preguntas con interrogativo
1. ¿Eres estudiante de Historia?	3. ¿Cómo te llamas?
2. ¿Tienes hermanos?	4. ¿Dónde estudias?

56 **b** Höre die Fragen und ordne sie je nach Intonation dem passenden Pfeil zu.

	↗ (steigend)	→ (fallend)
1.	☐	☐
2.	☐	☐
3.	☐	☐
4.	☐	☐
5.	☐	☐
6.	☐	☐

c Die Fragepronomen haben im Spanischen immer einen Akzent. Platziere diesen über dem richtigen Buchstaben.

1. ● ¿Quien es este chico?
■ No lo sé, pero creo que es el hermano de Luis.

2. ● ¿Donde vives?
■ En París.

3. ● ¿A que te dedicas?
■ Soy ingeniero.

4. ● ¿Cuantos años tienes?
■ Tengo 25.

1 ¿Por la mañana, al mediodía, por la tarde o por la noche?

a Javier Fernández ist Masterstudent an der UNAM in Mexiko (vgl. S. 40 im Kursbuch). Wann macht er diese Aktivitäten: morgens, mittags, nachmittags oder abends? Ordne ein.

levantarse | acostarse | almorzar con amigos | hacer deporte | cenar | vestirse | salir con amigos | tomar unas cervezas | ir a la uni | estudiar | empezar las clases | conectarse por Skype

Por la mañana	Al mediodía	Por la tarde	Por la noche
levantarse	almorzar con a..	hacer deporte	acostarse
vestirse	estudiar	tomar unas cer.	cenar
ir a la uni		conectarse por Skype	salir con a.
empezar la clase			

b Javier erzählt, wie er seine Wochenenden in Mexiko verbringt. Ergänze die Buchstaben.

Los fines de semana son siempre diferentes. Normalmente me desp..e...rt.o. entre las nueve y las diez de la mañana y me duch.o.. Después, sal.go... de casa y ha..go.. una excursión con amigos para conocer el país. Ya conozc..o.... muchos lugares de México. Es fantástico este país. Cuando voy a un restaurante siempre p.i.d.o.. comida típica mexicana. Es deliciosa, aunque prefier.o. la comida de España. Mis amigos y yo volv.en......... por la noche a casa. Después, pong.o. la tele y me relaj.o.. un poco. Por último, me ac..ue.st..o. sobre las once de la noche y d..ue..rm.o. toda la noche.

c Manche Verben aus **1a** und **1b** haben im Präsens unregelmäßige Formen. In der Tabelle siehst du einige davon. Ergänze die fehlenden Verbformen.

	e→ie	o→ue	e→i	1. P. Sg. unregelmäßig	unregelmäßig
Infinitiv	empezar	almorzar	ver		
yo	empiezo	almuerzo	me visto		
tú	empiezas	almuerzas			
él/ella/usted	empieza	almuerza		sale	
nosotros/-as	empezamos	almorzamos			vamos
vosotros/-as	empezáis	almorzáis			
ellos/ellas/ustedes	empiezan	almuerzan			
Weitere Verben				poner (pongo),	

d Ordne folgende unregelmäßige Verben in die entsprechende Spalte in **1c** ein.

hacer | pedir | pensar | conocer | preferir | poner | volver | ser

57

2 En una residencia de estudiantes

In diesem Studentenwohnheim wohnen die Studenten Paco, Raúl, Ernesto, Manuel, Antonio und Pepe. Es ist Sonntag: Wer macht was? Höre und schreibe die Namen zu den Zimmern.

3 ¿Quién hace qué?

a Sieh dir die Fotos an. Zu welchem Beruf / welcher Tätigkeit passen die Aussagen?

1.

2.

3.

..3.. A menudo trabaja por las noches.
..... Nunca se levanta a la misma hora, depende de los horarios de las clases.
..... Casi nunca hace deporte porque tiene poco tiempo libre.
..... Después de estudiar prefiere ir al gimnasio para hacer deporte.
..... Se ducha después de entrenar 8 horas.
..... Muchas veces queda con sus compañeros del equipo para tomar una copa.
..... Los fines de semana trabaja en un bar para ganar dinero.
..... Nunca desayuna porque se levanta muy tarde cuando trabaja por las noches.
..... Almuerza con sus compañeros de clase en la cantina de la uni.
..... Casi nunca come dulces, solo cuando no tiene partidos de fútbol.

b Hier erzählt uns David, der Student aus Übung **3a**, was er gewöhnlich macht. Setze seine Erzählung in der ersten Person Singular fort. Nutze die Informationen aus **3a**.

Pues yo nunca me levanto a la misma hora, depende de los horarios de las clases...

4 ¿Tienes hora?

a Wie viel Uhr ist es? Schreibe die Uhrzeit auf.

a. .... b. .... c. .... d. .... e. ....

58-62 **b** Höre dir die fünf Dialoge an. In jedem Dialog wird eine Uhrzeit genannt. Schreibe unter jeden Dialog den Buchstaben der passenden Uhrzeit aus **4a**.

Diálogo	1.	2.	3.	4.	5.
Letra	....	....	....	....	....

5 Horarios

a Sieh dir die Öffnungszeiten dieser Einrichtungen an der Universität an. Kreuze dann die richtigen Optionen an.

1.
Horario de la Biblioteca UNED
de lunes a viernes
de 15:30 a 21:00 h

2.
BIBLIOTECA UNIVERSITARIA
REINA SOFIA
HORARIO DE LA BIBLIOTECA
DE LUNES A VIERNES DE 8:00 A 20:30 H
SÁBADOS DE 9:00 A 14:00 H

3.
SECRETARÍA
Horario
de lunes a viernes:
· Mañanas de 12:00 a 14:00 h
· Tardes de 17:30 a 20:30 h
Del 1 de julio al 1 de septiembre:
Mañanas de 10:30 a 14:00 h

	Biblioteca de la UNED	Secretaría	Biblioteca Universitaria
No abre los fines de semana.	....	....	....
Abre de lunes a viernes.	....	....	....
Cierra los sábados.	....	....	....
Hace una pausa al mediodía.	....	....	....
Abre de ocho a ocho y media de la tarde.	....	....	....
Cierra a las dos de la tarde.	....	....	....

b Versuche ausgehend von den Beispielen aus **5a** die Regel zum Gebrauch der Präpositionen bei Uhrzeiten zu vervollständigen.

Wenn man sich auf einen konkreten Zeitpunkt bezieht, verwendet man die Präposition....... *(las clases empiezan .... las 9)*. Wenn man hingegen von einem Zeitraum spricht, verwendet man die Präpositionen .... und .... *(la biblioteca abre .... 9 .... 3)*.

6 Problemas con los horarios

Dies sind einige der Aktivitäten, die Ángel normalerweise macht (siehe Kursbuch, S. 42). Aber es gibt ein Problem: die Uhrzeiten sind falsch. Korrigiere wie im Beispiel.

a. Ángel va a la piscina a las cuatro de la tarde.
→ No es correcto. Ángel va a la piscina de las seis y media hasta las siete y media de la tarde.

b. De diez a diez y media de la noche ve la tele.
→ ....

c. Se levanta a las siete de la mañana.
→ ....

d. Alrededor de las cuatro de la tarde hace los deberes con su hijo.
→ ....

e. Sale del trabajo a las cuatro.
→ ....

7 ¿Qué verbo?

Vervollständige die Lücken der folgenden Texte mit dem passenden Verb. Achte auf die richtige Verbform.

1. despertarse | empezar | levantarse

- ¿A qué hora te levantas?
- Temprano, a las seis y media porque mis clases en la universidad .... a las ocho, ¿y tú?
- Yo .... más tarde, a las siete, pero .... a las seis.

2. cenar | desayunar | almorzar

Muchos estudiantes no .... por la mañana porque no tienen tiempo, pero al mediodía .... en la cafetería de la universidad. En Alemania, generalmente .... entre las seis y media y las siete y media de la tarde. Es bastante más temprano que en España, pero cada país tiene sus horarios...

3. salir | acostarse | dormir

- Y tú, ¿cuándo .... por la noche?
- Normalmente entre las once y media y las doce. .... poco, unas seis horas y a las seis de la mañana me levanto. .... de casa a las siete y cuarto.
- Pues yo nunca me acuesto antes de las doce, y los fines de semana incluso más tarde...

8 *De o por*

a Verbinde jeden Satz von links mit der passenden Erklärung rechts. Wann wird die Präposition *de*, wann die Präposition *por* verwendet?

1. **Por la mañana** trabajo.
2. A las ocho **de la mañana** empiezo a trabajar.
3. A las cinco **de la tarde** salgo de la uni.
4. **Por la tarde** tengo yoga.

a. en un momento concreto del tiempo
b. no especifico el momento exacto

b Vervollständige die Regel.

Bezieht man sich auf einen nicht konkreten Zeitraum, verwendet man die Präposition ....: ***Tengo clase*** .... ***las tardes***. Um einen genauen Zeitpunkt zu beschreiben, benutzt man die Präposition ....: ***Tengo clase a las cinco*** .... ***la tarde.***

c Setze die Präpositionen *por* oder *de* in die Lücken ein.

1.
- ● ¿A qué hora te levantas .... las mañanas?
- ■ A las seis .... la mañana. A las ocho y media salgo de casa y voy al trabajo.
- ● ¡Qué temprano! Yo trabajo .... las tardes y, por eso, me levanto más tarde...
- ■ ¡Qué suerte, hija!

2.
- ● ¿Tienes clase .... las mañanas o .... las tardes?
- ■ Normalmente .... las mañanas. La primera clase empieza a las nueve .... la mañana. Está muy bien porque así puedo trabajar .... las tardes. ¿Y tú?
- ● Pues yo tengo clases .... las tardes.

9 La rutina de Sara, una chica muy puntual

a Sara arbeitet als Krankenschwester in einem Krankenhaus. Sie erzählt, was sie normalerweise an einem Arbeitstag macht. Etwas an ihrer Erklärung ist unlogisch. Findest du es heraus?

Me llamo Sara y soy enfermera. Trabajo en el Hospital Clínico de Barcelona. Me levanto a las once y media de la mañana porque empiezo a trabajar a las cuatro de la tarde y termino a la una de la noche. Para mí, el desayuno es el almuerzo de la mayoría de la gente porque desayuno entre la una y la una y media. Normalmente voy a un bar cerca de casa donde me tomo un café con leche y un bocadillo. Después hago la compra y vuelvo a casa sobre las dos y media de la tarde. En casa, leo las noticias de la prensa digital y mis correos electrónicos. A las cuatro menos cuarto salgo de casa para ir a trabajar. Si el metro va bien, necesito media hora para llegar al hospital. Soy una persona muy puntual y nunca llego tarde al trabajo.

b Stelle dir nun den Tagesablauf einer der folgenden Personen vor. Schreibe einen ähnlichen Text wie in 9a, ebenfalls mit einer unlogischen Information. Tausche den Text mit deinem Partner / deiner Partnerin. Findet er/sie den Fehler?

10 Un fin de semana ideal

a Welche der folgenden Aktivitäten machst du am Wochenende regelmäßig (1), welche eher unregelmäßig (2)? Markiere.

- .... quedar con amigos
- .... ir a la discoteca
- .... estudiar en casa
- .... limpiar el piso
- .... quedarse en casa
- .... hacer deporte
- .... ir de excursión
- .... levantarse tarde
- .... ir a un museo
- .... visitar a la familia
- .... cocinar
- .... ir de copas

b Wie sieht für dich ein perfektes Wochenende aus? Welche der in 10a genannten Dinge machst du? Was machst du nicht? Schreibe einen kurzen Text und ordne dabei die Aktivitäten chronologisch.

En un fin de semana ideal, el sábado por la mañana me despierto a las .... y después ....
Nunca ....
Al mediodía, primero .... , más tarde ....
El domingo ....
Y finalmente ....

11 Hábitos en las comidas

a Lies den Text von Seite 44 im Kursbuch noch einmal. Ist die folgende Information richtig (*verdadera*; V) oder falsch (*falsa*; F)?

	V	F
Los jóvenes españoles prefieren comer en el restaurante.	☐	☐
En las ciudades grandes, poca gente come en su casa.	☐	☐
La bebida alcohólica preferida de los españoles es la cerveza.	☐	☐
Los españoles comen poca carne.	☐	☐
Los españoles nunca se llevan la comida al trabajo.	☐	☐

b Welche Essgewohnheiten gibt es in deinem Land / in deinem Umfeld? Wo und was wird gegessen? Schreibe einen kurzen Text, in dem du die Vorlieben und Gewohnheiten bezüglich der Mahlzeiten beschreibst.

12 En un bar

In einer spanischen Bar kannst du all diese Dinge finden. Wie heißen sie? Ordne zu.

un plato | un vaso | un pincho | una jarra | una tapa | una ración | una copa | una lata

1. ....

2. ....

3. ....

4. ....

5. ....

6. ....

7. ....

8. ....

13 Desayunos

a Welche Nahrungsmittel gehören zum Frühstück? Kreuze an.

- .... cereales
- .... pescado
- .... un cruasán
- .... calamares
- .... un zumo
- .... un café
- .... tortillas de maíz
- .... fruta
- .... un té verde
- .... creps con chocolate
- .... una tostada

63-65 **b** Drei Personen möchten in einer Bar frühstücken. Höre zu. Was bestellen sie?

1. Unas tostadas con .... y para beber ....

2. Un .... de queso y .... con leche.

3. Un .... y un zumo de....................

14 El intruso

Welches Wort passt nicht dazu?

1. almorzar, jugar, comer, cenar, merendar

2. NUNCA, A VECES, CASI SIEMPRE, MAÑANA, SIEMPRE, A MENUDO

3. agua, zumo, pescado, cerveza, vino, cava

4. LUNES, MIÉRCOLES, VIERNES, DOMINGO, SÁBADO, DESAYUNAR

15 A cada pregunta su respuesta

Verbinde die Fragen mit den Antworten.

a. ¿Qué le pongo?
b. ¿Desayunas en casa?
c. ¿Cuándo te acuestas?
d. ¿Qué desea para beber?
e. ¿Trabajas por las tardes?
f. ¿Qué haces los fines de semana?

1. No, en el bar cerca de la oficina.
2. A las once y media.
3. Juego al tenis o nado en la piscina.
4. No, solo por las mañanas.
5. Un bocadillo de atún.
6. Una cerveza bien fría.

16 Así como suena.

66 **a** Achte darauf, wie die Buchstaben *c*, *qu* und *z* ausgesprochen werden: Klingen sie wie das deutsche /k/ in „kalt", oder wie das englische /θ/ („*th*"), wie z.B. in „think"? Höre, wie eine Person aus Spanien die Wörter ausspricht, und markiere, wie die Buchstaben *c*, *qu* und *z* jeweils klingen: /k/ oder /θ/?

/θ/ cenar | .... cerveza | .... queso | .... quién | .... acostarse | .... cien
.... once | .... dulces | .... zumo | .... casa | .... parque | .... cuenta | .... zoo

b Kannst du nun die folgende Regel vervollständigen?

Der Laut /k/ wird im Spanischen durch zwei Buchstaben dargestellt: .... und ....
Das .... wird vor den Vokalen ***a, o*** und ***u*** gebraucht, wie z.B. bei ...., ...,
.... Vor ***e*** und ***i*** verwendet man das ...., wie bei .... und bei ....
Der spanische Laut /θ/ wird ebenfalls durch zwei Buchstaben dargestellt, durch .... und ....
Vor den Vokalen ***a, o*** und ***u*** benutzt man das ...., wie z.B. bei ...., ...,
.... Vor ***e*** oder ***i*** wird hingegen .... benutzt, wie z.B. bei .... und bei ....

67 **c** Höre nun, wie eine Mexikanerin die Wörter ausspricht.

cenar | cerveza | queso | quién | acostarse | cien | once
dulces | zumo | casa | parque | cuenta | zoo

d Welche Unterschiede in der Aussprache der Wörter erkennst du zwischen dem spanischen und dem mexikanischen Sprecher?

1 Palabras

Worauf beziehen sich diese Wortgruppen? Schreibe den Oberbegriff dazu.

ríos | países | cataratas | montañas | lagos | ciudades

GRUPO 1 ....
Iguazú, Salto del Ángel, Niágara

GRUPO 3 ....
Titicaca, Constanza, Victoria

GRUPO 5 ....
Costa de Marfil, República Dominicana, Austria

GRUPO 2 ....
los Pirineos, los Andes, los Alpes

GRUPO 4 ....
Amazonas, Danubio, Tajo, Rin

GRUPO 6 ....
Zaragoza, Aquisgrán, Bruselas, Viena

2 Relacionando frases

Beende die Sätze von links mit dem passenden Satzteil von rechts.

a. Nosotros queremos viajar a Kenia porque...
b. Adrián prefiere la isla de Pascua porque...
c. Yo quiero ir a Perú porque...
d. En mis viajes voy a museos porque...

1. me encantan los lagos como el Titicaca.
2. me gusta disfrutar del arte.
3. nos interesa la naturaleza.
4. le gustan las islas misteriosas.

3 Combinaciones

Verbinde die Elemente aus den verschiedenen Kästen zu Sätzen und schreibe sie in dein Heft.

A mí	os	interesa	cocinar.
A ti	les	encantan	los ejercicios de gramática.
Al profesor	te	gusta	aprender español.
A nosotros	me	gustan	el Museo del Prado.
A vosotros	le	interesan	las culturas antiguas.
A los turistas	nos		los deportes acuáticos.

4 ¿A quién?

68

Estíbaliz und Ricardo sprechen darüber, wie sie gerne reisen.
Höre das Gespräch und kreuze an, zu wem die Aussage passt.

1. Le gustan las montañas.

2. Le gusta viajar con mochila.

3. Le gusta conocer a gente de otras culturas.

4. Le gusta viajar a países lejanos.

	A Ricardo	A Estíbaliz
1.	☐	☐
2.	☐	☐
3.	☐	☐
4.	☐	☐

5 *¿A quién? o ¿Quién?*

Denke an deine Freunde / Freundinnen. Wem gefallen diese Dinge? Vervollständige die Sätze mit dem Namen der Person. Achtung: Manchmal brauchst du die Präposition *a*.

.... prefiere las vacaciones en la playa.
.... le encantan las comidas típicas de los lugares que visita.
.... le gusta visitar los monumentos y atracciones turísticas del país.
.... le interesan las exposiciones de arte contemporáneo.
.... prefiere ir de vacaciones en invierno.

6 *¿Gusta o gustan?*

Was passt zusammen?

Me gusta
Me gustan

la playa.
cenar con amigos.
los idiomas.
los viajes de aventuras.
la primavera y el verano.
viajar y conocer otras culturas.
París.

7 Pronombres

Ergänze die fehlenden Pronomen.

1. ● ¿............. gusta levantarte temprano?
■ A........... no. ¿Y a ti?

2. ● Y a.................... ¿qué os gusta más: viajar en verano o en invierno?
■ Nosotros preferimos viajar en verano.

3. ● A Jaime y a Manuela no .... gustan los viajes de aventuras. ¿Y a vosotros?
■ A.................... .... encantan.

8 Le gusta…

a Lies den Text über die Interessen von Raquel. Schreibe dann einen ähnlichen Text über dich.

Pues a Raquel le gusta mucho la naturaleza y por eso, cuando está de vacaciones le encanta hacer actividades al aire libre y hacer deporte. También le gustan mucho las aventuras y le interesan especialmente los países con una naturaleza especial como Chile o Costa Rica. Pero también le interesa visitar las capitales de los países adonde va.

Pues a mí también…

b Sieh dir die Zeichnung an. Juan arbeitet als Architekt in Sevilla. Was denkst du, was macht er in seinem Urlaub? Was interessiert ihn? Wie reist er gerne, alleine oder mit Freunden? Schreibe einen Text wie in Übung **8a** über Juan.

Pues yo creo que a Juan …

9 Reacciones

Antworte auf die folgenden Aussagen.

a. ● Me gustan las lenguas extranjeras, ¿y a ti?
■ Pues ....

b. ● No me gusta nada el café, ¿y a ti?
■ Pues ....

c. ● Me encantan las clases de español, ¿y a ti?
■ Pues ....

d. ● No me interesa mucho la política, ¿y a ti?
■ Pues ....

e. ● Prefiero estudiar por la noche, ¿y tú?
■ Pues ....

10 Más palabras

a Ordne diese Wörter in drei Gruppen. Finde für jede Gruppe einen Oberbegriff.

lluvia cascada desierto fascinante fabuloso calor salvaje tormenta sendero
nieve alto selva sol pico espectacular niebla río aislado

b Kannst du zu jeder Gruppe noch zwei Beispiele hinzufügen?

11 Vacaciones perfectas

a Teresa macht in einem südamerikanischen Land Urlaub. Vervollständige die Verbformen und versuche zu erraten, wo sie ist. Ergänze dann den Betreff mit dem Namen des Landes.

A: Nieves Barros
Asunto: De vacaciones en ....

Hola Nieves:
¿Qué tal estás?
Este es un país maravilloso. Me encant...... el café de este país y es que este país es famoso por su café. También me gust...... mucho las playas que están en la costa caribeña. Las ciudades grandes como por ejemplo, Medellín, no me interes...... mucho porque hay demasiado tráfico. Prefier...... visitar la selva amazónica. Me gust...... mucho la flora y la fauna de la selva; el clima, por cierto, es muy húmedo. Te envío una foto, ¿ te gust...... el paisaje?
El jueves vuelvo a casa. ¡Qué pena!
¿Y tú? ¿Cómo estás? ¿Nos vemos el fin de semana y te cuento más cosas del viaje?

Besos, Tere

b Du machst Urlaub in einem „geheimen" Land und schreibst eine ähnliche E-Mail wie Teresa an einen Freund / eine Freundin. In dieser erzählst du, was du machst und was dir gefällt. Dein Partner / deine Partnerin soll herausfinden, in welchem Land du dich „befindest".

12 El clima en Ecuador

a Lies den Text über Ecuador auf S. 56 des Kursbuches noch einmal. Überlege dann, ob die folgenden Wetterphänomene der Trockenzeit (ES, *estación seca*), der Regenzeit (EH, *estación húmeda*) oder keiner der Perioden (NO, *ninguna*) zugeordnet werden können.

.... Nieva mucho.

.... Llueve mucho. .... Hace mucho calor. .... Está despejado. .... Está nublado.

.... Llueve muy poco. .... Hace mucho sol. .... Hace mal tiempo. .... Hay tormentas.

b Wie ist das Wetter in Spanien? Sven hat einige Zweifel. Hilf ihm und markiere die richtigen Versionen.

En verano, en España hace mucho/poco calor y normalmente llueve mucho/poco, especialmente en el sur/norte del país. A veces hay tormentas de verano, pero no hace poco/mucho frío. En otoño llueve poco/bastante, sobre todo en la zona del Mediterráneo. El interior del país tiene un clima continental y en invierno hace poco/mucho frío y muchas veces incluso nieva.

c Wie ist das Klima in deinem Land? Wie viele Jahreszeiten gibt es? Wie ist das Wetter in jeder Jahreszeit? Schreibe einen kurzen Text mit diesen Informationen.

En mi país tenemos... estaciones. En invierno normalmente...

13 ¿Cuál es?

a Was glaubst du, welche der Optionen ist richtig? Markiere die richtige Antwort.

1. El Teide / Mulhacén es el pico más alto de España y mide 3618 m / 3718 m de altura.
2. El Vaticano / Mónaco es el país más pequeño del mundo con una superficie de 0,44 km² / 0,54 km².
3. La isla más grande del mundo es Australia / Groenlandia con una superficie de poco más de dos millones de km² / poco más de tres millones de km².
4. India / China es el país más poblado del mundo con más de 1350 / 1250 millones de habitantes.
5. El lugar más frío de la tierra es la Antártida / el Polo Norte.
6. El lugar más seco del mundo es el desierto del Sáhara / Atacama donde en algunas zonas solo llueve 0,5 / 1,5 mm al año.

69 **b** Höre das Gespräch zwischen Alba und Jorge und überprüfe deine Antworten.

14 Mis superlativos

Vervollständige die Sätze mit deiner Meinung.

a. La ciudad más bonita que conozco es ....
b. Para mí, el paisaje más fascinante es ....
c. Las playas más espectaculares son ....
d. El país más impresionante es ....
e. La estación del año que menos me gusta es ....

15 Seleccionando información

a Verbinde die Fragen links mit den Antworten rechts.

1. ¿Cuál es la capital de Honduras, San José, Quito o Tegucigalpa?
2. ¿Qué lugares conoces de México?
3. ¿Qué moneda tienen en Ecuador, el peso, el sucre o el dólar estadounidense?
4. ¿Cuál es la moneda de Argentina?
5. ¿Qué es la Pampa?
6. ¿Cuáles son las lenguas oficiales de España?

a. Muchos, Isla Mujeres, México D.F., Chichén Itzá,...
b. El peso argentino.
c. Es una región muy grande con poca vegetación.
d. Tegucigalpa.
e. El castellano, el catalán, el vasco y el gallego.
f. El dólar estadounidense.

b Formuliere die Fragen zu folgenden Antworten. Benutze dabei die Fragepronomen *qué*, *cuál* oder *cuáles*.

1. ● ¿.. ....?
   ■ Es el Nilo.
2. ● ¿.. ....?
   ■ Es el boliviano.
3. ● ¿.. ....?
   ■ Es uno de los platos más típicos de España. Lleva arroz, carne o pescado.
4. ● ¿.. ....?
   ■ Es Quito.
5. ● ¿.. ....?
   ■ Son el Everest y el K2.

16 ¿Cómo es?

a Lies die Werbetexte über zwei lateinamerikanische Länder und ergänze die fehlenden Endungen. Um welches Land handelt es sich? Schreibe den Namen über jeden Text.

....

Este país está situad...... en el centro geográfic...... del continente american....... Tiene una naturaleza impresionant...... como el Parque Nacional de Tikal, famos...... por la ciudad maya más grand...... del país. En este país hay much...... montañas y volcanes. También es interesant...... visitar Antigua Guatemala, una de las ciudades de estilo colonial mejor conservad.......

1.

....

En este país hay unas playas precios....... Tiene una naturaleza impresionante y es famos...... por el Parque Nacional del Tortuguero donde hay animales exótic...... como pumas, iguanas, cocodrilos y tortugas. Hay también much...... volcanes. Quizás el más famoso es El Arenal, activ...... hasta el 2010. Para much...... turistas, las mejor...... playas están en la costa del Pacífico. Normalmente hace much...... calor.

2.

b Sieh dir die Fotos an: Zu welchem Werbetext von **16a** passen sie?

17 *¿Hay o está?*

a Setze in den Text die korrekten Formen von *hay* oder *estar* ein. Um welches Land handelt es sich?

Mi país .... en el norte de Europa. En mi país .... fiordos y montañas, pero también mesetas. Yo soy de Bergen, una ciudad costera que .... en el sudoeste del país. Mi ciudad es famosa por ser la puerta de entrada de los fiordos noruegos. En mi ciudad también .... otras atracciones turísticas, como el puerto o el museo arqueológico.

b Schreibe einen Text über das Land, in dem du geboren wurdest. Was gibt es dort? Für was ist es bekannt?

En mi país hay...

Está situado en el...

18 *¿Por o para?*

Vervollständige den folgenden Tweet von Ángela López mit den Präpositionen *por* und *para*.

ÁngelaLópez @alopez • 15 julio
Viaje .... Brasil, país famoso .... el Amazonas y .... su carnaval. Recorrido .... la selva en grupo .... disfrutar de la naturaleza. ¡Fascinante! Mañana a Río .... subir al Pan de Azúcar. #Brasil

19 Así como suena. (I)

a Denke an drei Wörter deiner Muttersprache, die mit dem Buchstaben *b* beginnen, und an drei Wörter, die mit *v* beginnen. Werden die Buchstaben unterschiedlich ausgesprochen?

70 **b** Höre nun, wie die Buchstaben *b* und *v* auf Spanisch ausgesprochen werden. Wie klingen sie? Bemerkst du Unterschiede in der Aussprache?

vaso | verde | vino | vocal | vuestra | barco
bebida | bicicleta | botella | bus

In der spanischen Aussprache nimmt man kaum den Kontrast zwischen ***b*** und ***v*** wahr. Deswegen muss bei Wörtern mit diesen Buchstaben die Schreibweise immer mitgelernt werden.

71 **c** Höre nun die gleichen Wörter in einem Satz. Ändert sich etwas an der Aussprache?

1. ¿Dónde está vuestra casa?
2. Tengo una bicicleta nueva.
3. Este verano hemos ido en barco a Mallorca.
4. He comprado unas botellas de vino para la cena de esta noche.
5. Me apetece un vaso de agua fría. ¡Hace un calor!

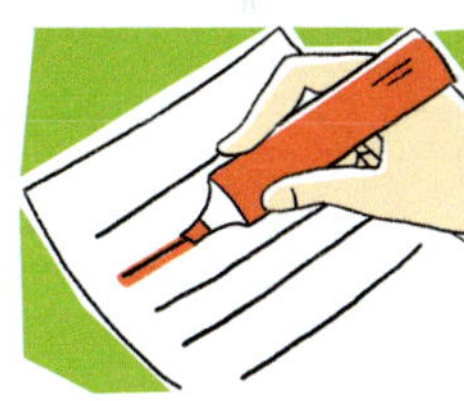

20 Así como suena. (II)

72 **a** Hier siehst du einige Wörter mit *ll* und *y*. Höre, wie eine Person aus Spanien sie ausspricht.

lluvia | llamarse | hoy | yo | llover | yogur | mayas

73 **b** Höre nun, wie eine Person aus Argentinien die Wörter ausspricht. Kannst du Unterschiede erkennen?

Das ***y*** am Ende eines Wortes wird wie ein deutsches .... ausgesprochen. Oft können ***y*** und ***ll*** gleich ausgesprochen werden und klingen wie ein deutsches .... (auch abhängig vom Sprecher). In Argentinien wird sowohl das ***ll*** als auch das ***y*** anders ausgesprochen. Dort klingt es wie ein deutsches ....

1 Lugares donde vivir

Lies die Definitionen von Orten, an denen man wohnen kann.
Schreibe die Wörter zur passenden Definition.

Ciudad | Pueblo | Metrópoli | Barrio | Aldea

1. ....: Es un lugar grande donde vive mucha gente. La industria y el sector de servicios son muy importantes. Puede ser la capital de un país.
2. ....: Es un lugar donde no viven muchas personas. Normalmente hay poca industria. La oferta cultural no es muy variada.
3. ....: Es una parte de una ciudad. En México se llama colonia.
4. ....: Palabra originaria de la antigua Grecia que se utiliza para referirse a lugares cosmopolitas como Nueva York o México D.F.
5. ....: Es un pueblo pequeño con pocos habitantes.

2 Tres ciudades

a Drei Personen beschreiben ihren Wohnort. Lies die Texte und verbinde sie mit den passenden Fotos.

1.

2.

3.

Vivo en una ciudad muy grande y cosmopolita. Es la capital de Argentina: Buenos Aires. Tiene barrios tradicionales como La Boca o San Telmo, pero también zonas más modernas con avenidas muy anchas. Lo malo es que a veces hay mucho tráfico. Pienso que hay demasiados autos y tenemos bastante contaminación sobre todo en el centro. Para ir de compras, hay innumerables tiendas y establecimientos.

A.

La ciudad donde vivo es encantadora. Se llama Cudillero. Es una ciudad pequeña que está al lado del mar. Es muy pintoresca con sus casas de diferentes colores. Me gusta vivir aquí porque es una ciudad muy tranquila y segura. Además, la naturaleza y las playas son muy bonitas. No hay una gran oferta comercial, pero hay suficientes tiendas.

B.

Vivo en una ciudad histórica, famosa por su catedral de estilo gótico y porque es una etapa del Camino de Santiago. Está en la comunidad de Castilla-León en el norte de España. Para mí, Burgos, así se llama la ciudad donde vivo, es como un museo al aire libre por sus calles, plazas, iglesias, monasterios y otros monumentos que puedes conocer cuando paseas por la ciudad. También tiene una gran oferta de ocio. Me encantan sus parques y zonas verdes.

C.

b Lies die folgenden Aussagen, in denen die Städte aus 2a verglichen werden. Sind alle Aussagen richtig? Verbessere die, die falsch sind.

1. Burgos tiene menos tiendas que Cudillero.

   ....

2. Buenos Aires tiene una mayor oferta de ocio que Cudillero.

   ....

3. Cudillero es más ruidoso que Burgos.

   ....

4. Buenos Aires tiene menos contaminación que Burgos.

   ....

5. Cudillero es una ciudad más pintoresca que Burgos.

   ....

c Vergleiche nun die Städte hinsichtlich der Begriffe in den Kästchen.

1. Cudillero / Buenos Aires **limpio**

2. Burgos / Buenos Aires **criminalidad**

3. Cudillero / Burgos **oferta cultural**

3 Describiendo una ciudad

a Verbinde die Sätze links mit der passenden Bedeutung rechts.

1. Mi pueblo tiene suficientes zonas verdes.	a. La gente necesita y quiere más zonas verdes. b. La gente está contenta con las zonas verdes que existen.
2. Ahora hay demasiada contaminación en China.	a. No es peligroso para la salud. b. No se puede vivir bien.
3. Tenemos mayor oferta cultural.	a. Nuestro programa cultural es muy bueno, como siempre. b. Nuestro programa cultural es mejor que antes.
4. En este restaurante hay bastantes clientes.	a. No hay suficientes mesas para tantos clientes. b. Todavía podemos encontrar una mesa.

b Vervollständige die Beschreibungen mit den Indefinita *mucho/-a/-os/-as* oder *poco/-a/-os/-as*.

1. Un barrio antiguo es un barrio que tiene .... edificios modernos y .... edificios antiguos.
2. En una ciudad insegura hay .... criminalidad y violencia.
3. Una ciudad es aburrida cuando hay .... oferta cultural y comercial.
4. En una ciudad sucia hay .... papeles y basura por las calles.
5. Una ciudad contaminada es una ciudad que tiene .... contaminación.
6. Un barrio tranquilo es un barrio donde hay .... ruido ambiental.

4 *¿Hay, ser o estar?*

Vervollständige die Postkarte.

Hola Daniel:

Desde hace tres días .... en San Sebastián. .... una ciudad preciosa que .... en el norte de España, en el País Vasco. San Sebastián .... una ciudad mediana y tranquila y .... famosa por su playa. Por la noche .... mucho ambiente: la ciudad está llena de bares de tapas y de buenos restaurantes. ¡Me encanta! Además mi hotel .... muy céntrico, está muy cerca de la playa de la Concha. En fin, creo que voy a quedarme un par de días más. Mira, la foto de la postal .... la playa de la Concha.

Un abrazo,
Luisa

Daniel Maier
Kapuzinerstr. 13
81667 Múnich
Alemania

5 De tiendas

a Ordne die Begriffe den Fotos zu.

quiosco | grandes almacenes | gimnasio | panadería

....

....

....

....

b Wovon ist hier die Rede?

1. Es una tienda donde compro el pan: la
2. Es un lugar donde practico deporte: el
3. Es un lugar donde puedo ver películas: un

c Erkläre, was das Wort bedeutet, so wie in Aufgabe 5b.

1. Un quiosco es un lugar donde compro ....
2. Una farmacia es un lugar donde compro ....
3. Una librería es un lugar donde compro ....
4. .... es un lugar donde puedo ....

6 ¿Cuántos hay?

a Verbinde die Satzteile / Frage links mit den passenden Satzteilen / der Antwort rechts. Die fett gedruckten Wörter helfen dir dabei, eine logische Verbindung zu finden.

a. Hay **una** farmacia en mi barrio
b. **No** hay **ninguna** farmacia en mi barrio,
c. **No** hay **una** farmacia en mi barrio,
d. ¿Hay **alguna** farmacia en este barrio?

1. y, por eso, tengo que ir a otro barrio a comprar aspirinas.
2. No sé si hay una o dos o ninguna farmacia.
3. donde puedo comprar aspirinas.
4. sino dos.

b Setze die passenden Indefinitbegleiter *un/uno/una, ningún/ninguno/ninguna, algún/alguno/alguna* in die Lücken ein.

1.
● Oye, Esther, ¿hay .... fotocopiadora a color en esta facultad?
■ No, a color no hay ...., pero hay .... en blanco y negro. Está al final del pasillo.
● Vale, gracias.

2.
● ¿Tenéis .... estudiante Erasmus en clase este semestre?
■ No, este semestre no tenemos ...., pero el semestre pasado, sí.
● Pues en nuestra clase tenemos .... estudiante sueca.

3.
● En mi barrio no hay .... discoteca, ¿y en el tuyo?
■ Pues en el mío tampoco hay .... Para salir a bailar tengo que ir siempre al centro de la ciudad. Allí hay .... donde ponen música muy buena. Se llama "Pistaguay".
● ¡Ah! Yo también voy allí muchas veces.

4.
● ¿Tienes .... bolígrafo? Es que no tengo .... y tengo que escribir unas notas.
■ No, no tengo ....; ¡tengo muchísimos! Toma, coge ....
● Muchas gracias.
■ De nada, mujer.

7 Un barrio misterioso

a Mysteriös: In diesem Stadtviertel sind die Orte, die in den Kästchen stehen, verschwunden. Versuche die Karte mithilfe der folgenden Informationen zu rekonstruieren.

supermercado | cine | 2 tiendas de moda | banco | hamburguesería | librería | gimnasio | óptica | estanco | biblioteca | tienda de telefonía móvil

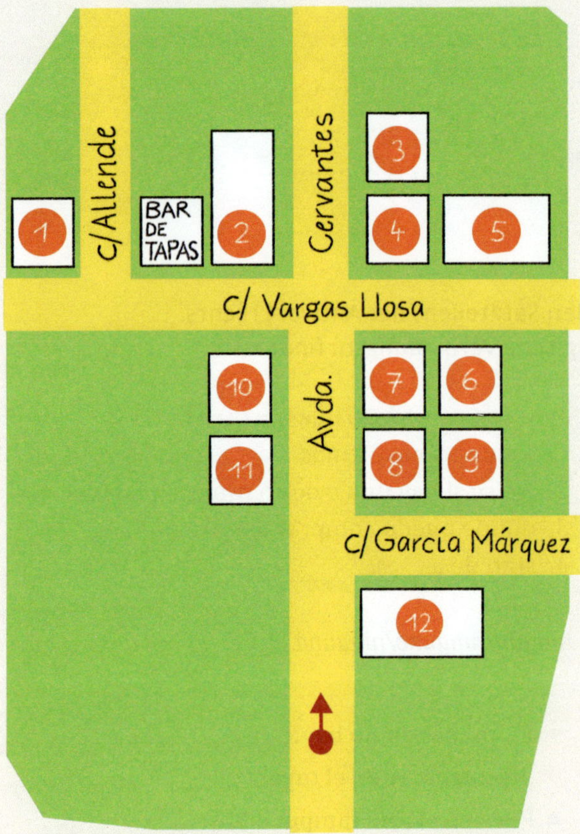

a. En este barrio hay dos tiendas de moda. Una está enfrente de la otra.
b. Hay una hamburguesería en la Avenida Cervantes esquina con calle Vargas Llosa a la derecha.
c. La hamburguesería está al lado de una tienda de moda.
d. Al lado de la otra tienda de moda hay una óptica.
e. El banco está al final de la Avenida Cervantes a la derecha.
f. La biblioteca es un edificio muy grande que está enfrente del banco y de la hamburguesería.
g. Hay una tienda de telefonía móvil. Está en la Avenida Cervantes a la izquierda.
h. La tienda de telefonía móvil está al lado del cine.
i. El supermercado está muy cerca, justo a la derecha en la Avenida Cervantes.
j. La librería está en la calle García Márquez, pero no está en la esquina.
k. El estanco está enfrente de la tienda de telefonía móvil en la esquina Avenida Cervantes con la calle García Márquez.
l. En la calle Allende hay un gimnasio muy grande para practicar deporte.

b Vervollständige die Sätze mit den angegebenen Verben. Achtung: Manche Verben musst du konjugieren.

cruzar (2x) | seguir (2x) | girar | tomar

1. Estoy en la tienda de telefonía móvil y para ir al estanco tengo que .... la Avda. Cervantes.
2. Estamos en la óptica y para ir a la hamburguesería .... la calle Vargas Llosa.
3. Los chicos están en el punto de partida y para ir a la biblioteca .... la Avda. Cervantes todo recto. Está al final a la izquierda. Y para ir de la biblioteca al bar de tapas .... a la derecha.
4. Estáis en la librería y para ir al banco, ... la primera calle a la derecha y después .... todo recto hasta el final de la Avda. Cervantes. Está a la derecha.

8 ¿Hay alguna farmacia por aquí?

a Marcos kommt in das Stadtviertel aus Übung 7 und muss zu einigen Orten. Da er sich nicht auskennt, fragt er dich. Was antwortest du?

1. ¿Hay alguna farmacia por aquí?

   ....

2. ¿Dónde está el bar de tapas?

   ....

3. Necesito unas gafas nuevas, ¿hay una óptica por aquí?

   ....

4. ¿Hay algún banco por esta zona? Quiero cambiar dinero.

   ....

In verneinten Sätzen benutzt man die verneinte Form der Indefinitartikel: ***ningún***, ***ninguna***, ***ninguno***.

74

b Marcos steht am Ausgangspunkt auf der Karte auf S. 130. Isabel beschreibt ihm den Weg zu einem Ort. Zu welchem? Höre und folge den Beschreibungen auf der Karte. Wohin kommst du?

c Um sicherzugehen, dass Marcos den Weg findet, schickt Isabel ihm noch eine E-Mail mit der Wegbeschreibung. Beim Schreiben ist ihr ein Fehler unterlaufen. Welcher?

A: marcos@poraqui.es
Asunto: Cómo llegar

Pues tienes que seguir la Avda. Cervantes todo recto, unos cien metros. Después giras la primera calle a la izquierda. Estás en la calle Vargas Llosa y continúas todo recto hasta que llegas a la calle Allende que es la segunda calle a la derecha. El gimnasio está a la izquierda.

d Marcos steht am Ausgangspunkt und möchte Kleidung kaufen. Wohin kann er gehen? Kannst du ihm den Weg beschreiben?

Para ir a la tienda de moda, primero tienes que

Después

9 Interacciones

Ergänze den Text mit den folgenden Wörtern. Achte auf den Kontext der Dialoge.

claro | oiga | perdona | lo siento | hasta luego | de nada

1. En la calle, un chico joven se dirige a un señor mayor:
- ● ...., ¿puede decirme si hay una oficina de correos por aquí?
- ■ ...., no soy de aquí.
- ● Gracias de todos modos.

2. En la universidad, un estudiante pregunta a otro por la cafetería:
- ● ...., ¿sabes dónde está la cafetería? Hoy es mi primer día...
- ■ ...., sigue todo recto este pasillo. Está al fondo a la derecha.
- ● Gracias. ....
- ■ ...., hasta luego.

10 ¿Cómo lo preguntamos?

Notiere die Fragen zu den Antworten.

1. ● ¿...?
   ■ Sí, hay una al lado del hospital.
2. ● ¿...?
   ■ Lo siento, no hay ninguno.
3. ● ¿...?
   ■ No, no está lejos. Está a unos 100 metros, justo al lado del supermercado.
4. ● ¿...?
   ■ Está al final del pasillo a la izquierda.

11 El pueblo de Maite

75

Maite beschreibt ihren Wohnort. Höre zu und markiere die richtige Antwort.

1. Vive en una ciudad grande / un pueblo pequeño.
2. El lugar donde vive es divertido / aburrido.
3. En su pueblo hay una discoteca / no hay ninguna discoteca.
4. En su pueblo hay un supermercado / no hay ningún supermercado.
5. Hay un teatro y también hay un cine / pero no hay ningún cine.

12 ¿Por dónde voy?

Was siehst du auf diesen Fotos? Schreibe den passenden Begriff zu jedem Bild.

camino | carretera | calle | autopista | avenida

1.

....

2.

....

3.

....

4.

....

5.

....

13 Así como suena.

76 **a** Auf Spanisch wird der Buchstabe *r* auf zwei verschiedene Arten ausgesprochen: schwächer (+) oder stärker (++). Achte beim Hören auf den Unterschied und notiere (+) oder (++). Vervollständige dann die Schreibregel.

.... caro | .... pero | .... raro | .... camarero

.... carro | .... perro | .... restaurante | .... carretera

Das allein stehende **r** wird innerhalb eines Wortes schwächer ausgesprochen, wie bei .... und .... Wird es stärker ausgesprochen, schreibt man es ...., so wie bei .... Am Anfang eines Wortes wird es stark ausgesprochen und .... geschrieben.

77 **b** Höre nun die folgenden Wörter und entscheide, ob sie mit *r* oder *rr* geschrieben werden.

(1) .....omano (3) mane.....a (5) bande.....a (7) ta.....o

(2) pre.....omano (4) a.....iba (6) ba.....o

1 Actividades del tiempo libre

a Was kann man in seiner Freizeit machen? Schreibe die Wörter zu den passenden Verben, um verschiedene Freizeitaktivitäten zu benennen. Manchmal gibt es mehrere Möglichkeiten.

~~un aperitivo~~ | de compras | por el centro | una exposición | de picnic | unas cañas | una película | con amigos | por el parque | al cine | unos churros | de copas | a unos amigos | un café | un musical

ir	pasear	ver	tomar	quedar
....	....	....	un aperitivo	....
....	....	....	....	....
....	....	....	....	....
....	....	....	....	....

b Welche Aktivitäten kann man an diesen Orten machen?

....

....

c Lies die folgenden Definitionen und versuche herauszufinden, um welche Freizeitaktivitäten es sich handelt. Schreibe sie auf.

1. Actividad que haces con música en una discoteca: b........
2. Hablar con amigos: c........
3. Ir por un parque o por una ciudad: p........

d Was kann man in deiner Stadt unternehmen? Was machst du gerne in deiner Freizeit? Schreibe einen kurzen Text darüber.

A mí me gusta hacer senderismo en las montañas. En mi ciudad no puedo hacerlo porque no tenemos montañas, pero voy a los Alpes para practicar el senderismo. También me gusta....

2 Participios

Hier siehst du einige Partizipien. Schreibe die Infinitivformen dazu.

……………… podido	……………… puesto	……………… sido	……………… roto	……………… escrito
……………… abierto	……………… dicho	……………… hecho	……………… estado	……………… vuelto

3 Formas

Vervollständige die Tabelle mit den passenden Formen. Achte auf die unregelmäßigen Verben: Im Präsens unregelmäßige Verben haben nicht zwangsläufig auch unregelmäßige Partizipien.

Infinitiv	1. Person Singular im Präsens	Partizip
empezar	…………………………	…………………………
…………………………	duermo	…………………………
…………………………	…………………………	visto
hacer	…………………………	…………………………
…………………………	…………………………	pedido
…………………………	pongo	…………………………
volver	…………………………	…………………………
…………………………	…………………………	despertado
escribir	…………………………	…………………………

4 José, un estudiante de Erasmus en Londres

a José, ein Student aus Málaga, macht gerade ein Auslandssemester in London. Was denkst du, wie ist sein Tagesablauf? Sieh dir die Aktivitäten an und nummeriere sie in der Reihenfolge, in der er sie machen könnte.

1 se despierta temprano
…. se ducha
…. se levanta
…. ve la tele
…. toma un bocadillo en la uni con amigos
…. va a clase en autobús
…. estudia un poco de inglés para mejorar su pronunciación
…. se acuesta
…. en clase toma apuntes
…. desayuna solo un café
…. escribe en su blog
…. hace deporte en un gimnasio
…. almuerza a las dos de la tarde
…. va a tomar una cerveza con compañeros de la uni

b Abends um 23 Uhr schreibt José in seinen Blog, was er an diesem Tag gemacht hat. Kannst du ihm dabei helfen, alles aufzuschreiben?

Hoy también ha sido un día agotador. Primero me he despertado temprano
y después ....
y más tarde ....
....
....
....
....

>> Publicado por José >> Comentarios 0

Merke: Um einen Text zu strukturieren, kannst du ***después de* + Infinitiv** und ***antes de* + Infinitiv** benutzen: ***Después de estudiar, he hecho deporte.***

5 ¿Presente o Pretérito Perfecto?

Vervollständige nun die Dialoge mit den passenden Präsensformen (bei gewohnheitsmäßigen Handlungen) oder mit dem *Pretérito Perfecto* (bei Handlungen, die zu einem Zeitpunkt der Gegenwart abgeschlossen sind).

1.
- ● ¿Te apetece almorzar con nosotros? Vamos a la cantina...
- ■ Lo siento, es que ya .... (almorzar). Normalmente .... (almorzar) en la cantina también, pero hoy .... (ir) a casa a comer.
- ● Bueno, otra vez será.

3.
- ● ¿.................................... (tú / probar) alguna vez el arroz con leche? Está buenísimo.
- ■ No, no .... (tomar) productos lácteos porque soy alérgico.
- ● ¡Vaya!

2.
- ● ¿Qué tal el fin de semana? ¿Qué has hecho?
- ■ Genial. Unos amigos y yo .... (estar) en las montañas para hacer senderismo. Normalmente yo no .... (hacer) senderismo porque no me gusta mucho, pero con amigos es siempre más divertido. ¿Y tú?
- ● Pues yo .... (ver) una película en casa de Laura, aunque generalmente yo .... (preferir) ver las películas en el cine.
- ■ Yo también.

6 ¿Qué han hecho?

78-80 **a** Drei Personen erzählen von ihren Beschäftigungen. Höre und notiere, was sie gemacht haben.

	¿Qué han hecho?
1.	
2.	
3.	

78-80 **b** Höre die Dialoge noch einmal. Wann haben sie die Aktivitäten gemacht?

1. ....
2. ....
3. ....

Der Zeitraum der Handlungen in Übung 6b sind Zeiträume, die noch zur Gegenwart zählen.
Um über Geschehnisse zu sprechen, die in einem solchen Zeitraum der Gegenwart stattgefunden haben, wird im Spanischen das ***Pretérito Perfecto*** gebraucht.

7 ¿Qué han hecho el fin de semana?

a Wochenendaktivitäten: Verbinde die Satzteile links mit den passenden Satzteilen rechts.

1. Este fin de semana hemos estado en un festival de música folk y...
2. No he podido salir porque...
3. Hemos hecho una excursión en bicicleta y...
4. Hemos ido a un museo y...
5. Alberto y Sara han ido de copas y...
6. Esta semana he visto una película en el cine...
7. He estudiado mucho para el examen de Psicología porque...

a. ... he tenido que terminar un trabajo para la uni.
b. ... hemos visto una exposición de pintura moderna.
c. ... es muy difícil.
d. ... que me ha gustado mucho.
e. ... después han tomado unos churros con chocolate.
f. ... más tarde hemos hecho un picnic en el Retiro.
g. ... hemos conocido al cantante del grupo Folkie.

b Was hast du dieses Wochenende gemacht?
Und diese Woche? Schreibe einen kurzen Text darüber.

Este fin de semana he ido al cine y he visto una película muy aburrida que no me ha gustado nada. También... Esta semana...

8 ¿Cuándo va a ser?

Stell dir vor, heute ist Montag, 9 Uhr morgens. Kannst du die folgenden Ausdrücke von dieser Uhrzeit ausgehend chronologisch ordnen?

el próximo mes | pasado mañana | la semana que viene | esta tarde | mañana | el viernes | dentro de dos años | el año próximo | después de las 12

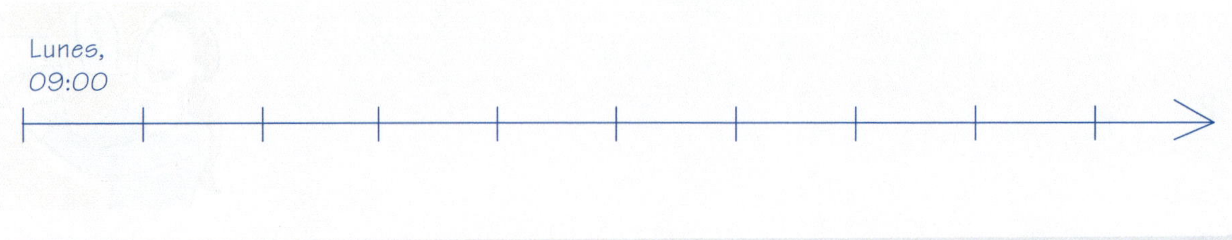

9 ¿Todavía no lo ha hecho?

a Daniel ist eine recht zerstreute Person. Um nichts von dem zu vergessen, was er heute machen muss, hat er sich Notizen gemacht. Jetzt ist es zwei Uhr nachmittags. Was hat er schon gemacht und was noch nicht? Notiere.

23 MARTES

8	8.00-9.00 deporte
9	9.30-10.30 desayuno
10	con Clara en la uni
11	
12	11.00-13.00 CLASE
13	13.30-14.00 cita con
14	Prof. Domínguez
15	14.00-15.00 almuerzo
16	15.00-17.00 CLASE
17	17.15 devolver libro en
18	la biblioteca
19	
20	18.00-21.00
21	bar de tapas con Aurora
22	

A las dos de la tarde, Daniel ya ....
....
....
....
....
...., pero todavía no
....
Tampoco ha ... .
....
....
....
....
....
....

b Was wird er laut Terminkalender nach 14 Uhr noch machen?

Entre las dos y las tres Daniel va a …

10 Vamos a quedar.

Vervollständige die Dialoge und verbinde die Sätze mit einer Antwort.
Achtung: ein Wort wird nicht benötigt.

y si | es que | quedamos | fatal | apetece | por qué | genial

1. ¿................ no vamos al cine el sábado por la tarde? Ponen *Ocho apellidos vascos*.

2. ¿Os .... ir a comer unos churros?

3. ¿................ vamos de compras por la calle Princesa?

¡Fantástico! ¿A qué hora ....?

¡................!
¿Cuándo?

Lo siento, ... ya la he visto.

11 ¿Cómo quedamos?

a Marta und Isabel verabreden sich für das Wochenende. Was werden sie machen? Bringe den Dialog in die richtige Reihenfolge, um es zu erfahren.

- .... Pues la verdad es que esta semana ya he salido de tapas dos veces...
- .... ¡Estupendo! Hasta mañana.
- 2 ¡Claro, genial, me apetece mucho!
- .... Pues a las nueve, en la puerta de Don Vegetal.
- 1 Oye, Isabel, ¿y si quedamos? Hace mucho que no nos vemos...
- 4 ¡Genial! ¿y dónde?
- .... ¿Y a un vegetariano?
- .... Muy bien, ¿y a qué hora quedamos?
- 3 ¿Qué tal mañana por la noche?
- .... ¿Te apetece ir a tomar unas tapas?
- .... ¡Perfecto! ¿Al Don Vegetal?

b Vervollständige nun die Sätze mithilfe der Informationen aus dem Dialog von Übung 11a. Schreibe ein Wort in jede Lücke.

1. .... apetece quedar con Marta.
2. .... no .... apetece ir de tapas porque ya ha ido de tapas dos veces esta semana.
3. A Marta y a Isabel .... apetece ir a un restaurante vegetariano.

12 ¿Cómo reaccionas?

Wie würdest du folgende Fragen beantworten?

1. ¿Qué vas a hacer este fin de semana?
2. ¿Te apetece ir al cine pasado mañana? Ponen la última película de Almodóvar...
3. ¿Qué planes tienes para las próximas vacaciones?
4. ¿Cuándo quedamos para ir de tapas?

13 Objeto escondido

Vervollständige die Sätze mit den Substantiven aus den Kästchen.
Verwende danach die Pronomen *lo/los/la/las*, um die Objekte der Verben zu ersetzen.

el periódico | gafas de sol | churros con chocolate | la televisión | el coche | cerveza | ~~la tarjeta de crédito~~

1. Usas *la tarjeta de crédito* para pagar. → *La usas para pagar.*
2. Lees .... por la mañana para estar informado. → ....
3. Muchos españoles toman .... para desayunar o merendar. → ....
4. Mucha gente toma .... con las tapas. → ....
5. Usas .... para ir a trabajar. → ....
6. Necesitas .... para ir a la playa y protegerte del sol. → ....
7. Ves .... cada día para ver una película o informarte. → ....

Die Pronomen ...., ..., ..., und .... ersetzen die Objekte der Verben. Man schreibt sie .... das konjugierte Verb wie bei **La usas para pagar** oder .... einen Infinitiv: **Puedes usarla para pagar**.

14 Fiesta de despedida

Ergänze den Dialog mit den passenden Pronomen.

- ● Hola Andrés, ¿qué tenemos que hacer todavía para la fiesta?
- ■ Pues, a ver, ¿has comprado ya las bebidas?
- ● Sí, ... he comprado ya.
- ■ ¿Y la comida para los bocadillos?
- ● Bueno, el queso todavía tengo que comprar .... Creo que los panecillos es mejor comprar .... el mismo día, ¿no?
- ■ Lógico. ¿Y si compramos patatas fritas también?
- ● Buena idea, ¿.......... compras tú? Yo ya he comprado muchas cosas...
- ■ Sí, claro. Por cierto, ¿cómo está el tema de la música? ¿Has llamado ya a Alberto para la música?
- ● No, todavía no .... he llamado porque no he tenido tiempo. Voy a llamar .... mañana.
- ■ ¡Va a ser una fiesta fantástica!

15 ¿Qué pronombre es el adecuado?

Setze die passenden Pronomen in die Dialoge ein. Achtung: Es bleibt jeweils ein Pronomen übrig.

1. mí | me | conmigo | yo

- ¿Qué prefieres, el mar o la montaña?
- .... prefiero el mar, especialmente en verano. .... encanta nadar y tomar el sol. Para .... es muy importante ir una vez al año al mar...

2. ti | contigo | tú | te

- ¡Hola! Quiero ir a la cafetería Doña Deliciosa a tomar unos churros.
- ¿Churros? ¿Puedo ir .... ? Me encantan los churros con chocolate.
- ¡Claro! ¿Cuándo .... apetece ir?
- El sábado por la tarde para merendar, por ejemplo. ¿Y a ....?

3. le | él | lo | se

- ¿Qué ha hecho Javier este fin de semana?
- Pues .... ha levantado tarde porque .... encanta dormir.
- ¿Y después?
- Pues María ha ido con .... a la biblioteca para estudiar.

4. os | le | vosotros

- ¿Qué vais a hacer .... el próximo verano?
- Pues todavía no lo sabemos.
- ¿.......... apetece venir a nuestro apartamento?

16 Así como suena.

81 **a** Höre, wie die folgenden Wörter ausgesprochen werden, und achte vor allem auf die Aussprache von *g* und *j*. Klingt es wie das deutsche *g* in *Gas* [g] oder wie das deutsche *ch* in *machen* [x]? Notiere.

[g] guitarra	.... guerra	.... agua	.... gazpacho	.... amigo	.... Aguirre
.... gimnasia	.... geometría	.... Juan	.... Javier	.... jota	.... Jiménez
.... girar	.... gente	.... juntos	.... caja	.... ajo	.... Jerez

b Ergänze die Regel über die Aussprache und Schreibweise von *g* und *j*.

Im Spanischen wird der Buchstabe ***j*** immer wie ein deutsches .... ausgesprochen, wie z.B.bei ...., ... oder .... Der Buchstabe ***g*** hingegen wird nur vor den Vokalen .... und .... wie ein deutsches ***ch*** ausgesprochen, wie z.B. bei .... und .... Vor ...., ... und .... wird er wie ein deutsches ***g*** ausgesprochen, z.B. bei ...., ... und ....Damit das ***g*** vor den Vokalen ...... und ...... wie ein deutsches ***g*** klingt, muss ein ***u*** zwischen dem ***g*** und dem Vokal eingefügt werden, wie z.B. bei .... und ....

82 **c** Höre nun die folgenden Wörter und ergänze *g*, *gu* oder *j*.

1. pá.....ina	4. ....ión	7. a.......ente	10. ca.......ón
2. ....óndola	5. ....itarrista	8. dro.......ería	11. dra.......ón
3. ima.......en	6. ....arabe	9. ....ipúzcoa	12. mala.......eño

Unidad 1 » Pág. 143

Das Alphabet
Die Aussprache
Die Verben *llamarse* und *ser*
Das Personalpronomen als Subjekt
Gebrauch des Subjektpronomens
Duzen und Siezen
Unpersönliche Konstruktionen mit *se*
Die Verneinung mit *no*
Genus und Numerus der Substantive
Der bestimmte Artikel

Unidad 2 » Pág. 146

Das Verb im Spanischen: Grundlagen
Die regelmäßigen Verben im Präsens
Die Konnektoren *y/e*, *o/u* und *pero*
Die Präposition *en*
Nationalitätsadjektive
Der Gebrauch von *ser*
Die lokale Präposition *de*
Die Präpositionen *para* und *por*
Die Präpositionen *a* und *por*
Betonung und Akzent
¿Por qué? und *porque*

Unidad 3 » Pág. 148

Genus und Numerus der Adjektive
Die Stellung der Adjektive
Muy, *bastante* und *un poco*
Die Verben *estar* und *tener*
Die Possessiva vor dem Substantiv
Die Possessiva nach dem Substantiv
Die Demonstrativpronomen
Die Grundzahlen bis 100
Die Berufsbezeichnungen
Der Gebrauch von *ser*
Der unbestimmte Artikel
Mit Artikel oder ohne?
Der Akzent
Der Aussagesatz
Der Fragesatz

Unidad 4 » Pág. 153

Reflexive Verben und Reflexivpronomen
Verben mit Vokalwechsel im Präsens
Das Verb *ir*
Verben mit unregelmäßiger 1. Person
Zeitangaben
Angaben zur Häufigkeit
Die Verneinung mit *nunca*
Sätze verbinden: *aunque*

Unidad 5 » Pág. 155

Das Modalverb *querer*
Wertende Konstruktionen: *gustar, encantar, interesar*
Das indirekte Objektpronomen
Das betonte Objektpronomen nach Präpositionen
Die Mengenangaben *mucho, bastante, un poco, nada*
Der Unterschied zwischen *muy* und *mucho*
Die Verneinung mit *nada* und *tampoco*
Die Adverbien *también* und *tampoco*
Die Konjunktion *mientras que*
Die Steigerung (Superlativ)
Die Grundzahlen ab 100
Hay, tiene und *está/n*
Die Fragepronomen *qué* und *cuál*
Groß- und Kleinschreibung

Unidad 6 » Pág. 159

Die Mengenangaben *bastante/s, suficiente/s, demasiado/-a/-os/-as*
Die Verkürzung der Adjektive
Der Komparativ bei Ungleichheit
Sätze verbinden: *sin embargo, por eso, pero, además*
Die Indefinita *alguno/ninguno*
Die Ordnungszahlen
Weitere Verben mit Stammvokaländerung im Präsens
Die Ortsangaben
Verben mit unregelmäßiger 1. Person und Stammvokaländerung
Einige Modalverben und ihre Entsprechungen

Unidad 7 » Pág. 161

Das Perfekt
Der Gebrauch des Perfekts
Die Verbalperiphrase *ir* + *a* + Infinitiv
Personalpronomen nach Präpositionen
Das direkte Objektpronomen

Unidad 1

Das Alphabet

Das spanische Alphabet hat 27 Buchstaben.

» Die Namen der Buchstaben sind feminin: *la hache, la cu, la zeta etc.*

A, a	a	**H, h**	hache	**Ñ, ñ**	eñe	**U, u**	u	ch = ce hache / che
B, b	be	**I, i**	i	**O, o**	o	**V, v**	uve	ll = elle / doble ele
C, c	ce	**J, j**	jota	**P, p**	pe	**W, w**	uve doble	rr = doble erre
D, d	de	**K, k**	ka	**Q, q**	cu	**X, x**	equis	ü = u con diéresis
E, e	e	**L, l**	ele	**R, r**	erre / ere	**Y, y**	i griega / ye	é = e con acento
F, f	efe	**M, m**	eme	**S, s**	ese	**Z, z**	zeta	T = te mayúscula
G, g	ge	**N, n**	ene	**T, t**	te			t = te minúscula

» Seit 1994 sind **ch** und **ll** keine eigenständigen Buchstaben mehr und sind in Wörterbüchern unter **c** bzw. **l** zu finden.

» In Lateinamerika wird **b** *be larga*, **v** *ve corta* und **w** *ve doble* genannt.

» Vokale, die einen Akzent tragen, nennt man *a con acento, e con acento.*

Die Aussprache

Bei diesen Buchstaben unterscheidet sich die Aussprache vom Deutschen:

	Position	Laut	Aussprache	Beispiel
b		[b]	wird wie ein Laut zwischen *b* und *w* ausgesprochen	*Cuba*
c	vor e und i	[θ]	gelispelt, wie englisch *three*	*Francia*
		[s]	in Lateinamerika, in Teilen Südspaniens und auf den Kanarischen Inseln wie *ss* in *Wasser*	
	sonst	[k]	wie *Karte*	*Cuba*
ch		[tʃ]	wie in *klatschen*	*Chile*
g	g vor e und i	[x]	wie in *lachen*	*Génova*
g		[g]	wie in *gut*	*Granada*
h			wird nicht gesprochen	*Holanda*
j		[x]	wie in *lachen*	*Jaén*
ll		[j]	wie in *Jahr*	*Mallorca*
ñ		[ɲ]	wie in *Champignon*	*España*
qu		[k]	wie in *Karte*	*Quito*
r		[r]	gerollt zwischen zwei Vokalen	*Perú*
rr		[rr]	starkt gerollt, *r* am Wortanfang und *rr*	*Inglaterra*
s		[s]	stimmlos, wie *ss*	*Sevilla*
v		[b]	wird wie ein Laut zwischen *b* und *w* ausgesprochen	*Valencia*
x		[ks]	wie in *Taxi*	*Tuxtla* *(Ausnahme: Oaxaca)*
y		[j]	wie in *Jaguar*	*Guayaquil*
z		[θ] [s]	in Lateinamerika gelispelt, wie englisch *three*, in Teilen Südspaniens und auf den Kanarischen Inseln wie *ss* in *Wasser*	*Suiza*

» Bei **gui** und **gue** wird das *u* nicht ausgesprochen: *guitarra, guerra*.

Die Verben *llamarse* und *ser*

	ser	llamarse
yo	soy	me llamo
tú	eres	te llamas
él/ella, usted	es	se llama
nosotros/-as	somos	nos llamamos
vosotros/-as	sois	os llamáis
ellos/ellas, ustedes	son	se llaman

Das Personalpronomen als Subjekt

Die Personalpronomen fungieren als Subjekt eines Satzes (wer oder was?).

- Bei den Pluralformen gibt es maskuline und feminine Formen. Wenn man sich auf beide Gruppen bezieht, wird die maskuline Form verwendet.
- Für das höfliche „Sie" gibt es eine Singularform *usted* und eine Pluralform *ustedes*, die mit den Verbformen der 3. Person verwendet werden.
- In Lateinamerika und auf den Kanarischen Inseln wird *ustedes* statt *vosotros/-as* verwendet.

	Singular	Plural
1. Person	yo	nosotros (m) nosotras (f)
2. Person	tú	vosotros (m) vosotras (f)
3. Person	él (m) ella (f)	ellos (m) ellas (f)
Höflichkeitsform	usted	ustedes

Gebrauch des Subjektpronomens

Die Subjektpronomen werden im Spanischen oft weggelassen. Man verwendet sie vor allem

- zur Unterscheidung oder Hervorhebung.
  Hola, yo soy Ana y ella es Alicia.
- um Missverständnisse zu vermeiden bei der 3. Person und der Höflichkeitsform.
  Usted es Carmen, ¿verdad?
- wenn wir auf die Frage nach einem Namen antworten.
  ■ *¿Carmen Fernández?* ● *Soy yo.*

Um über Gegenstände zu sprechen, wird im Spanischen kein Subjektpronomen verwendet.
Mira, este diccionario. Es muy bueno.

Duzen und Siezen

Im Spanischen der Iberischen Halbinsel werden *tú* und *vosotros* in weniger formellen Situationen und im Gespräch mit vertrauten Personen verwendet. *Usted* und *ustedes* werden dagegen in formelleren Gesprächssituationen, z.B. bei Dienstleistungen (im Restaurant, im Geschäft, bei Behörden, ...) oder in hierarchisch geprägten Beziehungen (z.B. bei unbekannten Personen höheren Alters, an der Universität, beim Arzt, ...) verwendet.

Unpersönliche Konstruktionen mit *se*

Das deutsche Wort „man", mit dem Unpersönlichkeit ausgedrückt werden kann, wird im Spanischen durch *se* + 3. Person wiedergegeben.

Steht das Bezugswort im Singular, steht auch das Verb im Singular. *¿Cómo se pronuncia la "uve"?*

Steht das Bezugswort im Plural, so steht, anders als im Deutschen, auch das Verb im Plural. *¿Cómo se pronuncian estas palabras?*

Die Verneinung mit *no*

Im Spanischen steht die Verneinung normalerweise vor dem Verb. *No* bedeutet sowohl *nein* als auch *nicht* und *kein*.

- ■ *¿Qué significa "gafas"?*
- ● *No sé.*
- ■ *¿Te llamas Ana?*
- ● *No, yo soy Elisa.*

Genus und Numerus der Substantive

Die spanischen Substantive sind entweder maskulin oder feminin, es gibt kein Neutrum wie im Deutschen. Oft ist aus der Endung ersichtlich, ob ein Substantiv maskulin oder feminin ist. Der Plural der Substantive wird durch Anhängen der Endung -**s** (bei Endung auf Vokal im Singular) oder -**es** (bei Endung auf Konsonant im Singular) gebildet.

		Singular	Plural
» Substantive, die auf -**o** enden, sind meistens* maskulin. » Substantive auf -**aje**, -**or**, -**ón** oder -**ema**, -**oma**, -**ama** sind in der Regel maskulin.	maskulin	el diálog**o** el vi**aje** el col**or** el coraz**ón** el probl**ema** el idi**oma** el progr**ama**	los diálogo**s** los viaje**s** los color**es** los corazon**es** los problema**s** los idioma**s** los programa**s**
» Substantive, die auf -**a** enden, sind meistens* feminin. » Substantive auf -**dad**, -**ción** und -**sión** sind immer feminin.	feminin	la list**a** la can**ción** la deci**sión** la nacionali**dad**	las lista**s** las cancion**es** las decision**es** las nacionalidad**es**
» Substantive auf -**e** und -**ista** können maskulin oder/und feminin sein.	maskulin oder/und feminin	el tomat**e** la noch**e** el/la estudi**ante** el/la tax**ista**	los tomate**s** las noche**s** los/las estudiante**s** los/las tax**istas**

!

*Ausnahmen:
la foto, la mano, el día, el sofá, el mapa

Maskulin sind die Wochentage *(el lunes, el martes, ...)* und die Zahlen *(el uno, el dos, el cinco, ...)*.

Feminin sind die Buchstaben *(la ñ, la ese, ...)* und die Uhrzeiten *(las tres)*.

» Der maskuline Plural wird auch für gemischte Gruppen (Männer und Frauen) verwendet: *Los alumnos* bezieht sich sowohl auf die Schüler als auch auf die Schülerinnen.

!

» Substantive, die auf -**s** (nach unbetontem Vokal) enden, bleiben im Plural unverändert: *el lunes – los lunes*.

» Substantive, die auf -**z** enden, bilden den Plural mit -**ces**: *la nariz – las narices*.

» Substantive, die auf **Konsonant** enden und auf der letzten Silbe einen Akzent haben, verlieren den Akzent im Plural: *la canción – las canciones*.

Der bestimmte Artikel

Wir gebrauchen den bestimmten Artikel, (*el, la, los, las*) wenn wir von etwas sprechen, das bekannt oder einmalig ist oder schon erwähnt wurde.
La naturaleza de Costa Rica es maravillosa.

	maskulin	feminin
Singular	**el** libro	**la** mesa
Plural	**los** libros	**las** mesas

Der Artikel stimmt in Numerus und Genus mit dem zugehörigen Substantiv überein.

- Feminine Substantive, die mit einem betonten **a-** oder **ha-** anfangen, erhalten im Singular den maskulinen Artikel: *el hambre, el agua* (aber: *la amiga*).
- Vor *señor, señora* und *señorita* in Verbindung mit einem Eigennamen steht immer der bestimmte Artikel, außer bei der Anrede: *Señora Martínez, este es el señor Álvarez*.

Unidad 2

Das Verb im Spanischen: Grundlagen

Im Spanischen werden die Verben nach ihrer Infinitivendung in drei Gruppen eingeteilt: Verben auf *-ar*, *-er* und *-ir*.

Verben auf -ar	Verben auf -er	Verben auf -ir
estudi**ar**	aprend**er**	viv**ir**
trabaj**ar**	le**er**	escrib**ir**

Die regelmäßigen Verben im Präsens

Bei allen regelmäßigen Verben einer Gruppe werden an den Wortstamm dieselben Endungen angehängt.

! Im Spanischen sind die Verbendungen besonders wichtig: Sie informieren über die Person und die Zeitform. Da die Personalpronomen oft weggelassen werden, ist es wichtig, auf die Endungen zu achten.

	-ar estudiar	-er aprender	-ir vivir
yo	estudi**o**	aprend**o**	viv**o**
tú	estudi**as**	aprend**es**	viv**es**
él/ella, usted	estudi**a**	aprend**e**	viv**e**
nosotros/-as	estudi**amos**	aprend**emos**	viv**imos**
vosotros/-as	estudi**áis**	aprend**éis**	viv**ís**
ellos/ellas, ustedes	estudi**an**	aprend**en**	viv**en**

Die Konnektoren *y/e, o/u* und *pero*

- Wir benutzen *y*, um zwei oder mehr Elemente miteinander zu verbinden. *Y* entspricht dem Konnektor „und" im Deutschen. *Me llamo Marta y soy de Ecuador.*

! Vor Wörtern, die mit **i-** oder **hi-** anfangen, wird das *y* zu *e*. *Emilio e Isabel son mis amigos.*

- Wir benutzen den Konnektor *o*, um Alternativen anzugeben. *¿Marta es de Ecuador o de Colombia?*

! Vor Wörtern, die mit mit **o-** oder **ho-** anfangen, wird das *o* zu *u*. *Marta tiene una hermana de siete u ocho años.*

- Mit *pero* wird eine neue Information präsentiert, die im Gegensatz zum bereits Gesagten steht.
Pero entspricht dem Konnektor „aber" im Deutschen.
No hablo holandés, pero lo comprendo.

Die Präposition *en*

Mit der Präposition *en* drückt man aus, dass sich etwas an einem bestimmten Ort befindet.

Estudio y vivo en Berlín. *Estudio en la Universidad Autónoma.*
Trabaja en una tienda. *Trabaja en Siemens.*

Nationalitätsadjektive

Bei Adjektiven, die Nationalitäten angeben, gelten teilweise besondere Regeln für die Bildung der femininen Form.

Wenn das Adjektiv

- auf **Konsonant** endet, hängt man für die feminine Form ein **-a** an.
- auf **-o** endet, wird es durch ein **-a** ersetzt.
- auf **-a**, **-e** oder **-í** endet, bleibt es unverändert.
- Der Plural wird nach den üblichen Regeln gebildet.

	maskulin	feminin
Singular	francés alemán mexican**o** suiz**o**	frances**a** ileman**a** mexican**a** suiz**a**
Singular	belga nicaragüense marroquí	
Plural	frances**es** aleman**es** mexican**os** suiz**os**	frances**as** aleman**as** mexican**as** suiz**as**
Plural	belga**s** nicaragüense**s** marroquí**es**	

!

Das Adjektiv muss in Genus und Numerus mit dem Substantiv (Person oder Objekt), auf das es sich bezieht, übereinstimmen.
Tengo unos amigos griegos.
Mis amigas Anne y Sybille son alemanas.

Beziehen wir uns auf feminine und maskuline Substantive, wird das dazugehörige Adjektiv in die maskuline Form gesetzt.
Gabriela y Jorge son mexicanos.

Der Gebrauch von *ser*

Mit *ser* wird folgendes ausgedrückt:

- Identität: *Este es Jorge.*
- Herkunft: *Somos peruanos, de Lima.*

Die Präpositionen *para* und *por*

- Mit *para* gibt man einen Zweck oder eine Absicht an.
  Estudio español para trabajar en México.
- Mit *por* gibt man einen Grund an.
  Estudio español por el trabajo.

Die lokale Präposition *de*

De kann verweisen

- auf den Ursprung oder auf die Herkunft.
  ■ *¿De dónde eres?* ● *De Colonia.*
- auf den Besitz.
  ■ *De quién es el libro?* ● *De Juan.*
- Außerdem kann *de* einen Gegenstand genauer bestimmen.
  El libro de español es muy bueno.

Die Präpositionen *a* und *por*

- Mit der Präposition *a* gibt man eine genaue Richtung oder ein genaues Ziel an.
  Estudio español para viajar a Chile.
- Die Präposition *por* steht für eine ungefähre Ortsangabe bzw. für die Bewegung in einem abgegrenzten Raum.
  Estudio español para viajar por Chile.

Betonung und Akzent

- Wörter, die auf Vokal, *-n* oder *-s* enden, werden auf der vorletzten Silbe betont:
  España, escriben, profesores.
- Wörter, die auf Konsonant (außer *-n* oder *-s*) enden, werden auf der letzten Silbe betont: *trabajar, ciudad.*
- Bei allen Ausnahmen von dieser Regel wird die betonte Silbe mit einem grafischen Akzent *(tilde)* markiert: *Perú, número, México, inglés.*

¿Por qué? und *porque*

Mit *¿por qué?* fragt man nach dem Grund für etwas. Mit *porque* begründet man etwas. Das Interrogativpronomen *¿por qué?* wird in zwei Wörtern und mit grafischem Akzent geschrieben, die Konjunktion *porque* dagegen in einem Wort und ohne grafischen Akzent.

- *¿Por qué estudias español?*
- *Porque quiero viajar por Latinoamérica.*

Unidad 3

Genus und Numerus der Adjektive

		maskulin	feminin
Das Adjektiv richtet sich in Numerus und Genus nach dem zugehörigen Substantiv. *Daniel es muy simpático. Marta es morena y alta.*	Singular	un niño divertid**o** un amigo alegr**e** un hombre jov**en**	una niña divertid**a** una amiga alegr**e** una mujer jov**en**
	Plural	unos niños divertid**os** unos amigos alegr**es** unos hombres jóven**es**	unas niñas divertid**as** unas amigas alegr**es** unas mujeres jóven**es**

- Eine große Gruppe von Adjektiven endet in der maskulinen Form auf -**o** und in der femininen Form auf -**a**.
- Adjektive, die auf Konsonant (-**n**, -**l**, -**s**, -**z**) enden, haben häufig dieselbe Form für Maskulinum und Femininum, z.B. *joven, fácil, gratis, feliz.*
- Einige Adjektive, die auf -**a**, -**e**, -**i**, -**u**, -**ista** enden, haben ein- und dieselbe Form für Maskulinum und Femininum, z.B. *hipócrita, amable, iraní, hindú, optimista.*
- Einige Farbadjektive, wie z.B. *violeta*, *verde*, *beige*, *rosa* und *naranja*, haben für Maskulinum und Femininum dieselbe Form.
- Der Plural wird wie bei den Substantiven gebildet: Wenn das Adjektiv auf Vokal endet, wird ein -**s** angehängt. Endet es auf Konsonant, so wird -**es** angehängt.
- Ein Adjektiv, das sich auf mehrere Substantive verschiedener Genera bezieht, steht in der maskulinen Pluralform.
  Tus amigas y amigos son muy simpáticos.

Die Stellung der Adjektive

» Im Spanischen werden Adjektive in der Regel nachgestellt.
Mi amiga Beatriz es una persona alegre.

» Vorangestellt werden Adjektive nur, wenn man die betreffende Eigenschaft besonders hervorheben will:
La triste chica es su hermana. = Man hebt eine Eigenschaft hervor, aber man unterscheidet nicht zwischen mehreren Personen.
La chica triste es su hermana. = Man unterscheidet zwischen mehreren Personen.

» Adjektive, die eine Farbe, Form, Nationalität oder einen Zustand ausdrücken, werden immer nachgestellt.
Tiene los ojos azules. *Tiene una prima francesa.*

Muy, bastante und *un poco*

Muy (sehr) und *bastante* (ziemlich) modifizieren die Intensität eines Adjektivs oder Adverbs. Sie sind in Genus und Numerus unveränderlich.
Carlos es muy divertido.
Sandra habla español muy bien.
Daniel y Paul son bastante serios.
Esther habla griego bastante bien.

Un poco wird nur in Verbindung mit Eigenschaften, die als negativ angesehen werden können, verwendet und kann im Deutschen mit „ein bisschen" übersetzt werden: *Daniel es un poco serio.*

Die Verben *estar* und *tener*

	estar	tener
yo	estoy	tengo
tú	estás	tienes
él/ella, usted	está	tiene
nosotros/-as	estamos	tenemos
vosotros/-as	estáis	tenéis
ellos/ellas, ustedes	están	tienen

! Mit dem Verb *estar* wird der Familienstand angegeben, wenn der Zustand als vorübergehend angesehen wird.
Marta está separada.

Jedoch kann auch das Verb *ser* angewendet werden, wenn der Zustand als dauerhaft angesehen wird.
Es viudo.

Die Possessiva vor dem Substantiv: *mi amigo*

Im Spanischen richten sich die Possessiva nach dem Objekt, von dem man spricht. Die Singularformen und die 3. Person Plural stimmen im Numerus mit dem Objekt überein. Bei der 1. und 2. Person Plural wird auch das Genus angepasst.

	Singular	Plural	
yo	mi tío / tía	mis tíos / tías	mein, meine
tú	tu tío / tía	tus tíos / tías	dein, deine
él/ella	su tío / tía	sus tíos / tías	sein, seine, ihr, ihre
usted	su tío / tía	sus tíos / tías	Ihr, Ihre
nosotros/-as	nuestro tío / nuestra tía	nuestros tíos / nuestras tías	unser, unsere
vosotros/-as	vuestro tío / vuestra tía	vuestros tíos / vuestras tías	euer, eure
ellos/ella	su tío / tía	sus tíos / tías	ihr, ihre
ustedes	su tío / tía	sus tíos / tías	Ihr, Ihre

Die Possessiva nach dem Substantiv: *un amigo mío*

Diese Possessiva funktionieren wie Adjektive und werden deswegen in Genus und Numerus dem Substantiv, auf das sie sich beziehen, angeglichen.

	Singular		Plural	
	maskulin	**feminin**	**maskulin**	**feminin**
yo	un amigo mío	una amiga mía	unos amigos míos	unas amigas mías
tú	un amigo tuyo	una amiga tuya	unos amigos tuyos	unas amigas tuyas
él/ella	un amigo suyo	una amiga suya	unos amigos suyos	unas amigas suyas
usted	un amigo suyo	una amiga suya	unos amigos suyos	unas amigas suyas
nosotros/-as	un amigo nuestro	una amiga nuestra	unos amigos nuestros	unas amigas nuestras
vosotros/-as	un amigo vuestro	una amiga vuestra	unos amigos vuestros	unas amigas vuestras
ellos/ella	un amigo suyo	una amiga suya	unos amigos suyos	unas amigas suyas
ustedes	un amigo suyo	una amiga suya	unos amigos suyos	unas amigas suyas

» Mit *mío, tuyo, suyo*... drückt man aus, dass ein Objekt oder eine Person Teil einer Gruppe ist.
Marta, una amiga mía, trabaja en Barcelona.
(= Ich habe viele Freundinnen, und eine davon, die Marta heißt, arbeitet in Barcelona.)

» Mit *mi, tu, su*... drückt man aus, dass ein Objekt oder eine Person einzig in seiner / ihrer Kategorie ist.
Mi amiga Marta trabaja en Barcelona.
(= Nicht meine Freundin Luisa, sondern meine Freundin Marta arbeitet in Barcelona.)

Die Demonstrativpronomen

Die Formen *este, esta, estos, estas* weisen auf etwas Bestimmtes hin und richten sich in Genus und Numerus nach dem Substantiv, auf das sie sich beziehen.

Este/-a/-os/-as verweist auf etwas, das sich nahe beim Sprecher befindet (hier).

	maskulin	feminin
Singular	este	esta
Plural	estos	estas

» Die Demonstrativpronomen können unmittelbar vor einem Substantiv stehen.
Este libro es muy interesante.

» Man kann sie auch vom Substantiv trennen.
Este es un libro muy interesante.

» Sie werden auch für Vorstellungen verwendet.
Esta es Alicia.

» Die gemischte Form (Maskulinum und Femininum) im Plural ist *estos*:
Estos son María y Manuel.

» Es gibt auch ein neutrales Demonstrativpronomen: *esto*. Es wird verwendet, um einen Gegenstand zu identifizieren:
Esto es una tableta electrónica.

Die Grundzahlen bis 100

0	**cero**						
1	**uno**	11	**once**	21	**veintiuno**	31	**treinta y uno**
2	**dos**	12	**doce**	22	**veintidós**	32	**treinta y dos**
3	**tres**	13	**trece**	23	**veintitrés**	33	**treinta y tres**
4	**cuatro**	14	**catorce**	24	**veinticuatro**	40	**cuarenta**
5	**cinco**	15	**quince**	25	**veinticinco**	50	**cincuenta**
6	**seis**	16	**dieciséis**	26	**veintiséis**	60	**sesenta**
7	**siete**	17	**diecisiete**	27	**veintisiete**	70	**setenta**
8	**ocho**	18	**dieciocho**	28	**veintiocho**	80	**ochenta**
9	**nueve**	19	**diecinueve**	29	**veintinueve**	90	**noventa**
10	**diez**	20	**veinte**	30	**treinta**	100	**cien**

Die Berufsbezeichnungen

	Endung	maskulin	feminin
Berufs- und Personenbezeichnungen, bei denen die maskuline Form auf -**o** endet, erhalten für die feminine Form anstelle des -**o** die Endung -**a**.	-**o**	el secretari**o** el arquitect**o**	la secretari**a** la arquitect**a**
Berufs- und Personenbezeichnungen, bei denen die maskuline Form auf Konsonant (-**or**) endet, bilden die feminine Form durch Anhängen von -**a**	-**or**	el profes**or**	la profes**ora**
Berufs- und Personenbezeichnungen, die auf -**nte** oder -**sta** enden, haben in der Regel dieselbe Form für beide Geschlechter.	-**nte** -**ista**	el/la estudia**nte** el/la tax**ista** el/la period**ista**	

Der Gebrauch von *ser*

Ser verwendet man

- zur Angabe von Name, Herkunft, Nationalität, Beruf und Verwandtschaft.
  Yo soy Claudia. Y soy argentina, de Buenos Aires.
  Vosotros sois profesores, ¿verdad?
  Esta es mi hija Elvira.
- um über Eigenschaften (Aussehen und Charakter) zu sprechen. In diesem Fall wird das Adjektiv in Genus und Numerus an das Bezugswort angepasst.
  Daniel es moreno, bajito y muy sociable.

! Im Spanischen wird das Alter mit dem Verb *tener* angegeben! *Tengo 19 años.*

Mit Artikel oder ohne?

In Situationen, in denen das Substantiv nicht genauer bestimmt bzw. identifiziert werden soll, wird kein Artikel verwendet:
Lleva Ø barba. *Tiene Ø novio.*

Wenn das Substantiv genauer bestimmt werden soll, braucht man den Artikel:
Tiene la barba blanca.
Tiene un novio mexicano.

Der Aussagesatz

Die Wortstellung im Satz ist im Spanischen flexibler als im Deutschen. Die Wortstellung Subjekt + Verb + Objekt wird aber meistens beibehalten.

Subjekt	Verb	Ergänzung
Marion	vive	en un barrio tranquilo.
Ø	Trabaja	mucho por la tarde.

Anders als im Deutschen wird diese Wortstellung im Spanischen auch im Nebensatz meistens beibehalten.
Andrea habla muy bien italiano, pero tiene un poco de acento.

Der unbestimmte Artikel

Wenn man sich auf etwas nicht näher Bestimmtes bezieht, verwendet man die Artikel *un, una, unos, unas*.

	maskulin	feminin
Singular	**un** libro	**una** silla
Plural	**unos** libros	**unas** sillas

! *Unos / unas* bedeutet vor einer Zahl „einige“ bzw. „ungefähr“.
- ■ *¿Cuántos años tiene?*
- ● *Unos treinta años.*

Der Akzent

Alle Frage- und Ausrufewörter werden mit Akzent geschrieben.
¿Qué hace usted?, ¿Cómo te llamas?, ¡Qué rico!

Durch einen Akzent wird die Bedeutung von zwei gleichlautenden, einsilbigen Wörtern unterschieden: *tú – tu, mí – mi, qué – que, él – el, sí – si, sé – se, té – te*

Der Fragesatz

Fragen, die mit „Ja“ oder „Nein“ beantwortet werden, haben im Spanischen keine feste Struktur. *¿Usted es peruana? / ¿Es usted peruana?*

Um sie von Aussagesätzen unterscheiden zu können, werden sie mit einer besonderen Intonation ausgesprochen: zum Satzende steigt die Intonation an.
¿Se llama Alicia? ↗
aber *Se llama Alicia.* ↘

In Fragen, die mit einem Fragepronomen beginnen, steht das Verb direkt nach dem Fragewort. *¿Quién es de Tenerife?*

Unidad 4

Reflexive Verben und Reflexivpronomen

Durch eine reflexive Konstruktion wird ausgedrückt, dass das Subjekt die betreffende Handlung an sich selbst vollzieht. Reflexive Verben werden von einem Reflexivpronomen begleitet, das Teil des Verbs ist.
Yo me visto rápido.

Reflexive Verben werden wie alle anderen Verben konjugiert. Die Verbendung und das Pronomen beziehen sich auf dieselbe Person.

	levantarse	vestirse
yo	**me** levant**o**	**me** v**i**st**o**
tú	**te** levant**as**	**te** v**i**st**es**
él/ella, usted	**se** levant**a**	**se** v**i**st**e**
nosotros/-as	**nos** levant**amos**	**nos** vest**imos**
vosotros/-as	**os** levant**áis**	**os** vest**ís**
ellos/ellas, ustedes	**se** levant**an**	**se** v**i**st**en**

! Nicht alle reflexiven spanischen Verben sind auch im Deutschen reflexiv (und umgekehrt): *llamarse* = „heißen", *despertarse* = „aufwachen", *levantarse* = „aufstehen". Einige Verben haben, je nachdem, ob sie mit oder ohne Reflexivpronomen verwendet werden, unterschiedliche Bedeutungen: *quedar* = „sich verabreden", *quedarse* = „bleiben".
¿Quedamos hoy con Ángel y Ana? *Hoy me quedo en casa.*

Verben mit Vokalwechsel im Präsens

Bei einigen Verben ändert sich der betonte Stammvokal. Die Endungen dieser Verben werden entsprechend der drei regelmäßigen Verbgruppen gebildet.

		e → ie empezar	e → i vestirse	o → ue almorzar
In der 1. und 2. Person Plural gibt es keinen Vokalwechsel.	yo	emp**ie**zo	me v**i**sto	alm**ue**rzo
	tú	emp**ie**zas	te v**i**stes	alm**ue**rzas
	él/ella, usted	emp**ie**za	se v**i**ste	alm**ue**rza
	nosotros/-as	empezamos	nos vestimos	almorzamos
	vosotros/-as	empezáis	os vestís	almorzáis
	ellos/ellas, ustedes	emp**ie**zan	se v**i**sten	alm**ue**rzan
! Bei **jugar** wird das **u** zu **ue**. *Álvaro juega mucho.*	*ebenso:*	despertarse querer preferir	seguir pedir	acostarse dormir volver

Das Verb *ir*

	ir
yo	voy
tú	vas
él/ella, usted	va
nosotros/-as	vamos
vosotros/-as	vais
ellos/ellas, ustedes	van

GRAMMATIK

Verben mit unregelmäßiger 1. Person

Einige Verben haben nur eine unregelmäßige 1. Person Singular, die anderen Formen sind regelmäßig.

	salir
yo	sal**go**
tú	sales
él/ella, usted	sale
nosotros/-as	salimos
vosotros/-as	salís
ellos/ellas, ustedes	salen

ebenso:

conocer	→	cono**zco**
dar	→	d**oy**
hacer	→	ha**go**
poner	→	pon**go**
saber	→	**sé**
traer	→	tra**igo**
ver	→	v**eo**

Zeitangaben

» Um die Uhrzeit anzugeben, verwendet man die dritte Person Singular oder Plural des Verbs *ser* + *la*/*las* + eine Grundzahl.
- *¿Qué hora es?*
- *1:00 Es la una.*
- *12:30 Son las doce y media.*
- *20:45 Son las nueve menos cuarto.*

» Wenn man sich auf einen konkreten Zeitpunkt bezieht, verwendet man die Präposition **a**:
Las clases empiezan a las 9.

» Oft wird eine Uhrzeit von 1 bis 12 Uhr mit einer Angabe zur Tageszeit (*de la mañana, de la tarde*) kombiniert.
- *¿A que hora vuelves?*
- *A las ocho de la mañana.*

» Die Information zur Tageszeit schließt man mit der Präposition **de** an:
Tengo clase a las cinco de la tarde.

» Die Minuten werden von der vollen Stunde bis zur halben Stunde mit *y* hinzugefügt, von der halben Stunde bis zu nächsten vollen Stunde werden sie mit *menos* abgezogen.

» Bezieht man sich auf einen nicht konkreten Zeitraum, verwendet man die Präposition **por**:
Tengo clase por la tarde.

» Wenn man hingegen von einem Zeitraum spricht, verwendet man die Präpositionen **de** und **a**: *La biblioteca abre de 9 a 3.*

Angaben zur Häufigkeit

(casi) siempre
muchas veces
a veces
algunas veces
de vez en cuando
(casi) nunca

(todos) los lunes / martes / miércoles / jueves / viernes / sábados / domingos

todos los fines de semana / meses / años
todas las semanas / mañanas / tardes / noches
por las mañanas / por las tardes / por las noches

Die Ausdrücke der Häufigkeit können im Satz an verschiedene Stellen gesetzt werden:
Hago deporte todos los días. Todos los días hago deporte. Hago todos los días deporte.

Die Verneinung mit *nunca*
Da die Negation im Spanischen immer vor dem Verb steht, kann bei Sätzen mit *nunca* eine zweite Verneinung benötigt werden.

No + Verb + *nunca* *No hago nunca deporte.*
Nunca + Verb *Nunca hago deporte.*

Ebenso wie *nunca* funktionieren *nadie* (niemand), *nada* (nichts), *jamás* (nie) und *tampoco* (auch nicht).

Sätze verbinden: *aunque*
Mit *aunque* wird ein Gegensatz zur Hauptaussage eingeleitet. *Aunque* hat in diesem Fall die Bedeutung von „obwohl".
Yo normalmente como en la cafetería de la universidad aunque prefiero comer en casa.

Unidad 5

Das Modalverb *querer*
Als Modalverb wird *querer* gemeinsam mit einem weiteren Verb, das im Infinitiv steht, verwendet. Das Verb *querer* entspricht dem deutschen „wollen" oder „mögen".
No quiero ir al teatro. Quiero ir al cine.

Querer gehört zur Gruppe von Verben mit Stammveränderungen im Präsens (**e** → **ie**).

querer	
yo	quiero
tú	quieres
él/ella, usted	quiere
nosotros/-as	queremos
vosotros/-as	queréis
ellos/ellas, ustedes	quieren

Wertende Konstruktionen: *gustar, encantar, interesar*

das Verb *gustar*	indirektes Objekt	Verb		Subjekt
(A mí)	**me**	**gusta**	→	Pablo.
(A ti)	**te**			**la** naturaleza.
(A él/ella, usted)	**le**		→	**ir** de vacaciones.
(A nosotros/-as)	**nos**			**viajar y conocer** a gente.
(A vosotros/-as)	**os**	**gustan**	→	**las** lenguas.
(A ellos/ellas, ustedes)	**les**			**los** países lejanos.
				la naturaleza **y el** deporte.
				los viajes y **descubrir** nuevas culturas.

Die Verben *gustar, encantar, interesar* stehen mit Subjekten, die bei jemandem ein Gefühl oder eine Empfindung auslösen.

Das indirekte Objektpronomen

Objekte sind Ergänzungen zum Verb oder Prädikat. Abhängig vom Verb unterscheidet man im Spanischen zwischen direktem (OD, *objeto directo*) und indirektem Objekt (OI, *objeto indirecto*).

Por las noches leo un libro a mi hijo.
(*un libro* = **OD**, *a mi hijo* = **OI**)

Das indirekte Objekt bezieht sich in der Regel auf den Empfänger oder Adressaten der verbalen Handlung. In Kombination mit den so genannten „wertenden Verben" wie *gustar*, *encantar* oder *interesar* z.B. steht immer das indirekte Objekt (OI). Wird das indirekte Objekt explizit genannt, also nicht nur als Pronomen (hier: *Carla y Mario*), so steht davor die Präposition **a**:

A Carla y a Mario les encanta viajar.
(*A Carla y a Mario* = **OI explizit**, *les* = **OI Pronomen**)

	Singular	Plural
1. Person	me (mir)	nos (uns)
2. Person	te (dir)	os (euch)
3. Person	le (ihm/ihr)	les (ihnen)
Höflichkeitsform	le (Ihnen (Sg.))	les (Ihnen (Pl.))

Das indirekte Objektpronomen steht vor dem konjugierten Verb.

- ■ *¿Te gusta viajar?*
- ● *Me encanta.*

Das betonte Objektpronomen nach Präpositionen

Das Objektpronomen nach einer Präposition (z.B. *a*) wird auch als betontes Objektpronomen bezeichnet.

Vor ein unbetontes Objektpronomen (*me, te, le, nos, os, les*) kann zusätzlich ein betontes gestellt werden. Die Person wird dadurch besonders hervorgehoben.

- ■ *A mí me gusta viajar, ¿y a ti?*
- ● *A mí también.*

	Singular		Plural	
1. Person	a mí	(mich, mir)	a nosotros/-as	(uns)
2. Person	a ti	(dich, dir)	a vosotros/-as	(euch)
3. Person	a él a ella	(ihm) (ihr)	a ellos a ellas	(sie, ihnen) (sie, ihnen)
Höflichkeitsform	a usted	(Ihnen)	a ustedes	(Sie, Ihnen, euch)

Die Mengenangaben *mucho, bastante, poco, un poco, nada*

» Um Substantive in ihrer Quantität oder Intensität zu modifizieren, können die Mengenangaben **mucho**, **poco**, **demasiado** und **bastante** verwendet werden. In diesem Fall werden *mucho*, *poco* und *demasiado* in Genus und Numerus an das Bezugswort angepasst, *bastante* nur im Numerus.

Hay poca vida cultural. *Hace poco frío.*
Hay mucha niebla. *Hace mucho calor.*
Hay pocas playas. *Hay pocos turistas.*
Hay muchas montañas. *Hay muchos ríos.*

» Um Verben in ihrer Bedeutung zu modifizieren, können die Adverbien **mucho**, **bastante**, **un poco** oder **nada** verwendet werden. Sie sind in diesem Fall in Numerus und Genus unveränderlich.

Me gusta mucho.
Me gusta un poco. / En verano llueve poco.
Me gusta bastante.
No me gusta nada.

Der Unterschied zwischen *muy* und *mucho*

Muy steht vor einem Adjektiv oder Adverb.
Este queso está muy rico.
Jorge baila muy bien.

Das Adverb *mucho* beschreibt ein Verb.
Jorge baila mucho.

Die Verneinung mit *nada* und *tampoco*

Wenn die Verneinungswörter *nada* und *tampoco* nach dem Verb stehen, wird als zweite Verneinung *no* vor das Verb gestellt.

■ *El pescado no me gusta nada.*
● *A mí el pescado no me gusta tampoco.*

Die Adverbien *también* und *tampoco*

También („auch") bezieht sich auf eine vorherige positive Aussage.

■ *Esta noche vamos al cine.*
● *Nosotros también.*

Tampoco („auch nicht") bezieht sich auf eine vorherige negative Aussage.

■ *Marisa y Luis no pueden venir.* ● *Nosotras tampoco.*

Die Konjunktion *mientras que*

Mientras que wird verwendet, um eine Information einzuleiten, die einen Gegensatz ausdrückt.
Im Deutschen kann man es in diesem Fall mit „wohingegen" übersetzen.
Guayaquil es el centro financiero del país, mientras que Quito es el centro cultural.

Die Steigerung (Superlativ)

Der relative Superlativ wird mit dem bestimmten Artikel + (Substantiv) + *más* + Adjektiv gebildet.
El pico más alto de América Latina se llama Cerro Aconcagua.

Um den absoluten Superlativ zu bilden, hängt man an den Stamm eines Adjektivs die Endung **-ísimo/-a** an.

Er wird verwendet, wenn es keine direkte Vergleichsgröße gibt oder um einen besonders hohen Grad der Eigenschaft auszudrücken. Im Deutschen wird der absolute Superlativ mit „sehr" / „extrem" wiedergegeben.
El Aconcagua es altísimo.

Die Grundzahlen ab 100

100	**cien**	500	**quinientos/-as**	2100	**dos mil cien**
101	**ciento uno**	600	**seiscientos/-as**	30.000	**treinta mil**
102	**ciento dos**	700	**setecientos/-as**	100.000	**cien mil**
103	**ciento tres**	800	**ochocientos/-as**	1.000.000	**un millón**
134	**ciento treinta y cuatro**	900	**novecientos/-as**	2.000.000	**dos millones**
200	**doscientos/-as**	1000	**mil**		
300	**trescientos/-as**	1001	**mil uno**		
400	**cuatrocientos/-as**	1002	**mil dos**		

Von 200 bis 999 gibt es für die Hunderterzahlen je eine maskuline und eine feminine Form, die an das zugehörige Substantiv angepasst wird.
doscientas cinco personas, ochocientos ochenta euros

Hay, tiene und *está/n*

Mit **hay** und **tiene** drückt man aus, dass etwas vorhanden ist.
En Ecuador hay ríos, muchos volcanes y una montaña muy alta, el Chimborazo.

Um etwas zu verorten, verwendet man dagegen **está** oder **están**.
El Chimborazo está en el centro del país.

Die Fragepronomen *qué* und *cuál*

Mit **qué** + **Substantiv** oder **cuál** / **cuáles** identifiziert man ein oder mehrere Dinge innerhalb einer Gruppe.	■ *¿Qué lenguas se hablan en Ecuador?* ● *El castellano y el quechua.* ■ *¿Cuál es la moneda de Bolivia?* ● *El boliviano.*
Mit **qué** + **Verb** fragt man nach Dingen, Konzepten oder Definitionen.	■ *¿Qué es el Chimborazo?* ● *Un volcán.* ■ *¿Qué es esto?* ● *Esto es ceviche, un plato de Perú.*

Groß- und Kleinschreibung

Im Gegensatz zum Deutschen werden im Spanischen Substantive kleingeschrieben. Sie werden nur in folgenden Fällen großgeschrieben:

» am Satzanfang
Mañana es domingo.

» Eigennamen von Personen
El marido de Blanca se llama Rodrigo López.

» Städte- und Ländernamen
La capital de Cuba es La Habana.

» Geografische Angaben
El Guadalquivir es un río en Andalucía.

» Namen von Institutionen
La Biblioteca Nacional está en la calle Cruz.

» Studienfächer
Mi hermana estudia Historia.

» der Anfang eines Buchtitels
"La sombra del viento"

Frage- und Ausrufezeichen werden sowohl am Satzanfang (auf den Kopf gestellt) als auch am Satzende gesetzt: *¡Hola! ¿Cómo te llamas?*

Unidad 6

Die Mengenangaben *bastante/s, suficiente/s, demasiado/-a/-os/-as*

» Die Indefinitbegleiter **bastante/s** („ziemlich viel/e") und **suficiente/s** („genug/genügende") richten sich im Numerus nach dem Substantiv, auf das sie sich beziehen.
Esta ciudad tiene bastante contaminación y no tiene suficiente transporte público.

» *Bastante, suficiente* und *demasiado* können auch als Adverb ein Verb ergänzen.
Duerme suficiente. *Come demasiado.*

» Der Indefinitbegleiter **demasiado/-a/-os/-as** („zu viel/e") richtet sich in Genus und Numerus nach dem Substantiv, auf das er sich bezieht.
Mi ciudad tiene bastantes museos, suficientes bibliotecas, pero demasiados coches.

Die Verkürzung der Adjektive

Folgende Adjektive werden verkürzt, wenn sie vor dem Substantiv stehen:

» *Bueno* und *malo* werden vor einem maskulinen Substantiv zu **buen** bzw. **mal**:
Estamos en un buen camino.

» *Grande* wird im Singular zu **gran**:
Juan ha hecho un gran trabajo.

» *Primero* und *tercero* werden vor einem maskulinen Substantiv zu **primer** bzw. **tercer**:
Vivo en el tercer piso.

Der Komparativ bei Ungleichheit

Zum Vergleich von Lebewesen, Gegenständen, Begriffen und Eigenschaften benutzt man den Komparativ oder den Superlativ. Sind die beiden verglichenen Elemente nicht gleich, so wird als Vergleichsform der Komparativ mit *más* („mehr") oder *menos* („weniger") + Adjektiv + *que* („als") verwendet. Besondere Komparativformen bilden **bueno** → **mejor**, **malo** → **peor**, **grande** → **mayor** (alt – älter), **pequeño** → **menor** (klein – kleiner).

Sätze verbinden: *sin embargo, pero, por eso, además*

Mit *sin embargo* („jedoch") wird einer Aussage eine andere gegenübergestellt. Es kann manchmal auch durch *pero* („aber") ersetzt werden.
Me gustan las ciudades grandes, sin embargo / pero para vivir prefiero un pueblo.

Mit *por eso* („deshalb") wird eine Aussage begründet. *Me gustan las ciudades pequeñas, por eso vivo en Tubinga.*

Mit *además* („außerdem") wird nach einer Aufzählung eine letzte Information hinzugefügt.
Valparaíso es una ciudad bonita, divertida, interesante y además, ofrece muchas actividades culturales.

Die Indefinita *alguno / ninguno*

alguno/-a/-os/-as	irgendein/-e, einige (Pl.)
ninguno/-a/-os/-as	kein/-e

Die Indefinita stehen entweder als Begleiter beim Substantiv oder als Pronomen allein, anstelle des Substantivs. Sie drücken Unbestimmtheit aus und richten sich in Genus und Numerus nach dem Substantiv, auf das sie sich beziehen.
Vor einem maskulinen Substantiv stehen die verkürzten Formen **algún** oder **ningún**.
In Sätzen mit **ningún** / **ninguna** steht immer *no* vor dem Verb.

■ *¿Hay algún café cerca de aquí?*
● *No, no hay ninguno.*

GRAMMATIK

Die Ordnungszahlen

Die Ordnungszahlen verwendet man vor allem von 1 bis 10. Ab 11 werden meist die Grundzahlen verwendet. Sie stehen vor dem Substantiv und richten sich in Numerus und Genus nach diesem.
Es la segunda casa en la cuarta calle.

Primero und **tercero** werden vor einem maskulinen Substantiv zu **primer** und **tercer** verkürzt.
El primer hijo. El tercer piso.

1°/1ª	**primero/-a**
2°/2ª	**segundo/-a**
3°/3ª	**tercero/-a**
4°/4ª	**cuarto/-a**
5°/5ª	**quinto/-a**
6°/6ª	**sexto/-a**
7°/7ª	**séptimo/-a**
8°/8ª	**octavo/-a**
9°/9ª	**noveno/-a**
10°/10ª	**décimo/-a**

Weitere Verben mit Stammvokaländerung im Präsens

	seguir e → i	**poder** o → ue	
yo	sigo	puedo	*ebenso wie* seguir: pedir, repetir...
tú	sigues	puedes	
él/ella, usted	sigue	puede	
nosotros/-as	seguimos	podemos	*ebenso wie* poder: dormir, volver...
vosotros/-as	seguís	podéis	
ellos/ellas, ustedes	siguen	pueden	

Die Ortsangaben

entre		zwischen	lejos de		weit entfernt von
al lado de		neben	cerca de		nahe bei
a la izquierda de		links von	enfrente de		gegenüber von
a la derecha de		rechts von	aquí, acá		hier
al final de		am Ende von	ahí		da
delante de		vor	allí, allá	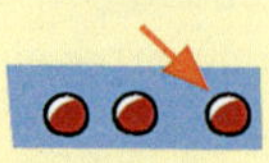	dort
detrás de		hinter	todo recto		geradeaus

Verben mit unregelmäßiger 1. Person und Stammvokaländerung

Einige Verben haben eine gemischte Konjugation: Sie sind in der 1. Person Singular unregelmäßig und wechseln den Stammvokal.

	venir	decir
yo	vengo	digo
tú	vienes	dices
él/ella, usted	viene	dice
nosotros/-as	venimos	decimos
vosotros/-as	venís	decís
ellos/ellas, ustedes	vienen	dicen

Einige Modalverben und ihre Entsprechungen

Die Modalverben werden gemeinsam mit einem weiteren Verb (im Infinitiv) verwendet.

tener que / hay que

Um eine Verpflichtung („müssen") oder eine Notwendigkeit („sollen") auszudrücken, verwendet man im Spanischen die Konstruktion *tener que* + Infinitiv oder *hay que* + Infinitiv.

Tienes que cruzar la calle y después hay que cruzar dos semáforos.

poder

Das spanische Verb *poder* verwendet man, um eine Möglichkeit auszudrücken:

Puedes ir en autobús o también a pie.

Unidad 7

Das Perfekt

Das Perfekt besteht aus einer Form von *haber* im Präsens und dem Partizip Perfekt des Hauptverbs, das unmittelbar nach der Form von *haber* steht.

Das Partizip wird mit der Endung **-ado** gebildet, die an den Stamm der Verben auf *-ar* angehängt wird, bzw. mit der Endung **-ido** für Verben auf *-er* und *-ir*.

	haber	Partizip Perfekt
yo	he	
tú	has	llegado
él/ella, usted	ha	comido
nosotros/-as	hemos	dormido
vosotros/-as	habéis	
ellos/ellas, ustedes	han	

Unregelmäßige Partizipien sind:

Infinitiv	Partizip	Infinitiv	Partizip
abrir	abierto	poner	puesto
decir	dicho	romper	roto
escribir	escrito	ser	sido
hacer	hecho	ver	visto
ir	ido	volver	vuelto

Der Gebrauch des Perfekts

Im Spanischen gibt es verschiedene Zeiten, um über die Vergangenheit zu sprechen. Eine davon ist das Perfekt. Das Perfekt wird verwendet,

- wenn man über vergangene Handlungen sprechen will, ohne hervorzuheben, zu welchem Zeitpunkt eine Handlung stattgefunden hat. In diesen Fällen können Ausdrücke verwendet werden wie *ya, todavía no, nunca, alguna vez.*
  Ya he visto la última película de Scorsese. Es estupenda.
- wenn die vergangene Handlung in einem Zeitraum stattgefunden hat, der einen Bezug zur Gegenwart hat. Daher steht das Perfekt häufig mit Zeitangaben wie *esta mañana, hoy, este fin de semana, hasta ahora* etc.

Die Verbalperiphrase *ir* + *a* + Infinitiv

Mit dem Präsens von *ir* + *a* + Infinitiv drücken wir Pläne oder Absichten für die Zukunft aus.
Este fin de semana voy a visitar a mis padres.

	ir	a + Infinitiv
yo	voy	
tú	vas	
él/ella, usted	va	a salir con amigos
nosotros/-as	vamos	
vosotros/-as	vais	
ellos/ellas, ustedes	van	

Personalpronomen nach Präpositionen

Steht das Personalpronomen nach einer Präposition (z.B. *a, por, con*), lauten die 1. und 2. Personen Singular **mí** und **ti**. Die anderen Formen sind identisch mit dem entsprechenden Subjektpronomen.
Este regalo es... para mí ti él/ella nosotros/-as vosotros/-as ellos/ellas ustedes

Bei der Präposition *con* entstehen bei der 1. und 2. Person Singular neue Formen: con + mí = conmigo con + ti = contigo

- ■ *¿Te apetece venir conmigo?*
- ● *¿Contigo? Sí, claro.*

Das direkte Objektpronomen

Die direkten Objekte sind Ergänzungen zum Prädikat. Das direkte Objekt steht ohne Präposition: Yo compro **las entradas**. Wenn es sich bei dem direkten Objekt aber um ein lebendes Wesen (Person oder Tier) handelt, steht die Präposition *a* davor: Yo llamo **a Teresa y a Pedro**.

Die direkten Objektpronomen ersetzen die Objekte der Verben. Sie stehen vor dem konjugierten Verb.
*Yo **las** compro. Yo **los** llamo. **Las** he reservado yo.*
Bei Konstruktionen mit Infinitiv können die Objektpronomen an den Infinitiv angehängt werden.
*¿**Las** puedes comprar tú? = ¿Puedes comprar**las** tú?*

3. Person	maskulin	feminin
Singular	lo *(ihn, es, Sie)*	la *(sie, es, Sie)*
Plural	los *(sie, Sie)*	las *(sie, Sie)*

Die direkten Objektpronomen (*lo, la, los, las*) werden auch dann gebraucht, wenn das Objekt zuvor erwähnt wurde: **Las entradas las** compro yo.

KURSBUCHTEIL

Unidad 1

Unidad 1, 8a
9
1. ● ¡Hasta pronto!
   ■ ¡Hasta pronto, Maite! ¡Y buen viaje!
2. ● ¡Hola! ¡Buenas tardes!
   ■ Hola, ¿qué tal?
   ● Hola, Jaime.
3. ● ¡Buenos días!
   ■ ¡Hola! ¡Buenos días! ¿Qué desea?
4. ● ¡Chau, Claudia!
   ■ ¡Chau!
5. ● ...¡Adiós! ¡Buenas noches!
   ■ ¡Adiós! ¡Hasta mañana! ¡Que descanses!

Unidad 2

Unidad 2, 3b
10
1. ● Hola, ¿de dónde eres?
   ■ Soy marroquí, de Marrakesch, ¿y tú?
   ● Yo soy francesa.
2. ● ¿Y tú, de dónde eres?
   ■ De Ankara. Soy turca. ¿Y tú?
   ● Yo soy portugués.
3. ● Hola, Christian, ¿tú eres alemán, verdad?
   ■ No, soy austriaco.

Unidad 2, 5a
11
● Secretaría del Centro de Idiomas, ¿dígame?
■ Hola, quería inscribirme en el curso intensivo de español para nivel intermedio.
● Sí, eh, un momento, por favor. Para la inscripción necesito algunos datos. ¿Cómo se llama?
■ Martin Keller.
● Martin Keller. Se escribe con k... y con dos eles, ¿verdad?
■ Sí, eso es.
● ¿Y de dónde es usted?
■ Soy alemán, de Colonia.
● De Alemania... vale. ¿Y qué estudia?
■ Bueno... Umweltingenieurwesen, y en español pienso que se dice... Ingeniería Ambiental.
● Ingenieria Ambiental... de acuerdo....
Y, ¿qué lenguas habla?
■ Pues hablo alemán, inglés y un poquito de español.
● Alemán, inglés y un poquito de español...
Y vamos a ver... ahora necesito su teléfono de contacto en Granada.
■ Vale, sí. Es el 958 12 24 38.
● 958 12 24 38. ¿Está bien?
■ Sí, correcto.
● ¿Y su dirección de correo electrónico es?
■ Sí, es martin, en minúscula, arroba, digital, guión, drop, punto, com.
● ...drop. punto com... Muy bien. Y ahora necesito una dirección aquí en Granada para enviarle la información.
■ Sí, sí, claro. Calle Adelfa, número 6.
● Muchas gracias.

Unidad 2, 7a
13
● Y tú, Max, ¿por qué estudias español?
■ Pues por mis estudios.
● ¿Y tú, Petra?
■ Pues porque quiero hacer unas prácticas en Chile el próximo semestre.
● Y tú, Tim, ¿por qué estudias español?
■ Para chatear con gente de habla hispana. Tengo muchos amigos que hablan español.
● ¿Y tú, Xi li?
■ Pues yo... Para ir de vacaciones el año que viene a Cuba.

Unidad 2, Mi gramática, 1c
15
1. ¿Cómo te llamas?
2. ¿De dónde es usted?
3. Manuel y yo somos chilenos.
4. ¿Dónde viven ustedes?
5. ¿Qué idiomas hablan Jaime y Rosa?

Unidad 3

Unidad 3, 2a
16-18
1. Hola, voy a presentarme. Bueno, yo me llamo Marta. Si hablo de mi carácter creo que soy simpática y muy activa. Practico mucho deporte. Por ejemplo: corro todos los días, voy al gimnasio, paseo... En cuanto a mi aspecto físico... llevo el pelo largo y rubio.
2. Yo me llamo Luis. Creo que soy una persona tranquila, alegre y muy divertida. Mi afición favorita es cocinar para mi familia y mis amigos. En cuanto a mi aspecto físico... pues tengo el pelo corto y con canas. ¡Ah! Y llevo barba.
3. Hola, yo soy Pilar. Soy bastante seria y un poco tímida. Tengo el pelo muy corto y moreno, pero ahora lo llevo de color rojo.

Unidad 3, 5b
19-26
1. ● Mira, esta es Marina, mi mujer. Marina se dedica a la Medicina.
   ■ Hola Marina, encantado. ¿Eres médica?
   ● No, no. Trabajo en la Facultad de Medicina, soy profesora.
2. ● ¡Cuántos ordenadores, Rafael! ¿Eres informático?
   ■ Sí. Trabajo con programas para editar música.
   ● ¡Vaya! ¡Qué interesante!
3. ● Hola, me llamo Fernando y soy mecánico en un taller de coches.
4. ● ¡Hola, Elena! ¿Trabajas en este hospital?
   ■ Sí, soy enfermera.
5. ● ¿Cómo te llamas?
   ■ Graciela... Graciela Sánchez.
   ● ¿Estudias o trabajas?
   ■ Trabajo. Soy dentista.

6. ● Yo soy empleada de banco. ¿Y tú, Cecilia?
   ■ Yo también soy empleada, pero en una tienda.
7. ● Andrés es cocinero, ¿no?
   ■ Sí, sí... ¡Y muy bueno! Su restaurante tiene 2 estrellas Michelín.
8. ● Buenos días. Yo soy Amparo, la nueva camarera.
   ■ Encantada, Amparo... Bienvenida.

Unidad 3, Mi léxico, 2a

27
1. Mi hija tiene doce años.
2. Vivo en la calle Gandía, número 3.
3. ● ¿Cuántos años tienes?
   ■ 34.
4. ● Marisa habla cinco idiomas.
   ■ ¿De verdad?
5. ● ¿Cuál es tu dirección?
   ■ Es Calle Almagro, número 76.
6. ● Estos son mis hijos: Mario tiene siete años y Carmen cuatro.
   ■ ¡Qué lindos!

Unidad 4

Unidad 4, 2b

28
1. ● Perdona, ¿qué hora es?
   ■ La una y media.
2. ● Perdone, ¿tiene hora?
   ■ Sí, son las tres y cuarto.
3. ● ¿A qué hora empieza la clase?
   ■ A las cuatro menos cuarto de la tarde.
4. ● ¿A qué hora abre la biblioteca?
   ■ A las 8 en punto.
5. ● ¿Sabes cuándo cierra la biblioteca?
   ■ Creo que a las diez menos diez.

Unidad 4, 3a

29
● Oye, Ángel, cuéntanos. ¿Cómo es un día normal en tu vida? ¿Qué haces desde que te levantas hasta que te acuestas?
■ ¡Uy! Me imagino que mi día a día es como el de la mayoría de los españoles: pues muy organizado y un poco estresante.
● Bueno, vamos a ver, ¿a qué hora te levantas?
■ Pues, los días de trabajo me levanto a las seis, después me ducho, me visto y me voy al trabajo. Empiezo a trabajar a las siete.
● ¿Y no desayunas?
■ Pues no, solo tomo un café. Pero más tarde a eso de las once hacemos un descanso en la oficina y desayuno con mis compañeros de trabajo en la cafetería. Allí me tomo otro café y como algo: un bocadillo, un cruasán... algo así. Eso sí, a las once y cuarto volvemos al trabajo.
● ¿Y a qué hora sales del trabajo?
■ A las tres de la tarde, es que tengo jornada intensiva.
● Es decir, que no almuerzas, entonces...
■ Sí, si que almuerzo pero en mi casa.
● Y después, ¿qué haces por la tarde?
■ Pues mira, después de comer y de descansar un poco, a eso de las cuatro recojo a mi hijo Pablo, le ayudo a hacer los deberes y luego a las seis y media vamos a la piscina. Y allí nos quedamos hasta las siete y media. Luego volvemos a casa y cenamos todos juntos entre las ocho y media y las nueve.
● ¿Y a qué hora se va Pablo a dormir?
■ A las 9:30 normalmente.
● ¿Y tú a qué hora te acuestas?
■ Pues entre las 11:30 y las 12 de la noche. Pero antes mi mujer y yo nos repartimos el trabajo de casa: preparamos la comida del día siguiente, planchamos... Y si estamos muy cansados, vemos la tele.
● Bueno, ¡qué día tan planificado!... Muchísimas gracias, Ángel.
■ A ti.

Unidad 4, 6b

30
1. ● Oiga, por favor, ¿me pone un bocadillo de jamón y una botella de agua mineral con gas?
   ■ Sí, ahora mismo.
2. ● Hola, buenos días. ¿Qué desea?
   ■ Pues un café con leche y una tostada con mantequilla y mermelada.
3. ● ¿Me pone por favor una cerveza y un pincho de tortilla?
   ■ Sí, enseguida.
4. ● ¿Qué desean?
   ■ Pues yo una ensalada.
   ● Y yo unas arepas.
5. ● ¿Desea algo para beber?
   ■ Sí, un zumo de naranja.

Unidad 4, 7a

31-33
1. Hola, yo soy Ángela y soy colombiana, de Cartagena de Indias. Mis horarios en un día normal entre semana son así: Me levanto muy temprano porque soy estudiante y las clases empiezan a las 7 de la mañana. Por eso desayuno más tarde, a eso de las 9. Y bueno, el desayuno consiste en una arepa o empanada, un jugo de frutas y por supuesto, un buen café colombiano. El almuerzo es entre las doce y media y las dos y media del mediodía. Esta es la comida más importante del día, y consiste en una sopa, un plato principal y una bebida. Y la cena es entre las siete y las nueve de la noche, y es muy ligera.
2. Hola, me llamo Juan y soy de Santiago de Chile. En Santiago, como es una ciudad muy grande, lo normal es comer tres veces al día: desayuno, almuerzo y cena. El desayuno es chico, el almuerzo es grande y la cena a la que le decimos once, es casi igual al desayuno. El desayuno lo hacemos entre las ocho y las diez de la mañana, y generalmente consiste en un pan con mantequilla, mermelada, queso o algo de yogur. El almuerzo, en cambio, lo hacemos entre la una y las cuatro de la tarde. Es la comida más pesada del día

ya que consiste en tres o cuatro platos diferentes: una sopa, un plato principal -que puede ser a base de pescado o carne-, una ensalada y finalmente un postre. Y a eso de las ocho de la noche tomamos once, que ya dije que es casi igual al desayuno, o sea: pan, mantequilla, té, queso y un poco de jamón.

3. Hola, me llamo Almudena y soy de Madrid. Mis días empiezan muy temprano ya que soy enfermera y mi turno comienza a las siete y media de la mañana. Por eso antes de salir de casa solo tomo un café, así para despertarme... El desayuno de verdad lo hago a las diez y media que es cuando tengo un descanso en el trabajo. Mi desayuno consiste en un café con leche con un bocadillo o un cruasán.
El almuerzo es a las dos de la tarde, y siempre lo hago en la cafetería del hospital. Normalmente tomo el menú del día que consiste en un primer plato, por ejemplo una sopa o una ensalada, y en un segundo plato que puede ser de carne y verdura, o pescado, depende.
La cena es a las 9 de la noche más o menos, y siempre como algo ligero: una sopa, una ensalada, o pescado.

Unidad 5

Unidad 5, 1a

34
- ¡A ver Luisa, cuéntanos! ¿A dónde quieres ir tú en tus próximas vacaciones?
- Pues yo... quiero visitar el Glaciar Perito Moreno que está en la Patagonia.
- ¿Y por qué a la Patagonia?
- Bueno, como soy bióloga me interesa muchísimo la naturaleza y este lugar es sorprendente, una de las mayores bellezas naturales. ¿No creen?
- Desde luego que sí. Bueno, ahora tú Carlos, ¿a dónde quieres ir tú?
- ¿Yo? Pues... no sé... Bueno sí. Quiero ir a Chile, a Antofagasta, que es la región más larga del norte del país y una de las más antiguas. Y, por supuesto, también al desierto de Atacama, que es el más seco del mundo. Y como saben que me interesan mucho las culturas antiguas, pues quiero visitar las ruinas de los Atacameños, el pueblo precolombino más desarrollado de Chile. ¿Qué, ... alguien se apunta?
- ¡Bueno, pues yo!
- Bien, entonces te toca a ti Ramón, el deportista extremo.
- Pues sí, unos amigos y yo vamos a ir el próximo año a Ecuador a escalar.
- ¿Y qué quieren hacer?, ¿van también a visitar algo?
- Bueno, queremos ir a la cordillera de los Andes y allí llegar hasta el Volcán Cotopaxi.
- ¡Uy!, pero... ¿no está activo?
- Pues sí, está activo y es uno de los más altos del mundo.
- ¡Qué atrevido eres!

Unidad 5, 5c

35 En las dos regiones del norte continúa el buen tiempo, con cielos despejados, mucho sol y temperaturas entre los 20 y 25 grados en la costa y algo más bajas en el interior.
En la zona central también continuamos con buen tiempo aunque con niebla por las mañanas. Las temperaturas oscilan entre los 25 y los 30 grados.
En la zona sur tenemos temperaturas algo más bajas, alrededor de los 15 grados con cielos nublados.
Y por último pasamos a la zona austral donde nos esperan sobre todo lluvias y temperaturas más bajas entre los 10 y los 15 grados.

Unidad 5, 8d Chile

36 Mi país, Chile, está situado en el suroeste de Sudamérica, es decir, en el cono sur y hace frontera con tres países: Argentina, Bolivia y Perú.
Es un país muy lindo, lleno de contrastes y con una amplia variedad de paisajes. En el norte de Chile tenemos volcanes, valles y desiertos. En el sur hay glaciares, lagos, lagunas y lugares para esquiar.
Algunos de estos lugares seguro que los conocen, como por ejemplo, el lago Chungará y el volcán Parinacota en el Altiplano, el desierto de Atacama, o el Parque Nacional Torres del Paine en la Patagonia.
Nuestra gastronomía es también muy variada, pero el plato más famoso fuera de nuestro país creo que es el pastel de choclo, que es a base de maíz.
¡Ah! Y no sé si saben que en mi país además del español, se hablan también lenguas autóctonas como el aymara o el quechua.

Argentina

37 La Argentina se encuentra situada en el sureste de Sudamérica, en el cono sur, como Chile. También nosotros tenemos frontera con varios países: Argentina limita al norte con Bolivia y Paraguay, al noreste con Brasil, al este con Uruguay y al oeste con Chile.
Los lugares más conocidos fuera del país son sin duda, la capital Buenos Aires y las cataratas del Iguazú, pero en la Argentina también hay otros lugares muy interesantes.
Mi país cuenta además con una gran variedad de paisajes y climas: la selva subtropical del noreste, con su abundante flora y fauna; las numerosas playas sobre el Atlántico; la maravillosa Patagonia con sus lagos, bosques y glaciares y las Sierras de Córdoba.
Los productos argentinos más internacionales son el vino, la carne y la soja. Y la bebida que más nos gusta: el mate, que es la bebida nacional, que siempre compartimos con amigos.
Además del castellano en la Argentina también se hablan lenguas indígenas, como el quechua y el guaraní.

Colombia

38 Mi país, Colombia, está situado en el noroeste de Sudamérica y es la única nación de América del Sur que tiene costas en el Océano Pacífico y en el Atlántico. En Colombia también tenemos una gran variedad de

paisajes: glaciares, playas, llanuras, montañas, selvas y desiertos. Nuestro clima es sobre todo tropical y suave. Se puede decir que Colombia es el país de la eterna primavera, aunque en el interior tenemos temperaturas más bajas que en la costa. Las ciudades más conocidas son Bogotá, Medellín, Cartagena, Cali. Y otros lugares muy frecuentados por los turistas son la ruta del café en el Valle del Cauca o el Parque Tayrona en la costa Caribe. Colombia es además un país multiétnico y multicultural: Así, se puede hablar de una cultura andina; de una cultura caribeña, mezcla de las culturas indígena y africana y de la cultura de la Orinoquía y Amazonía, esencialmente indígena. En Colombia, además de español se hablan más de sesenta lenguas indígenas. Nuestro producto más conocido además de las flores es el café.

Unidad 6

Unidad 6, 2a

39-41

1. Yo soy de Palma de Mallorca, pero vivo en Deià. A mí no me gustan las ciudades, prefiero vivir en un pueblo porque me gusta la naturaleza y la vida tranquila del campo. Y Deià, aunque es un pueblo, tiene de todo: está al lado de las montañas, del mar... Una maravilla. Además Deià tiene una vida cultural muy intensa e interesante, con museos, exposiciones, conciertos... Deià es perfecta. Yo no me puedo imaginar vivir en otro lugar.
2. Yo soy de León, pero vivo en San Sebastián, ejemplo de ciudad española sostenible. A mí me interesa el equilibrio entre la ciudad y las personas que viven en ella. Por eso prefiero ciudades de tamaño mediano. San Sebastián es una ciudad tranquila, limpia y sin contaminación: no tiene mucho tráfico, tiene carriles para la bicicleta y puntos verdes para reciclar. Además, la ciudad tiene unas playas fantásticas y muchas zonas verdes y bosques para pasear. La gente es amable y, en general, hay muy buen ambiente.
3. Yo vivo en México, DF. Aquí trabajo desde hace ya cinco años porque me encantan las ciudades grandes con mucha oferta cultural y de ocio. ¡Es que yo soy una citadina! Por eso el Distrito Federal es perfecto: tiene museos, teatros, bibliotecas y una buena vida nocturna con bares, discotecas y restaurantes. También tiene un centro histórico y una parte moderna. Eso hace del Distrito Federal una ciudad llena de contrastes.

Unidad 6, 7b

44

- ● Y usted, ¿qué medio de transporte prefiere en la ciudad?
- ■ Yo siempre voy en metro. Vivo en el centro y para mí el metro es seguro, rápido y casi siempre puntual.
- ● Y usted, señor, ¿qué medio de transporte prefiere?
- ● Yo... el coche. Es más cómodo y práctico.
- ● Y ustedes, ¿cómo se mueven por la ciudad?
- ■ Jajaja... Pues en bici. Vivimos cerca de la uni y es barato.
- ● Sí, y también más rápido y muy ecológico.

Unidad 7

Unidad 7, 2a

45

- ● Y qué, ¿han visto ya muchas cosas?
- ■ Pues sí.... aunque todavía nos faltan bastantes.
- ● ¿Dónde han estado? ¿Qué han hecho?
- ● Pues hemos paseado por la Gran Vía llena de luces y de teatros y allí hemos visto un musical.
- ■ ¿Y qué tal?
- ● ¡Muy divertido!
- ■ También hemos estado en el barrio de Huertas, de tapas y hemos ido de compras.
- ● ¿Han estado ya en el barrio de Malasaña? Está muy de moda.
- ● No, todavía no hemos tenido tiempo, ni tampoco hemos ido al Retiro.
- ■ ¡No importa, tenéis más días!

Unidad 7, 7a

46

- ● A ver... ¿Qué podemos regalarle a Ernesto por su cumpleaños?
- ■ Uy, qué difícil. Tiene tantas cosas...
- ■ ¿Qué les parece si compramos unas entradas para el concierto de Manu Chao el mes que viene?
- ● Fenomenal. Y antes podemos invitarlo a cenar en el restaurante brasileño que a él tanto le gusta.
- ■ ¡Qué buena idea!
- ● Sí, a mí también me gusta. Y también podemos regalarle un álbum con fotos de su cumpleaños, ¿qué les parece?
- ■ Muy bien.
- ● Sí, a mí también me parece bien.
- ● Bueno, pues a ver cómo lo organizamos... ¿Quién compra las entradas para el concierto?
- ● ¡Yo!
- ● Bueno, Marina compra las entradas. ¿Y quién hace la reserva en el restaurante?
- ■ Pues yo.
- ● Muy bien, Fernando llama y hace la reserva... Y ahora las fotos... ¿Quién se encarga de hacer las fotos para ponerlas en el álbum?
- ● Yo. Que tengo una buena cámara.
- ● Bueno, Marina hace las fotos... Y por último, ¿quién compra el álbum de fotos?
- ■ Pues yo.
- ● Perfecto, Pili lo compra... Pues ya está. Vamos, ¡y manos a la obra!

Unidad 7, Mi gramática, 1

47

1. ● ¿Lo compras todos los días?
   ■ Sí, me gusta leerlo en el desayuno.
2. ● ¿Son nuevas?
   ■ Sí, las he comprado hace unos días.
3. ● Pero, ¿cuándo la han traído?
   ■ Pues... esta misma mañana.
4. ● ¿Quedamos delante del cine?
   ■ Vale, y yo las compro.

5. ● Pero, ¿qué te pasa?
■ Pues es que los tengo rojos.

ARBEITSBUCHTEIL

Unidad 1

Unidad 1, 4

48
1. ce, a, erre, a, ce, a, ese
2. ese, e, ge, o, uve, i, a
3. ce, o, ele, o, eme, be, i, a
4. be, o, ge, o, te, a con tilde
5. be, o, ele, i, uve, i, a
6. uve, a, ele, e, ene, ce, i, a

Unidad 2

Unidad 2, 1a

51
● ¡Hola! Me llamo João y soy un estudiante de intercambio. Necesito la documentación para el semestre.
■ ¡Hola João! Bienvenido a la Universidad de Navarra. ¿Cómo te llamas de apellido?
● Menendes.
■ ¡Ah! ¡Aquí está todo! Por cierto, ¿puedo hacerte unas preguntas para nuestras estadísticas?
● Sí, claro.
■ ¿Qué estudias?
● Psicología, en el cuarto semestre.
■ ¿Qué idiomas hablas?
● Bueno, portugués es mi lengua materna. También hablo y escribo bastante bien español.
■ ¿Y el inglés?
● Pues lo escribo bastante bien, pero no lo comprendo muy bien.
■ ¿Y hablas también francés o italiano, por ejemplo?
● No, no. Bueno, comprendo un poco de italiano porque es similar al español, pero no lo hablo.
■ ¿Y comprendes el francés?
● No, la verdad es que no.
■ Esto es todo. Gracias por tu colaboración y bienvenido otra vez a la Universidad de Navarra.

Unidad 2, 9c

52
1. ¿De dónde sois vosotros?
2. Chateamos mucho en el blog.
3. Practico inglés con una estudiante de Edimburgo.
4. ¿Dónde viven ustedes?
5. ¿Eres de Colombia?
6. Javier estudia Medicina en Granada.

Unidad 3

Unidad 3, 14b

56
1. ¿Es Ana la hermana de Javier?
2. ¿Estudias Derecho?
3. ¿Quién es este chico?
4. ¿A qué se dedica?
5. ¿Eres italiano?
6. ¿Cuántos hijos tenéis?

Unidad 4

Unidad 4, 2

57
● ¿Y cómo son los nuevos estudiantes de la residencia?
■ Pues son todos muy simpáticos. Tenemos seis estudiantes nuevos, todos hombres.
● ¿De verdad? ¿y cómo son? ¿Cómo se llaman?
■ Pues, son muy diferentes entre sí: Mira, está Antonio, que es estudiante de Medicina y estudia mucho, claro. Luego, Pepe, que para pagarse los estudios, trabaja en un restaurante por las noches y el fin de semana siempre prepara unos platos deliciosos...
● ¡Ah, pero que suerte!
■ Sí... Y luego están Raúl y Paco. Muy diferentes también: Raúl hace mucho deporte y es muy activo, en cambio Paco sale poco de casa, creo que no tiene amigos o solo amigos virtuales porque siempre está en Internet.
● Sí que son diferentes entre sí...
■ Y espera... que luego están Manuel y Ernesto. Manuel sale todas las noches, tiene mucha vida social con sus amigos y duerme durante el día. En cambio, Ernesto se acuesta temprano y se levanta temprano y escucha música todo el día.
● Entonces...
■ Sí, ¡los dos tienen muchos problemas!

Unidad 4, 4b

58-62
1. ● ¿Tienes hora, por favor?
■ Sí, a ver, un momento, son las dos menos cuarto.
● Gracias.
2. ● Oiga, ¿tiene hora, por favor?
■ Lo siento, no llevo reloj, pero creo que son las tres.
● ¡Ah! Bueno, gracias.
3. ● ¿Qué hora es?
■ Pues ya son las tres y media.
● ¡Uy! ¡Qué tarde!
4. ● ¿A qué hora te acuestas entre semana?
■ Pues normalmente me acuesto temprano, sobre las diez y media.
● Pues yo a esa hora ceno...
5. ● ¿A qué hora sales de casa para ir a trabajar?
■ Pues antes de las nueve, sobre las nueve menos veinte. Tengo que tomar el tren...
● ¡Ah!

Unidad 4, 13b

63-65
1. ● Buenos días, ¿qué va a tomar para desayunar?
■ Pues unas tostadas con mermelada.
● ¿Y para beber?
■ Un café con leche.
2. ● ¿Qué te pongo?
■ ¡Tenéis bocadillos?
● Sí, de queso, chorizo y salchichón.
■ Pues uno de queso y un café, por favor.
● ¿Solo o con leche?
■ Con leche, por favor.
3. ● ¿Qué te pongo?
■ Una ración de tortilla de patatas, por favor.
● Lo siento, no tengo tortilla hoy.
■ Pues un cruasán.
● ¿Y para beber?
■ Un zumo de naranja.

Unidad 5

Unidad 5, 4

68
● ¿Y tú, Estíbaliz, prefieres el mar o la montaña?
■ Pues prefiero viajar a países montañosos como Austria o Suiza. Es que me gustan sus paisajes, ¿y a ti?
● A mí también, pero para viajar me gusta más ir a lugares lejanos, como Tailandia o Australia.
■ Así que prefieres las playas...
● No necesariamente, me gusta conocer nuevas culturas, ver cómo vive la gente, probar la comida típica de esos lugares...
■ ¡Ah, claro! Y te gusta viajar con mochila...¿A que sí?
● Bueno, para este tipo de viajes es lo más práctico, ¿no?
■ Sí, claro, yo también prefiero viajar con mochila.

Unidad 5, 13b

69
● ¡Mira qué artículo más interesante!
■ A ver, ¿de qué trata?
● Pues de curiosidades y de récords en general. Por ejemplo, ¿tú sabes cuál es el pico más alto de España?
■ ¡Pues, claro! Es el Teide, en Tenerife, con más de tres mil setecientos metros de altura.
● Bueno, bueno, y ¿cuál es el país más pequeño del mundo?
■ Mónaco, segurísimo.
● Pues no, es la Ciudad del Vaticano con 0,44 km^2. ¿Y sabes cuál es la isla más grande del mundo?
■ Sí, sí que lo sé: Es Groenlandia aunque muchos creen que es Australia, pero Australia es un continente... Lo que no sé es qué extensión tiene...
● Pues según este artículo tiene más de dos millones de km^2. ¡Enorme! Aunque es uno de los países menos poblados del mundo. ¿Sabes cuál es el más poblado?
■ Creo que es China y el segundo más poblado India, ¿verdad?
● Eso es. Fíjate que China tiene alrededor de 1350 millones de habitantes.
■ ¡Qué barbaridad! Aunque claro, también es muy grande.
● Y a ver... otra pregunta: ¿Cuál el lugar más frío del mundo?
■ ¿El Polo Norte?
● Bueno, casi, el Polo Sur, la Antártida con 93 grados bajo cero.
■ ¡Buff! ¡Qué frío!
● ¿Y sabes cuál es el lugar donde menos llueve del mundo? No llueve ni un milímetro al año...
■ Tiene que ser un desierto... seguro.
● Claro, el desierto de Atacama en Chile.

Unidad 6

Unidad 6, 8b

74
● Pues tienes que seguir la Avenida Cervantes todo recto, unos cien metros. Después giras la primera calle a la izquierda. Estás en la calle Vargas Llosa y continúas todo recto hasta que llegas a la calle Allende que es la primera calle a la derecha. Y verás que está a la izquierda.
■ Pues muchas gracias.

Unidad 6, 11

75
Vivo en un pueblo pequeño y bonito. El problema es que es un lugar aburrido, bueno, aburridísimo. No tenemos ninguna discoteca ni ningún bar para jóvenes. Si queremos salir, tenemos que ir en autobús o en coche a la ciudad más grande que está a 10 km. Además, solo hay un supermercado y si queremos comprar ropa, también tenemos que ir a la ciudad, porque no hay tiendas. En mi pueblo tampoco hay ningún cine, pero sí que tenemos un teatro. ¡Eso sí! Además, nuestro grupo de teatro es muy bueno y conocido: mucha gente viene a ver nuestras obras.

Unidad 7

Unidad 7, 6a

78-80
1. ● Este verano hemos hecho un viaje por los EEUU.
■ ¿Ah sí? ¿Y qué han visto?
● Hemos hecho una ruta por la costa oeste y por las Montañas Rocosas. Ha sido impresionante.
2. ● ¿Qué has hecho este fin de semana?
■ He estado en la fiesta de cumpleaños de María.
● ¿Y qué tal la fiesta?
■ Pues ha sido muy divertida, he conocido a mucha gente interesante, especialmente unos estudiantes Erasmus de Bélgica.
● ¡Qué bien!
3. ● Pues yo este semestre he hecho un curso de árabe.
■ ¡Uf! ¡Qué difícil! ¿y qué tal?
● El curso me ha gustado mucho, pero el árabe es bastante difícil, sí, la verdad.

Unidad 1

1 1. Hola, soy Ernesto. Y tú, ¿cómo te llamas? 2. Alicia, me llamo Alicia. 3. Hola Alicia, mucho gusto. 4. Hola, encantada.

2a vosotros; nosotros; yo; tú
nosotros; él/ella/usted; ellos/ellas/ustedes; él/ella/usted
yo; tú; vosotros; ellos/ellas/ustedes

2b 1. vosotras, Yo, ella; 2. ustedes, Nosotras; 3. usted, ellos; 4. tú

3 1. nos llamamos, te llamas; 2. se llama, se llama; 3. me llamo, os llamáis; 4. Nos llamamos
Regla: me, te, se, nos, os *und* se

4 2. SEGOVIA; 3. COLOMBIA; 4. BOGOTÁ; 5. BOLIVIA; 6. VALENCIA

5 3. ~~doble erre~~ > erre ; 4. ~~erre~~ > doble erre; 5. eme, o, ce, hache, i, ele, a; 6. ~~hache minúscula~~ > hache mayúscula; 7. correcto; 8. ~~ge~~ > jota

6 1. silla; 2. Straße; 3. con uve

7 b. 5; c. 2; d. 1; e. 3

8a 1. escuchar; 2. comprender; 3. hablar; 4. escribir; 5. repetir; 6. abrir; 7. pronunciar

8b 1. hablar; 2. escuchar; 3. abrir; 4. pronuncia; 5. escribe

9a *freie Lösung*

9b 1. ¿Qué significa? 2. ¡Más despacio, por favor! 3. ¿Podemos escuchar el diálogo otra vez? 4. Tengo una pregunta. 5. No comprendo. 6. ¿Qué página es?

10a el café; la ciudad; el restaurante; la naturaleza; el bombón; la calle; la universidad; el libro; la mochila; la chica; el país; el chico; la television; la estación

10b

Palabras terminadas en	Masculinas	Femeninas
-a		la naturaleza, la mochila, la chica
-o	el libro, el chico	la calle
-e	el café el restaurante	
-sión, ción		la televisión, la estación
-dad		la ciudad, la universidad
Otras consonantes	el bombón el país	

10c feminin; maskulin; feminin; -e

11a cinco sillas; tres lápices; siete libros; dos relojes; tres estuches; seis bolígrafos

11b **Regla:** -es

11c bolígrafos; mochilas; calles; gomas; diccionarios de español; relojes; mercados; farmacias; tabletas; agendas; CDs de español; mesas; lápices; libretas

12a **Naturaleza:** desierto de Atacama, playas del Caribe, volcanes de Costa Rica, islas del Mediterráneo; **Deporte:** Messi, Rafael Nadal, fútbol de Argentina; **Gastronomía:** una caña de cerveza, paella, guacamole, café de Colombia; **Arte y Literatura:** Cervantes, Picasso, Frida Kahlo, Gaudí, Gabriel García Márquez, El Quijote; **Cine:** Javier Bardem, Pedro Almodóvar

12b 1. Colombia; 2. México; 3. España; 4. Argentina

13 1. Yo me llamo… / Yo soy…; 2. ¡Hola! Buenos días. / ¿Qué tal?; 3. Hola, encantada/encantado / Mucho gusto; 4. ¡Adiós! / ¡Hasta luego!

14b 1. cuña; 2. cana; 3. moño; 4. Toño; 5. pena; 6. cañón

Unidad 2

1a los idiomas, la nacionalidad, el nombre y el apellido

1b

	Habla, escribe y comprende bien.	Escribe, pero no comprende muy bien.	Solo comprende.
¿Qué idioma?	portugués español	inglés	italiano

1c muy bien, También, italiano, pero, regular

2 a. *e* 2; b. *pero* 6; c. *pero* 4; d. *y* 1; e. *y* 3; f. *y* 5

3a 1. B: colombiana (Shakira); 2. C: Brasil (Pelé); 3. D: alemana (Angela Merkel); 4. E: chilena (Michelle Bachelet); 5. F: Estados Unidos/EE.UU. (Bill Gates)

3b Rafael Nadal.
Es español, de Mallorca y vive en Mallorca también. Habla español, mallorquín e inglés. Es una persona muy importante del deporte español y del tenis mundial.

3c 1. Angela Merkel; 2. Rafael Nadal; 3. Shakira
Regla: vor

3d Angela Merkel no habla español. Habla inglés, ruso y alemán.
La Sagrada Familia es un monumento de Barcelona: correcto.
Quito no es la capital de Bolivia. Es la capital de Ecuador.
Las Baleares no son unas islas del Atlántico. Son unas islas del Mediterráneo.

4 2. son colombianos; 3. son franceses; 4. son estadounidenses; 5. son mexicanos; 6. son españoles

5a

	Dylan	Arkan	Verónica	Martine
1.	X	X		X
2.	X			
3.	X	X	X	
4.	X			X
5.				X

5b *mögliche Lösung:*
Hola, me llamo Roksana y soy de Polonia, de Varsovia pero vivo en Berlín. Estudio Traducción e Interpretación en Berlín. Mis lenguas maternas son el polaco y el ruso. Ahora aprendo el español y el inglés y busco un intercambio para practicar estos idiomas.

6 **1.** ana_garcia@gmx.com; **2.** peter.s@hotmail.es

7 **a.** 2; **b.** 2; **c.** 1; **d.** 1; **e.** 2

8 **1.** Dónde, qué; **2.** Cuál, de dónde; **3.** Cuál, dónde

9a **-ar:** estudia, practico, chateas, necesito, viajan, busca, hablas, cantáis; **-er:** comprenden, corréis, aprendemos, lee; **-ir:** escribimos, vivís

9b **yo:** practico, necesito; **tú:** chateas, hablas; **él/ella/usted:** estudia, busca, lee; **nosotros/nosotras:** aprendemos, escribimos; **vosotros/vosotras:** cantáis, corréis, vivís; **ellos/ellas/ustedes:** viajan, comprenden

9c **1.** sois; **2.** chateamos; **3.** practico; **4.** viven; **5.** eres; **6.** estudia

10a Me llamo, busco, aprendo, hablo

10b somos, vivimos, sois, aprendemos, hablamos, comprendemos

11 **a.** ¿Dónde vivís? **b.** ¿Eres de los Países Bajos? **c.** ¿Qué idiomas habla Elisa? **d.** ¿Comprendéis el vasco?

12 de, en, de, de, en, en

13 escribir/escuchar/aprender un texto; estudiar Periodismo; correr/ir por el parque; escuchar la radio; tocar la guitarra; vivir/estudiar en una ciudad; viajar/ir por América Latina; estudiar/hablar/aprender/escuchar chino; vivir/hablar con latinos; ir de vacaciones; cocinar una paella

14a las zapatillas para correr; el diccionario para buscar palabras; la radio para escuchar música; el lápiz para escribir; el libro de cocina para cocinar; el pasaporte para viajar

14b **1.** correr; **2.** diccionario; **3.** cocinar, libro; **4.** viajar; **5.** escuchar, radio; **6.** lápiz/bolígrafo

15a Wir verwenden das Subjektpronomen, um einen Kontrast zwischen zwei oder mehreren Personen zu kennzeichnen.

15b **1.** Ella, él; **2.** --; **3.** Yo, tú, Yo, --; **4.** --; **5.** yo

16a tiempo libre, estudios, idiomas, dificultades con el aprendizaje de lenguas

16b *freie Lösung*

17a Chile; profesor; hablar; farmacia; apellido; viven; franceses; estudiante; lengua; italiano; estudiar; inglesa; Madrid; nombre; español

17b farmacia, viven; español, profesor, hablar

17c alemán; alemanes; austriaco; veintidós; América; música; Málaga; inglés; ingleses; Panamá; México; marroquí

Unidad 3

1a **1.** C; **2.** A; **3.** B

1b **1.** pelo corto; **2.** pelo liso; **3.** ojos oscuros/negros; **4.** bajo/bajito; **5.** guapo/atractivo; **6.** moreno; **7.** gordito/gordo

1c francesa; encantadora; rubio; ojos; bajita; rizado; español; deportista

2a **Aspectos positivos:** sociable, divertido, extrovertido, inteligente, simpático, tranquilo, optimista, trabajador, amable, alegre
Aspectos negativos: antipático, nervioso, pesimista, introvertido

2b **1.** simpáticos; **2.** sociable; **3.** trabajador; **4.** tranquila; **5.** introvertido, extrovertida

3a **1.** tienen, tenemos, tienen/tenemos; **2.** tenéis, tengo; **3.** Tienen, tenemos, tengo; **4.** Tiene, tiene

3c **1.** una; **2.** --; **3.** --, una

4 *freie Lösung*

5 **1.** falsa, correcto es veinticinco; **2.** correcta; **3.** falsa, correcto es dieciséis; **4.** falsa, correcto es setenta y seis; **5.** falsa, correcto es sesenta y nueve; **6.** falsa, correcto es ochenta y cinco; **7.** correcta

6b **1.** Gloria, Marta; **2.** Roberto, Marta; **3.** Marta, Gloria; **4.** Roberto, Marta; **5.** Pedro, Rosa

6c **2.** Sus abuelos son María y Juan. **3.** Sus primos son Roberto y Marta. **4.** Su cuñado se llama Jaime. **5.** Sus nietos se llaman Roberto y Marta. **6.** Su primo es Roberto.

7a **1.** Mi; **2.** Nuestras; **3.** su; **4.** nuestros; **5.** su; **6.** nuestro; **7.** Su *Fehler:* Teresa ist mit Alejandro verheiratet, nicht mit Roberto.

7b Estos; Este; Esta; Estas

8 *freie Lösung*

9a **1.** médico (hospital); **2.** enfermero (hospital); **3.** psicólogo (hospital/consulta); **4.** abogado (oficina/juzgado); **5.** juez (juzgado/oficina); **6.** ingeniero (oficina/empresa); **7.** arquitecto (oficina/empresa); **8.** biólogo (laboratorio); **9.** químico (laboratorio); **10.** maestro (escuela); **11.** profesor de instituto (escuela)

9b mögliche Lösung: escritor, deportista, cocinero, administrativo, carpintero, fontanero, pintor

10 **a.** 3; **b.** 7; **c.** 5; **d.** 2; **e.** 4; **f.** 6; **g.** 1

11a **a.** 2; **b.** 1; **c.** 3; **d.** 4; **e.** 6; **f.** 5

11b el, la, los, las; un, una, unos, unas

11c **1.** las; **2.** la; **3.** una, la; **4.** la

12 **1.** Cuántos, cómo; **2.** qué, dónde; **3.** Quién, De dónde

13 **a.** ¿Cuántos años tienen tus/sus hijos? **b.** ¿Trabajas en casa? / ¿Trabaja usted en casa? **c.** ¿De dónde sois? / ¿De dónde son ustedes? **d.** ¿A qué se dedican tus/sus padres? **e.** ¿Cómo es tu hermana? **f.** ¿Qué estudias? ¿Qué estudia usted?

14b ⟶ **1.** ¿Es Ana la hermana de Javier? **2.** ¿Estudias Derecho? **5.** ¿Eres italiano?
⟶ **3.** ¿Quién es este chico? **4.** ¿A qué se dedica? **6.** ¿Cuántos hijos tenéis?

14c 1. Quién; 2. Dónde; 3. A qué; 4. Cuántos

Unidad 4

1a **Por la mañana:** vestirse, ir a la uni, empezar las clases; **Al mediodía:** almorzar con amigos; **Por la tarde:** estudiar; **Por la noche:** hacer deporte, salir con amigos, cenar, conectarse por Skype, tomar unas cervezas, acostarse

1b despierto, ducho, salgo, hago, conozco, pido, prefiero, volvemos, pongo, relajo, acuesto, duermo

1c/d

e > ie	o > ue	e > i	1. Person Sg. unregelmäßig	unregelmäßig
empezar	almorzar	vestirse	salir	ir
empiezo	almuerzo	me visto	salgo	voy
empiezas	almuerzas	te vistes	sales	vas
empieza	almuerza	se viste	sale	va
empezamos	almorzamos	nos vestimos	salimos	vamos
empezáis	almorzáis	os vestís	salís	vais
empiezan	almuerzan	se visten	salen	van
pensar preferir	volver	pedir	hacer (hago) conocer (conozco)	ser

2 Raúl; Antonio; Paco
Pepe; Ernesto; Manuel

3a Nunca se levanta a la misma hora, depende de los horarios de las clases: 1; Casi nunca hace deporte porque tiene poco tiempo libre: 3; Después de estudiar prefiere ir al gimnasio para hacer deporte: 1; Se ducha después de entrenar 8 horas: 2; Muchas veces queda con sus compañeros del equipo para tomar una copa: 2; Los fines de semana trabaja en un bar para ganar dinero: 1/3; Nunca desayuna porque se levanta muy tarde cuando trabaja por las noches: 3; Almuerza con sus compañeros de clase en la cantina de la uni: 1; Casi nunca come dulces, solo cuando no tiene partidos de fútbol: 2

3b *mögliche Lösung:*
Normalmente tengo clase por las mañanas. Después, almuerzo con mis compañeros de clase en la cantina. Voy a la biblioteca para estudiar o preparar trabajos. Después de estudiar prefiero ir al gimnasio y hago deporte. En casa me preparo algo para cenar o salgo con amigos a tomar algo. Por las noches me acuesto a las once o doce de la noche. Los fines de semana trabajo en un bar para ganar dinero.

4a **a.** Son las tres. **b.** Son las dos menos cuarto. **c.** Son las diez y media. **d.** Son las nueve menos veinte. **e.** Son las tres y media.

4b **1.** b; **2.** a; **3.** e; **4.** c; **5.** d

5a

	Biblioteca de la Uned	Secretaría	Biblioteca Universitaria
No abre los fines de semana.	X	X	
Abre de lunes a viernes.	X	X	X
Cierra los sábados.	X	X	
Hace una pausa al mediodía.		X	
Abre de ocho a ocho y media de la tarde.			X
Cierra a las dos de la tarde.		X	(X)

5b **Regla:** a, (las clases empiezan a las 9), de...a, (la biblioteca abre de 9 a 3)

6 **b.** No es correcto. Ve la tele de diez a once y media. **c.** No es correcto. Los días de trabajo se levanta a las seis. **d.** Es correcto. **e.** No es correcto. Sale del trabajo a las tres de la tarde.

7 **1.** empiezan, me levanto, me despierto; **2.** desayunan, almuerzan, cenan; **3.** te acuestas, Duermo, Salgo

8a **1.** b; **2.** a; **3.** a; **4.** b

8b **Regla:** por (Tengo clase por las tardes), de (Tengo clase a las cinco de la tarde)

8c **1.** por, de, por; **2.** por, por, por, de, por, por

9a Sara ist sehr pünktlich. Wenn sie um vier Uhr anfängt zu arbeiten und eine halbe Stunde bis zur Arbeit braucht, kann sie aber nicht pünktlich ankommen, wenn sie erst um Viertel vor vier aus dem Haus geht.

9b *freie Lösung*

10a/b *freie Lösung*

11a F (suelen llevarse una tartera); V; V; F (comen bastante carne); F (muchos se llevan la tartera al trabajo)

11b *freie Lösung*

12 **1.** un pincho; **2.** una jarra; **3.** una lata; **4.** una tapa; **5.** una copa; **6.** un vaso; **7.** un plato; **8.** una ración

13a cereales, un cruasán, un zumo, un café, tortillas de maíz, fruta, un té verde, creps con chocolate, una tostada

13b **1.** mermelada, un café con leche. **2.** bocadillo, un café; **3.** un cruasán, naranja

14 **1.** jugar (el resto expresan actividades relacionadas con „comer“); **2.** mañana (es una parte del día); **3.** pescado (no es una bebida); **4.** desayunar (no es ningún día de la semana)

15 **a.** 5; **b.** 1; **c.** 2; **d.** 6; **e.** 4; **f.** 3

16a /θ/: cenar, cerveza, cien, once, dulces, zumo, zoo
/k/: queso, quien, acostarse, casa, parque, cuenta

16b c, qu, c, acostarse, casa, cuenta, qu, queso, quien, z, c, z, cerveza, zumo, zoo, c, dulces, cien

16d Die Laute /θ/ werden von der Mexikanerin /s/ ausgesprochen.

Unidad 5

1 **Grupo 1:** cataratas; **Grupo 2:** montañas; **Grupo 3:** lagos; **Grupo 4:** ríos; **Grupo 5:** países; **Grupo 6:** ciudades

2 **a.** 3; **b.** 4; **c.** 1; **d.** 2

3 *mögliche Lösung:*
A mí me / A ti te / Al profesor le / A nosotros nos / A vosotros os / A los turistas les
interesa cocinar / aprender bien el español / el museo del Prado.
gusta cocinar / aprender bien el español / el museo del Prado.

A mí me / A ti te / Al profesor le / A nosotros nos / A vosotros os / A los turistas les
encantan los ejercicios de gramática / las culturas antiguas / los deportes acuáticos.
gustan los ejercicios de gramática / las culturas antiguas / los deportes acuáticos.
interesan los ejercicios de gramática / las culturas antiguas / los deportes acuáticos.

4 **1.** A Ricardo / A Estíbaliz; **2.** A Ricardo / A Estíbaliz; **3.** A Ricardo; **4.** A Ricardo

5 *mögliche Lösung:*
1. Mi mejor amigo / Carlos
2. A Carlos / A mi padre
3. A mi novia/-o / A mi profesor de español
4. A mi hermano / A mi amigo
5. Anke / mi madre

6 Me gusta la playa / cenar con amigos / viajar y conocer otras culturas / París.
Me gustan los idiomas / los viajes de aventuras / la primavera y el verano.

7 **1.** Te, mí; **2.** vosotros; **3.** les, nosotros nos

8a *freie Lösung*

8b *mögliche Lösung:*
A Juan le gusta visitar museos y hacer fotografías de los monumentos de las ciudades. Probablemente le interesan los edificios arquitectónicos y le encanta conocer las ciudades. Creo que prefiere viajar con su novia.

9 **a.** a mí también / a mí, no. **b.** a mí tampoco / a mí, sí. **c.** a mí también / a mí, no. **d.** a mí tampoco / a mí, sí. **e.** yo también / yo no.

10a **Grupo 1:** Tiempo: lluvia, calor, tormenta, nieve, sol, niebla; **Grupo 2:** Adjetivos para describir: fascinante, fabuloso, salvaje, alto, espectacular, aislado; **Grupo 3:** Geografía: cascada, desierto, sendero, selva, pico, río

10b *mögliche Lösung:*
Grupo 1: frío, viento; **Grupo 2:** precioso, largo; **Grupo 3:** montaña, lago

11a COLOMBIA, encanta, gustan, interesan, Prefiero, gustan, gusta

11b *freie Lösung*

12a *mögliche Lösung:*
ES: hace mucho calor, llueve muy poco, hace mucho sol, está despejado
EH: llueve mucho, está nublado, hace mal tiempo, hay tormentas
NO: Nieva mucho

12b mucho, poco, sur, mucho, bastante, mucho

12c *freie Lösung*

13a **1.** 3718 m; **2.** Vaticano, 0,44 km²; **3.** Groenlandia, poco más de dos millones de km²; **4.** China, más de 1.350 millones de habitantes; **5.** Antártida; **6.** Atacama, 0,5 mm

14 *freie Lösung*

15a **1.** d; **2.** a; **3.** f; **4.** b; **5.** c; **6.** e

15b **1.** ¿Cuál es el río más largo del mundo? **2.** ¿Cuál es la moneda de Bolivia? **3.** ¿Qué es la paella? **4.** ¿Cuál es la capital de Ecuador? **5.** ¿Cuáles son los picos más altos del mundo?

16a **1.** Guatemala: situado, geográfico, americano, impresionante, famoso, grande, muchas, interesante, conservada **2.** Costa Rica: preciosas, famoso, exóticos, muchos, activo, muchos, mejores, mucho

16b 1. Foto: Guatemala. Die anderen Fotos zeigen Costa Rica.

17a está, hay, está, hay
El país es Noruega.

17b *freie Lösung*

18 por, por, por, por, para, para

19c An der Aussprache ändert sich nichts.

20b i, j, sch

Unidad 6

1 **1.** Ciudad; **2.** Pueblo; **3.** Barrio; **4.** Metrópoli; **5.** Aldea

2a **1** c. Burgos; **2** b. Cudillero; **3** a. Buenos Aires

2b **1.** Falso, Burgos tiene más tiendas que Cudillero. **2.** Correcto. **3.** Falso, Cudillero es más tranquilo que Burgos. **4.** Falso, Buenos Aires tiene más contaminación que Burgos. **5.** Correcto

2c 1. Cudillero es una ciudad más limpia que Buenos Aires. 2. Burgos tiene menos criminalidad que Buenos Aires / En Burgos hay menos criminalidad que en Buenos Aires. 3. Burgos tiene una mayor oferta cultural que Cudillero. / En Cudillero hay menos oferta cultural que en Burgos.

3a 1. b; 2. b; 3. a; 4. b

3b 1. pocos, muchos; 2. mucha; 3. poca; 4. muchos; 5. mucha; 6. poco

4 estoy, Es, está, es, es, hay, es, es

5a 1. panadería; 2. quiosco; 3. grandes almacenes; 4. gimnasio

5b 1. panadería; 2. gimnasio; 3. cine

5c 1. sellos y tabaco; 2. medicamentos; 3. libros y revistas; 4. Unos grandes almacenes, comprarlo todo

6a a. 3; b. 1; c. 4; d. 2

6b 1. alguna, ninguna, una; 2. algún, ninguno, una; 3. ninguna, ninguna, una; 4. un, ninguno, uno, uno

7a 1. gimnasio; 2. biblioteca; 3. banco; 4. hamburguesería; 5. tienda de moda; 6. tienda de moda; 7. óptica; 8. estanco; 9. librería; 10. cine; 11. tienda de telefonía móvil; 12. supermercado

7b 1. cruzar; 2. cruzamos; 3. siguen, giran; 4. tomáis, seguís

8a 1. No, no hay ninguna farmacia por aquí. 2. El bar de tapas está en la calle Vagas Llosa, al lado de la biblioteca. 3. Sí, hay una (óptica) en la calle Vargas Llosa, en frente del cine. 4. Sí, hay uno / un banco en la Avenida Cervantes, al lado de la hamburguesería.

8b Zum Fitnessstudio (gimnasio).

8c Das Fitnessstudio befindet sich in der ersten Straße auf der rechten Seite, nicht in der zweiten.

8d *mögliche Lösung:*
Para ir a la tienda de moda, primero tienes que seguir todo recto la Avenida Cervantes. En la segunda calle giras a la derecha. La calle se llama Calle Vargas Llosa. Después sigues unos 30 metros. Hay una tienda de moda a la derecha y otra enfrente, a la izquierda.

9 1. Oiga / Por favor / Oiga, por favor, Lo siento; 2. Perdona, Claro, Hasta luego, De nada

10 1. Oiga, ¿hay alguna/una farmacia/panadería/pescadería por aquí? 2. ¿Hay algún/un banco/restaurante/cine por aquí cerca? 3. ¿Está lejos el estanco/el banco/la farmacia? 4. Perdona, ¿dónde está la fotocopiadora/el baño?

11 1. un pueblo pequeño; 2. aburrido; 3. no hay ninguna discoteca;
4. hay un supermercado; 5. pero no hay ningún cine

12 1. camino; 2. autopista; 3. carretera; 4. avenida; 5. calle

13a caro (+); carro (++); pero (+); perro (++); raro (+); restaurante (++)(+); camarero (+)(+); carretera (++)(+)
Regla: caro, pero, rr, perro, r

13b 1. romano; 2. prerromano; 3. manera; 4. arriba; 5. bandera; 6. barro; 7. tarro

Unidad 7

1a **ir:** de compras, por el centro, de picnic, con amigos, por el parque, al cine, de copas; **pasear:** por el centro, con amigos, por el parque; **ver:** una exposición, una película, a unos amigos, un musical; **tomar:** unas cañas, unos churros, un café; **quedar:** por el centro, con amigos, por el parque

1b *mögliche Lösung:*
museo: ver una exposición, quedar con amigos
un parque: ir de picnic, ir por el parque, quedar con amigos
un bar: tomar un aperitivo / unas cañas / unos churros / un café, quedar con amigos, ir de copas
un teatro: quedar con amigos, ver un musical, tomar un aperitivo

1c 1. bailar; 2. charlar; 3. pasear

1d *freie Lösung*

2 poder, poner, ser, romper, escribir, abrir, decir, hacer, estar, volver

3 empezar, empiezo, empezado; dormir, duermo, dormido; ver, veo, visto; hacer, hago, hecho; pedir, pido, pedido; poner, pongo, puesto; volver, vuelvo, vuelto; despertar, despierto, despertado; escribir, escribo, escrito

4a *mögliche Lösung:*
se levanta, se ducha, desayuna solo un café, va a clase en autobús, en clase toma apuntes, toma un bocadillo en la uni con amigos, estudia un poco de inglés para mejorar su pronunciación, almuerza a las dos de la tarde, hace deporte en un gimnasio, va a tomar una cerveza con compañeros de la uni, escribe en su blog, ve la tele, se acuesta

4b *mögliche Lösung:*
Hoy también ha sido un día agotador. Primero me he despertado temprano y después me he levantado. He desayunado solo un café y más tarde he ido a clase en autobús. Allí he tomado apuntes. Después de las clases he tomado un bocadillo en la cantina de la uni con amigos. Más tarde he estudiado un poco de inglés para mejorar mi pronunciación. ¡Qué difícil es! Y después de practicar el inglés he almorzado a las dos de la tarde. También he hecho deporte en un gimnasio. Luego he ido a tomar una cerveza con unos compañeros de la uni. Ahora escribo este blog y después voy a ver la tele y a acostarme.

5 1. he almorzado, almuerzo, he ido; 2. hemos estado, hago, he visto, prefiero; 3. Has probado, tomo

6a 1. Han hecho una ruta / un viaje por la costa oeste de los Estados Unidos y han visto las Montañas Rocosas. 2. Ha estado en una fiesta de cumpleaños. 3. Ha hecho un curso de árabe.

6b 1. Este verano; 2. Este fin de semana; 3. Este semestre

7a 1. g; 2. a; 3. f; 4. b; 5. e; 6. d; 7. c

7b *freie Lösung*

8 después de las 12; esta tarde; mañana; pasado mañana; el viernes; la semana que viene; el próximo mes; el año próximo; dentro de dos años

9a A las dos de la tarde, Daniel ya ha hecho deporte, también ya ha desayunado con Clara en la uni y ha tenido la clase de las 11 hasta la una del mediodía. Y ha hablando con el profesor Domínguez de 13.30 a 14.00, pero todavía no ha almorzado. Tampoco ha tenido la clase de las tres de la tarde ni ha devuelto el libro en la biblioteca. Todavía no ha ido al bar de tapas con Aurora.

9b Entre las dos y las tres Daniel va a almorzar. Después va a ir a clase hasta las cinco de la tarde. A las cinco y cuarto va a devolver el libro en la biblioteca. Y de seis a nueve va a estar con Aurora en el bar de tapas.

10 1. Por qué; Lo siento, es que ya la he visto. 2. apetece, ¡Genial! ¿Cuándo? / ¡Fantástico! ¿A qué hora quedamos? 3. Y si; ¡Fantástico! ¿A qué hora quedamos? / ¡Genial! ¿Cuándo?

11a 5. **Marta:** ¿Te apetece ir a tomar unas tapas? 6. **Isabel:** Pues la verdad es que esta semana ya he salido de tapas dos veces... 7. **M.:** ¿Y a un vegetariano? 8. **I.:** ¡Perfecto! ¿Al Don Vegetal? 9. **M.:** Muy bien, ¿y a qué hora quedamos? 10. **I.:** Pues a las nueve, en la puerta de Don Vegetal. 11. **M.:** ¡Estupendo! Hasta mañana.

11b 1. A Isabel le; 2. A Isabel no le; 3. les

12 *mögliche Lösung:*
1. Pues voy a quedarme en casa para estudiar / voy a salir con amigos para hacer deporte /...; 2. Sí, genial. ¿Cómo quedamos?; 3. Quiero ir al extranjero./ Tengo que trabajar./ Me apetece mucho hacer un viaje.; 4. ¿El sábado a las siete de la tarde?

13 2. el periódico > Lo lees para estar informado.; 3. churros con chocolate > Muchos españoles los toman para desayunar o merendar.; 4. cerveza > Mucha gente la toma con las tapas.; 5. el coche > Lo usas para ir a trabajar.; 6. las gafas de sol > Las necesitas para ir a la playa y protegerte del sol.; 7. la televisión > La ves cada día para ver una película o informarte.
Regla: lo, la, los, las, vor, nach

14 las, compra**rlo**, compra**rlos**, las, lo, llama**rlo**

15 1. Yo, Me, mí; 2. contigo, te, ti; 3. se, le, él; 4. vosotros, Os

16a **/g/:** guitarra, guerra, agua, gazpacho, amigo, Aguirre
/x/: gimnasia, geometría, Juan, Javier, jota, Jiménez, girar, gente, juntos, caja, ajo, Jerez

16b **Regla:** ch, jota, Juan, Javier, e, i, gente, gimnasia, a, o, u, gazpacho, amigo, agua, e, i, guerra, guitarra

16c 1. pá**g**ina, 2. **g**óndola, 3. ima**g**en, 4. **gu**ión, 5. **gu**itarrista 6. **j**arabe, 7. a**g**ente, 8. dro**gu**ería, 9. **Gu**ipúzcoa, 10. ca**j**ón, 11. dra**g**ón, 12. mala**gu**eño

Unidad 6, 1c

NOTA

Entre 4,0 y 3,5:	Muy bien. La ciudad perfecta.
Entre 3,4 y 2,5:	Bien. Una ciudad casi perfecta. Necesita pocas mejoras.
Entre 2,4 y 1,5:	Regular. La ciudad necesita algunas mejoras.
Menos de 1,5:	Mal. La ciudad necesita muchas mejoras.

- Die Wörter sind in der Reihenfolge ihres Vorkommens mit ihrer deutschen Bedeutung im jeweiligen Kontext aufgeführt.
- Bei Verben mit unregelmäßigen Präsensformen werden diese angegeben (z.B. u → ue).
- Wörter, die ausschließlich auf der Audio-CD vorkommen, sind nicht aufgeführt.
- Wörter aus den Übungen „Así como suena“ sind nicht aufgeführt.

Verwendete Abkürzungen:

f = feminin	*Pl = Plural*	*ugs = umgangssprachlich*	*Inf = Infinitiv*
m = männlich	*Sg = Singular*	*LA = Lateinamerika*	*AB = Arbeitsbuch*

Unidad 1

	Mis primeras horas de español	**Meine ersten Spanischstunden**
	primer/o/a	erster
	la hora	Stunde
	hola	hallo
	yo me llamo	ich heiße
	yo	ich
	llamarse	heißen
	y	und
	soy	ich bin
	ser	sein
	de	aus
	México	Mexiko
	1A	
	Mis primeras palabras en español	Meine ersten spanischen Wörter
	la palabra	Wort
	en español	auf Spanisch
1a	¿Cómo te llamas?	Wie heißt du?
	tú	du
	¿Qué tal?	Wie geht's?
	Encantado/-a.	Sehr erfreut! / Angenehm!
	¡Buenos días!	Guten Tag! / Guten Morgen!
	usted	Sie
	¿Cómo se llama?	Wie heißen Sie?
	¡Mucho gusto!	Freut mich! Angenehm!
1c	él	er
	ella *(Sg)*	sie
	nosotros/-as	wir
	vosotros/-as	ihr
	ellos/-as *(Pl)*	sie
	ustedes *(Pl)*	Sie
	¿Y usted?	Und Sie?
2a	la calle	Straße
	el mercado	Markt
	el museo botánico	botanisches Museum
	el metro	U-Bahn
	la Plaza	Platz
	España	Spanien
	la farmacia	Apotheke
	la Plaza Mayor	*Hauptplatz einer Stadt*
	el bar de tapas	Tapasbar
	el bar	Bar *(Gebäude)*
	la tapa	Appetithäppchen
	la autovía	Schnellstraße
	prohibido	verboten
	hacer fuego	Feuer machen
	la universidad	Universität
2b	la foto *(la fotografía)*	Foto, Bild
	el número	Nummer, Zahl
2c	¿verdad?	stimmt's?
	Creo que sí.	ich glaube ja
	creer	glauben
	que	dass
	sí	ja
	creo que	ich glaube, dass
	No sé.	Ich weiß (es) nicht.
2d	no	nein
	1B	
	Pronunciamos y deletreamos	Wir sprechen aus und buchstabieren
3	¿Cómo se pronuncia?	Wie spricht man das aus?
	se	man
3a	Cuba	Kuba
	Bolivia	Bolivien
	Viena	Wien
	Galicia	Galizien
	Roma	Rom
	Marruecos	Marokko
	Perú	Peru
	Canadá	Kanada
	Francia	Frankreich
	Suiza	Schweiz
	Zúrich	Zürich
	Japón	Japan
3b	el cenicero	Aschenbecher
	el zapatero	Schuster
	el/la chico/-a	Junge, Mädchen
	el perro	Hund
	pero	aber
	arriba	oben, hinauf
	la arepa	Arepa *(Maismehlfladen)*
4	el alfabeto	Alphabet
4a	doble	Doppel-, doppelt
	con	mit
	la diéresis	Umlaut
	el acento	Akzent

	la mayúscula	Großbuchstabe
	la minúscula	Kleinbuchstabe
5	¿Cómo se escribe?	Wie schreibt man das?
	escribir	schreiben
5a	¿Cómo se dice...?	Wie sagt man das?
	decir	sagen
	el libro	Buch
	o	oder
	así	so
	el bolígrafo	Kugelschreiber
	en alemán	auf Deutsch
	gracias	danke
	¿Qué?	Was?
	significar	bedeuten
	la pizarra	Tafel
5c	la goma	Radiergummi
	el reloj	Uhr
	la agenda	Terminkalender
	el lápiz	Bleistift
	la mesa	Tisch
	el estuche	Mäppchen
	el cuaderno	Heft
	la mochila	Rucksack
	la tableta	Tablet-PC
	la silla	Stuhl
	1C	
6	más	mehr
	Más despacio, por favor.	Langsamer, bitte.
	por favor	bitte
6a	poder *(o → ue)*	können
	repetir *(e → i)*	wiederholen
	escuchar	hören
	el diálogo	Dialog
	otra vez	noch einmal, wieder
	ya	schon
	abrid (*Inf*: abrir)	öffnet
	por	auf
	la página	Seite
	¿Qué?	Welche/r?
	tener *(tengo, e → ie)*	haben
	la pregunta	Frage
	¡Adiós!	Tschüss!
	próximo/-a	nächster
	la semana	Woche
	claro/-a	klar
	estar *(estoy)*	sein
7	mis temas favoritos	meine Lieblingsthemen
7a	la naturaleza	Natur
	la política	Politik
	el arte	Kunst
	la música	Musik
	la historia	Geschichte
	la arquitectura	Architektur
	la literatura	Literatur

	la cocina	Küche; Kochkunst
	el deporte	Sport
	asociar	verbinden
	también	auch
7b	la ciudad	Stadt
	la estación	Station; Bahnhof; Jahreszeit
	la pensión	Rente
8	saludos y despedidas	Begrüßungen und Verabschiedungen
8a	¡Adiós, hasta mañana!	Tschüs, bis morgen!
	mañana	morgen
	¡Buenas tardes!	Guten Abend!
	¡Hasta pronto!	Bis bald!
	¡Chao!	Ciao!
	¡Buenas noches!	Gute Nacht!
	la noche	Nacht
	AB	
2	¿De quién?	Von wem?
	hablar	sprechen, reden
2b	el/la estudiante Erasmus	Erasmusstudent/in
	Perdone,...	Entschuldigen Sie,...
4	Colombia	Kolumbien
5	¿Está bien así?	Ist es so richtig?
6	la respuesta	Antwort
7	pronunciar	aussprechen
8	la clase	Unterricht
8a	comprender	verstehen
9a	la libreta	Heft, Notizbuch
	el CD	CD
	el diccionario	Wörterbuch
10a	el café	Kaffee; Café
	el restaurante	Restaurant
	el bombón	Praline, Schokoladenbonbon
	el país	Land
	la televisión	Fernsehen
10c	el día	Tag
	el mapa	(Land)karte
	el programa	Programm
	el tema	Thema
	el problema	Problem
	el idioma	Sprache
	la mano	Hand
	la radio	Radio
12	el mundo	Welt, Erde
12a	el desierto	Wüste
	la caña	*kleines Bier*
	la cerveza	Bier
	el guacamole	*Avocadocreme*
	la playa	Strand

	el Caribe	Karibik
	el volcán	Vulkan
	el fútbol	Fußball
	Argentina	Argentinien
	la isla	Insel
	el Mediterráneo	Mittelmeer
	la gastronomía	Gastronomie
	el cine	Kino; Filmkunst
13	reaccionar	reagieren
14	Así como suena.	So hört sich es an.

Unidad 2

Mis compañeros y yo — Meine Kommilitonen/-innen und ich

	mis	meine
	el/la compañero/-a	Kommilitone/-in
	el/la estudiante	Student/in
	de	von
	(la) Traducción	Übersetzungswissenschaft
	(la) Interpretación	Dolmetschwissenschaft
	e	und
	(la) Medicina	Medizin
	(el) Periodismo	Journalismus
	(la) Biología	Biologie
	(el) Diseño Industrial	Industriedesign
a	mi	mein/e
	la lengua	Sprache
2A		
	nos presentamos	wir stellen uns vor
	presentarse	sich vorstellen
1a	¿Qué idiomas conoces?	Welche Sprachen kannst du?
	inglés	Englisch
	francés	Französisch
	alemán	Deutsch
	español	Spanisch
	italiano	Italienisch
	portugués	Portugiesisch
	ruso	Russisch
	chino	Chinesisch
	otro/-a	ein anderer
	leer	lesen
	muy bien	sehr gut
	bastante bien	ziemlich gut
	bien	gut
	regular	mittelmäßig, durchschnittlich
	un poco (de)	ein bisschen
	mal/o/a	schlecht
	bastante mal	ziemlich schlecht
	muy mal	sehr schlecht
2	busco un intercambio	ich suche einen Austauschpartner
2a	el intercambio de idiomas	Sprachaustausch
	el nombre	Name
	el idioma materno	Muttersprache
	la nacionalidad	Nationalität
	el/la irlandés/-esa	Ire/Irin
	Dublín	Dublin
	ahora	jetzt
	vivir	wohnen, leben
	Londres	London
	estudiar	studieren, lernen
	la lengua materna	Muttersprache
	aprender	lernen
	buscar	suchen
	para	um ... zu
	practicar	üben
	Berlín	Berlin
	mis *(Pl)*	meine
	turco	Türkisch
	la conversación	Gespräch, Konversation
	el/la amigo/-a	Freund/in
	nuestro/-a	unser
	catalán	Katalanisch
	necesitar *(+Inf)*	müssen; brauchen, benötigen
	el/la hispanohablante	spanische/r Muttersprachler/in
2c	en	in
	¿Dónde vives?	Wo wohnst du?
	¿Dónde?	Wo?
3	¿De dónde eres?	Woher kommst du?
3a	Turquía	Türkei
	Austria	Österreich
	los Estados Unidos	die Vereinigten Staaten (USA)
	Alemania	Deutschland
	Rusia	Russland
	Polonia	Polen
	ruso/-a	russisch
	polaco/-a	polnisch
	chino/-a	chinesisch
	alemán/-ana	deutsch
	portugués/-esa	portugiesisch
	turco/-a	türkisch
	marroquí	marokkanisch
	austriaco/-a	österreichisch
	japonés/-esa	japanisch
	estadounidense	US-amerikanisch
	francés/-esa	französisch
3c	belga	belgisch
	Soy polaco/-a.	Ich bin Pole/Polin.
	Soy de Polonia.	Ich komme aus Polen.
3e	el estudio universitario	Studiengang
4	el tiempo libre	Freizeit
4a	tocar	spielen *(Instrument)*

	el instrumento	Instrument
	quedar	sich treffen
	cocinar	kochen
	bailar	tanzen
	correr	rennen, joggen gehen
	ver la tele	fernsehen
	la revista	Zeitschrift
	el periódico	Zeitung
	viajar	reisen
	cantar	singen
	el coro	Chor
	2B	
5	el curso de idiomas	Sprachkurs
	el curso	Kurs
5a	el formulario de inscripción	Einschreibeformular
	el apellido	Nachname
	la facultad	Fakultät
	la carrera	Studium, Studiengang
	el lugar de residencia	Wohnort
	el lugar	Ort
	la dirección	Adresse
	el teléfono	Telefon
	el correo electrónico	E-Mail
	el curso intensivo	Intensivkurs
	la cultura	Kultur
	el curso individual	Privatkurs
	el curso específico	Spezialkurs
	el curso de preparación	Vorbereitungskurs
	el DELE	*spanisches Sprachen-zertifikat*
5b	¿Cuál?	Welcher?
	tu	dein/e
	¿Cuál es tu número de teléfono?	Wie ist deine Telefonnummer?
	el número de teléfono	Telefonnummer
5c	el estudio	Studienfach, Studium
	la arroba	Klammeraffe, @
	el punto	Punkt
	la barra	Schrägstrich
	el guion	Bindestrich
	el guion bajo	Unterstrich
6b	emergencias *(Pl)*	Notruf
	el aeropuerto	Flughafen
	el servicio al estudiante	Studentenservice
	los bomberos *(Pl)*	Feuerwehr
	Correos	Post
	la Cruz Roja	Rotes Kreuz
	Objetos Perdidos	*Fundbüro*
	el objeto	Gegenstand
	la Policía	Polizei
	Radio Taxi	Taxiruf
	Renfe	*spanisches Eisenbahn-unternehmen*
	del	vom
6c	el móvil	Handy

	2C	
	mis intereses	meine Interessen
7	¿Por qué?	Warum?
7a	por	durch
	Latinoamérica	Lateinamerika
	chatear	chatten
	la gente	Leute
	de habla hispana	spanischsprachig
	ir	gehen, reisen
	a	nach
	hacer	machen, tun
	las prácticas	Praktikum
	porque	weil
7b	el placer	Vergnügen
	el trabajo	Arbeit
	conocer	kennen, kennenlernen
	nuevo/-a	neu
	Proyecto	**Projekt**
a	la actividad	Aktivität, Beschäftigung
b	os	euch
	(la) Ingeniería Ambiental	Umweltingenieurwesen
	la guitarra	Gitarre
	ver	sehen
	Mi gramática	**Meine Grammatik**
1a	el Derecho	Jura
	el novio	fester Freund, Partner
	aquí	hier
	Mi léxico	**Mein Wortschatz**
1a	el tango	Tango
	el poncho	Poncho
	el baile	Tanz
	la artesanía	Kunsthandwerk
	el paisaje	Landschaft
	el mate	Mate(tee)
	la hamaca	Hängematte
	la Amazonía	Amazonasgebiet
	el chocolate	Schokolade
	mexicano/-a	mexikanisch
	guatemalteco/-a	guatemaltekisch
	hondureño/-a	honduranisch
	salvadoreño/-a	salvadorianisch
	la fauna	Fauna
	costarricense	costa-ricanisch
	nicaragüense	nicaraguanisch
	el sombrero	Hut
	panameño/-a	panamaisch
	cubano/-a	kubanisch
	dominicano/-a	dominikanisch
	puertorriqueño/-a	puerto-ricanisch
	el oro	Gold
	colombiano/-a	kolumbianisch
	venezolano/-a	venezolanisch
	peruano/-a	peruanisch

	ecuatoriano/-a	ecuadorianisch
	paraguayo/-a	paraguayisch
	boliviano/-a	bolivianisch
	chileno/-a	chilenisch
	argentino/-a	argentinisch
	colonial	kolonial-
	uruguayo/-a	urugayisch
1b	la estrategia	Strategie
	Cultura	**Kultur**
a	la fecha de nacimiento	Geburtsdatum
	el lugar de nacimiento	Geburtsort
	la fecha	Datum
	septiembre	September
	la profesión	Beruf
	el/la político/-a	Politiker/in
	el/la médico/-a pediatra	Kinderarzt/-ärztin
	el estado civil	Familienstand
	divorciado/-a	geschieden
	los hijos	Kinder
	AB	
1a	Oficina de Relaciones Internacionales	*Auslandsamt an einer Universität*
1c	(la) Psicología	Psychologie
	similar	ähnlich
	importante	wichtig
	difícil	schwierig
2	unir	verbinden, vereinigen
	la frase	Satz
	holandés	Niederländisch
3a	la leyenda	Legende
	la capital	Hauptstadt
	la tecnología	Technologie
	el ordenador	Computer
3c	la mujer	Frau
	europeo/-a	europäisch
	el hombre	Mann
	el continente	Kontinent
	americano/-a	amerikanisch
	latinoamericano, -a	lateinamerikanisch
3d	el monumento	Denkmal, Monument
	el Atlántico	Atlantik
6	la abreviatura	Abkürzung
7	Comunicación de Empresa	Unternehmens-kommunikation
	la empresa	Firma, Unternehmen
8	el interrogativo	Frage-, Interrogativ-
	marina	Meeres-
	el fijo	Festnetz
10	el verbo	Verb
10a	sueco	Schwedisch
	la academia	Privatschule, Akademie

	extranjero/-a	fremd
	Estocolmo	Stockholm
	publicar	veröffentlichen
	el comentario	Kommentar
11	Países Bajos	Niederlande
	Bélgica	Belgien
	vasco	Baskisch
	la preposición	Präposition
12	completo/-a	vollständig, komplett
	Pekín	Peking
	París	Paris
	Bruselas	Brüssel
	la fiesta	Fest, Party
	la casa	Haus
	genial	toll, genial
13	el/la latino/-a	*Person aus Lateinamerika*
	las vacaciones	Ferien, Urlaub
14	servir	nutzen, dienen
14a	la zapatilla (de deporte)	Turnschuh
	el pasaporte	Pass
14b	el significado	Bedeutung
	utilizar	benutzen, gebrauchen
15	sin	ohne
	el sujeto	Subjekt
15a	el centro	Mitte, Zentrum
	el piso	Wohnung
	solo/-a	alleine; nur
	cerca	in der Nähe, nah
	la beca	Stipendium
15b	el/la suizo/-a	Schweizer/in
	después (de)	nach
16	el chat	Chat
16a	la dificultad	Schwierigkeit
	el aprendizaje	(Er)lernen
	el/la español/a	Spanier/in
	el contacto	Kontakt
	divertido/-a	lustig
	siempre	immer
	muchas veces	oft
	la pronunciación	Aussprache

Unidad 3

Mis amigos, mi familia — Meine Freunde, meine Familie

la chica	Mädchen
de la foto	auf dem Foto
el pelo	Haar(e)
rizado/-a	gelockt
rubio/-a	blond
oscuro/-a	dunkel
el ojo	Auge

	marrón	braun
	llevar	tragen; haben
	la barba	Bart
	muy	sehr
	simpático/-a	nett, symphatisch
	las gafas	Brille
	serio/-a	ernst

3A

	¿Cómo?	Wie?
1a	Mi año en Buenos Aires	Mein Jahr in Buenos Aires
	el inicio	Beginn
	desde	von...(aus/an)
	hoy	heute
	el campus	Campus
	estos que...	diese hier, die
	a la izquierda	links
	alto/-a	groß
	delgado/-a	schlank
	tiene 21 años	er/sie ist 21 Jahre alt
	el/la brasileño/-a	Brasilianier/in
	deportista	sportlich
	el jugador de baloncesto	Basketballspieler
	corto/-a	kurz
	sociable	gesellig
	todos	alle
	lo	ihn
	"peque" *(ugs) pequeño*	„Kleiner"
	pequeño/-a	klein
	bajito/-a *bajo + ito/-a*	klein
	además	außerdem
	verde	grün
	precioso/-a	wunderschön
	las gafas de sol	Sonnenbrille
	el bigote	Schnurrbart
	tranquilo	ruhig
	a veces	manchmal
	amable	freundlich
	les	Ihnen, euch *(LA)*
	el/la compañero/-a	Mitbewohner/-in
	la habitación	Zimmer
	moreno/-a	dunkelhaarig
	largo/-a	lang
	la persona	Person
	encantador/-a	reizend, bezaubernd
	extrovertido/-a	extrovertiert
	la Educación física	Sport-Lehramt
	el Deporte	Sport *(Studiengang)*
	a su lado	an ihrer/seiner Seite
	castaño claro	hellbraun
	inteligente	intelligent
	primero de Medicina	*Medizinstudium im 1. Jahr*
	como	wie
	¿Quién soy?	Wer bin ich?
	en este	in diesem
	el blog	Blog
	sobre	über
	la experiencia	Erfahrung
	el/la estudiante de intercambio	Austauschstudent/in
	la entrada reciente	kürzlich gemachter Eintrag
	el día	Tag
	de paseo por...	ein Spaziergang durch...
	dejar	hinterlassen
1c	de carácter	vom Charakter her
2	¿De quién hablamos?	Von wem reden wir?
2c	pues	also
	correcto/-a	richtig, korrekt
	lo siento	es tut mir leid
	castaño	kastanienbraun
	gris	grau
	azul	blau
	negro/-a	schwarz

3B

	esta es mi familia	dies ist meine Familie
	la familia	Familie
3a	Cuéntame	*spanische Fernsehserie*
	os voy a presentar	ich werde euch vorstellen
	mis	meine
	los padres	Eltern
	el señor	Mann, Herr
	el/la abuelo/-a	Opa/Oma
	la madre	Mutter
	viudo/-a	verwitwet
	por eso	deswegen, deshalb
	vive con nosotros	er/sie wohnt bei uns
	los hermanos	Geschwister
	el padre	Vater
	sí	schon, doch
	calvo/-a	kahlköpfig
	al lado de	neben
	el tío	Onkel
	la tía	Tante
	la hija	Tochter
	el/la primo/-a	Cousin/e
	el/la hermano/-a	Bruder/Schwester
	mayor	ältester
	separado/-a	getrennt
	el/la sobrino/-a	Neffe/Nichte
	por último	zuletzt, schließlich
	soltero/-a	ledig
	apetecer	Lust haben auf
3c	estos/-as	diese hier, die
	este/-a	dieser hier, der
3d	¿Quién?	Wer?
	¿Cuántos/-as?	Wie viele?
	el año	Jahr
	casado/-a	verheiratet
4	mi árbol genealógico	mein Stammbaum

4a	¿Cuántos años tienen?	Wie alt sind sie?
	unos/-as	ungefähr
	3C	
5	estudios y profesiones	Studiengänge und Berufe
5a	relacionado/-a	zusammenhängen mit
	entre	*hier:* unter
	favorito/-a	Lieblings-
	el área	Gebiet
	las Ciencias de la Salud	Gesundheitswissenschaften
	la ciencia	Wissenschaft
	un 25%	25 Prozent
	concreto	konkret
	el/la enfermero/-a	Krankenpfleger/ Krankenschwester
	el/la psicólogo/-a	Psychologe/-in
	valorado/-a	geschätzt
	seguir	folgen
	(la) Ingeniería	Ingenieurwissenschaft
	por detrás	(da)hinter
	escoger	(aus)wählen
	el/la biólogo/-a	Biologe/-in
	el/la químico/-a	Chemiker/in
	querer	wollen
	el/la maestro/-a	Lehrer/in
	el/la profesor/a	Lehrer/in
	el instituto	Gymnasium
	(el) Magisterio	Lehramt
	la Educación	Bildung, Erziehung, Pädagogik
	la opción	Auswahlmöglichkeit
	trabajar	arbeiten
	terminar	beenden, enden
	elegir *(e → i)*	(aus)wählen
	privado/-a	privat
	afirmar	bestätigen, behaupten
	montar	errichten, eröffnen
	mientras que	wohingegen; während
	el/la funcionario/-a	Beamter/-in
5b	el/la informático/-a	Informatiker/in
	el/la músico/-a	Musiker/in
	el/la mécanico/-a	Mechaniker/in
	el coche	Auto
	el/la actor/actriz	Schauspieler/in
	el/la pintor/a	Maler/in
	el/la taxista	Taxifahrer/in
	el/la dentista	Zahnarzt/-ärztin
	el/la empleado/-a	Angestellte/r
	el banco	Bank *(Geldinstitut)*
	la tienda	Geschäft
	el/la cocinero/-a	Koch/Köchin
	el/la policía	Polizist/in
	el/la camarero/-a	Kellner/in
	el/la periodista	Journalist
6a	desde hace	seit
	el/la economista	Volkswirtschaftler/in
	me gusta	mir gefällt
	en paro	arbeitslos
	el minijob	Minijob
	cuidar	pflegen, betreuen
	la persona mayor	Senior/in
	ayudar	helfen
	el/la joven *(Pl: los jóvenes)*	Jugendliche/r
	tengo 28 años	ich bin 28 Jahre alt
	el fin de semana	Wochenende
	ganar dinero	Geld verdienen
	el dinero	Geld
	encantar	gut gefallen, begeistern
	trabajar como	arbeiten als
	el hospital	Krankenhaus
	¿A qué te dedicas?	Was machst du beruflich?
	dedicar(se)	(sich) widmen
	Trabajo de enfermera.	Ich arbeite als Krankenschwester.
6b	el bar de copas	Bar
	la copa	Weinglas, Drink
6c	el hotel	Hotel
	la oficina	Büro
	el supermercado	Supermarkt
	la escuela	Schule
6d	durante	während
	el/la guía turístico/-a	Touristenführer/in
	tampoco	auch nicht
	Proyecto	
	¿De dónde?	Woher?
a	la edad	Alter
	el carácter	Charakter
b	la descripción	Beschreibung
	físico/-a	körperlich
	Mi gramática	
1	el/la futbolista	Fußballspieler/in
	joven	jung
	el coeficiente intelectual	Intelligenzquotient
	por	aufgrund von, wegen
	el/la cantante	Sänger/in
	famoso/-a	berühmt, großartig
	alegre	fröhlich, lustig
2	su	sein/e
	mira	schau
	estos	diese hier
	la señora	Frau
	Muchas gracias.	Vielen Dank.
	Mi léxico	
1	describir	beschreiben
1a	el marido	Ehemann
	optimista	optimistisch
	antipático/-a	unsymphatisch

	las lentillas	Kontaktlinsen

Cultura

	para	für
a	la salud	Gesundheit
	la pareja	Partner/in
	el bienestar económico	wirtschaftlicher Wohlstand
b	dar *(doy)*	geben
c	la valoración	Bewertung
	media	Durchschnitts-, Mittel-
	algunos/-as	einige
	el aspecto	Aspekt
	la vida	Leben
	¿Podría...?	Könnten Sie ...?
	la importancia	Bedeutung
	siguiente	folgend
	la escala	Skala
	nada	nichts, gar nicht
	colocar	(ein)ordnen
	total	insgesamt
d	máximo/-a	maximal, höchst-
	valorar	schätzen

AB

1a	feo/-a	hässlich
	el asunto	Betreff
1c	fantástico/-a	fantastisch
	el aspecto físico	Aussehen
	el/la sueco/-a	Schwede/Schwedin
	típico/-a	typisch
	(la) Ingenieria Industrial	Bauingenieurwesen
	pronto	bald
	el abrazo	Umarmung *(auch: Abschiedsformel in einem persönlichen Brief)*
2a	negativo/-a	negativ
	positivo/-a	positiv
	nervioso/-a	nervös, unruhig
	pesimista	pessimistisch
	introvertido/-a	introvertiert
	trabajador/a	fleißig
2b	todo el mundo	die ganze Welt, alle
	todo/-a	jeder, ganz
	poco/-a	wenig
	diferente	anders, verschieden
3c	(la) Economía	Wirtschaft(swissenschaft)
	la moto	Motorrad
	italiano/-a	italienisch
5	las matemáticas	Mathematik
	la cuenta	Rechnung
	falso/-a	falsch
6	el árbol de familia	Familienstammbaum
6c	el/la cuñado/-a	Schwager/Schwägerin
	el/la nieto/-a	Enkel/Enkelin
9a	la consulta	Praxis
	el juzgado	Gericht
	el laboratorio	Labor
11c	el semestre	Semester
	¡Mira!	Schau (mal)!
	la biblioteca	Bibliothek
	municipal	Stadt-, städtisch
12	único	einzig, Einzel-
	el/la venezolano/-a	Venezolaner/in
13	el/la traductor/a	Übersetzer/in
14c	el/la ingeniero/-a	Ingenieur/in

Unidad 4

Mi vida de estudiante — Mein Studentenleben

	limpiar	putzen, säubern
	el yoga	Yoga
	la excursión	Ausflug
	nadar	schwimmen
	la piscina	Schwimmbad
	visitar	besichtigen, besuchen
	el museo	Museum
	quedarse	bleiben
	todo el día	den ganzen Tag
b	el tiempo	Zeit

4A

	diario/-a	täglich
1a	normal	normal
	el/la estudiante de postgrado	Masterstudent/in
	distinto/-a	unterschiedlich, verschieden
	menos	weniger
	relajado/-a	entspannt
	lindo/-a *LA*	schön
	el/la mexicano/-a	Mexikaner/in
	transcurrir	vergehen
	entre semana	unter der Woche
	por la mañana	morgens
	la jornada	Tag, Arbeitstag
	empezar	beginnen
	pronto	früh
	levantarse	aufstehen
	a las 6 de la mañana	um 6 Uhr morgens
	ducharse	duschen
	vestirse	anziehen
	rápidamente	schnell
	rápido/-a	schnell
	salir	hinausgehen, ausgehen
	a las 6 y media	um halb 7
	medio/-a	halb
	a pie	zu Fuß
	el horario	Zeiten

	la comida	Essen, Mahlzeit
	antes de	bevor, vor
	tomar	nehmen; zu sich nehmen
	desayunar	frühstücken
	la cafetería	Cafeteria
	el desayuno	Frühstück
	consistir (en)	bestehen aus
	el jugo de fruta *LA*	Fruchtsaft
	el jugo *LA*	Saft
	la fruta	Frucht
	comer	essen
	los churros	*frittiertes Spritzgebäck*
	el pan	Brot
	dulce	süß
	la tortilla de maíz	Maistortilla
	el queso	Käse
	a eso de	so ungefähr um
	almorzar *(o → ue)*	zu Mittag essen
	el comedor universitario	Mensa
	volver *(o → ue)*	zurückkehren
	gustar	gefallen
	por la tarde	nachmittags, am Nachmittag
	mucho	sehr
	allí	dort
	hasta	bis
	después	danach
	por la noche	abends, nachts
	cenar	zu Abend essen
	conectarse	sich verbinden
	casi	fast, beinahe
	acostarse	ins Bett gehen
	llevar una vida	ein Leben führen
	activo/-a	aktiv
	eso sí	das schon
	dormir	schlafen
1c	a/al mediodía	mittags
1d	bueno/-a	gut
	primero	als erstes
	luego	dann, später
	al final	am Ende
1e	el estudio	Lern-
	4B	
	mi	mein
2	¿A qué hora?	Um wie viel Uhr?
	la hora	Uhrzeit
2a	perdona	entschuldige
	¿Qué hora es?	Wie viel Uhr ist es?
	¿Tiene hora?	Wissen Sie, wie viel Uhr es ist?
	abrir	öffnen
	saber *(sé)*	wissen
	cerrar	schließen
	Es la una.	Es ist ein Uhr.
	Son las dos (en punto).	Es ist (genau) zwei Uhr.

3a	interesante	interessant
	estresante	stressig
	monótono/-a	monoton
	los deberes	Hausaufgaben
	las tareas del hogar	Hausarbeit
3b	¿Hasta qué hora?	Bis wie viel Uhr?
	la madrugada	Tagesanbruch, Morgendämmerung
	el mediodía	Mittag
	la medianoche	Mitternacht
4	¿Cuántas veces?	Wie oft?
4a	el lunes	Montag
	el martes	Dienstag
	el miércoles	Mittwoch
	el jueves	Donnerstag
	el viernes	Freitag
	el sábado	Samstag
	el domingo	Sonntag
	el gimnasio	Fitnessstudio
	la exposición	Ausstellung
	la tarde	Nachmittag
	el grupo	Gruppe
	el tenis	Tennis
	la vez	Mal
	a menudo	oft
	el mes	Monat
	todos los días	jeden Tag
	cada	alle, jeder
	nunca	nie
4c	¿Con qué frecuencia?	Wie oft?
	la frecuencia	Häufigkeit
	¡Atención!	Achtung!
	4C	
5a	preferir	vorziehen, lieber mögen
	llevarse	mitbringen
	el clima	Klima
	influir	beeinflussen
	regional	regional
	el norte	Norden
	la sopa	Suppe
	la mayoría	Mehrheit
	el/la trabajador/a	Arbeiter/in
	el menú del día	Tagesmenü
	según	laut, nach
	el estudio	Studie
	reciente	neu, jüngst
	la cantina	Kantine
	suficiente	genug
	la cifra	Ziffer
	variar	wechseln, variieren
	el tamaño	Größe
	grande	groß
	fuera	außerhalb, draußen
	el coste	Kosten, Preis
	por persona	pro Person

	entre	zwischen
	optar por	wählen, sich entscheiden (für)
	mayoritariamente	überwiegend
	la tartera	Tupperdose®, Frischhaltebox
	elegir *(elijo, e → i)*	auswählen
	a partir de	ab
	hay	es gibt
	el equilibrio	Gleichgewicht
	ambos/-as	beide
	la elección	Wahl
	el plato	Gericht; Teller
	depender de	abhängig sein von
	la región	Region, Gebiet
	la cuchara	Löffel
	la zona	Zone
	templado/-a	mild
	la verdura	Gemüse
	en general	im Allgemeinen
	la carne	Fleisch
	aunque	obwohl
	aumentar	zunehmen, steigen
	el porcentaje	Prozentsatz, Anteil
	el pescado	Fisch
	respecto a	bezüglich, hinsichtlich
	acompañar	begleiten
	el/la encuestado/-a	Befragte/r
	el agua	Wasser
	la bebida alcohólica	alkoholisches Getränk
	pedir *(e → i)*	bestellen
	el vino	Wein
6	la barra	Bar *(Tresen)*
6a	el zumo	Saft
	la naranja	Orange
	el pincho	*spanisches Häppchen*
	la tortilla	*in Spanien: Kartoffelomelette*
	la tostada	Toast
	la mantequilla	Butter
	la mermelada	Marmelade
	el bocadillo	*belegtes Weißbrot*
	el jamón	Schinken
	la ración	Portion
	la botella	Flasche
	la leche	Milch
	la ensalada	Salat
	los calamares	Tintenfischringe
	la paella	*spanisches Gericht mit Reis und Meeresfrüchten*
	las patatas bravas	*spanisches Gericht aus Kartoffeln und scharfer Soße*
	al alioli	mit Knoblauchölsoße
	el vaso	Glas
	la lata	Dose
6c	ahora mismo	jetzt gleich
	enseguida	sofort
	oiga	Hallo, hören Sie (mal)
	poner	*hier:* bringen
	el agua mineral con gas	Mineralwasser
	desear	wünschen
6d	a base de	auf ...-basis
6e	el/la vegetariano/-a	Vegetarier/in
	la pasta	Nudeln, Pasta
	el dulce	Süßigkeit
	los cereales	Müsli
	los lácteos	Milchprodukte
	el té	Tee
	el arroz	Reis
	Proyecto	
	la rutina diaria	Alltag
	frecuente	häufig
	los hábitos alimenticios	Essgewohnheiten
	Mi gramática	
1a	la bicicleta	Fahrrad
	¡Qué pena!	Schade!
	la pasantía	Praktikum
	tarde	spät
2	el examen	Prüfung
	Mi léxico	
1	jugar	spielen *(Sport)*
2	el refresco	Erfrischungsgetränk
	el tomate	Tomate
	el pollo	Hähnchen
	la manzana	Apfel
	la piña	Ananas
	merendar	einen Snack zu sich nehmen
	la merienda	*kleiner Snack*
	Cultura	
	la jornada laboral	Arbeitszeit
a	ofrecer	anbieten
	adecuado/-a	geeignet, passend
	los años 40	Vierzigerjahre
	la siesta	Siesta
	demasiado	zu
b	hay que	man muss
	cambiar el chip	umdenken
	cambiar	(ver)ändern; tauschen; wechseln
	el chip	Chip
	deber	müssen
	abandonar	aufgeben; verlassen
	mucho	viel
	el oeste	Westen
	adoptar	annehmen
	Canarias	Kanarische Inseln

	Irlanda	Irland
	entre otros	unter anderem
	laboral	Arbeits-
	el descanso	Pause, Erholung
	es de locos	es ist verrückt
	el/la loco/-a	Verrückte/r
	la consecuencia	Konsequenz, Folge
	eterno/-a	ewig
	desestructurado/-a	unstrukturiert
	proponer	vorschlagen
	regular	regulieren, regeln
	comercial	Geschäfts-; kommerziell
	profesional	beruflich, professionell
	educativo/-a	Bildungs-, Erziehungs-
	el ocio	Freizeit, Nichtstun
	nocturno/-a	Nacht-
	avanzar	vorverlegen
	la programación	Programm
	la tele	Fernseher
	adecuar	anpassen
	el/la europeo/-a	Europäer/in
	por supuesto	selbstverständlich
	el cambio	(Ver)änderung
	es decir	das heißt
	franquista	franquistisch, der Franco-Zeit
	la simpatía	Symphatie
	el nacionalsocialismo	Nationalsozialismus
	el pluriempleo	Mehrfachbeschäftigung
	la Guerra Civil	Bürgerkrieg *(in Spanien von 1936–1939)*
	la guerra	Krieg
	utópico/-a	utopisch
	acercar	annähern; heranbringen
	latino/-a	Latino-
	el parámetro	Parameter
	el/la griego/-a	Grieche/-in
	el/la portugués/-esa	Portugiese/-in
	Nápoles	Neapel
	Sicilia	Sizilien
	tan	so
	mediterráneo/-a	mediterran, Mittelmeer-
	tanto/-a	so viel
	el sol	Sonne
	la excusa	Entschuldigung
	absurdo/-a	absurd
c	el comercio	Handel, Gewerbe
	el local	*hier:* Club
AB		
1b	normalmente	normalerweise
	delicioso/-a	köstlich, wunderbar
	relajarse	sich entspannen
1d	pedir *(e → i)*	bitten um
	pensar	denken
3a	mismo/-a	gleich
	entrenar	trainieren
	el equipo	Team
	el partido	Spiel
4b	la letra	Buchstabe
5a	el horario	Öffnungszeiten
	la secretaría	Sekretariat
	la pausa	Pause
6	alrededor de	um ... herum
7	despertarse	aufwachen
	temprano	früh
	generalmente	im Allgemeinen; normalerweise
	incluso	sogar
8a	especificar	spezifizieren
	el momento	Moment
	exacto/-a	exakt, genau
8c	la suerte	Glück
9a	puntual	pünktlich
	la compra	Einkauf
	las noticias	Nachrichten
	la prensa	Presse
	digital	digital
	llegar	ankommen
10a	la discoteca	Diskothek
10b	ideal	ideal
12	la jarra	Krug
13a	el cruasán	Croissant
	el crep	Crêpe
14	el intruso	Eindringling, Störenfried
	el cava	*spanischer Sekt*
15	el atún	Thunfisch
	frío/-a	kalt

Unidad 5

¿A qué país quieres viajar? – In welches Land möchtest du reisen?

a	relacionar	in Zusammenhang bringen, zuordnen
	el texto	Text
	la catarata	Wasserfall
	mayor	größter
	el espectáculo	Schauspiel, Spektakel
	la selva	Urwald
	el lago	See
	el paseo	Spaziergang, Spazierfahrt
	navegable	schiffbar
	alto/-a	hoch
	aislado/-a	abgeschieden, isoliert
	misterioso/-a	geheimnisvoll, mysteriös
b	comparar	vergleichen
	la maravilla	Wunder

	la cumbre	Gipfel
	terrestre	Erd-
	cercano/-a	nah
	el parque natural	Naturschutzpark
	el parque	Park
	salvaje	wild
	el resto	Rest
	arqueológico/-a	archäologisch
	5A	
	el viaje	Reise
1	el plan	Plan
1a	anotar	notieren
	el destino	(Reise)ziel
1b	la flora	Flora, Pflanzenwelt
	la cordillera	Gebirgskette
	andino/-a	Anden-
	la belleza	Schönheit
	natural	Natur-, natürlich
	investigar	untersuchen, erforschen
	el calentamiento	Erwärmung
	el planeta	Planet
	interesar	interessieren
	el pueblo	Volk
	maya	Maya-
	antiguo/-a	alt
	especialmente	besonders, speziell
	precolombino/-a	präkolumbisch
	venir	kommen
	escalar	bergsteigen, klettern
	los Andes	Anden
2	el tipo	Art
2a	la ecología	Ökologie
	al aire libre	im Freien
	el aire	Luft
	libre	frei
	la aventura	Abenteuer
	el lejano oriente	Ferner Osten
	lejano/-a	fern
	descubrir	entdecken
	voluntario/-a	freiwillig
	Tailandia	Thailand
	Indonesia	Indonesien
	descansar	sich ausruhen
	cultural	kulturell, Kultur-
	tomar el sol	sich sonnen
2b	el gusto	Vorliebe, Geschmack
	el interés	Interesse
	me	mir
	te	dir
	le	ihm/ihr
	nos	uns
	les	ihnen
2c	ni… ni…	weder… noch
3a	la situación	Situation
3b	marcar	markieren, kennzeichnen
	la preferencia	Vorliebe
	la montaña	Berg
	el campo	Land, Feld
	el camping	Campinglatz
	el hostal	Hostel
	el apartamento	Wohnung, Appartment
	alojarse	unterkommen
	5B	
4a	el concurso	Wettbewerb
	América Latina	Lateinamerika
	el cerro	Hügel
	el camino	Weg
	inca	Inka-
	el Amazonas	Amazonas
	el pico	Gipfel
	seco/-a	trocken
	el sendero	Pfad, Weg
	el glaciar	Gletscher
	la Patagonia	Patagonien
	el río	Fluss
	fascinante	faszinierend
	enviar	schicken, senden
	ganar	gewinnen
	el billete	Ticket
	el avión	Flugzeug
	esperar	erwarten
4b	el Rin	Rhein
	espectacular	sensationell, spektakulär
	hermoso/-a	wunderschön
5a	la primavera	Frühling
	el verano	Sommer
	el otoño	Herbst
	el invierno	Winter
5b	¿Qué tiempo hace?	Wie ist das Wetter?
	Hace calor.	Es ist heiß.
	el calor	Hitze, Wärme
	Hace frío.	Es ist kalt.
	el frío	Kälte
	Hace sol.	Es ist sonnig.
	Hace viento.	Es ist windig.
	el viento	Wind
	Hace buen tiempo.	Es ist gutes Wetter.
	el tiempo	Wetter
	Hace mal tiempo.	Es ist schlechtes Wetter.
	Llueve.	Es regnet.
	Nieva.	Es schneit.
	Hay niebla.	Es ist neblig.
	la niebla	Nebel
	Hay tormenta.	Es gibt ein Gewitter/Unwetter.
	la tormenta	Gewitter, Sturm
	Está nublado.	Es ist bewölkt.

	Está despejado.	Es ist heiter/wolkenlos.
5c	el pronóstico meteorológico	Wetterbericht
	chico/-a *LA*	klein
	central	Zentral-, zentral
	el sur	Süden
	austral	südlich

5C

6a	la situación	Lage
	dividirse	aufteilen in
	geográfico/-a	geographisch
	amazónico/-a	Amazonas-
	la sierra	Gebirgskette
	la costa	Küste
	el Pacífico	Pazifik
	las Islas Galápagos	Galapagosinseln
	situarse	sich befinden
	la Línea Equinoccial	Äquator
	tropical	tropisch
	húmedo/-a	feucht
	diciembre	Dezember
	mayo	Mai
	junio	Juni
	la diferencia	Unterschied
	la temperatura	Temperatur
	por ejemplo	zum Beispiel
	el ejemplo	Beispiel
	oscilar	schwanken *(Temperatur)*
	la altura	Höhe
	aproximadamente	etwa, circa
	la población	Bevölkerung
	el millón	Million
	el/la ecuatoriano/-a	Ecuadorianer/in
	último/-a	letzter
	el centro financiero	Finanzzentrum
	la altitud	Höhe
	segundo/-a	zweite/r/s
	poseer	besitzen
	histórico/-a	geschichtlich, historisch
	mejor conservado	am besten erhalten
	formar parte	gehören zu
	la lista	Liste
	declarar	erklären
	el Patrimonio de la Humanidad de la UNESCO	UNESCO-Weltkulturerbe
	la biodiversidad	Artenvielfalt
	la reserva ecológica	Naturschutzgebiet
	el bosque	Wald
6b	el apartado	Absatz
	la época seca	Trockenzeit
	la época	Epoche, Zeitraum
	más de	mehr als
6c	completar	ergänzen, vervollständigen
	la información	Information
	principal	Haupt-
	¿Dónde está Quito?	Wo liegt Quito?
	en el norte	im Norden
	en el sur	im Süden
	en el este	im Osten
	en el oeste	im Westen
7a	algo	etwas
8a	el servicio	Service; Dienst
	el intercambio	Austausch
	académico/-a	akademisch
	cursar	belegen *(Kurs)*, studieren
	solicitar	sich bewerben um
	el voluntariado	Freiwilligenarbeit
	el periodo	Periode, Zeitraum
	asistir	besuchen, teilnehmen an
8b	preparar	vorbereiten
	la moneda	Währung
	el producto	Produkt
	el/la habitante	Bewohner
8c	la ficha	Karteikarte
	el Internet	Internet
8d	la nota	Notiz

Proyecto

a	el anuncio	Anzeige
	en torno a	um...herum
	disfrutar de	genießen
	el encanto	Zauber, Reiz, Charme
	apasionante	begeisternd, mitreißend
	estar situado/-a	liegen *(Stadt, Land)*
	el distrito	Bezirk
	hacer surf	surfen
	simplemente	einfach, bloß
	el/la visitante	Besucher/in
	la atracción	Attraktion; Charme
	el kayak	Kayak, Kayakfahren
	el senderismo	Wandern
	el parapente	Gleitschirmfliegen
	la visita	Besuch
	la cena	Abendessen
	el ambiente	Umgebung
	la proyección	Vorführung, Projektion
	la película	Film
	la enseñanza	Unterricht
	el/la extranjero/-a	Ausländer/in
	a través de	durch, über
	de excelencia	schlechthin, überhaupt
	la terma	Therme
	la variedad	Vielfalt, Varietät
	la alternativa	Alternative
	la sesión	*hier:* Teil
	el bloque	Block
	la pausa	Pause
	el vocabulario	Vokabular

	practicaremos (*Inf* practicar)	wir werden üben

Mi gramática

1a	la salsa	Salsa *(Tanz)*
	la galería de arte	Kunstgalerie
2	la combinación	Verbindung
	el elemento	Element
	la columna	Spalte
	formular	formulieren
	hispanoamericano/-a	lateinamerikanisch
3a	quechua	Quechua
	el boliviano	Boliviano *(Währung Boliviens)*
	el/la argentino/-a	Argentinier/in
	el peso	*Währung in einigen südamerikanischen Ländern*
	oficial	offiziell
	gallego	Galizisch
	euskera	Baskisch
	castellano	Kastilisch

Mi léxico

1	enero	Januar
	febrero	Februar
	marzo	März
	abril	April
	julio	Juli
	agosto	August
	octubre	Oktober
	noviembre	November
2b	el adjetivo	Adjektiv
	varios/-as	mehrere
	la posibilidad	Möglichkeit
	el valle	Tal
	financiero/-a	Finanz-
	inactivo/-a	nicht aktiv

Cultura

a	verdadero/-a	wahr
	falso/-a	falsch
	tercer/o/a	dritter
	la lengua nativa	Muttersprache
	el guaraní	*offizielle Sprache in Paraguay*
	indígena	eingeboren, einheimisch
b	comprobar	überprüfen
	vivo/-a	lebendig, lebend
	el crecimiento	Wachstum
	incluir	einschließen
	aquel/aquello/aquella	diese/r/s (dort)
	el/la hablante nativo	Muttersprachler/in
	el mandarín	Mandarin
	la comunicación	Kommunikation
	internacional	international
	convivir	zusammenleben
	el imperio	Imperium
	extenderse	sich ausbreiten, sich ausstrecken
	extenso/-a	weit
	la parte	Teil
	el estatus	Status
	junto/-a	zusammen, gemeinsam
	el náhuatl	Nahuatl
	azteca	aztekisch
	la actualidad	Gegenwart
	se siguen hablando	es werden weiterhin gesprochen
	cooficial	kooffiziell
	el territorio	Gebiet
	románico/-a	romanisch
	el origen	Ursprung; Herkunft
	el latín	Latein
	la certeza	Gewissheit

AB

1	la Costa de Marfil	Elfenbeinküste
	los Alpes	Alpen
	el Danubio	Donau
3	el/la turista	Tourist/in
	el ejercicio	Übung
	acuático/-a	Wasser-
5	turístico/-a	Touristen-; touristisch
	contemporáneo/-a	zeitgenössisch
7	el pronombre	Pronomen
9	la reacción	Reaktion
10a	la lluvia	Regen
	la cascada	Wasserfall
	fabuloso/-a	fabelhaft, großartig
	la nieve	Schnee
11a	perfecto/-a	perfekt
	maravilloso/-a	wunderbar, herrlich
	caribeño/-a	Karibik-, karibisch
	demasiado/-a	zu viel
	el tráfico	Verkehr
	por cierto	übrigens, apropos
	contar	erzählen; zählen
	la cosa	Ding, Sache
	el beso	Kuss *(auch: Abschiedsformel in einer persönlichen E-Mail/einem persönlichen Brief)*
12b	el interior	Inneres
	continental	kontinental
13a	medir	messen
	Vaticano	Vatikan
	Mónaco	Monaco
	la superficie	Oberfläche
	poblado/-a	bewohnt, besiedelt

	la Antártida	Antarktis
	el Polo Norte	Nordpol
	el Sáhara	Sahara
14	bonito/-a	schön, hübsch
	impresionante	beeindruckend
	menos	am wenigsten
15a	seleccionar	auswählen, aussuchen
	el sucre	*ehemalige Währung Ecuadors*
	el dólar	Dollar
	la vegetación	Vegetation
15b	el Nilo	Nil
16a	el puma	Puma
	la iguana	Leguan
	el cocodrilo	Krokodil
	la tortuga	Schildkröte
17a	el fiordo	Fjord
	la meseta	Hochebene
	costero/-a	Küsten-
	el sudoeste	Südwesten
	la puerta	Tür, Tor
	noruego/-a	norwegisch
	la entrada	Eingang
	el puerto	Hafen
18	el carnaval	Karneval
	el recorrido	Rundgang, Tour
	subir	hochsteigen
19c	el barco	Schiff

Unidad 6

Mi ciudad, mi barrio — Meine Stadt, mein Stadtviertel

	el barrio	Stadtviertel
a	el adjetivo	Adjektiv
	tradicional	traditionell
	limpio/-a	sauber
	sostenible	nachhaltig
	aburrido/-a	langweilig
	moderno/-a	modern
	mediano/-a	mittelmäßig, von mittlerer Größe
	ruidoso/-a	laut
c	preferido/-a	bevorzugt, Lieblings-

6A

1a	la encuesta	Umfrage
	el ayuntamiento	Rathaus
	valorar	bewerten
	por medio de	mittels, über
	la nota	Note
	totalmente	ganz, völlig
	de acuerdo	einverstanden
	para nada	überhaupt nicht
	(con) respecto a	hinsichtlich
	seguro/-a	sicher
	la criminalidad	Kriminalität
	contaminado/-a	verschmutzt, verseucht
	la red	Netz
	el transporte público	öffentliche Verkehrsmittel
	la oferta	Angebot
	el teatro	Theater
	público/-a	öffentlich
	el jardín	Garten
	variado/-a	abwechslungsreich, unterschiedlich
	el ruido	Lärm
	próspero/-a	wohlhabend
	el desempleo	Arbeitslosigkeit
	la mejora	Verbesserung
1b	la opinión	Meinung
2b	el mar	Meer
	vital	lebhaft, vital
	la contaminación	Verschmutzung
	el carril bici	Fahrradweg
	el reciclaje	Recycling
2c	la seguridad	Sicherheit
	el medio ambiente	Umwelt
	la movilidad	Beweglichkeit, Mobilität

6B

3a	aéreo/-a	Luft-
	el párrafo	Absatz
	la calidad	Qualität
	contar con	verfügen über
	gastronómico/-a	gastronomisch
	propio/-a	eigen
	lleno/-a	voll
	la orilla	Ufer
	cosmopolita	kosmopolitisch, weltbürgerlich
	dinámico/-a	dynamisch
	el artículo	Artikel
	la ropa	Kleidung
	playero/-a	Strand-
	el Palacio de Congresos	Kongresshalle
	la sede	Sitz
	el Festival Internacional de cine	internationales Filmfestival
	el festival	Festival
	caro/-a	teuer
	oriental	östlich
	lejos	weit, weit entfernt
	el desarrollo	Entwicklung, Wachstum
	urbano/-a	städtisch, Stadt-
	producir	hervorbringen, auslösen
	la década	Jahrzehnt
	la sociología	Soziologie
3b	subrayar	unterstreichen
	decidir	entscheiden

	las afueras	Umgebung, Stadtrand
	residencial	Wohn-
	estresar	stressen, erschöpfen
	menor	kleiner
	mejor	besser, bester
	peor	schlechter
3d	argumentar	begründen, argumentieren
	barato/-a	billig
4a	la zona peatonal	Fußgängerzone
	la parada	Haltestelle
	el autobús	Bus
4b	el plano	Plan
4c	sin embargo	trotzdem, dennoch
	6C	
5b	Disculpe,...	Entschuldigung,...
	fácil	einfach
	doblar	abbiegen
	seguir	weitergehen
	derecho	geradeaus
	en total	insgesamt
	tener que	müssen
	cruzar	überqueren
	ancho/-a	breit, weit
	el semáforo	Ampel
	el edificio	Gebäude
	el color	Farbe
	blanco/-a	weiß
	De nada.	Gern geschehen. / Nichts zu danken.
	la catedral	Kathedrale
	algún/alguno/alguna	irgendein
	el correo	Post
	el micro *LA*	Bus
	entonces	dann
	la esquina	Ecke
5c	la expresión	Ausdruck
	girar	abbiegen
	todo recto	geradeaus
5d	perdón	Entschuldigung
	el café	Café
	ningún/ninguno/ninguna	keiner
6a	el cajero automático	Geldautomat
	el laboratorio de idiomas	Sprachlabor
	el centro de fotocopias	Copy-Shop *(in einer Universität)*
	el Instituto Tecnológico	technologisches Institut
	los baños públicos	öffentliche Toiletten
6b	enfrente	gegenüber
	a la derecha	rechts
7a	lento/-a	langsam
	confortable	komfortabel
	cómodo/-a	bequem, gemütlich

	ecológico/-a	umweltfreundlich, ökologisch
	contaminante	umweltverschmutzend
	el tren	Zug
	el medio de transporte	Transportmittel
	el taxi	Taxi
	el tranvía	Straßenbahn
7b	moverse	sich bewegen
	la tabla	Tabelle
8	la dirección	Richtung
	bajar	aussteigen
	Proyecto	
a	responder	antworten
	faltar	fehlen
b	la vivienda	Wohnung
c	la propuesta	Vorschlag
	Mi gramática	
1	el dibujo	Zeichnung
	corregir	korrigieren
2	la localización	Standort
	la existencia	Vorhandensein, Existenz
3	andar	laufen, gehen
	Mi léxico	
1	el establecimiento	Geschäft, Einrichtung
1a	tomar prestado	entleihen, ausleihen
	comprar	kaufen
	la aspirina®	Aspirin®
	el sello	Briefmarke
	la carta	Brief
	la postal	Postkarte
	pasear	spazieren gehen
1b	el préstamo	(Aus)leihen
	el envío	Sendung, Versand
	el juego	Spiel
1c	la finalidad	Ziel, Zweck
	Cultura	
	hispano/-a	spanisch, Hispano-
b	la hipótesis	Hypothese, Annahme
	el estilo	Stil
	planificar	planen
	la estructura	Struktur
	el criterio	Kriterium
	establecer	festlegen; aufstellen
	la construcción	Bau, Baukunst
	construir	bauen, errichten
	la característica	Merkmal, Eigenschaft
	la Plaza de Armas *LA*	*Hauptplatz einer Stadt*
	la forma	Form
	rectangular	rechteckig

	proporcional	verhältnismäßig, proportional
	partir (de)	ausgehen (von)
	estrecho/-a	eng
	cálido/-a	warm
	la iglesia	Kirche
	prominente	vorstehend, hervortretend
	por encima de	über, höher als
	el nivel	Ebene, Niveau
	el suelo	(Erd)boden
	la escalera	Treppe
	institucional	institutionell
	monumental	gewaltig, monumental
	la alcaldía *(LA)*	Rathaus
	el gobierno	Regierung
	bello/-a	schön
	encontrar	finden
d	aparecer	erscheinen

AB

1	la metrópoli	Weltstadt, Metropole
	la aldea	Dorf
	la industria	Industrie
	el sector	Sektor
	la colonia	Kolonie
	originario/-a	ursprünglich
	Grecia	Griechenland
	referirse (a)	sich beziehen (auf)
2a	la avenida	Boulevard, Allee
	el auto *LA*	Auto
	sobre todo	vor allem
	ir de compras	shoppen, einen Einkaufsbummel machen
	innumerable	unzählig, zahllos
	pintoresco/-a	malerisch, pittoresk
	gótico/-a	gotisch
	la etapa	Etappe
	el Camino de Santiago	Jakobsweg
	la comunidad (Comunidad Autónoma)	*autonome Region Spaniens*
	el monasterio	Kloster
3a	contento/-a	zufrieden
	existir	existieren, vorhanden sein
	peligroso/-a	gefährlich
	antes	früher
	el/la cliente/-a	Kunde/-in
	todavía	noch
3b	inseguro/-a	unsicher
	la violencia	Gewalt
	sucio/-a	schmutzig, dreckig
	el papel	Papier
	la basura	Müll
	ambiental	Umwelt-
4	en fin	kurz und gut
	un par de días	einige Tage
5a	el quiosco	Kiosk
	grandes almacenes	Kaufhaus
	la panadería	Bäckerei
	la moda	Mode
5b	practicar deporte	Sport treiben
5c	la librería	Buchhandlung
6b	la fotocopiadora	Fotokopiergerät
	el pasillo	Gang
	pasado	vergangen, vorig
	poner	*hier:* Musik (auf)legen
	coger	nehmen
7a	la hamburguesería	Burgerladen
	la óptica	Optiker
	el estanco	Tabakwarenladen
	la telefonía móvil	Mobilfunk
	justo	genau, gerade
7b	el punto de partida	Ausgangspunkt
8c	continuar	weitergehen
9	¡Hasta luego!	Bis später!
	dirigirse (a)	sich wenden an
	de todos modos	auf alle Fälle, jedenfalls
	al fondo	hinten
12	la carretera	Landstraße
	la autopista	Autobahn

Unidad 7

De fin de semana — Am Wochenende

	dar un paseo	spazieren gehen

7A

	todavía no	noch nicht
1a	el título	Titel
	madrileño/-a	Madrider/in
	la cita	Termin, Verabredung
	el aperitivo	Aperitiv
	el atardecer	Dämmerung
	reunir	vereinen, sammeln
	el trío	Trio
	añadir	hinzufügen
	la entrada	Eintritt(skarte)
	gratis	kostenlos, gratis
	pleno/-a	voll
	el corazón	Herz
	la ruta	Weg, Route
	encontrarse	sich befinden
	el picnic	Picknick
	la zapatería	Schuhgeschäft, Schuhmacherei
	el precio	Preis
	contemplar	betrachten, anschauen
	la tonalidad	Schattierung
	el cielo	Himmel

	la movida	geschäftiges Treiben, Action
	llenarse	sich füllen
	el concierto	Konzert
	el mercadillo	Flohmarkt
2a	el musical	Musical
2c	romper	(zer)brechen
3a	pasar	verbringen
	el jamón de Bellota	*Schinkenspezialität aus Spanien*
	flamenco/-a	Flamenco-
3b	la torre	Turm
	7B	
4a	la guía	Reiseführer *(Buch)*
	la verdad	Wahrheit
	agotador/a	anstrengend
	estupendo/-a	wunderbar, toll
	acabar de hacer algo	soeben etwas getan haben
	la marcha	Ausgehen
	entrar	beginnen
	probar	versuchen, probieren
	el sabor	Geschmack
	la taberna	Kneipe
	la especialidad	Spezialität
	el tamal	Maispastete *(Maisteig und Fleisch, das in Blätter eingewickelt und gedämpft wird)*
	en vivo	live
	la actualidad	Aktuelles, Gegenwart
	el género	Genre
	la comedia	Komödie
	el festivo	Feiertag
	el laborable	Werktag
	el/la espectador/a	Zuschauer/in
	la colección	Sammlung
	permanente	ständig, dauerhaft
	el cubismo	Kubismus
	la taquilla	Kasse
	finalizar	enden, beenden
	el minuto	Minute
	el cierre	Schließen
	precios sujetos a variaciones del IVA	*die Preise unterliegen dem jeweils gültigen Mehrwertsteuersatz*
4b	contestar	beantworten
	la sesión	Vorstellung
4c	expresar	ausdrücken
	el deseo	Wunsch
	la caja	Kasten
	7C	
5a	ordenar	ordnen
	Vale.	Einverstanden.
5c	el calendario	Kalender
7	cumplir años	Geburtstag haben
7a	la reserva	Reservierung
	el álbum	(Foto)album
7b	la tarjeta	Karte
	la felicitación	Glückwunsch, Gratulation
	el regalo	Geschenk
	la llamada	Anruf
	la tarta	Torte
	Proyecto	
b	el grupo meta	Zielgruppe
	el colegio	Schule
	el encuentro	Treffen
c	la noticia	Nachricht
	el besito	Küsschen *(auch: Abschiedsformel in einem Brief)*
	Mi gramática	
1	tratarse	sich handeln um
	correspondiente	jeweilig, entsprechend
2a	reservar	reservieren
2b	traer	(her)bringen
	Mi léxico	
1	la flauta	Flöte
	el piano	Klavier
	el golf	Golf
2	bajo	unter
	la categoría	Kategorie
	Cultura	
b	actual	gegenwärtig, aktuell
	vacacional	Ferien-
	el informe	Bericht
	realizar	durchführen
	el resultado	Ergebnis
	la lectura	Lektüre, Lesen
	el/la lector/a	Leser/in
	electrónico/-a	elektronisch
	masculino/-a	männlich, maskulin
	duplicar	verdoppeln
	a diario	täglich
	(estar) metido/-a en	sich beschäftigen mit
	la red social	soziales Netzwerk
	pasar el rato	sich die Zeit vertreiben
	compartir	teilen
	útil	nützlich
	la conclusión	Schluss(folgerung), Fazit
	observar	beobachten
	navegar	im Internet surfen
	la atención	Aufmerksamkeit
	la participación	Beteiligung, Teilnahme
	pertenecer (a)	gehören (zu)

	absoluto/-a	absolut, völlig
	la asociación	Verein
	u *(vor o und ho)*	oder
	la organización	Einrichtung, Organisation
	juvenil	Jugend-
	AB	
2	el participio	Partizip
	poner	stellen, setzen, legen
4a	mejorar	verbessern
	tomar apuntes	sich Notizen machen
	el apunte	Notiz, Aufzeichnung
5	el presente	Gegenwart
	será *(Futur von ser)*	es wird sein
	alérgico/-a	allergisch
	¡Vaya!	Na sowas!; Was du nicht sagst!
7a	el folk	Folkmusik
	la pintura	Malerei
8	pasado mañana	übermorgen
	dentro de	innerhalb (von)
9a	devolver	zurückgeben
10	fatal	unangenehm, mies
13	esconder	verstecken
	el crédito	Kredit
	informar	informieren
	proteger	schützen, beschützen
14	precisamente	genau
	el panecillo	Brötchen
	lógico/-a	logisch, selbstverständlich
	las patatas fritas	Kartoffelchips
	la patata	Kartoffel
	frito/-a	gebraten
	la idea	Idee

ALPHABETISCHER WORTSCHATZ

» Die Wörter sind in alphabetischer Reihenfolge aufgeführt.
» Nach der deutschen Bedeutung gibt die fettgedruckte Zahl die Lektion an, die zweite Angabe (in magerer Schrift) bezieht sich auf den jeweiligen Abschnitt innerhalb der Lektion. Dafür wurden folgende Abkürzungen verwendet:

POR = Portada (Einstiegsseite)
C = Cultura (Kulturseite)
AB = Arbeitsbuch
PR = Proyecto (Projektseite)
GR = Gramática (Grammatik)
L = Léxico (Wortschatz)

A

a – nach **2** 7a
a base de – auf ...-basis **4** 6d
a diario – täglich **7** Cb
a eso de – so ungefähr um **4** 1a
a la derecha – rechts **6** 6b
a la izquierda – links **3** 1a
a menudo – oft **4** 4a
a partir de – ab **4** 5a
a pie – zu Fuß **4** 1a
¿A qué hora? – Um wie viel Uhr? **4** 2
¿A qué te dedicas? – Was machst du beruflich? **3** 6a
a su lado – an ihrer/seiner Seite **3** 1a
a través de – durch, über **5** PRa
a veces – manchmal **3** 1a
a/al mediodía – mittags **4** 1c
al aire libre – im Freien **5** PRa
al alioli – mit Knoblauchölsoße **4** 6a
al final – am Ende **4** 1d
al fondo – hinten **AB6** 9
al lado de – neben **3** 3a
abandonar – aufgeben; verlassen **4** Cb
abrazo *(m)* – Umarmung (*auch: Abschiedsformel in einem persönlichen Brief*) **AB3** 1c
abreviatura *(f)* – Abkürzung **AB2** 6
abril – April **5** L1
abrir – öffnen **1** 6a
absoluto/-a – absolut, völlig **7** Cb
absurdo/-a – absurd **4** Cb
abuelo/-a *(m/f)* – Opa/Oma **3** 3a
aburrido/-a – langweilig **6** PORa
acabar de hacer algo – soeben etwas getan haben **7** 4a
academia *(f)* – Privatschule, Akademie **AB2** 10a
académico/-a – akademisch **5** 8a
acento *(m)* – Akzent **1** 4a
acercar – annähern; heranbringen **4** Cb
acompañar – begleiten **4** 5a
acostarse *(o → ue)* – ins Bett gehen **4** 1a
actividad *(f)* – Aktivität, Beschäftigung **2** PRa
activo/-a – aktiv **4** 1a
actor/actriz *(m/f)* – Schauspieler/in **3** 5c
actual – gegenwärtig, aktuell **7** Cb
actualidad *(f)* – Gegenwart, Aktuelles **5** Cb, **7** 4a
acuático/-a – Wasser- **AB5** 3
adecuado/-a – geeignet, passend **4** Ca
adecuar – anpassen **4** Cb
además – außerdem **3** 1a
¡Adiós! – Tschüss! **1** 6a
¡Adiós, hasta mañana! – Tschüs, bis morgen! **1** 8a
adjetivo *(m)* – Adjektiv **5** L2b
adoptar – annehmen **4** Cb
aéreo/-a – Luft- **6** 3a
aeropuerto *(m)* – Flughafen **2** 6b
afirmar – bestätigen, behaupten **3** 5a
afueras *(f, Pl)* – Umgebung, Stadtrand **6** 3b
agenda *(f)* – Terminkalender **1** 5c
agosto – August **5** L1
agotador/a – anstrengend **7** 4a
agua *(el) (f)* – Wasser **4** 5a
agua *(el) mineral con gas (f)* – Mineralwasser **4** 6c
ahora – jetzt **2** 2a
ahora mismo – jetzt gleich **4** 6a
aire *(m)* – Luft **5** 2a
aislado/-a – abgeschieden, isoliert **5** PORa
al aire libre – im Freien **5** 2a
álbum *(m)* – (Foto)album **7** 7a
alcaldía *(f) LA* – Rathaus **6** Cb
aldea *(f)* – Dorf **AB6** 1
alegre – fröhlich, lustig **3** GR1
alemán – Deutsch **2** 1a
alemán/-ana – deutsch **2** 3a
Alemania – Deutschland **2** 3a
alérgico/-a – allergisch **AB7** 5
alfabeto *(m)* – Alphabet **1** 4
algo – etwas **5** 7a
algún/alguno/alguna – irgendein **6** 5b
algunos/-as – einige **3** Cc
allí – dort **4** 1a
almorzar *(o → ue)* – zu Mittag essen **4** 1a
alojarse – unterkommen **5** 3b
Alpes *(m, Pl)* – Alpen **AB5** 1
alrededor *(de)* – um... herum **AB4** 6
alternativa *(f)* – Alternative **5** PRa
altitud *(f)* – Höhe **5** 6a
alto/-a – groß, hoch **3** 1a, **5** POR a
altura *(f)* – Höhe **5** 6a
amable – freundlich **3** 1a
academia *(f)* – Privatschule, Akademie **AB2** 10a
ambiente *(m)* – Umgebung; Atmosphäre **5** PRa
Amazonía *(f)* – Amazonasgebiet **2** L1a
amazónico/-a – Amazonas- **5** 6a
ambiental – Umwelt- **AB6** 3b
ambiente *(m)* – Umgebung; Atmosphäre **5** PRa
ambos/-as – beide **4** 5a
América Latina – Lateinamerika **5** 4a
americano/-a – amerikanisch **AB2** 3c
amigo/-a *(m/f)* – Freund/in **2** 2a
añadir – hinzufügen **7** 1a
ancho/-a – breit, weit **6** 5b
andar – laufen, gehen **6** GR3
Andes *(m, Pl)* – Anden **5** 1b
andino/-a – Anden- **5** 1b
año *(m)* – Jahr **3** 3d
años 40 *(m, Pl)* – Vierzigerjahre **4** Ca
anotar – notieren **5** 1a
Antártida *(f)* – Antarktis **AB5** 13a
antes – früher **AB6** 3a
antes de – bevor, vor **4** 1a
antiguo/-a – alt **5** 1b
antipático/-a – unsymphatisch **3** L1a
anuncio *(m)* – Anzeige **5** PRa
aparecer – erscheinen **6** 1d
apartado *(m)* – Absatz **5** 6b
apartamento *(m)* – Wohnung, Appartment **5** 3b
apasionante – begeisternd, mitreißend **5** PRa
apellido *(m)* – Nachname **2** 5a
aperitivo *(m)* – Aperitiv **7** 1a
apetecer – Lust haben auf **3** 3a
aprender – lernen **2** 2a
aprendizaje *(m)* – (Er)lernen **AB2** 16a
aproximadamente – etwa, circa **5** 6a
apunte *(m)* – Notiz, Aufzeichnung **AB7** 4a
aquel/aquello/aquella – diese/r/s (dort) **5** Cb
aquí – hier **2** GR1a

árbol de familia *(m)* – Familienstammbaum **AB3** 6
área *(m)* – Gebiet **3** 5a
arepa *(f)* – Arepa *(Maismehlfladen)* **1** 3b
Argentina – Argentinien **AB1** 12a
argentino/-a – argentinisch **2** L1a
argentino/-a *(m/f)* – Argentinier/in **5** GR3a
argumentar – begründen, argumentieren **6** 3d
arqueológico/-a – archäologisch **5** PORa
arquitectura *(f)* – Architektur **1** 7a
arriba – oben, hinauf **1** 3b
arroba *(f)* – Klammeraffe, @ **2** 5c
arroz *(m)* – Reis **4** 6e
arte *(m)* – Kunst **1** 7a
artesanía *(f)* – Kunsthandwerk **2** L1a
artículo *(m)* – Artikel **6** 3a
así – so **1** 5a
asistir – besuchen, teilnehmen an **5** 8a
asociación *(f)* – Verein **7** Cb
asociar – verbinden **1** 7a
aspecto *(m)* – Aspekt **3** Cc
aspecto físico *(m)* – Aussehen **AB3** 1c
aspirina® *(f)* – Aspirin® **6** L1a
asunto *(m)* – Betreff **AB3** 1c
atardecer *(m)* – Dämmerung **7** 1a
atención *(f)* – Aufmerksamkeit **7** Cb
¡Atención! – Achtung! **4** 4c
Atlántico *(m)* – Atlantik **AB2** 3d
atracción *(f)* – Attraktion; Charme **5** PRa
atún *(m)* – Thunfisch **AB4** 15
aumentar – zunehmen, steigen **4** 5a
aunque – obwohl **4** 5a
austral – südlich **5** 5c
Austria – Österreich **2** 3a
austriaco/-a – österreichisch **2** 3a
auto *(m)* *LA* – Auto **AB6** 2a
autobús *(m)* – Bus **6** 4a
autopista *(f)* – Autobahn **AB6** 12
autovía *(f)* – Schnellstraße **1** 2a
avanzar – vorverlegen **4** Cb
avenida *(f)* – Boulevard, Allee **AB6** 2a
aventura *(f)* – Abenteuer **5** 2a
avión *(m)* – Flugzeug **5** 4a
ayudar – helfen **3** 6a
ayuntamiento *(m)* – Rathaus **6** 1a
azteca – aztekisch **5** Cb
azul – blau **3** 2c

B

bailar – tanzen **2** 4a
baile *(m)* – Tanz **2** L1a
bajar – aussteigen **6** 8
bajito/-a *bajo + ito/-a* – klein **3** 1a
bajo – unter **7** L2
banco *(m)* – Bank *(Geldinstitut)* **3** 5b
baños públicos *(m, Pl)* – öffentliche Toiletten **6** 6a
bar *(m)* – Bar *(Gebäude)* **1** 2a
bar de copas *(m)* – Bar **3** 6b
bar de tapas *(m)* – Tapasbar **1** 2a
barato/-a – billig **6** 3d
barba *(f)* – Bart **3** POR
barco *(m)* – Schiff **AB5** 19c
barra *(f)* – Schrägstrich; Bar *(Tresen)* **2** 5c, **4** 6
barrio *(m)* – Stadtviertel **6** POR
bastante *(bien/mal)* – ziemlich (gut/ schlecht) **2** 1a
basura *(f)* – Müll **AB6** 3b
bebida alcohólica *(f)* – alkoholisches Getränk **4** 5a
beca *(f)* – Stipendium **AB2** 15a
belga – belgisch **2** 3c
Bélgica – Belgien **AB2** 11
belleza *(f)* – Schönheit **5** 1b
bello/-a – schön **6** Cb
Berlín – Berlin **2** 2a
besito *(m)* – Küsschen **7** PRc
beso *(m)* – Kuss **AB5** 11a
biblioteca *(f)* – Bibliothek **AB3** 11c
bicicleta *(f)* – Fahrrad **4** GR1a
bien – gut **2** 1a
bienestar económico *(m)* – wirtschaftlicher Wohlstand **3** Ca
bigote *(m)* – Schnurrbart **3** 1a
billete *(m)* – Ticket **5** 4a
biodiversidad *(f)* – Artenvielfalt **5** 6a
Biología *(f)* – Biologie **2** POR
biólogo/-a *(m/f)* – Biologe/-in **3** 5a
blanco/-a – weiß **6** 5b
blog *(m)* – Blog **3** 1a
bloque *(m)* – Block **5** PRa
bocadillo *(m)* – *belegtes Weißbrot* **4** 6a
bolígrafo *(m)* – Kugelschreiber **1** 5a
Bolivia – Bolivien **1** 3a
boliviano *(m)* – Boliviano *(Währung Boliviens)* **5** GR3a
boliviano/-a – bolivianisch **2** L1a
bomberos *(m, Pl)* – Feuerwehr **2** 6b
bombón *(m)* – Praline, Schokoladenbonbon **AB1** 10a
bonito/-a *(m/f)* – schön, hübsch **AB5** 14
bosque *(m)* – Wald **5** 6a
botella *(f)* – Flasche **4** 6a
brasileño/-a – brasilianisch **3** 6a
brasileño/-a *(m/f)* – Brasilianier/in **3** 1a
Bruselas – Brüssel **AB2** 12
¡Buenas noches! – Gute Nacht! **1** 8a
¡Buenas tardes! – Guten Abend! **1** 8a
bueno/-a – gut **4** 1d
¡Buenos días! – Guten Tag! / Guten Morgen! **1** 1a
buscar – suchen **2** 2a
busco un intercambio – ich suche einen Austauschpartner **2** 2

C

cada – alle, jeder **4** 4a
café *(m)* – Kaffee; Café **AB1** 10a
cafetería *(f)* – Cafeteria **4** 1a
caja *(f)* – Kasten **7** 4c
cajero automático *(m)* – Geldautomat **6** 6a
calamares *(m, Pl)* – Tintenfischringe **4** 6a
calendario *(m)* – Kalender **7** 5c
calentamiento *(m)* – Erwärmung **5** 1b
calidad *(f)* – Qualität **6** 3a
cálido/-a – warm **6** Cb
calle *(f)* – Straße **1** 2a
calor *(m)* – Hitze, Wärme **5** 5b
calvo/-a – kahlköpfig **3** 3a
camarero/-a *(m/f)* – Kellner/in **3** 5b
cambiar – (ver)ändern; tauschen; wechseln **4** Ca
cambiar el chip – umdenken **4** Cb
cambio *(m)* – (Ver)änderung **4** Cb
camino *(m)* – Weg **5** 4a
Camino de Santiago *(m)* – Jakobsweg **AB6** 2a
camping *(m)* – Campingplatz **5** 3b
campo *(m)* – Land, Feld **5** 3b
campus *(m)* – Campus **3** 1a
caña *(f)* – *kleines Bier* **AB1** 12a
Canadá – Kanada **1** 3a
Canarias – Kanarische Inseln **4** Cb
cantante *(m/f)* – Sänger/in **3** GR1
cantar – singen **2** 4a
cantina *(f)* – Kantine **4** 5a
capital *(f)* – Hauptstadt **AB2** 3a
carácter *(m)* – Charakter **3** PRa
característica *(f)* – Merkmal, Eigenschaft **6** Cb
Caribe *(m)* – Karibik **AB1** 12a
caribeño/-a – Karibik-, karibisch **AB5** 11a
carnaval *(m)* – Karneval **AB5** 18
carne *(f)* – Fleisch **4** 5a
caro/-a – teuer **6** 3a
carrera *(f)* – Studium, Studiengang **2** 5a
carretera *(f)* – Landstraße **AB6** 12
carril bici *(m)* – Fahrradweg **6** 2b
carta *(f)* – Brief **6** L1a
casa *(f)* – Haus **AB2** 12
casado/-a – verheiratet **3** 3d
cascada *(f)* – Wasserfall **AB5** 10a
casi – fast, beinahe **4** 1a
castaño – kastanienbraun **3** 2c
castaño claro – hellbraun **3** 1a

castellano *(m)* – Kastilisch 5 GR3a
catalán – Katalanisch 2 2a
catarata *(f)* – Wasserfall 5 PORa
catedral *(f)* – Kathedrale 6 5b
categoría *(f)* – Kategorie 7 L2
cava *(m)* – *spanischer Sekt* AB4 14
CD *(m)* – CD AB1 9a
cena *(f)* – Abendessen 5 PRa
cenar – zu Abend essen 4 1a
cenicero *(m)* – Aschenbecher 1 3b
central – Zentral-, zentral 5 5c
centro – Mitte, Zentrum AB2 15a
centro de fotocopias *(m)* – Copy-Shop 6 6a
centro financiero *(m)* – Finanzzentrum 5 6a
cerca – in der Nähe, nah AB2 15a
cercano/-a – nah 5 PORa
cereales *(m, Pl)* – Müsli 4 6e
cerrar *(e → ie)* – schließen 4 2a
cerro *(m)* – Hügel 5 4a
certeza *(f)* – Gewissheit 5 Cb
cerveza *(f)* – Bier AB1 12a
¡Chao! – Ciao! 1 8a
chat *(m)* – Chat AB2 16
chatear – chatten 2 7a
chico/-a *(m/f)* – Junge, Mädchen 1 3b
chico/-a *LA* – klein 5 5c
chileno/-a – chilenisch 2 L1a
chino – Chinesisch 2 1a
chino/-a – chinesisch 2 3a
chip *(m)* – Chip 4 Cb
chocolate *(m)* – Schokolade 2 L1a
churros *(m, Pl)* – *frittiertes Spritzgebäck* 4 1a
cielo *(m)* – Himmel 7 1a
ciencia *(f)* – Wissenschaft 3 5a
Ciencias de la Salud *(f)* – Gesundheitswissenschaften 3 5a
cierre *(m)* – Schließen 7 4a
cifra *(f)* – Ziffer 4 5a
cine *(m)* – Kino; Filmkunst AB1 12a
cita *(f)* – Termin, Verabredung 7 1a
ciudad *(f)* – Stadt 1 7b
claro/-a – klar 1 6a
clase *(f)* – Unterricht, Klasse AB1 8
cliente/-a *(m/f)* – Kunde/-in AB6 3a
clima *(m)* – Klima 4 5a
coche *(m)* – Auto 3 5b
cocina *(f)* – Küche; Kochkunst 1 7a
cocinar – kochen 2 4a
cocinero/-a *(m/f)* – Koch/Köchin 3 5b
cocodrilo *(m)* – Krokodil AB5 16a
coeficiente intelectual *(m)* – Intelligenzquotient 3 GR1
coger – nehmen AB6 6b
colección *(f)* – Sammlung 7 4a
colegio *(m)* – Schule 7 PRb
colocar – (ein)ordnen 3 Cc
Colombia – Kolumbien AB1 4
colombiano/-a – kolumbianisch 2 L1a
colonia *(f)* – Kolonie AB6 1
colonial – kolonial- 2 L1a
color *(m)* – Farbe 6 5b
columna *(f)* – Spalte 5 GR2
combinación *(f)* – Verbindung 5 GR2
comedia *(f)* – Komödie 7 4a
comedor universitario *(m)* – Mensa 4 1a
comentario *(m)* – Kommentar AB2 10a
comer – essen 4 1a
comercial – Geschäfts-; kommerziell 4 Cb
comercio *(m)* – Handel, Gewerbe 4 Cc
comida *(f)* – Essen, Mahlzeit 4 1a
como – wie 3 1a
¿Cómo? – Wie? 3 3A
cómodo/-a – bequem, gemütlich 6 7a
compañero/-a *(m/f)* – Kommilitone/-in; Mitbewohner/-in 2 POR, 3 1a
comparar – vergleichen 5 PORb
compartir – teilen 7 Cb
completar – ergänzen, vervollständigen 5 6c
completo/-a – vollständig, komplett AB2 12
compra *(f)* – Einkauf AB4 9a
comprar – kaufen 6 L1a
comprender – verstehen AB1 8
comprobar – überprüfen 5 Cb
comunicación *(f)* – Kommunikation 5 Cb
Comunicación de Empresa *(f)* – Unternehmenskommunikation AB2 7
comunidad (Comunidad Autónoma) *(f)* – *autonome Region Spaniens* AB6 2a
con – mit 1 4a
(con) respecto a – hinsichtlich 6 1a
concierto *(m)* – Konzert 7 1a
conclusión *(f)* – Schluss(folgerung), Fazit 7 Cb
concreto – konkret 3 5a
concurso *(m)* – Wettbewerb 5 4a
conectarse – sich verbinden 4 1a
confortable – komfortabel 6 7a
conocer – kennen, kennenlernen 2 7b
consecuencia *(f)* – Konsequenz, Folge 4 Cb
consistir *(en)* – bestehen aus 4 1a
consonante *(m)* – Konsonant AB1 10b
construcción *(f)* – Bau, Baukunst 6 Cb
construir – bauen, errichten 6 Cb
la consulta *(f)* – Praxis AB3 9a
contacto *(m)* – Kontakt AB2 16a
contaminación *(f)* – Verschmutzung 6 2b
contaminado/-a – verschmutzt, verseucht 6 1a
contaminante – umweltverschmutzend 6 7a
contar *(o → ue)* – erzählen; zählen AB5 11a
contar *(o → ue) con* – verfügen über 6 3a
contemplar – betrachten, anschauen 7 1a
contemporáneo/-a – zeitgenössisch AB5 5
contento/-a – zufrieden AB6 3a
contestar – beantworten 7 4b
continental – kontinental AB5 12b
continente *(m)* – Kontinent AB2 3c
continuar – weitergehen AB6 8c
conversación *(f)* – Gespräch, Konversation 2 2a
convivir – zusammenleben 5 Cb
cooficial – kooffiziell 5 Cb
copa *(f)* – Weinglas, Drink 3 6b
corazón *(f)* – Herz 7 1a
cordillera *(f)* – Gebirgskette 5 1b
coro *(m)* – Chor 2 4a
correcto/-a – richtig, korrekt 3 2c
correo *(m)* – Post 6 5b
correo electrónico *(m)* – E-Mail 2 5a
Correos *(m)* – Post 2 6b
correr – rennen, joggen gehen 2 4a
correspondiente – jeweilig, entsprechend 7 GR1
corregir – korrigieren 6 GR1
corto/-a – kurz 3 1a
cosa *(f)* – Ding, Sache AB5 11a
cosmopolita – kosmopolitisch, weltbürgerlich 6 3a
costa *(f)* – Küste 5 6a
Costa de Marfil *(f)* – Elfenbeinküste AB5 1
costarricense – costa-ricanisch 2 L1a
coste *(m)* – Kosten, Preis 4 5a
costero/-a – Küsten- AB5 17a
crecimiento *(m)* – Wachstum 5 Cb
crédito *(m)* – Kredit AB7 13
creer – glauben 1 2c
creo que – ich glaube, dass 1 2c
creo que sí – ich glaube ja 1 2c
crep *(m)* – Crêpe AB4 13a
criminalidad *(f)* – Kriminalität 6 1a
criterio *(m)* – Kriterium 6 Cb
cruasán *(m)* – Croissant AB4 13a
Cruz Roja *(f)* – Rotes Kreuz 2 6b
cruzar – überqueren 6 5b
cuaderno *(m)* – Heft 1 5c
¿Cuál? – Welcher? 2 5b
¿Cuántos/-as? – Wie viele? 3 3d
¿Cuántas veces? – Wie oft? 4 4

Cuba – Kuba 1 3a
cubano/-a – kubanisch 2 L1a
cubismo *(m)* – Kubismus 7 4a
cuchara *(f)* – Löffel 4 5a
cuenta *(f)* – Rechnung AB3 5
Cuéntame – *spanische Fernsehserie* 3 3a
cuidar – pflegen, betreuen 3 6a
cultura *(f)* – Kultur 2 5a
cultural – kulturell, Kultur- 5 2a
cumbre *(f)* – Gipfel 5 PORa
cumplir años – Geburtstag haben 7 7
cuñado/-a *(m/f)* – Schwager/ Schwägerin AB3 6c
cursar – belegen *(Kurs)*, studieren 5 8a
curso *(m)* – Kurs 2 5
curso de idiomas *(m)* – Sprachkurs 2 5
curso de preparación *(m)* – Vorbereitungskurs 2 5a
curso específico *(m)* – Spezialkurs 2 5a
curso individual *(m)* – Privatkurs 2 5a
curso intensivo *(m)* – Intensivkurs 2 5a

D

Danubio *(m)* – Donau AB5 1
dar *(doy)* – geben 3 Ca
dar un paseo – spazieren gehen 7 POR
de – aus; von 1 POR, 2 POR
de acuerdo – einverstanden 6 1a
de carácter – vom Charakter her 3 1c
¿De dónde? – Woher? 3 PR
¿De quién? – Von wem? AB1 2
de excelencia – schlechthin, überhaupt 5 PRa
de habla hispana – spanischsprachig 2 7a
de la foto – auf dem Foto 3 POR
De nada. – Gern geschehen. / Nichts zu danken. 6 5b
de paseo por... – ein Spaziergang durch... 3 1a
de todos modos – auf alle Fälle, jedenfalls AB6 9
deber – müssen 4 Cb
deberes *(m, Pl)* – Hausaufgaben 4 3a
década *(f)* – Jahrzehnt 6 3a
decidir – entscheiden 6 3b
decir *(digo)* – sagen 1 5a
declarar – erklären 5 6a
dedicar(se) – (sich) widmen 3 6a
dejar – hinterlassen 3 1a
del – vom 2 6b
DELE *(m)* – *spanisches Sprachenzertifikat* 2 5a
delgado/-a – schlank 3 1a
delicioso/-a – köstlich, wunderbar AB4 1b
demasiado – zu 4 Ca
demasiado/-a – zu viel AB5 11a
dentista *(m/f)* – Zahnarzt/-ärztin 3 5b
dentro de – innerhalb (von) AB7 8
depender de – abhängig sein von 4 5a
deporte *(m)* – Sport 1 7a
Deporte *(m)* – Sport *(Studiengang)* 3 1a
deportista *(m/f)* – sportlich 3 1a
derecho – geradeaus 6 5b
Derecho *(m)* – Jura 2 GR1a
desarrollo *(m)* – Entwicklung, Wachstum 6 3a
desayunar – frühstücken 4 1a
desayuno *(m)* – Frühstück 4 1a
descansar – sich ausruhen 5 2a
descanso *(m)* – Pause, Erholung 4 Cb
describir – beschreiben 3 L1
descripción *(f)* – Beschreibung 3 PRb
descubrir – entdecken 5 2a
desde – von...(aus/an) 3 1a
desde hace – seit 3 6a
desear – wünschen 4 6c
desempleo *(m)* – Arbeitslosigkeit 6 1a
deseo *(m)* – Wunsch 7 4c
desestructurado/-a – unstrukturiert 4 Cb
desierto *(m)* – Wüste AB1 12a
despertarse *(e → ie)* – aufwachen AB4 7
después – danach 4 1a
después *(de)* – nach AB2 15b
destino *(m)* – (Reise)ziel 5 1a
devolver *(o → ue)* – zurückgeben AB7 9a
día *(m)* – Tag AB1 10c
diálogo *(m)* – Dialog 1 6a
diario/-a – täglich 4 4A
dibujo *(m)* – Zeichnung 6 GR1
diccionario *(m)* – Wörterbuch AB1 9a
diciembre – Dezember 5 6a
diéresis *(f)* – Umlaut 1 4a
diferencia *(f)* – Unterschied 5 6a
diferente – anders, verschieden AB3 2b
difícil – schwierig AB2 1c
dificultad *(f)* – Schwierigkeit AB2 16a
digital – digital AB4 9a
dinámico/-a – dynamisch 6 3a
dinero *(m)* – Geld 3 6a
dirección *(f)* – Adresse; Richtung 2 5a, 6 8
dirigirse *(a)* – sich wenden an AB6 9
discoteca *(f)* – Diskothek AB4 10a
Disculpe,... – Entschuldigung,... 6 5b
Diseño Industrial *(m)* – Industriedesign 2 POR
disfrutar de – genießen 5 PRa
distinto/-a – unterschiedlich, verschieden 4 1a
distrito *(m)* – Bezirk 5 PRa
divertido/-a – lustig AB2 16a
dividirse – aufteilen in 5 6a
divorciado/-a – geschieden 2 Ca
doblar – abbiegen 6 5b
doble – Doppel-, doppelt 1 4a
dólar *(m)* – Dollar AB5 15a
domingo *(m)* – Sonntag 4 4a
dominicano/-a – dominikanisch 2 L1a
¿Dónde? – Wo? 2 2c
dormir *(o → ue)* – schlafen 4 1a
Dublín – Dublin 2 2a
ducharse – duschen 4 1a
dulce – süß 4 1a
dulce *(m)* – Süßigkeit 4 6e
duplicar – verdoppeln 7 Cb
durante – während 3 6d

E

e – und 2 POR
ecología *(f)* – Ökologie 5 2a
ecológico/-a – umweltfreundlich, ökologisch 6 7a
Economía *(f)* – Wirtschaft(swissenschaft) AB3 3b
economista *(m/f)* – Volkswirtschaftler/in 3 6a
ecuatoriano/-a – ecuadorianisch 2 L1a
ecuatoriano/-a *(m/f)* – Ecuadorianer/in 5 6a
edad *(f)* – Alter 3 PRa
edificio *(m)* – Gebäude 6 5b
Educación *(f)* – Bildung, Erziehung, Pädagogik 3 5a
Educación física *(f)* – Sport-Lehramt 3 1a
educativo/-a – Bildungs-, Erziehungs- 4 Cb
ejemplo *(m)* – Beispiel 5 6a
ejercicio *(m)* – Übung AB5 3
él – er 1 1c
elección *(f)* – Wahl 4 5a
electrónico/-a – elektronisch 7 Cb
elegir *(e → i)* – (aus)wählen 3 5a, 4 5a
elemento *(m)* – Element 5 GR2
ella *(Sg)* – sie 1 1c
ellos/-as *(Pl)* – sie 1 1c
emergencias *(f, Pl)* – Notruf 2 6b
empezar *(e → ie)* – beginnen 4 1a
empleado/-a *(m/f)* – Angestellte/r 3 5b
empresa *(f)* – Firma, Unternehmen AB2 7
en – in 2 2c
en alemán – auf Deutsch 1 5a
en el este – im Osten 5 6c
en el norte – im Norden 5 6c
en el oeste – im Westen 5 6c
en el sur – im Süden 5 6c
en español – auf Spanisch 1 1A
en fin – kurz und gut AB6 4
en general – im Allgemeinen 4 5a
en paro – arbeitslos 3 6a
en torno a – um...herum 5 PRa

en total – insgesamt 6 5b
en vivo – live 7 4a
Encantado/-a. – Sehr erfreut! / Angenehm! 1 1a
encantador/-a – reizend, bezaubernd 3 1a
encantar – gut gefallen, begeistern 3 6a
encanto *(m)* – Zauber, Reiz, Charme 5 PRa
encontrar *(o → ue)* – finden 6 Cb
encontrarse *(o → ue)* – sich befinden 7 1a
encuentro *(m)* – Treffen 7 PRb
encuesta *(f)* – Umfrage 6 1a
encuestado/-a *(m/f)* – Befragte/r 4 5a
enero – Januar 5 L1
enfermero/-a *(m/f)* – Krankenpfleger/ Krankenschwester 3 5a
enfrente – gegenüber 6 6b
ensalada *(f)* – Salat 4 6a
enseguida – sofort 4 6a
enseñanza *(f)* – Unterricht 5 PRa
entonces – dann 6 5b
entrada *(f)* – Eingang; Eintritt(skarte) AB5 17a, 7 1a
entrada reciente *(f)* – kürzlich gemachter Eintrag 3 1a
entrar – beginnen 7 4a
entre – unter; zwischen 3 5a, 4 5a
entre otros – unter anderem 4 Cb
entre semana – unter der Woche 4 1a
entrenar – trainieren AB4 3a
enviar – schicken, senden 5 4a
envío *(m)* – Sendung, Versand 6 L1b
época *(f)* – Epoche, Zeitraum 5 6b
época seca *(f)* – Trockenzeit 5 6b
equilibrio *(m)* – Gleichgewicht 4 5a
equipo *(m)* – Team AB4 3a
es decir – das heißt 4 Cb
es de locos – es ist verrückt 4 Cb
escala *(f)* – Skala 3 Cc
escalar – bergsteigen, klettern 5 1b
escalera *(f)* – Treppe 6 Cb
escoger – (aus)wählen 3 5a
esconder – verstecken AB7 13
escribir – schreiben 1 5
escuchar – hören 1 6a
escuela *(f)* – Schule 3 6c
eso sí – das schon 4 1a
España – Spanien 1 2a
español – Spanisch 2 1a
español/a *(m/f)* – Spanier/in AB2 16a
especialidad *(f)* – Spezialität 7 4a
especialmente – besonders, speziell 5 1b
especificar – spezifizieren AB4 8a
espectacular – sensationell, spektakulär 5 4b
espectáculo *(m)* – Schauspiel, Spektakel 5 PORa
espectador/a *(m/f)* – Zuschauer/in 7 4a
esperar – erwarten 5 4a
esquina *(f)* – Ecke 6 5b
establecer – festlegen; aufstellen 6 Cb
establecimiento *(m)* – Geschäft, Einrichtung 6 L1
estación *(f)* – Station; Bahnhof; Jahreszeit 1 7b
estado civil *(m)* – Familienstand 2 Ca
Estados Unidos *(m, Pl)* – die Vereinigte Staaten (USA) 2 3a
estadounidense – US-amerikanisch 2 3a
estanco *(m)* – Tabakwarenladen AB6 7a
estar *(estoy)* – sein 1 6a
¿Está bien así? – Ist es so richtig? AB1 5
Está despejado. – Es ist heiter/ wolkenlos. 5 5b
Está nublado. – Es ist bewölkt. 5 5b
estar situado/-a – liegen *(Stadt, Land)* 5 PRa
estatus *(m)* – Status 5 Cb
este/-a – dieser hier, der 3 3c
estilo *(m)* – Stil 6 Cb
Estocolmo – Stockholm AB2 10a
estrategia *(f)* – Strategie 2 L1b
estrecho/-a – eng 6 Cb
estresante – stressig 4 3a
estresar – stressen, erschöpfen 6 3b
estructura *(f)* – Struktur 6 Cb
estuche *(m)* – Mäppchen 1 5c
estudiante *(m/f)* – Student/in 2 POR
estudiante de intercambio *(m/f)* – Austauschstudent/in 3 1a
estudiante de postgrado *(m/f)* – Masterstudent/in 4 1a
estudiante Erasmus – Erasmusstudent/ in AB1 2b
estudiar – studieren, lernen 2 2a
estudio *(m)* – Studienfach, Studium; Lern-; Studie 2 5c, 4 1e, 4 5a
estudio universitario *(m)* – Studiengang 2 3e
estudios *(m, Pl)* – Studium 2 7b
estudios y profesiones – Studiengänge und Berufe 3 5
estupendo/-a – wunderbar, toll 7 4a
etapa *(f)* – Etappe AB6 2a
eterno/-a – ewig 4 Cb
europeo/-a – europäisch AB2 3c
europeo/-a *(m/f)* – Europäer/in 4 Cb
euskera *(m)* – Baskisch 5 GR3a
exacto/-a – exakt, genau AB4 8a
examen *(m)* – Prüfung 4 GR2
excursión *(f)* – Ausflug 4 POR
excusa *(f)* – Entschuldigung 4 Cb
existencia *(f)* – Vorhandensein, Existenz 6 GR2
existir – existieren, vorhanden sein AB6 3a
experiencia *(f)* – Erfahrung 3 1a
exposición *(f)* – Ausstellung 4 4a
expresar – ausdrücken 7 4c
expresión *(f)* – Ausdruck 6 5c
extenderse – sich ausbreiten, sich ausstrecken 5 Cb
extenso/-a – weit 5 Cb
extranjero/-a – fremd AB2 10a
extranjero/-a *(m/f)* – Ausländer/in 5 PRa
extrovertido/-a – extrovertiert 3 1a

F

fabuloso/-a – fabelhaft, großartig AB5 10a
fácil – einfach 6 5b
facultad *(f)* – Fakultät 2 5a
falso/-a – falsch AB3 5
faltar – fehlen 6 PRa
familia *(f)* – Familie 3 3B
famoso/-a – berühmt, großartig 3 GR1
fantástico/-a – fantastisch AB3 1c
farmacia *(f)* – Apotheke 1 2a
fascinante – faszinierend 5 4a
fatal – unagenehm, mies AB7 10
fauna *(f)* – Fauna 2 L1a
favorito/-a – Lieblings- 3 5a
febrero – Februar 5 L1
fecha *(f)* – Datum 2 Ca
fecha de nacimiento *(f)* – Geburtsdatum 2 Ca
felicitación *(f)* – Glückwunsch, Gratulation 7 7b
feo/-a – hässlich Ab3 1a
festival *(m)* – Festival 6 3a
Festival Internacional de cine *(m)* – internationales Filmfestival 6 3a
festivo *(m)* – Feiertag 7 4a
ficha *(f)* – Karteikarte 5 8c
fiesta *(f)* – Fest, Party AB2 12
fijo *(m)* – Festnetz AB2 8
fin de semana *(m)* – Wochenende 3 6a
finalidad *(f)* – Ziel, Zweck 6 L1c
finalizar – enden, beenden 7 4a
financiero/-a – Finanz- 5 L2b
fiordo *(m)* – Fjord AB5 17a
físico/-a – körperlich 3 PRb
flamenco/-a – Flamenco- 7 3a
flauta *(f)* – Flöte 7 L1
flora *(f)* – Flora, Pflanzenwelt 5 1b
folk *(m)* – Folkmusik AB7 7a
forma *(f)* – Form 6 Cb
formar parte – gehören zu 5 6a

formular – formulieren 5 GR2
formulario de inscripción *(m)* – Einschreibeformular 2 5a
foto *(f) la fotografía* – Foto, Bild 1 2b
fotocopiadora *(f)* – Fotokopiergerät **AB6** 6b
francés – Französisch 2 1a
francés/-esa – französisch 2 3a
Francia – Frankreich 1 3a
franquista – franquistisch, der Franco-Zeit 4 Cb
frase *(f)* – Satz **AB2** 2
frecuencia *(f)* – Häufigkeit 4 4c
frecuente – häufig 4 PRb
frío/-a – kalt **AB4** 15
frío *(m)* – Kälte 5 5b
frito/-a – gebraten **AB7** 14
fruta *(f)* – Frucht 4 1a
fuera – außerhalb, draußen 4 5a
funcionario/-a *(m/f)* – Beamter/-in 3 5a
fútbol *(m)* – Fußball **AB1** 12a
futbolista *(m/f)* – Fußballspieler/in 3 GR1

G

gafas *(f, Pl)* – Brille 3 POR
gafas de sol *(Pl)* – Sonnenbrille 3 1a
galería de arte *(f)* – Kunstgalerie 5 GR1a
Galicia – Galizien 1 3a
gallego *(m)* – Galizisch 5 GR3a
ganar – gewinnen 5 4a
ganar dinero – Geld verdienen 3 6a
gastronomía *(f)* – Gastronomie **AB1** 12a
gastronómico/-a – gastronomisch 6 3a
generalmente – im Allgemeinen; normalerweise **AB4** 7
género *(m)* – Genre 7 4a
genial – toll, genial **AB2** 12
gente *(f)* – Leute 2 7a
geográfico/-a – geographisch 5 6a
gimnasio *(m)* – Fitnessstudio 4 4a
girar – abbiegen 6 5c
glaciar *(m)* – Gletscher 5 4a
gobierno *(m)* – Regierung 6 Cb
golf *(m)* – Golf 7 L1
goma *(f)* – Radiergummi 1 5c
gótico/-a – gotisch **AB6** 2a
gracias – danke 1 5a
grande – groß 4 5a
grandes almacenes – Kaufhaus **AB6** 5a
gratis – kostenlos, gratis 7 1a
Grecia – Griechenland **AB6** 1
griego/-a *(m/f)* – Grieche/-in 4 Cb
gris – grau 3 2c
grupo *(m)* – Gruppe 4 4a
grupo meta *(m)* – Zielgruppe 7 PRb
guacamole *(m)* – *Avocadocreme* **AB1** 12a
guaraní *(m)* – *offizielle Sprache in Paraguay* 5 Ca
guatemalteco/-a – guatemaltekisch 2 L1a
guerra *(f)* – Krieg 4 Cb
Guerra Civil *(f)* – Bürgerkrieg *(in Spanien von 1936–1939)* 4 Cb
guía *(f)* – Reiseführer *(Buch)* 7 4a
guía turístico/-a *(m/f)* – Touristenführer/in 3 6d
guion *(m)* – Bindestrich 2 5c
guion bajo *(m)* – Unterstrich 2 5c
guitarra *(f)* – Gitarre 2 PRb
gustar – gefallen 4 1a
gusto *(m)* – Vorliebe, Geschmack 5 2b

H

habitación *(f)* – Zimmer 3 1a
habitante *(m/f)* – Bewohner 5 8b
hábitos alimenticios *(m, Pl)* – Essgewohnheiten 4 PRb
hablar – sprechen, reden **AB1** 2
hacer – machen, tun 2 7a
Hace buen tiempo. – Es ist gutes Wetter. 5 5b
Hace calor. – Es ist heiß. 5 5b
Hace frío. – Es ist kalt. 5 5b
Hace mal tiempo. – Es ist schlechtes Wetter. 5 5b
Hace sol. – Es ist sonnig. 5 5b
Hace viento. – Es ist windig. 5 5b
hacer fuego *(m)* – Feuer machen 1 2a
hacer surf – surfen 5 PRa
hamaca *(f)* – Hängematte 2 L1a
hamburguesería *(f)* – Burgerladen **AB6** 7a
hasta – bis 4 1a
¡Hasta luego! – Bis später! **AB6** 9
¡Hasta pronto! – Bis bald! 1 8a
¿Hasta qué hora? – Bis wie viel Uhr? 4 3b
hay – es gibt 4 5a
Hay niebla. – Es ist neblig. 5 5b
hay que – man muss 4 Ca
Hay tormenta. – Es gibt ein Gewitter/Unwetter. 5 5b
hermano/-a *(m/f)* – Bruder/Schwester 3 3a
hermanos *(m, Pl)* – Geschwister 3 3a
hermoso/-a – wunderschön 5 4b
hija *(f)* – Tochter 3 3a
hijos *(m)* – Kinder 2 Ca
hipótesis *(f)* – Hypothese, Annahme 6 Cb
hispano/-a – spanisch, Hispano- 6 C
hispanoamericano/-a – lateinamerikanisch 5 GR2
hispanohablante *(m/f)* – spanische/r Muttersprachler/in 2 2a
historia *(f)* – Geschichte 1 7a
histórico/-a – geschichtlich, historisch 5 6a
hola – hallo 1 POR
holandés – Niederländisch **AB2** 2
hombre *(m)* – Mann **AB2** 3c
hondureño/-a – honduranisch 2 L1a
hora *(f)* – Stunde; Uhrzeit 1 POR, 4 2
horario *(m)* – Zeiten; Öffnungszeiten 4 1a, **AB4** 5a
hospital *(m)* – Krankenhaus 3 6a
hostal *(m)* – Hostel 5 3b
hotel *(m)* – Hotel 3 6c
hoy – heute 3 1a
húmedo/-a – feucht 5 6a

I

idea *(f)* – Idee **AB7** 14
ideal – ideal **AB4** 10b
idioma *(m)* – Sprache **AB1** 10c
idioma materno *(m)* – Muttersprache 2 2a
iglesia *(f)* – Kirche 6 Cb
iguana *(f)* – Leguan **AB5** 16a
imperio *(m)* – Imperium 5 Cb
importancia *(f)* – Bedeutung 3 Cc
importante – wichtig **AB2** 1c
impresionante – beeindruckend **AB5** 14
inactivo/-a – nicht aktiv 5 L2b
inca – Inka- 5 4a
incluir – einschließen 5 Cb
incluso – sogar **AB4** 7
indígena – eingeboren, einheimisch 5 Ca
Indonesia – Indonesien 5 2a
industria *(f)* – Industrie **AB6** 1
influir – beeinflussen 4 5a
información *(f)* – Information 5 6c
informar – informieren **AB7** 13
informático/-a *(m/f)* – Informatiker/in 3 5b
informe *(m)* – Bericht 7 Cb
Ingeniería *(f)* – Ingenieurwissenschaft 3 5a
Ingeniería Ambiental *(f)* – Umweltingenieurwesen 2 PRb
Ingeniería Industrial – Bauingenieurwesen **AB3** 1c
ingeniero/-a *(m/f)* – Ingenieur/in **AB3** 14c
inglés – Englisch 2 1a
inicio *(m)* – Beginn 3 1a
innumerable – unzählig, zahllos **AB6** 2a
inseguro/-a – unsicher **AB6** 3b
institucional – institutionell 6 Cb
instituto *(m)* – Gymnasium 3 5a

Instituto Tecnológico *(m)* – technologisches Institut 6 6a
instrumento *(m)* – Instrument 2 4a
inteligente – intelligent 3 1a
intercambio *(m)* – Austausch 5 8a
intercambio de idiomas *(m)* – Sprachaustausch 2 2a
interés *(m)* – Interesse 5 2b
interesante – interessant 4 3a
interesar – interessieren 5 1b
interior *(m)* – Inneres **AB5** 12b
internacional – international 5 Cb
Internet *(m)* – Internet 5 8c
Interpretación *(f)* – Dolmetschwissenschaft 2 POR
interrogativo *(m)* – Frage-, Interrogativ- **AB2** 8
introvertido/-a – introvertiert **AB3** 2a
intruso *(m)* – Eindringling, Störenfried **AB4** 14
investigar – untersuchen, erforschen 5 1b
invierno *(m)* – Winter 5 5a
ir – gehen, reisen 2 7a
ir de compras – shoppen, einen Einkaufsbummel machen **AB6** 2a
Irlanda – Irland 4 Cb
irlandés/-esa *(m/f)* – Ire/Irin 2 2a
isla *(f)* – Insel **AB1** 12a
Islas Galápagos *(f, Pl)* – Galapagosinseln 5 6a
italiano – Italienisch 2 1a
italiano/-a – itlalienisch **AB3** 3c

J

jamón *(m)* – Schinken 4 6a
jamón de Bellota *(m)* – *Schinkenspezialität aus Spanien* 7 3a
Japón – Japan 1 3a
japonés/-esa – japanisch 2 3a
jardín *(m)* – Garten 6 1a
jarra *(f)* – Krug **AB4** 12
jornada *(f)* – Tag, Arbeitstag 4 1a
jornada laboral *(f)* – Arbeitszeit 4 C
joven – jung 3 GR1
joven *(Pl: los jóvenes)* – Jugendliche/r 3 6a
juego *(m)* – Spiel 6 L1b
jueves *(m)* – Donnerstag 4 4a
jugador de baloncesto – Basketballspieler 3 1a
jugar *(u → ue)* – spielen *(Sport)* 4 L1
jugo *(m) LA* – Saft 4 1a
jugo de fruta *(m) LA* – Fruchtsaft 4 1a
julio – Juli 5 L1
junio – Juni 5 6a
junto/-a – zusammen, gemeinsam 5 Cb
justo – genau, gerade **AB6** 7a
juvenil – Jugend- 7 Cb
juzgado *(m)* – Gericht **AB3** 9a

K

kayak *(m)* – Kayak, Kayakfahren 5 PRa

L

laborable *(m)* – Werktag 7 4a
laboral – Arbeits- 4 Cb
laboratorio *(m)* – Labor **AB3** 9a
laboratorio de idiomas *(m)* – Sprachlabor 6 6a
lácteos *(m, Pl)* – Milchprodukte 4 6e
lago *(m)* – See 5 PORa
lápiz *(m)* – Bleistift 1 5c
largo/-a – lang 3 1a
lata *(f)* – Dose 4 6a
latín *(m)* – Latein 5 Cb
latino/-a – Latino- 4 Cb
latino/-a *(m/f)* – Person aus Lateinamerika **AB2** 13
Latinoamérica – Lateinamerika 2 7a
latinoamericano, -a – lateinamerikanisch **AB2** 3c
leche *(f)* – Milch 4 6a
lector/a *(m/f)* – Leser/in 7 Cb
lectura *(f)* – Lektüre, Lesen 7 Cb
leer – lesen 2 1a
lejano/-a – fern 5 2a
lejano oriente *(m)* – Ferner Osten 5 2a
lejos – weit, weit entfernt 6 3a
lengua *(f)* – Sprache 2 PORa
lengua materna *(f)* – Muttersprache 2 2a
lengua nativa *(f)* – Muttersprache 5 Ca
lentillas *(f, Pl)* – Kontaktlinsen 3 L1a
lento/-a – langsam 6 7a
letra *(f)* – Buchstabe **AB4** 4b
levantarse – aufstehen 4 1a
leyenda *(f)* – Legende **AB2** 3a
libre – frei 5 2a
librería *(f)* – Buchhandlung **AB6** 5c
libreta *(f)* – Heft, Notizbuch **AB1** 9a
libro *(m)* – Buch 1 5a
limpiar – putzen, säubern 4 POR
limpio/-a – sauber 6 PORa
lindo/-a *LA* – schön 4 1a
Línea Equinoccial *(f)* – Äquator 5 6a
lista *(f)* – Liste 5 6a
literatura *(f)* – Literatur 1 7a
llamada *(f)* – Anruf 7 7b
llamarse – heißen 1 POR
llegar – ankommen **AB4** 9a
llenarse – sich füllen 7 1a
lleno/-a – voll 6 3a
llevar – tragen; haben 3 POR
llevar una vida – ein Leben führen 4 1a
llevarse – mitbringen 4 5a
Llueve. – Es regnet. 5 5b
lluvia *(f)* – Regen **AB5** 10a
local *(m)* – *hier:* Club 4 Cc
localización *(f)* – Standort 6 GR2
loco/-a – Verrückte/r 4 Cb
lógico/-a – logisch, selbstverständlich **AB7** 14
Londres – London 2 2a
luego – dann, später 4 1d
lugar *(m)* – Ort 2 5a
lugar de nacimiento *(m)* – Geburtsort 2 Ca
lugar de residencia *(m)* – Wohnort 2 5a
lunes *(m)* – Montag 4 4a

M

madre *(f)* – Mutter 3 3a
madrileño/-a – Madrider/in 7 1a
madrugada *(f)* – Tagesanbruch, Morgendämmerung 4 3b
maestro/-a *(m/f)* – Lehrer/in 3 5a
Magisterio *(m)* – Lehramt 3 5a
mal/o/a – schlecht 2 1a
mañana – morgen 1 8a
mandarín *(m)* – Mandarin 5 Cb
mano *(f)* – Hand **AB1** 10c
mantequilla *(f)* – Butter 4 6a
manzana *(f)* – Apfel 4 L2
mapa *(m)* – (Land)karte **AB1** 10c
mar *(m)* – Meer 6 2b
maravilla *(f)* – Wunder 5 PORb
maravilloso/-a – wunderbar, herrlich **AB5** 11a
marcar – markieren, kennzeichnen 5 3b
marcha *(f)* – Ausgehen 7 4a
marido *(m)* – Ehemann 3 L1a
marina – Meeres- **AB2** 8
marrón – braun 3 POR
marroquí – marokkanisch 2 3a
Marruecos – Marokko 1 3a
martes *(m)* – Dienstag 4 4a
marzo – März 5 L1
más – mehr 1 6
más de – mehr als 5 6b
masculino/-a – männlich 7 Cb
mate *(m)* – Mate(tee) 2 L1a
matemáticas *(f, Pl)* – Mathematik **AB3** 5
máximo/-a – maximal, höchst- 3 Cd
maya – Maya- 5 1b
mayo – Mai 5 6a
mayor – ältester, größter 3 3a, 5 PORa
mayoría *(f)* – Mehrheit 4 5a
mayoritariamente – überwiegend 4 5a
mayúscula *(f)* – Großbuchstabe 1 4a
me gusta – mir gefällt 3 6a

mecánico/-a *(m/f)* – Mechaniker/in **3** 5b
media – Durchschnitts-, Mittel- **3** Cc
mediano/-a – mittelmäßig, von mittlerer Größe **6** PORa
medianoche *(f)* – Mitternacht **4** 3b
Medicina *(f)* – Medizin **2** POR
médico/-a pediatra *(m/f)* – Kinderarzt/-ärztin **2** Ca
medio ambiente *(m)* – Umwelt **6** 2c
medio de transporte *(m)* – Transportmittel **6** 7b
medio/-a – halb **4** 1a
mediodía *(m)* – Mittag **4** 3b
medir *(e → i)* – messen **AB5** 13a
mediterráneo/-a – mediterran, Mittelmeer- **4** Cb
Mediterráneo *(m)* – Mittelmeer **AB1** 12a
mejor – besser, bester **6** 3b
mejor conservado – am besten erhalten **5** 6a
mejora *(f)* – Verbesserung **6** 1a
mejorar – verbessern **AB7** 4a
menor – kleiner **6** 3b
menos – weniger; am wenigsten **4** 1a, **AB5** 14
menú del día *(m)* – Tagesmenü **4** 5a
mercado *(m)* – Markt **1** 2a
mercadillo *(m)* – Flohmarkt **7** 1a
merendar – einen Snack zu sich nehmen **4** L2
merienda *(f)* – *kleiner Snack* **4** L2
mermelada *(f)* – Marmelade **4** 6a
mes *(m)* – Monat **4** 4a
mesa *(f)* – Tisch **1** 5c
meseta *(f)* – Hochebene **AB5** 17a
metro *(m)* – U-Bahn **1** 2a
metrópoli *(f)* – Weltstadt, Metropole **AB6** 1
mexicano/-a – mexikanisch **2** L1a
mexicano/-a *(m/f)* – Mexikaner/in **4** 1a
México – Mexiko **1** POR
micro *(m) LA* – Bus **6** 5b
mientras que – wohingegen; während **3** 5a
miércoles *(m)* – Mittwoch **4** 4a
millón *(m)* – Million **5** 6a
minijob *(m)* – Minijob **3** 6a
minúscula *(f)* – Kleinbuchstabe **1** 4a
minuto *(m)* – Minute **7** 4a
mira – schau **3** GR2
mismo/-a – gleich **AB4** 3a
misterioso/-a – geheimnisvoll, mysteriös **5** PORa
mochila *(m)* – Rucksack **1** 5c
moda *(f)* – Mode **AB6** 5a
moderno/-a – modern **6** PORa
momento *(m)* – Moment **AB4** 8a
Mónaco – Monaco **AB5** 13a
monasterio *(m)* – Kloster **AB6** 2a
moneda *(f)* – Währung **5** 8b
monótono/-a – monoton **4** 3a
montaña *(f)* – Berg **5** 3b
montar – errichten, eröffnen **3** 5a
monumental – gewaltig, monumental **6** Cb
monumento *(m)* – Denkmal, Monument **AB2** 3d
moreno/-a – dunkelhaarig **3** 1a
moto *(f)* – Motorrad **AB3** 3c
moverse *(o → ue)* – sich bewegen **6** 7b
movida *(f)* – geschäftiges Treiben, Action **7** 1a
móvil *(m)* – Handy **2** 6c
movilidad *(f)* – Beweglichkeit, Mobilität **6** 2c
Muchas gracias. – Vielen Dank. **3** GR2
muchas veces – oft **AB2** 16a
mucho – sehr; viel **4** 1a, **4** Cb
¡Mucho gusto! – Freut mich! Angenehm! **1** 1a
mujer *(f)* – Frau **AB2** 3c
mundo *(m)* – Welt, Erde **AB1** 12
municipal – Stadt-, städtisch **AB3** 11c
museo *(m)* – Museum **4** POR
museo botánico *(m)* – botanisches Museum **1** 2a
música *(f)* – Musik **1** 7a
musical *(m)* – Musical **7** 2a
músico/-a *(m/f)* – Musiker/in **3** 5b
muy – sehr **3** POR
muy bien – sehr gut **2** 1a
muy mal – sehr schlecht **2** 1a

N

nacionalidad *(f)* – Nationalität **2** 2a
nacionalsocialismo *(m)* – Nationalsozialismus **4** Cb
nada – nichts, gar nicht **3** Cc
nadar – schwimmen **4** POR
náhuatl *(m)* – Nahuatl **5** Cb
Nápoles – Neapel **4** Cb
naranja *(f)* – Orange **4** 6a
natural – Natur-, natürlich **5** 1b
naturaleza *(f)* – Natur **1** 7a
navegar – im Internet surfen **7** Cb
navegable – schiffbar **5** PORa
necesitar *(+Inf)* – müssen; brauchen, benötigen **2** 2a
negativo/-a – negativ **AB3** 2a
negro/-a – schwarz **3** 2c
nervioso/-a – nervös, unruhig **AB3** 2a
ni... ni – weder... noch **5** 2c
nicaragüense – nicaraguanisch **2** L1a
niebla *(f)* – Nebel **5** 5b
nieto/-a *(m/f)* – Enkel/Enkelin **AB3** 6c
Nieva. – Es schneit. **5** 5b
nieve *(f)* – Schnee **AB5** 10a
Nilo *(m)* – Nil **AB5** 15b
ningún/ninguno/ninguna – keiner **6** 5d
nivel – Ebene, Niveau **6** Cb
no – nein **1** 2d
noche *(f)* – Nacht **1** 8a
nocturno/-a – Nacht- **4** Cb
nombre *(m)* – Name **2** 2a
normal – normal **4** 1a
normalmente – normalerweise **AB4** 1b
norte *(m)* – Norden **4** 5a
noruego/-a – norwegisch **AB5** 17a
nosotros/-as – wir **1** 1c
nota *(f)* – Notiz; Note **5** 8d, **6** 1a
noticia *(f)* – Nachricht **7** PRc
noticias *(f, Pl)* – Nachrichten **AB4** 9a
noviembre – November **5** L1
novio *(m)* – fester Freund, Partner **2** GR1a
nuestro/-a – unser **2** 2a
nuevo/-a – neu **2** 7b
número *(m)* – Nummer, Zahl **1** 2b
número de teléfono *(m)* – Telefonnummer **2** 5b
nunca – nie **4** 4a

O

o – oder **1** 5a
objeto *(m)* – Gegenstand **2** 6b
Objetos Perdidos *(m)* – *Fundbüro* **2** 6b
observar – beobachten **7** Cb
ocio – Freizeit, Nichtstun **4** Cb
octubre – Oktober **5** L1
oeste *(m)* – Westen **4** Cb
oferta *(f)* – Angebot **6** 1a
oficial – offiziell **5** GR3a
oficina *(f)* – Büro **3** 6c
Oficina de Relaciones Internacionales – *Auslandsamt an einer Universität* **AB2** 1a
ofrecer – anbieten **4** Ca
oiga – Hallo, hören Sie (mal) **4** 6c
ojo *(m)* – Auge **3** POR
opción *(f)* – Auswahlmöglichkeit **3** 5a
opinión *(f)* – Meinung **6** 1b
optar por – wählen, sich entscheiden (für) **4** 5a
óptica – Optiker **AB6** 7a
optimista – optimistisch **3** L1a
ordenador *(m)* – Computer **AB2** 3a
ordenar – ordnen **7** 5a
organización *(f)* – Einrichtung, Organisation **7** Cb
oriental – östlich **6** 3a
origen – Ursprung; Herkunft **5** Cb
originario/-a – ursprünglich **AB6** 1

orilla *(f)* – Ufer **6** 3a
oro *(m)* – Gold **2** L1a
oscilar – schwanken *(Temperatur)* **5** 6a
oscuro/-a – dunkel **3** POR
otoño *(m)* – Herbst **5** 5a
otro/-a – ein anderer **2** 1a
otra vez – noch einmal, wieder **1** 6a

P

Pacífico *(m)* – Pazifik **5** 6a
padre *(m)* – Vater **3** 3a
padres *(m, Pl)* – Eltern **3** 3a
paella *(f)* – *spanisches Gericht mit Reis und Meeresfrüchten* **4** 6a
página *(f)* – Seite **1** 6a
país *(m)* – Land **AB1** 10a
paisaje *(m)* – Landschaft **2** L1a
Países Bajos – Niederlande **AB2** 11
palabra *(f)* – Wort **1** 1A
Palacio de Congresos *(m)* – Kongresshalle **6** 3a
pan *(m)* – Brot **4** 1a
panadería *(f)* – Bäckerei **AB6** 5a
panameño/-a – panamaisch **2** L1a
panecillo *(m)* – Brötchen **AB7** 14
papel *(m)* – Papier **AB6** 3b
para – um ... zu; für **2** 2a, **3** C
para nada – überhaupt nicht **6** 1a
parada *(f)* – Haltestelle **6** 4a
paraguayo/-a – paraguayisch **2** L1a
parámetro *(m)* – Parameter **4** Cb
parapente *(m)* – Gleitschirmfliegen **5** PRa
pareja *(f)* – Partner/in **3** Ca
París – Paris **AB2** 12
parque *(m)* – Park **5** PORa
parque natural *(m)* – Naturschutzpark **5** PORa
párrafo *(m)* – Absatz **6** 3a
parte *(f)* – Teil **5** Cb
participación *(f)* – Beteiligung, Teilnahme **7** Cb
participio *(m)* – Partizip **AB7** 2
partido *(m)* – Spiel **Ab4** 3a
partir (de) – ausgehen (von) **6** Cb
pasado – vergangen, vorig **AB6** 6b
pasado mañana – übermorgen **AB7** 8
pasantía *(f)* – Praktikum **4** GR1a
pasaporte *(m)* – Pass **AB2** 14a
pasar – verbringen **7** 3a
pasar el rato – sich die Zeit vertreiben **7** Cb
pasear – spazieren gehen **6** L1a
paseo *(m)* – Spaziergang, Spazierfahrt **5** PORa
pasillo *(m)* – Gang **AB6** 6b
pasta *(f)* – Nudeln, Pasta **4** 6e

Patagonia *(f)* – Patagonien **5** 4a
patata *(f)* – Kartoffel **AB7** 14
patatas bravas *(f)* – *spanisches Gericht aus Kartoffeln und scharfer Soße* **4** 6a
patatas fritas *(f, Pl)* – Kartoffelchips **AB7** 14
Patrimonio de la Humanidad de la UNESCO *(m)* – UNESCO-Weltkulturerbe **5** 6a
pausa *(f)* – Pause **AB4** 5a
pedir *(e → i)* – bestellen; bitten um **4** 5a, **AB4** 1d
Pekín – Peking **AB2** 12
película *(f)* – Film **5** PRa
peligroso/-a – gefährlich **AB6** 3a
pelo *(m)* – Haar(e) **3** POR
pensar – denken **AB4** 1d
pensión *(f)* – Rente **1** 7b
peor – schlechter **6** 3b
„peque" *(ugs) pequeño* – „Kleiner" **3** 1a
pequeño/-a – klein **3** 1a
perdón – Entschuldigung **6** 5d
perdona – entschuldige **4** 2a
Perdone,... – Entschuldigen Sie,... **AB1** 2b
perfecto/-a – perfekt **AB5** 11a
periódico *(m)* – Zeitung **2** 4a
Periodismo *(m)* – Journalismus **2** POR
periodista *(m/f)* – Journalist **3** 5b
periodo *(m)* – Periode, Zeitraum **5** 8a
permanente – ständig, dauerhaft **7** 4a
pero – aber **1** 3b
perro *(m)* – Hund **1** 3b
persona *(f)* – Person **3** 1a
persona mayor – Senior/in **3** 6a
pertenecer (a) – gehören (zu) **7** Cb
Perú – Peru **1** 3a
peruano/-a – peruanisch **2** L1a
pescado *(m)* – Fisch **4** 5a
pesimista – pessimistisch **AB3** 2a
peso *(m)* – *Währung in einigen südamerikanischen Ländern* **5** GR3a
piano *(m)* – Klavier **7** L1
picnic *(m)* – Picknick **7** 1a
pico *(m)* – Gipfel **5** 4a
piña *(f)* – Ananas **4** L2
pincho *(m)* – *spanische Häppchen* **4** 6a
pintor/a *(m/f)* – Maler/in **3** 5b
pintoresco/-a – malerisch, pittoresk **AB6** 2a
pintura *(f)* – Malerei **AB7** 7a
piscina *(f)* – Schwimmbad **4** POR
piso *(m)* – Wohnung **AB2** 15a
pizarra *(f)* – Tafel **1** 5a
placer *(m)* – Vergnügen **2** 7b
plan *(m)* – Plan **5** 1
planeta *(m)* – Planet **5** 1b
planificar – planen **6** Cb
plano *(m)* – Plan **6** 4b

plato *(m)* – Gericht; Teller **4** 5a
playa *(f)* – Strand **AB1** 12a
playero/-a – Strand- **6** 3a
plaza *(f)* – Platz **1** 2a
Plaza de Armas *(f) LA* – *Hauptplatz einer Stadt* **6** Cb
Plaza Mayor *(f)* – *Hauptplatz einer Stadt* **1** 2a
pleno/-a – voll **7** 1a
pluriempleo *(m)* – Mehrfachbeschäftigung **4** Cb
población *(f)* – Bevölkerung **5** 6a
poblado/-a – bewohnt, besiedelt **AB5** 13a
poco/-a – wenig **AB3** 2b
poder *(o → ue)* – können **1** 6a
polaco/-a – polnisch **2** 3a
Policía *(f)* – Polizei **2** 6b
policía *(m/f)* – Polizist/in **3** 5b
política *(f)* – Politik **1** 7a
político/-a *(m/f)* – Politiker/in **2** Ca
pollo *(m)* – Hähnchen **4** L2
Polo Norte *(m)* – Nordpol **AB5** 13a
Polonia – Polen **2** 3a
poncho *(m)* – Poncho **2** L1a
poner – bringen; Musik (auf)legen, stellen, setzen, legen **4** 6c, **AB6** 6b, **AB7** 2
por – auf; durch; aufgrund von, wegen **1** 6a, **2** 7a, **3** GR1
por cierto – übrigens, apropos **AB5** 11a
por detrás – (da)hinter **3** 5a
por ejemplo – zum Beispiel **5** 6a
por encima de – über, höher als **6** Cb
por eso – deswegen, deshalb **3** 3a
por favor – bitte **1** 6
por la mañana – morgens **4** 1a
por la noche – abends, nachts **4** 1a
por la tarde – nachmittags, am Nachmittag **4** 1a
por medio de – mittels, über **6** 1a
por persona – pro Person **4** 5a
¿Por qué? – Warum? **2** 7
por supuesto – selbstverständlich **4** Cb
por último – zuletzt, schließlich **3** 3a
porcentaje *(m)* – Prozentsatz, Anteil **4** 5a
porque – weil **2** 7a
portugués/-esa – portugiesisch **2** 3a
portugués/-esa *(m/f)* – Portugiese/-in **4** Cb
portugués – Portugiesisch **2** 1a
poseer – besitzen **5** 6a
posibilidad *(f)* – Möglichkeit **5** L2b
positivo/-a – positiv **AB3** 2a
postal *(f)* – Postkarte **6** L1a
practicar – üben **2** 2a
practicar deporte – Sport treiben **AB6** 5b
prácticas *(f)* – Praktikum **2** 7a

precio *(m)* – Preis 7 1a
precios sujetos a variaciones del IVA – *die Preise unterliegen dem jeweils gültigen Mehrwertsteuersatz* 7 4a
precioso/-a – wunderschön 3 1a
precisamente – genau AB7 14
precolombino/-a – präkolumbisch 5 1b
preferencia *(f)* – Vorliebe 5 3b
preferido/-a – bevorzugt, Lieblings- 6 PORc
preferir *(e → ie)* – vorziehen, lieber mögen 4 5a
pregunta *(f)* – Frage 1 6a
prensa *(f)* – Presse AB4 9a
preparar – vorbereiten 5 8a
preposición *(f)* – Präposition AB2 11
presentarse – sich vorstellen 2 2A
presente *(m)* – Gegenwart AB7 5
préstamo *(m)* – (Aus)leihen 6 L1b
primavera *(f)* – Frühling 5 5a
primer/o/a – erster 1 POR
primero – als erstes 4 1d
primero de Medicina – *Medizinstudium im 1. Jahr* 3 1a
primo/-a *(m/f)* – Cousin/e 3 3a
principal – Haupt- 5 6c
privado/-a – privat 3 5a
probar *(o → ue)* – versuchen, probieren 7 4a
problema *(m)* – Problem AB1 10c
producir – hervorbringen; auslösen 6 3a
producto *(m)* – Produkt 5 8b
profesión *(f)* – Beruf 2 Ca
profesional – beruflich, professionell 4 Cb
profesor/a *(m/f)* – Lehrer/in 3 5a
pronóstico meteorológico *(m)* – Wetterbericht 5 5c
programa *(m)* – Programm AB1 10c
programación *(f)* – Programm 4 Cb
prohibido – verboten 1 2a
prominente – vorstehend, hervortretend 6 Cb
pronombre *(m)* – Pronomen AB5 7
pronto – bald, früh AB3 1c, 4 1a
pronunciación *(f)* – Aussprache AB2 16a
pronunciar – aussprechen AB1 7
propio/-a – eigen 6 3a
proponer – vorschlagen 4 Cb
proporcional – verhältnismäßig, proportional 6 Cb
propuesta *(f)* – Vorschlag 6 PRc
próspero/-a – wohlhabend 6 1a
proteger – schützen, beschützen AB7 13
próximo/-a – nächster 1 6a
proyección *(f)* – Vorführung, Projektion 5 PRa
Psicología *(f)* – Psychologie AB2 1c
psicólogo/-a *(m/f)* – Psychologe/-in 3 5a
publicar – veröffentlichen AB2 10a
público/-a – öffentlich 6 1a
pueblo *(m)* – Volk 5 1b
puerta *(f)* – Tür, Tor AB5 17a
puerto *(m)* – Hafen AB5 17a
puertorriqueño/-a – puerto-ricanisch 2 L1a
pues – also 3 2c
puma *(m)* – Puma AB5 16a
punto *(m)* – Punkt 2 5c
punto de partida *(f)* – Ausgangspunkt AB6 7b
puntual – pünktlich AB4 9a

Q

que – dass 1 2c
quechua *(m)* – Quechua 5 GR3a
quedar – sich treffen 2 4a
quedarse – bleiben 4 POR
¿Qué? – Was?; Welche/r? 1 5a, 1 6a
¿Qué hora es? – Wie viel Uhr ist es? 4 2a
¿Qué idiomas conoces? – Welche Sprachen kannst du? 2 1a
¿Qué tal? – Wie geht´s? 1 1a
¿Qué tiempo hace? – Wie ist das Wetter? 5 5b
¡Qué pena! – Schade! 4 GR1a
querer *(e → ie)* – wollen 3 5a
queso *(m)* – Käse 4 1a
¿Quién? – wer? 3 3d
químico/-a *(m/f)* – Chemiker/in 3 5a
quiosco – Kiosk AB6 5a

R

ración *(f)* – Portion 4 6a
radio *(f)* – Radio AB1 10c
Radio Taxi *(m)* – Taxiruf 2 6b
rápidamente – schnell 4 1a
rápido/-a – schnell 4 1a
reacción *(f)* – Reaktion AB5 9
reaccionar – reagieren AB1 13
realizar – durchführen 7 Cb
reciclaje *(m)* – Recycling 6 2b
reciente – neu, jüngst 4 5a
recorrido *(m)* – Rundgang, Tour AB5 18
rectangular – rechteckig 6 Cb
red *(f)* – Netz 6 1a
red social *(f)* – soziales Netzwerk 7 Cb
referirse *(a)* – sich beziehen (auf) AB6 1
refresco *(m)* – Erfrischungsgetränk 4 L2
regalo *(m)* – Geschenk 7 7b
región *(f)* – Region, Gebiet 4 5a
regional – regional 4 5a
regular – mittelmäßig, durchschnittlich 2 1a
regular – regulieren, regeln 4 Cb
relacionado/-a – zusammenhängen mit 3 5a
relacionar – in Zusammenhang bringen, zuordnen 5 PORa
relajado/-a – entspannt 4 1a
relajarse – sich entspannen AB4 1b
reloj *(m)* – Uhr 1 5c
Renfe – *spanisches Eisenbahnunternehmen* 2 6b
repetir *(e → i)* – wiederholen 1 6a
reserva *(f)* – Reservierung 7 7a
reserva ecológica *(f)* – Naturschutzgebiet 5 6a
reservar – reservieren 7 GR2a
residencial – Wohn- 6 3b
respecto a – bezüglich, hinsichtlich 4 5a
responder – antworten 6 PRa
respuesta *(f)* – Antwort AB1 6
restaurante *(m)* – Restaurant AB1 10a
resto *(m)* – Rest 5 PORa
resultado *(m)* – Ergebnis 7 Cb
reunir – vereinen, sammeln 7 1a
revista *(f)* – Zeitschrift 2 4a
Rin – Rhein 5 4b
río *(m)* – Fluss 5 4a
rizado/-a – gelockt 3 POR
Roma – Rom 1 3a
románico/-a – romanisch 5 Cb
romper – (zer)brechen 7 2c
ropa *(f)* – Kleidung 6 3a
rubio/-a – blond 3 POR
ruido *(m)* – Lärm 6 1a
ruidoso/-a – laut 6 PORa
Rusia – Russland 2 3a
ruso/-a – russisch 2 3a
ruso – Russisch 2 1a
ruta *(f)* – Weg, Route 7 1a
rutina diaria *(f)* – Alltag 4 PRb

S

sábado *(m)* – Samstag 4 4a
saber *(sé)* – wissen 4 2a
No sé. – Ich weiß (es) nicht. 1 2c
sabor *(m)* – Geschmack 7 4a
Sáhara *(m)* – Sahara AB5 13a
salir – hinausgehen, ausgehen 4 1a
salsa *(f)* – Salsa *(Tanz)* 5 GR1a
salud *(f)* – Gesundheit 3 Ca
salvadoreño/-a – salvadorianisch 2 L1a
salvaje – wild 5 PORa
se – man 1 3
se siguen hablando – es werden weiterhin gesprochen 5 Cb
seco/-a – trocken 5 4a
secretaría *(f)* – Sekretariat AB4 5a
sector *(m)* – Sektor AB6 1

sede *(f)* – Sitz 6 3a
seguir *(e → i)* – folgen; weiter gehen 3 5a, 6 5b
según – laut, nach 4 5a
segundo/-a – zweite/r/s 5 6a
seguridad *(f)* – Sicherheit 6 2c
seguro/-a – sicher 6 1a
seleccionar – auswählen, aussuchen AB5 15a
sello *(m)* – Briefmarke 6 L1a
selva *(f)* – Urwald 5 PORa
semáforo *(m)* – Ampel 6 5b
semana *(f)* – Woche 1 6a
semestre *(m)* – Semester AB3 11c
senderismo *(m)* – Wandern 5 PRa
sendero *(m)* – Pfad, Weg 5 4a
señor *(m)* – Mann, Herr 3 3a
señora *(f)* – Frau 3 GR2
lo siento – es tut mir leid 3 2c
separado/-a – getrennt 3 3a
septiembre – September 2 Ca
ser – sein 1 POR
serio/-a – ernst 3 POR
servicio *(m)* – Service; Dienst 5 8a
servicio al estudiante *(m)* – Studentenservice 2 6b
servir *(e → i)* – nutzen, dienen AB2 14
sesión *(f)* – Teil; Vorstellung 5 PRa, 7 4b
sí – ja; schon, doch 1 2c, 3 3a
Sicilia – Sizilien 4 Cb
siempre – immer AB2 16a
sierra *(f)* – Gebirgskette 5 6a
siesta *(f)* – Siesta 4 Ca
significado *(m)* – Bedeutung AB2 14b
significar – bedeuten 1 5a
siguiente – folgend 3 Cc
silla *(f)* – Stuhl 1 5c
similar – ähnlich AB2 1c
simpatía *(f)* – Symphatie 4 Cb
simpático/-a – nett, symphatisch 3 POR
simplemente – einfach, bloß 5 PRa
sin – ohne AB2 15
sin embargo – trotzdem, dennoch 6 4c
situación *(f)* – Situation; Lage 5 3a, 5 6a
situarse – sich befinden 5 6a
sobre – über 3 1a
sobre todo – vor allem AB6 2a
sobrino/-a *(m/f)* – Neffe/Nichte 3 3a
sociable – gesellig 3 1a
sociología *(f)* – Soziologie 6 3a
sol *(m)* – Sonne 4 Cb
solicitar – sich bewerben um 5 8a
solo/-a – alleine; nur AB2 15a
soltero/-a – ledig 3 3a
sombrero *(m)* – Hut 2 L1a
sopa *(f)* – Suppe 4 5a
sostenible – nachhaltig 6 PORa
subir – hochsteigen; einsteigen; ansteigen AB5 18
subrayar – unterstreichen 6 3b
sucio/-a – schmutzig, dreckig AB6 3b
sucre *(m)* – *ehemalige Währung Ecuadors* AB5 15a
sudoeste *(m)* – Südwesten AB5 17a
sueco – Schwedisch AB2 10a
sueco/-a *(m/f)* – Schwede/Schwedin Ab3 1c
suelo *(m)* – (Erd)boden 6 Cb
suerte *(f)* – Glück AB4 8c
suficiente – genug 4 5a
Suiza – Schweiz 1 3a
suizo/-a *(m/f)* – Schweizer/in AB2 15b
sujeto *(m)* – Subjekt AB2 15
superficie *(f)* – Oberfläche AB5 13a
supermercado *(m)* – Supermarkt 3 6c
sur *(f)* – Süden 5 5c

T

taberna *(f)* – Kneipe 7 4a
tabla *(f)* – Tabelle 6 7b
tableta *(f)* – Tablet-PC 1 5c
Tailandia – Thailand 5 2a
tamal *(m)* – Maispastete *(Maisteig und Fleisch, das in Blätter eingewickelt und gedämpft wird)* 7 4a
tamaño *(m)* – Größe 4 5a
también – auch 1 7a
tampoco – auch nicht 3 6d
tan – so 4 Cb
tango *(m)* – Tango 2 L1a
tanto/-a – so viel 4 Cb
tapa *(f)* – Appetithäppchen 1 2a
taquilla *(f)* – Kasse 7 4a
tarde *(f)* – Nachmittag 4 4a
tarde – spät 4 GR1a
tareas del hogar *(f, Pl)* – Hausarbeit 4 3a
tarjeta *(f)* – Karte 7 7b
tarta *(f)* – Torte 7 7b
tartera *(f)* – Tupperdose®, Frischhaltebox 4 5a
taxi *(m)* – Taxi 6 7a
taxista *(m/f)* – Taxifahrer/in 3 5b
té *(m)* – Tee 4 6e
teatro *(m)* – Theater 6 1a
tecnología *(f)* – Technologie AB2 3a
tele *(f)* – Fernseher 4 Cb
telefonía móvil – Mobilfunk AB6 7a
teléfono *(m)* – Telefon 2 5a
televisión *(f)* – Fernsehen AB1 10a
tema *(m)* – Thema AB1 10c
temperatura *(f)* – Temperatur 5 6a
templado/-a – mild 4 5a
temprano – früh AB4 7
tener *(tengo, e → ie)* – haben 1 6a
tener que – müssen 6 5b
tenis *(m)* – Tennis 4 4a
tercer/o/a – dritter 5 Ca
terma *(f)* – Therme 5 PRa
terminar – enden, beenden 3 5a
terrestre – Erd- 5 PORa
territorio *(m)* – Gebiet 5 Cb
texto *(m)* – Text 5 PORa
tía *(f)* – Tante 3 3a
tiempo *(m)* – Zeit; Wetter 4 POR, 5 5b
tiempo libre *(m)* – Freizeit 2 4
tienda *(f)* – Geschäft 3 5b
tío *(m)* – Onkel 3 3a
típico/-a – typisch AB3 1c
tipo *(m)* – Art 5 2
título *(m)* – Titel 7 1a
tocar – spielen *(Instrument)* 2 4a
todavía – noch AB6 3a
todavía no – noch nicht 7 7A
todo/-a – jeder, ganz AB3 2b
todo el día – den ganzen Tag 4 POR
todo el mundo – die ganze Welt, alle AB3 2b
todo recto – geradeaus 6 5c
todos – alle 3 1a
todos los días – jeden Tag 4 4a
tomar – nehmen; zu sich nehmen 4 1a
tomar apuntes *(m, Pl)* – sich Notizen machen AB7 4a
tomar el sol – sich sonnen 5 2a
tomar prestado – entleihen, ausleihen 6 L1a
tomate *(m)* – Tomate 4 L2
tonalidad *(f)* – Schattierung 7 1a
tormenta *(f)* – Gewitter, Sturm 5 5b
torre *(f)* – Turm 7 3a
tortilla *(f)* – *in Spanien: Kartoffelomelette* 4 6a
tortilla de maíz *(f)* – Maistortilla 4 1a
tortuga *(f)* – Schildkröte AB5 16a
tostada *(f)* – Toast 4 6a
total – insgesamt 3 Cc
totalmente – ganz, völlig 6 1a
trabajador/a – fleißig AB3 2a
trabajador/a *(m/f)* – Arbeiter/in 4 5a
trabajar – arbeiten 3 5a
trabajar como – arbeiten als 3 6a
trabajo *(m)* – Arbeit 2 7b
tradicional – traditionell 6 PORa
Traducción *(f)* – Übersetzungswissenschaft 2 POR
traductor/a *(m/f)* – Übersetzer/in AB3 13
traer – (her)bringen 7 GR2b
tráfico *(m)* – Verkehr AB5 11a
tranquilo – ruhig 3 1a
transcurrir – vergehen 4 1a

transporte público *(m)* – öffentliche Verkehrsmittel **6** 1a
tranvía *(m)* – Straßenbahn **6** 7a
tratarse – sich handeln um **7** GR1
tren *(m)* – Zug **6** 7a
trío *(m)* – Trio **7** 1a
tropical – tropisch **5** 6a
tú – du **1** 1a
turco/-a – türkisch **2** 3a
turco – Türkisch **2** 2a
turista *(m/f)* – Tourist/in **AB5** 3
turístico/-a – Touristen-; touristisch **AB5** 5
Turquía – Türkei **2** 3a

U

u *(vor o und ho)* – oder **7** Cb
último/-a – letzter **5** 6a
un par de días – einige Tage **AB6** 4
un poco *(de)* – ein bisschen **2** 1a
único – einzig, Einzel- **AB3** 12
unir – verbinden, vereinigen **AB2** 2
universidad *(f)* – Universität **1** 2a
unos/-as – ungefähr **3** 4a
urbano/-a – städtisch, Stadt- **6** 3a
uruguayo/-a – urugayisch **2** L1a
usted – Sie **1** 1a
ustedes *(Pl)* – Sie **1** 1c
útil – nützlich **7** Cb
utilizar – benutzen, gebrauchen **AB2** 14b
utópico/-a – utopisch **4** Cb

V

vacacional – Ferien- **7** Cb
vacaciones *(f)* – Ferien **AB2** 13
Vale. – Einverstanden. **7** 5a
valle *(m)* – Tal **5** L2b
valoración *(f)* – Bewertung **3** Cc
valorado/-a – geschätzt **3** 5a
valorar – schätzen, bewerten **3** Cd, **6** 1a
variado/-a – abwechslungsreich, unterschiedlich **6** 1a
variar – wechseln, variieren **4** 5a
variedad *(f)* – Vielfalt, Varietät **5** PRa
varios/-as – mehrere, einige **5** L2b
vasco – Baskisch **AB2** 11
vaso *(m)* – Glas **4** 6a
Vaticano – Vatikan **AB5** 13a
¡Vaya! – Na sowas!; Was du nicht sagst! **AB7** 5
vegetación *(f)* – Vegetation **AB5** 15a
vegetariano/-a *(m/f)* – Vegetarier/in **4** 6e
venezolano/-a – venezolanisch **2** L1a
venezolano/-a *(m/f)* – Venezolaner/in **AB3** 12
venir – kommen **5** 1b
ver – sehen **2** PRb
¿verdad? – stimmt´s? **1** 2c
ver la tele – fernsehen **2** 4a
verano *(m)* – Sommer **5** 5a
verbo *(m)* – Verb **AB2** 10
verdad *(f)* – Wahrheit **7** 4a
verdadero/-a – wahr **5** Ca
verde – grün **3** 1a
verdura *(f)* – Gemüse **4** 5a
vestirse – anziehen **4** 1a
vez *(f)* – Mal **4** 4a
viajar – reisen **2** 4a
viaje *(m)* – Reise **5** 5A
vida *(f)* – Leben **3** Cc
Viena – Wien **1** 3a
viento *(m)* – Wind **5** 5b
viernes *(m)* – Freitag **4** 4a
vino *(m)* – Wein **4** 5a
violencia *(f)* – Gewalt **AB6** 3b
visita *(f)* – Besuch **5** PRa
visitante *(m/f)* – Besucher/in **5** PRa
visitar – besichtigen, besuchen **4** POR
vital – lebhaft, vital **6** 2b
viudo/-a – verwitwet **3** 3a
vivienda *(f)* – Wohnung **6** PRb
vivir – wohnen, leben **2** 2a
vivo/-a – lebendig, lebend **5** Cb
vocabulario *(m)* – Vokabular **5** PRa
volcán *(m)* – Vulkan **AB1** 12a
voluntario/-a – freiwillig **5** 2a
voluntariado *(m)* – Freiwilligenarbeit **5** 8a
volver *(o → ue)* – zurückkehren **4** 1a
vosotros/-as – ihr **1** 1c

Y

y – und **1** POR
ya – schon **1** 6a
yo – ich **1** POR
yoga *(m)* – Yoga **4** POR

Z

zapatería *(f)* – Schuhgeschäft, Schuhmacherei **7** 1a
zapatero *(m)* – Schuster **1** 3b
zapatilla *(de deporte) (f)* – Turnschuh **AB2** 14a
zona *(f)* – Zone **4** 5a
zona peatonal *(f)* – Fußgängerzone **6** 4a
zumo *(m)* – Saft **4** 6a
Zúrich – Zürich **1** 3a

Cover: © Thinkstock/iStock/Dejan Ristovski **S. 7**: Alicia © Thinkstock/iStock/MIQUEL_LLONCH; Leo, Andrea, Adem © Thinkstock/Wavebreak Media **S. 8**: links © iStock/asiseeit; rechts © iStock/Dean Mitchell **S. 9**: Calle © G. Meier; Mercado, Farmacia, Prohibido © fotolia/joserpizarro; Museo © iStock/rolindust; Metro © PantherMedia/Victor Pelaez Torres; Plaza Mayor © fotolia/Alfonso de Tomás; Tapas © Thinkstock/iStock/ToniFlap; Autovía © fotolia/Pedro Salaverria; Universidad © fotolia/Bruno Bernier **S. 11**: Buch © fotolia/PhotoArt by Kathy; Stift © iStock/phant; PC © Thinkstock/iStock/hdoggrafix; Tafel © Thinkstock/iStock/tatniz; Wörterbuch © Hueber Verlag, München **S. 13**: Natur © Thinkstock/iStock/Jose Miguel Barcelo; Politik © Thinkstock/iStock/filophoto; Kunst © Shotshop.com/nsahraj; Musik © iStock/tomazl; Geschichte © fotolia/Solodovnikova Elena; Architektur © Thinkstock/iStock/fazon1; Literatur © iStock/EduardoLuzzatti; Essen © Thinkstock/iStock/margouillatphotos; Sport © iStock/isitsharp **S. 14**: A © fotolia/S. Kobold; B © iStock/skynesher; C © iStock/oneclearvision; D © iStock/asiseeit; E © Thinkstock/Digital Vision/Michael Blann **S. 15**: Martine © Thinkstock/Purestock; Nacho © Glowimages/David Leahy; Dylan © PantherMedia/goodluz; Arkan © Thinkstock/Fuse; Verónica © fotolia/Igor Mojzes **S. 16**: Flaggen © fotolia/createur; Sprechblasen, Ohr © Thinkstock/iStock/pking4th; Buch © Thinkstock/iStock/Yulia_Malinovskaya; Stift © Thinkstock/iStock/Ankudi **S. 17**: Dylan © PantherMedia/goodluz; Arkan © Thinkstock/Fuse; Verónica © fotolia/Igor Mojzes; Patricia (rechts) © fotolia/goodluz; Martine (links) © Thinkstock/Purestock **S. 18**: Karte © Thinkstock/iStock/sAbastien Fortier **S. 19**: oben von links © Thinkstock/iStock/ueuaphoto; © Thinkstock/Fuse; © Thinkstock/iStock/kzenon; © Thinkstock/Fuse; Mitte von links © Thinkstock/Wavebreak Media; © Thinkstock/iStock/Ridofranz; © Thinkstock/Monkey Business; © Thinkstock/Photodisc/Medioimages; unten von links © Thinkstock/Getty Images/Andreas Rentz; © Thinkstock/iStock/artJazz; © Thinkstock/iStock/rommma; © iStock/mattabbe **S. 20**: Logo Universität © fotolia/Liudmyla Rozumna **S. 21**: Piktogramme von oben © Thinkstock/iStock/artecop2; © Thinkstock/iStock/spiral_media; © Thinkstock/iStock/-VICTOR-; © Thinkstock/iStock/dutch icon™; © Thinkstock/iStock/Amornism; © Thinkstock/iStock/spiral_media; © Thinkstock/iStock/dutchicon; © Thinkstock/iStock/greenwatermelon; © Thinkstock/iStock/spiral_media (2x) **S. 22**: 1 © Thinkstock/Hemera; 2, 3 © Thinkstock/Wavebreak Media; 4 © Thinkstock/iStock/lzf **S. 25**: Karte © iStock/kathykonkle **S. 26**: © Thinkstock/Getty Images News/Victor Fraile **S. 27**: alle Fotos © iStock/apomares **S. 28**: alle Fotos © iStock/apomares; Banner Argentinien © Thinkstock/iStock/PromesaArtStudio **S. 29**: 1 © fotolia/AnitaE; 2 © fotolia/Eléonore H; 3 © fotolia/francovolpato **S. 30**: © Corporación de RTVE, S.A. **S. 32**: Foto © PantherMedia/Andres Rodriguez; Piktogramme Medizin © Thinkstock/iStock/artecop2; Lehrer © Thinkstock/iStock/DusanVulic; Laptop © Thinkstock/iStock/Yulia_Malinovskaya; Musik © Thinkstock/iStock/pshonka; Werkstatt © Thinkstock/iStock/greyj; Masken © Thinkstock/iStock/milkal; Krankenschwester © Thinkstock/iStock/arabes; Palette © Thinkstock/iStock/aleksandr-mansurov-ru; Taxi © Thinkstock/iStock/spiral_media; Zahn © Thinkstock/iStock/artecop2; Geldsack © Thinkstock/iStock/artecop2; Kasse © Thinkstock/iStock/plutofrosti; Koch © Thinkstock/iStock/martin951; Polizist © Thinkstock/iStock/greenwatermelon; Kellner, Journalist © Thinkstock/iStock/greyj **S. 33**: Pablo © Shutterstock.com/Felix Mizioznikov; Joao © Shutterstock.com/Publio Furbino; Ulrike © iStock/Juanmonino; Alicia © Thinkstock/iStock/monkeybusinessimages **S. 34**: Nachhilfe © Thinkstock/iStock/Alexander Raths; Sport © iStock/kali9; Verkäuferin © fotolia/contrastwerkstatt **S. 38**: Illustration © fotolia/Rudie **S. 39**: oben von links © Thinkstock/iStock/diego cervo; © Thinkstock/Wavebreak Media; © fotolia/Boggy; © Thinkstock/Digital Vision/Thomas Jackson; unten von links © Thinkstock/iStock/Dirima; © Thinkstock/Digital Vision; © Thinkstock/Jupiterimages; © Thinkstock/iStock/Wavebreak Media **S. 40**: 1 © iStock/franckreporter; 2 © iStock/Erikona; 3 © Thinkstock/Stockbyte; 4 © Thinkstock/iStock/Ece Savas; 5 © Thinkstock/Photodisc/Tay Jnr; 6 © Thinkstock/iStock/_Ra_; 7 © Thinkstock/BananaStock; 8 © Thinkstock/iStock/senkaya **S.41**: Tageszeiten © Thinkstock/iStock/spiral_media **S. 42**: Uhren © iStock/mevans; Mann © Thinkstock/iStock/monkeybusinessimages **S. 44**: Icon Besteck © Thinkstock/iStock/martin951; A © Thinkstock/iStock/NatasaMandic; B © Thinkstock/iStock/Lauri Patterson; C © Thinkstock/iStock/tella_db **S. 45**: 1 © Thinkstock/iStock/vudhikrai; 2 © Thinkstock/iStock/HurleySB; 3 © Thinkstock/iStock/bhofack2; 4 © Thinkstock/iStock/Pascal Luijpen; 5 © Thinkstock/iStock/klemen bizjak; 6 © Thinkstock/iStock/Donhype; 7 © iStock/Juanmonino; 8 © fotolia/Javier Castro; 9 © Thinkstock/iStock/manyakotic; 10 © Thinkstock/iStock/KarSol; 11 © Thinkstock/iStock/bit245; 12 © Thinkstock/iStock/CaronB; 13 © iStock/paci77; 14 © PantherMedia/Caron Badkin; 15 © Thinkstock/Hemera/Antonio Muñoz palomares **S. 46**: Piktogramme © fotolia/Puchalt; Muffin © fotolia/devteev; Saft © fotolia/Anna Kucherova; Müsli © fotolia/Jiri Hera; Milchprodukte © fotolia/SunnyS; Tee © fotolia/Tesgro Tessieri; Reis © fotolia/Jultud; Angela, Carlos © Thinkstock/iStock/AVAVA; Almudena © Thinkstock/iStock/EpicStockMedia **S. 51**: A © fotolia/Bernard 63; B © fotolia/shootingankauf; C © Thinkstock/iStock/vau902; D © fotolia/javarman; E © Thinkstock/iStock/anharris **S. 52**: Seilrutsche © Thinkstock/iStock/Ammit; Strand © Thinkstock/iStock/Maksimchuk Vitaly; Elefant © Thinkstock/iStock/Catherine Philip **S. 54**: oben von links © Thinkstock/iStock/AL-Travelpicture; © Thinkstock/iStock/zhuzhu; © Thinkstock/iStock/Peter Zaharov; © fotolia/Birgit Prentner; unten von links © Thinkstock/iStock/KDickinson; © fotolia/Cmon; © Glowimages/SuperStock; Rheinfall © Thinkstock/iStock/photogearch; Galizien © Thinkstock/iStock/jc_cantero **S. 55**: Piktogramme Jahreszeiten ©

fotolia/rashadashurov; Foto oben © Thinkstock/iStock/jakobradlgruber; Foto unten © Shutterstock.com/Lspencer; Piktogramme Wetter © Thinkstock/iStock/tkacchuk; Karte © fotolia/Dylan **S. 56**: Karte © fotolia/Artalis **S. 57**: Quito © Thinkstock/iStock/DC_Colombia; Kompass © fotolia/Ruediger Rau **S. 58**: Mark © Thinkstock/Purestock; Laura © Thinkstock/iStock/Goodluz; Nathalie © Thinkstock/iStock/CandyBox Images **S. 61**: See © Thinkstock/iStock/onairda; Vulkan © Thinkstock/iStock/Ammit; Insel © Thinkstock/iStock/F43iO; Strand © Thinkstock/iStock/ruidoblanco; Wald © iStock/ IngaNielsen; Berge © Thinkstock/iStock/MBPROJEKT_Maciej_Bledowski; Tal © iStock/fotoVoyager **S. 62**: Karte © Thinkstock/iStock/sAbastien Fortier **S. 63**: 1 © fotolia/Randi Utnes; 2 © Thinkstock/iStock/mthaler; 3 © Thinkstock/iStock/Phototreat **S. 66**: © San Sebastian Turismo **S. 68**: Karte © Cartomedia Karlsruhe, cartomedia-karlsruhe.de **S. 70**: Metro © fotolia/JackF; Bus © fotolia/Paco Ayala; Rad © iStock/Nikada; Zug © iStock/holgs; Auto © Thinkstock/Hemera/Elisa Bonato; Taxi © Thinkstock/iStock/WesleyGuijt; Motorrad © PantherMedia/Bogdan Ionescu; Tram © Thinkstock/iStock Editorial/Tupungato; Flugzeug © fotolia/Ilja Mašík **S. 73**: Piktogramme oben von links © Thinkstock/iStock/istrejman; © Thinkstock/iStock/Amornism; © Thinkstock/iStock/artecop2; © Thinkstock/iStock/Andrii_Oliinyk; © Thinkstock/iStock/bubaone; unten von links © Thinkstock/iStock/arabes; © Thinkstock/iStock/plutofrosti; © Thinkstock/iStock/jehsomwang; © Thinkstock/iStock/Moto-rama; © Thinkstock/iStock/Wonderfulpixel **S. 74**: von oben © Thinkstock/Hemera; © Glowimages/SuperStock; © Glowimages/White Star/Jörg Steinert; © Thinkstock/iStock/kszymek **S. 75**: Park © Glowimages/Quickimage; Bar © Glowimages/Maskot; Kino © iStock/Rich Legg; Flohmarkt © Thinkstock/iStock/JMLPYT **S. 76**: © iStock/holgs **S. 78**: 1 © Thinkstock/iStock/MaxRiesgo; 2 © iStock/franckreporter; 3 © Thinkstock/Blend Images/Jon Feingersh; 4 © Thinkstock/Photodisc/Digital Vision **S. 79**: oben von links © Inti de Oro; © action press/ASE/Rex Features; © Thinkstock/iStock/Iamthatiam; Mitte von links © Thinkstock/iStock/cookelma; © Thinkstock/iStock/Astarot; unten von links © Glowimages/Quickimage; © Thinkstock/iStock Editorial/pedrosala **S. 80**: © Thinkstock/Purestock **S. 81**: A © Thinkstock/Lite Production; B © EL DESEO DA S.L.U. Diseño: Javier Mariscal; C © fotolia/Packelle **S. 82**: Torte © Thinkstock/iStock/Hans Van IJzendoorn; Telefon © Thinkstock/iStock/Dimedrol68; Geschenk © fotolia/nito; Freunde © fotolia/VíctorSaboya **S. 84**: von links © fotolia/Packelle; © Thinkstock/Comstock; © Thinkstock/iStock/Erik Reis; © Thinkstock/iStock/Ljupco; © fotolia/Feng Yu **S. 86**: oben von links © Thinkstock/iStock/Antonio_Diaz; © Thinkstock/Photodisc/Digital Vision; © Thinkstock/BananaStock; unten von links © Thinkstock/iStock/Cameron Whitman; © Thinkstock/Blend Images; © Thinkstock/iStock/IPGGutenbergUKLtd **S. 88**: 1, 2 © iStock/aldomurillo; 3 © iStock/PeopleImages; 4 © fotolia/Minerva Studio **S. 89**: Fred & Barney © action press; Feuersteins © action press/UNIVERSAL; Buchstaben © Thinkstock/iStock/WestLight **S. 90**: 1, 3, 7 © Thinkstock/iStock/pking4th; 2 © Thinkstock/iStock/Amornism; 4 © Thinkstock/iStock/Ankudi; 5 © Thinkstock/iStock/DusanVulic; 6 © Thinkstock/iStock/Yulia_Malinovskaya **S.92**: Stühle © Thinkstock/iStock/Katrina Leigh; Stifte © Thinkstock/iStock/Selcuk Kurban; Bücher © Thinkstock/iStock/Grigoriy Lukyanov; Wecker © Thinkstock/iStock/Alexandra Vinogradova; Mäppchen © Thinkstock/iStock/inbj; Kugelschreiber © Thinkstock/iStock/sunstock **S. 93**: 1 © Getty Images/Piero Pomponi/Kontributor; 2 © Glowimages/Fine Art Images; 3 © Thinkstock/Getty Images/Francois Durand; 4 © Thinkstock/Getty Images/Carlos Alvarez **S. 95**: A, D © iStock/EdStock; B © Thinkstock/Getty Images/Carlos Alvarez; C © Thinkstock/Getty Images/Stuart C. Wilson; E © Thinkstock/Getty Images News/Victor Fraile; F © Glowimages/SuperStock **S. 96**: © iStock/Yuri_Arcurs **S. 98**: Würfel © Hueber Verlag, München; Frau © iStock/asiseeit **S. 99**: von links © Thinkstock/iStock/tarasov_vl; © Thinkstock/iStock/Lalith_Herath; © iStock/mgkaya; © iStock/NIELSEN73; © Hueber Verlag, München; © Thinkstock/iStock/mamadela **S. 101**: © Thinkstock/iStock/Maria Volchetskaya **S. 102**: alle Fotos © iStock/apomares **S. 103**: © Glowimages/SuperStock **S. 106**: oben © fotolia/Jeanette Dietl; unten von links © fotolia/Rido; © fotolia/Tamara Kulikova; © fotolia/Yupiramos Group; © Thinkstock/iStock/johavel **S. 110**: © Thinkstock/Stockbyte/Jupiterimages **S. 111**: 1 © Thinkstock/iStock/OcusFocus; 2 © Thinkstock/iStock/mbtphotos; 3 © Thinkstock/iStock/MarioGuti **S. 112**: Uhren © iStock/mevans **S. 113**: © Thinkstock/iStock/monkeybusinessimages **S. 114**: © Thinkstock/iStock/Catherine Yeulet **S. 115**: von links © Thinkstock/iStock Editorial/swilmor; © Thinkstock/Fuse; © fotolia/Hemeroskopion **S. 116**: 1 © fotolia/Javier Castro; 2 © fotolia/eyetronic; 3 © fotolia/karandaev; 4 © PantherMedia/Caron Badkin; 5 © Thinkstock/Hemera/Antonio Muñoz palomares; 6 © Thinkstock/iStock/xyno; 7 © fotolia/FPWing; 8 © Thinkstock/Hemera/Antonio Muñoz palomares; unten © fotolia/FPWing **S. 122**: © fotolia/Marina Ignatova **S. 123**: © fotolia/tommypic **S. 124**: von links © Thinkstock/iStock Editorial/jsonsteby; © Thinkstock/iStock/Nickolay Stanev; © Thinkstock/iStock/jarnogz; © Thinkstock/iStock/chriss73 **S. 126**: 1 © Thinkstock/iStock/KarSol; 2 © Thinkstock/iStock/ZHARATE; 3 © Thinkstock/iStock/javarman3 **S. 128**: von links © iStock/robas; © iStock/anouchka; © iStock/Tupungato; © PantherMedia/Diego Cervo **S. 133**: 1 © Thinkstock/iStock Editorial/Bepsimage; 2 © Thinkstock/iStock Editorial/brightstorm; 3 © Thinkstock/iStock/amibumping; 4 © Thinkstock/iStock/Валерий Военный; 5 © Thinkstock/iStock/amoklv **S. 134**: von links © fotolia/Africa Studio; © fotolia/CandyBox Images; © Thinkstock/iStock/ Denis Raev **S. 136**: © fotolia/Marco Govel

NOTIZEN

Lea Linster

Rundum genial!

Die besten Rezepte der Spitzenköchin

Bassermann

LEA LINSTER
Cuisinière
Route de Luxembourg, 17
Tél : +352 23.66.84.11

INHALT

Talk mit Lea Linster • Seite 6

Häppchen • Seite 12

Suppen • Seite 26

Vorspeisen • Seite 38

Fisch • Seite 52

Wild & Geflügel • Seite 68

Fleisch • Seite 82

Soulfood • Seite 98

Gemüse • Seite 112

Desserts • Seite 126

Pâtisserie • Seite 142

Leas Standards • Seite 156

Rezept-Register • Seite 158

Impressum und Adressen • Seite 160

Spitzenköchin
Lea Linster

»Gutes Essen ist wie Musik. Man kann es genießen, ohne perfekt sein zu müssen!«

Lea, Sie sagen immer, eine Karotte muss wie eine Karotte schmecken. Sind die Produkte das Wichtigste beim Kochen?

Ja, natürlich! Ich achte sehr auf die Qualität: Fleisch, Fisch, Brot oder Gemüse – alles muss wirklich erstklassig sein! Und ich kann Ihnen nur raten, das möglichst auch zu tun. Das Teure ist am Ende meist das Preiswerteste.

Wer gute Zutaten hat, ist aber nicht automatisch eine gute Köchin ...

Nein, es kommt darauf an, wie wir damit umgehen. Lebensmittel sind ganz frisch am besten, aber das bleiben sie nur sehr kurze Zeit. Wir müssen also sehr bewusst einkaufen. Und Hochachtung vor den Produkten der Natur haben: Sie zu veredeln, ohne sie zu verfälschen, das ist die Kunst. Wenn man es dann schafft, die eigenen Ideen und den eigenen Geschmack rüberzubringen – dann ist es ganz wunderbar!

Das sagt sich so leicht! Kann man schmecken denn lernen?

Ich bin sicher, man kann seinen Geschmack trainieren, aber man muss viele gute Sachen probieren. Dabei kommt es gar nicht darauf an, dass ich genau sagen kann, welche Prise von dem und welcher Hauch von jenem in einer Speise ist. Entscheidend ist, ob ich es mag

Die Luxemburger Köchin Lea Linster, Jahrgang 1955, übernahm Anfang der 80er Jahre das Café der Eltern in Frisange. Ihr Ziel: ein Spitzenrestaurant daraus zu machen. Das ist ihr schnell gelungen: 1989 errang sie als bisher einzige Frau den »Bocuse d'Or«, die Weltmeisterschaft der Köche. Ihr Restaurant ist seit mehr als 20 Jahren mit einem Michelin-Stern für die hervorragende Küche ausgezeichnet.

oder nicht. Das ist wie bei der Musik: Ich kann gute Musik lieben und genießen, ohne auch nur eine einzige Note zu kennen.

Ihr Geschmackshirn funktioniert absolut perfekt, wie ich immer wieder merke.

Ich habe sicher ein Talent dafür. Wenn ich etwas schmecke, weiß ich sofort, wonach das ruft, was ich dem noch Gutes tun könnte.

Ohne nachzudenken?

Ja, aus dem Bauch heraus. Es ist mein großes Glück, dass ich über all das nicht nachdenken muss. Viele Kombinationen sind klar, die habe ich schon geschmeckt, aber manchmal fallen mir Sachen ein, da frage ich mich, wie komme ich denn jetzt darauf? Fantasie spielt eine große Rolle, und wie man aufgelegt ist.

Gestern Abend hat Ihr Pâtissier ein Dessert gemacht, das Ihnen nicht so gut gefiel ...

Er hatte das gerade erst ausprobiert, es war ein sahniger Schaum mit ein bisschen Kokos.

Ich fand es einfach zu süß ...

Genau! Ich habe das geschmeckt und sofort

Schon 2005 ein Team: Lea Linster mit ihrem Sohn Louis

»Mein großes Glück ist: Übers Kochen muss ich nicht nachdenken«

gedacht, da fehlt doch etwas! Das braucht eine Kontrastsäure – einen Mix aus Maracuja und Mango oder Limone. Die passen gut zu Kokos. Oder man geht mit der Süße auf eine interessante Fadheit herunter, das mag ich dann auch.

Wie beim Sahnehäubchen auf der Suppe?

Ja, da gibt es einfache Tricks. Ist die Suppe mal einen Tick zu salzig geraten, tut eine ungewürzte Sahnehaube Wunder. Ist die Suppe vielleicht zu schwach geraten und könnte noch Würze vertragen, nimmt man etwas Sahne mit Salz, einem Hauch Muskat, ein paar Tropfen Zitrone und ein bisschen Parmesan – voilà! Dann noch ein paar knusprige Croûtons, und schon ist die Suppe wie verzaubert!

Was mache ich aber, wenn ich nur einen ganz normalen Geschmack habe?

Dann ist es schon mal gut, wenn die Suppe heiß auf den Tisch kommt! Und man kann ausprobieren, was passt dazu? Wenn einem die Erfahrung fehlt, macht man sich einfach einmal ein paar Schälchen mit Suppe. In die eine tut man Kerbel hinein, in die andere Muskatnuss, in die nächste vielleicht Curry oder irgendwas Verrücktes, was man gerade zur Hand hat. Es

»Eigentlich wollte ich Schauspielerin werden. Jetzt ist das Restaurant meine kleine Bühne!«

ist ja nur ein Spiel! Nur so merkt man ja, dass ausgefallene Kombinationen oft überraschend gut schmecken: Zum Beispiel haben wir entdeckt, dass hoch konzentrierter Espresso in einer Soße aus Fleisch-Jus und Orangensaft ganz exzellent zum Lamm oder zum Kalbsbries ist.

Wollten Sie immer schon Köchin werden?

Eigentlich hätte mir die Schauspielerei gut gefallen… Nein, eigentlich wollte ich berühmt werden! Gekocht hatte ich schon als Kind, und ich war mir sicher, das bleibt mir. Aber für die Schauspielerei hätte ich Luxemburg wohl verlassen müssen – und damit meinen geliebten Vater. Der Gedanke gefiel mir überhaupt nicht, da habe ich erst einmal Jura studiert.

… und dann doch das Café der Eltern übernommen, als der Vater starb.

Essen und Kochen sind aus meinem Leben überhaupt nicht wegzudenken. Schließlich kam natürlich auch der Ehrgeiz. Ich wollte es unbedingt so gut machen, dass alle sagen, da fahren wir hin, um Leas Spezialität zu essen.

Sie haben es geschafft, alle Welt will ihr berühmtes Lamm essen!

Ja, den Lammrücken in der Kartoffelkruste, mit dem ich den Bocuse d'Or gewonnen habe, mache ich nun schon 25 Jahre. Und ich habe ihn on top gehalten, so dass man denkt, den muss ich einmal im Leben gegessen haben. Und zum Glück meinen viele, den müssten sie mehrere Male gegessen haben. Dieses Lamm pflege ich ganz besonders, denn ist es gelungen, bekomme ich reichlich Komplimente.

… und Sie genießen das.

Und wie! Jetzt habe ich mir den Traum erfüllt und habe eine offene Küche. Ich kann kochen und gleichzeitig bei meinen Gästen sein…

Damit Sie sie doppelt verwöhnen können?

Ja, ich liebe das. Oder, wie wir in Luxemburg sagen, ich bin froh damit!

Das Team, das auch schon das erste Kochbuch »Einfach und genial« mit Lea Linster realisierte: Corinna Egerer (Art-Direction), Thomas Neckermann (Fotos), Burgunde Uhlig (Produktion) und Susanne Mersmann (Texte)

Rohe Lachswürfel
mit Ingwer und
Koriander Seite 16

»Niemand hat das Recht, Lachs als Schwein des Meeres abzukanzeln. Das ist genauso beleidigend für den Lachs wie für das Schwein, beide sind nämlich echte Delikatessen! Ich liebe Lachs als Häppchen sehr, roh oder mariniert, geräuchert oder als Tatar… Lassen Sie sich von diesen neuen Varianten überraschen. Und von meinen anderen Appetizern: Sie sind raffiniert und einfach zugleich und zubereitet natürlich mit Zutaten von bester Qualität.«

HÄPPCHEN

Komposition
von Garnelen
in Tomatengelee
Seite 17

Mini-Tarteletts mit
Rührei-Creme und
Keta-Kaviar Seite 17

WÜRFEL VON ROHEM LACHS MIT INGWER UND KORIANDER

»Zu dem Appetizer trinke ich am liebsten einen Crémant von der Mosel. Santé!«

Zunächst bereite ich das Lachsfilet vor, das man sich am besten aus der Mitte schneiden lässt. Also: Mit einem langen scharfen Messer setze ich genau zwischen Filet und Haut an und schneide das Filet von der Haut – vom Schwanz nach vorn. Dann drehe ich das Filet um und schneide die grauen Fettpartien sorgfältig ab. Das war's schon.

● Das pure Fischfleisch schneide ich in exakte Würfel von etwa 2,5 mal 2,5 Zentimeter und richte sie auf einer eiskalten Glasplatte schön an – so präzise wie ein Schachfeld. Auf jeden Lachswürfel lege ich ein hauchfeines Scheibchen von der frischen Ingwerwurzel und ein feines Blättchen Koriander. Gern stecke ich noch kerzengerade einen Minispieß hinein – voilà. So können sich Gäste selbst bedienen.

● Zum Dippen gibt es Sojasoße, dazu Meersalz. Wer mag, gibt noch etwas frischen Schwarzpfeffer aus der Mühle darüber, und für Einsteiger kann ein bisschen Zitrone die Sache vertrauter machen. Übrigens: Wenn Sie sich nicht an rohen Lachs trauen – es schmeckt auch mit gutem Räucherlachs.

Der Lachs muss von erstklassiger Qualität sein: Schön frisch, jodig, nach Meer muss er schmecken, mit einem kleinen nussigen Beigeschmack, dann ist Lachs perfekt. Schmeckt er tranig und fischig, soll man ihn lieber lassen. Übrigens: Fisch, der roh nicht genießbar ist, wird auch gegart nicht besser!

FÜR 15 LACHSWÜRFEL **Foto Seite 12**
350 g frisches, rohes Lachsfilet • 20 g frische Ingwerwurzel • 3 Stängel frischer Koriander Sojasoße • Meersalz • evtl. Pfeffer und Zitrone

KOMPOSITION VON GARNELEN IN TOMATENGELEE

»Im Schälchen oder Gläschen serviert, ist es ein sehr elegantes Amuse-Gueule«

Es müssen frische Garnelen, Crevetten oder Scampi in der Schale sein, niemals konservierte – es tut mir jedes Mal Leid um die armen Tierchen, wenn ich so was im Supermarkt sehe ... Die Garnelen koche ich knapp ab, damit sie schön knackig bleiben, etwa zwei Minuten in Salzwasser. Dann schäle ich sie, entferne den (schwarzen) Darm und schneide sie in Stücke.

● Die Möhren, der Knollen- und der Stangensellerie werden geputzt, gewaschen und in sehr feine Würfelchen geschnitten – das nennen wir Köche Brunoise. Dann kurz in kochendem Salzwasser blanchieren. Ich gebe auch etwas Zucker dazu – das stimmt die Gemüse lieblicher.

● Die schönen, reifen Tomaten werden gewaschen, gehäutet und mit dem Stabmixer püriert. Das Tomatenpüree wird mit einem viertel Teelöffel Salz vermischt, damit die Tomaten genügend Saft ziehen, und dann durch ein feines Tuch passiert. Dafür lege ich ein Spitzsieb mit einem Tuch aus und lege alles zum Abtropfen über ein Litermaß – heraus kommen 350 bis 400 Milliliter feiner, klarer Tomatensaft.

● Nun die Gelatine in kaltem Wasser einweichen. Etwas vom Tomatensaft erhitzen, die Gelatine darin zum Schmelzen bringen und unter den Saft rühren. Das Gelee soll nicht ganz fest werden, sondern schön schwabbelig sein. Dann vermische ich die Garnelenstückchen mit der Gemüse-Brunoise, Salz und Piment. Diesen Mix fülle ich in Schälchen, große Löffel oder Gläschen: Darüber kommt das Gelee.

● Manchmal gebe ich darauf ein Wölkchen von halb fest geschlagener Sahne mit einem Hauch Zitrone und als Highlight eine Prise von meinem grünen Salz: Minze- und glatte Petersilienblätter werden gehackt und mit einem Teelöffel Meersalz und einem Teelöffel grobkörnigem Kristallzucker gut gemixt.

FÜR 12 PERSONEN Foto Seite 14
5 Riesengarnelen à ca. 25 g • Meersalz
je 50 g Möhren, Knollen- und Stangensellerie
Zucker • 500 g reife Tomaten • 3 Blatt Gelatine
Piment • 100 g Sahne • 2–3 Tropfen Zitronensaft
etwas Minze und glatte Petersilie • Kristallzucker

MINI-TARTELETTS MIT RÜHREI-CREME UND KETA-KAVIAR

»Luftige Creme und knackiger Kaviar – diese Kombination ist ein fantastisches Geschmackserlebnis!«

Zunächst mache ich eine Pâte brisée, einen Mürbeteig: Ich verknete das Mehl, die kalte Butter, das Ei, Salz, Zucker und die Milch schnell mit der Küchenmaschine, danach noch kurz mit den Händen und lasse den Teig etwa eine Stunde in Frischhaltefolie im Kühlschrank ruhen. Anschließend backe ich die kleinen Mürbeteig-Tarteletts in Förmchen von nur fünf Zentimeter Durchmesser etwa 15 Minuten bei 170 Grad (Umluft 150 Grad, Gas Stufe 2–3).

● Über einem Wasserbad verquirle ich dann die Eier, die Sahne, Meersalz aus der Mühle und einen Hauch Cayennepfeffer mit einem Schneebesen. Ich schlage und erhitze alles so lange, bis eine schöne cremige Masse entsteht. Aufgepasst: Das dauert! Die Eier müssen dabei genügend erhitzt werden, so dass sie stocken, aber cremig bleiben. Ich schlage noch ein paar Butterflöckchen darunter. Ganz elegant wird es, wenn man die Creme zum Schluss durch ein Haarsieb passiert.

● Die Rührei-Creme wird in die Tarteletts gefüllt und mit einer Messerspitze Keta-Kaviar dekoriert.

Sie können die fertigen Tarteletts für den Vorrat prima einfrieren. Oder auch anders füllen: zum Beispiel mit dem Zucchini-Püree von Seite 23 oder der Olivencreme von Seite 107.

FÜR ca. 24 TARTELETTS Foto Seite 15
Teig: 250 g Mehl • 160 g kalte Butter • 1 Ei
je 1 Prise Salz und Zucker • 1 EL Milch
Belag (für ca. 10 Tarteletts):
2 Eier • 1 EL Sahne • Salz • Cayennepfeffer
1 TL Butter • 1–2 EL Keta-Kaviar

Sushi mit Keta-Kaviar,
mit Sesam und Avocado
und mit Lachs Seite 23

»Es fällt leicht, sich auf
Neues einzulassen, wenn
es in kleinen Häppchen
daherkommt. Voilà!«

Indische Galettes mit Lachs-Apfel-Creme Seite 22 ▷

Mini-Croques Monsieur und Mini-Sandwiches Seite 22 ▷▷

»Ich liebe mein Restaurant in Luxemburg. Und ich liebe es, von Zeit zu Zeit als Guest-Chef eingeladen zu sein und in anderen Ländern zu kochen. Ich mache das mit der nötigen Fantasie und den dort üblichen Zutaten. Heraus kommt eine Fusion-Cuisine, eine Crossover-Küche, die mich auch hier zu Hause bereichert!«

INDISCHE GALETTES MIT LACHS-APFEL-CREME

»Traditionelles Brot aus dem Lehmofen, es schmeckt auch gut aus der Pfanne. Nur: Der Teig muss eine Nacht ruhen!«

Zuerst verrühre ich das Ei, die Milch, das Olivenöl und den Joghurt. Hinein kommen je ein Teelöffel Trockenhefe und Backpulver.

● Ich gebe das Mehl in eine Backschüssel und die flüssigen Zutaten dazu. Außerdem rühre ich Zucker, Fenchelsaat, Kümmelsaat, Mohn und das Salz hinein. Mit einem Holzlöffel verarbeite ich alles zu einem Teig, der etwas klebrig sein soll, und lasse ihn dann noch etwa eine Minute von der Küchenmaschine kneten.

● Der Teig wird gut in Frischhaltefolie eingewickelt und kommt so in den Kühlschrank. Dort geht er auf und verdoppelt sich mindestens. Mir ist es tatsächlich schon passiert, dass er aus seiner Folie platzt! Ich habe ihn einfach noch einmal frisch eingewickelt, das schadet überhaupt nichts.

● Am nächsten Tag kann der Teig verarbeitet werden. Ich nehme einen Teil davon und rolle ihn auf einer bemehlten Arbeitsplatte (aus Marmor) etwa drei Millimeter dünn aus, steche Kreise von etwa sechs Zentimeter aus und backe sie in einer Pfanne mit heißem Olivenöl auf beiden Seiten aus. Wenn ich nicht so viele Galettes brauche, backe ich aus dem restlichen Teig einfach ein kleines Brot.

● Die kleinen Galettes garniere ich. Zum Beispiel mit einer Mischung aus Räucherlachs (in ganz feine Würfelchen geschnitten) und ganz feinen grünen Apfelstäbchen, gebunden mit Meerrettich, Sauerrahm und etwas Zitrone.

FÜR ca. 45 GALETTES **Foto Seite 21**
1 Ei • 150 ml Milch • 2 EL Olivenöl • 150 g Joghurt
1 TL Trockenhefe • 1 TL Backpulver
500 g Mehl • 1 TL Zucker • 1 TL Fenchelsaat
1 TL Kümmelsaat • 2 TL Mohn • 1 TL Salz
Olivenöl zum Ausbacken
Belag für 15 Galettes: 100 g Räucherlachs
1 Apfel • 2–3 TL Meerrettich (aus dem Glas)
200 g Sauerrahm • etwas Zitronensaft

MINI-CROQUES MONSIEUR

»Ideal für die Party. Wenn man merkt, man hat mehr Freunde als gedacht ...«

Ich mache meine Croques fünf bis sechs Zentimeter breit, zehn Zentimeter lang und zwei Zentimeter dick. Dazu nehme ich feinporiges Toastbrot. Mein Sohn Louis liebt die Sorte »American Sandwich«, die ist etwas süßlich. Ich nehme deshalb einen Hauch Senf dazu, um die Süße auszutricksen.

● Das Toastbrot mit etwas Senf ganz leicht bestreichen. Dann etwas gesalzene Butter darauf (am besten beides gleich vermischen und aufstreichen). Auf eine Scheibe vom Toast lege ich eine Scheibe Emmentaler, dann gekochten Schinken, dann wieder Emmentaler und obendrauf wieder Toastbrot. Ich schneide rundherum die Brotkruste ab – schön gerade, damit ich später exakte Minis machen kann.

● Der belegte Toast kommt jetzt in den Sandwichtoaster, so dass der Käse schmilzt. Danach schneide ich ihn mit einem scharfen Messer in zwei Hälften.

FÜR 4 MINI-CROQUES **Foto Seite 21**
2 Scheiben Toastbrot • 1–2 TL Senf
gesalzene Butter • 2 Scheiben Emmentaler
1–2 Scheiben gekochter Schinken

VARIATION: MIT LACHS UND CHESTER

Toastbrot mit Butter und Senf bestreichen. Eine Scheibe Chester-Käse auflegen, dann eine Scheibe Räucherlachs und etwas Kresse. Wieder eine Scheibe Chester und die zweite Scheibe Toast.

VARIATION: UNGETOASTET MIT LACHS

Toastbrot mit Sahnemeerrettich bestreichen, eine Scheibe Räucherlachs auflegen, danach ein paar hauchdünne Scheiben grüne Gurke. Ein wenig Kresse drauf, wieder eine Scheibe Räucherlachs und den zweiten Toast. Festdrücken und halbieren.

CROSTINI MIT ZUCCHINI-PÜREE

»So werden Zucchini zum Genuss!«

Ich schäle die Zucchini, schneide sie in Würfel und dünste sie zusammen mit der fein geschnittenen Zwiebel, den zerdrückten Knoblauchzehen, vier Esslöffel Olivenöl und etwas Salz, bis sie zerfallen. Das dauert 20 bis 30 Minuten. Dann werden die Zucchini mit einer Gabel zerdrückt und bei kleiner Hitze geköchelt, damit die Flüssigkeit ganz verdunstet.

● Dieses Püree lasse ich abkühlen und tue es noch ein paar Stunden in den Kühlschrank. Ich vermische es mit dem Ricotta, dem gehackten Basilikum und den Korianderblättern, dazu etwas Salz und Pfeffer. Zum Schluss hebe ich noch einen Esslöffel Olivenöl und einen Spritzer Zitronensaft darunter. Das schmeckt ganz köstlich erfrischend auf Crostini oder als Beilage zu Gegrilltem.

FÜR 25 CROSTINI Foto oben
1 kg Zucchini • 1 Zwiebel • 2 Knoblauchzehen
5 EL Olivenöl • Salz • 250 g Ricotta
4 Stängel Basilikum • ½ Bund Koriander
Pfeffer • 1 Spritzer Zitronensaft

SUSHI IN DREI VARIATIONEN

»Häppchen in ihrer höchsten Vollendung. Damit sie gut gelingen, haben Japaner die schärfsten Messer der Welt erfunden«

Sushi-Reis in ein Sieb geben und unter fließendem, kaltem Wasser so lange abspülen, bis das Wasser klar ist. Ich bringe den Reis dann mit 375 Milliliter Wasser zum Kochen und gare ihn 15 Minuten bei kleiner Hitze im geschlossenen Topf. Zwischendrin prüfe ich immer mal wieder, ob der Reis noch zu feucht ist: Falls ja, gare ich ihn ohne Deckel weiter. Für Fans der asiatischen Küche lohnt sich ein Reiskocher: Darin geht's leicht und perfekt.

● Den Reis-Essig, den Zucker und das Salz erhitzen, bis sich Zucker und Salz aufgelöst haben. Den fertigen Reis etwa fünf Minuten abkühlen lassen und dann mit dem Essigmix vermischen. Den Reis unter einem feuchten Küchentuch ganz abkühlen lassen. Der Reis wird in drei Portionen geteilt und zu drei Sushi-Variationen verarbeitet:

● Lachs-Sushi: Ein Nori-Blatt auf die Bastmatte legen (sie erleichtert das Aufrollen, zur Not tut's auch ein Küchentuch). Auf das Nori-Blatt eine Portion vom Reis drücken. Den frischen Lachs in drei Stäbchen schneiden, in die Mitte vom Reis legen und dünn mit Wasabi bestreichen. Das geht am besten mit dem Finger. Ich rolle den Reis mit Hilfe der Matte über den Lachs auf – außen ist das Nori-Blatt, innen der Lachs, dazwischen der Reis. Die Rolle dann mit einem scharfen Messer in acht gleich lange Stücke schneiden und aufrecht auf eine Platte setzen.

● Sesam-Avocado-Sushi: Ich lege die Reisportion direkt auf die Matte, darauf die Avocadostücke, die ich vorher auch möglichst exakt in Stäbchenform geschnitten habe. Etwas Wasabi darauf verteilen und alles zu einer Rolle formen. Die Rolle wird dann im gerösteten Sesam gewälzt und wieder in acht gleich große Stücke geschnitten.

● Sushi mit Keta-Kaviar: Den Reis gebe ich wieder direkt auf die Bastmatte, rolle ihn ein und teile die Rolle in zehn Stücke. Dann schneide ich aus den Nori-Blättern Streifen, die etwas höher sind als die aufgestellen Reisrollen. Diese Streifen werden um die Reisrollen gelegt, Überschüssiges schneide ich ab. Ich gebe je einen Teelöffel Keta-Kaviar auf die Reisrollen und dekoriere sie fein mit einem Blättchen frischem Koriander. Voilà.

Zum Sushi gibt es ganz stilecht japanische Sojasoße, eingelegte Ingwerscheiben und Wasabi.

FÜR 26 SUSHI-ROLLEN Foto Seite 18
250 g Sushi-Reis • 3 EL Reis-Essig • 1 EL Zucker
½ TL Salz • 3–4 Nori-Blätter • 50 g roher Lachs
etwas Wasabi • ¼ reife Avocado • 2–3 EL Sesamsaat
50 g Keta-Kaviar • frischer Koriander

Mousse von Tomaten und Paprika Seite 25

MOUSSE VON TOMATEN UND PAPRIKA

»Wie ich den Appetit bei meinen Gästen wecke? Was zuerst auf den Tisch kommt, muss raffiniert sein. Und sehr dekorativ!«

Die roten Paprikaschoten mit einem Sparschäler dünn schälen – das geht nur, wenn sie schön knackig sind. Dann halbieren und entkernen. Das Fruchtfleisch klein schneiden und in einen Topf tun.

● Ich häute die schönen, reifen Tomaten, drücke die Kerne heraus und gebe das Tomatenfruchtfleisch zusammen mit dem Tomatenmark, einer großen Prise Zucker und dem abgezogenen Knoblauch zu den Paprika in den Topf. Alles lasse ich bei kleiner Hitze eine Stunde lang köcheln. Das geht ohne zusätzliche Flüssigkeit, weil die Tomaten Wasser ziehen. Ich rühre natürlich ab und zu um, damit nichts am Topfboden ansetzt.

● Die Gelatine in kaltem Wasser einweichen, ausdrücken und im heißen Gemüse auflösen. Danach wird alles püriert und durch ein Haarsieb gestrichen. Heraus kommen etwa 500 Milliliter feinstes Paprika-Tomaten-Püree, das ich abkühlen lasse.

● Nun schlage ich die Sahne und ziehe 150 Gramm davon vorsichtig unter das Püree, zunächst nur 30 Gramm, dann den Rest. Voilà! Die Mousse schmecke ich mit Salz, ein paar Tropfen Zitronensaft, Tomatenketchup und Tabasco ab und fülle sie in zehn Gläser oder kleine Formen, die ich für mindestens vier Stunden in den Kühlschrank stelle.

● Vor dem Servieren verteile ich die restliche, ungewürzte Schlagsahne darauf. Ich spüle die Minze ab, tupfe sie trocken und zupfe eine Hand voll Blätter von den Stielen. Sie werden mit einem scharfen Messer sehr fein geschnitten und mit je einer großen Prise Salz und Zucker gemischt. Diese Mischung kommt auf das Sahnehäubchen – am dekorativsten ist es, wenn es ein exakter Streifen wird. Mein Trick: Ich nehme zwei Blätter Papier zu Hilfe.

FÜR 10 PERSONEN Foto Seite 24
500 g rote Paprikaschoten • 500 g Tomaten
2 EL Tomatenmark • Zucker
½ Knoblauchzehe • 5 Blatt weiße Gelatine
200 g Sahne • Salz • etwas Zitronensaft
1 EL Tomatenketchup • Tabasco • frische Minze

LEAS OLIVENÖLBROT

»Ein fertiges, herrlich duftendes Brot aus dem Ofen zu nehmen – das ist Glück!«

Das Rezept ist ohne Risiko und mit totaler Erfolgsgarantie: Also, ich nehme 200 Milliliter Wasser und verrühre es mit der frischen, zerbröckelten Hefe. Ich gieße das Öl dazu und knete das Mehl und das Salz darunter. Ich verknete alles zu einem glatten Teig und höre erst mit meinem Kneten auf, wenn er so richtig schön glänzt.

● Den weichen Teig lasse ich drei Stunden gehen. Dann knete ich ihn auf der leicht bemehlten Arbeitsfläche nochmals gut durch und forme daraus drei längliche Brote oder 15 Galettes. Ich lege sie auf ein Backblech und lasse sie 30 Minuten gehen. Die Brote werden im vorgeheizten Ofen bei 220 Grad (Umluft 200 Grad, Gas Stufe 5) etwa 30 Minuten gebacken – je nach Größe. Anschließend auf dem Backofenrost abkühlen lassen. Wenn Sie das hinkriegen, sind Ihrer Backfreude keine Grenzen mehr gesetzt!

Der Teig lässt sich gut einfrieren. Mein Sohn Louis nimmt ihn auch für kleine Galettes (mit Olivenöl bepinselt und geröstetem Sesam bestreut) und natürlich für die geliebte Pizza (Rezept Seite 103).

FÜR 3 KLEINE BROTE / 15 GALETTES Foto unten
30 g frische Hefe • 100 ml feinstes Olivenöl
400 g Mehl • 1 TL Salz

»Bei einem Restaurantbesuch muss alles von Anfang bis Ende stimmen, sonst ärgert man sich über das Geld, das man ausgibt. Vom schön gedeckten Tisch bis zum perfekt gemachten Kaffee – nur das Beste ist gut genug. Und genau das verlange ich von meinen Mitarbeitern und von mir. Wir wollen erstklassig sein, damit sich unsere Gäste wohl fühlen. Zum Glück können wir uns aufeinander verlassen. Der Service weiß, dass nur Spitzenqualität aus der Küche kommt. Und ich weiß, es wird perfekt serviert.«

Kaltes Gurkensüppchen
Seite 30

SUPPEN

Brokkolicreme mit
Leas Croûtons Seite 30

» Altmodisch? Für mich ist ein Süppchen der ideale Start ins Menü!«

Bouillon von Edelfischen
mit Safran Seite 31

KALTES GURKENSÜPPCHEN

»Für viele sind Gurken Hassobjekte. Ich finde aber, auch sie haben eine gute und liebevolle Zubereitung verdient«

Zunächst schäle ich die Salatgurken, schneide sie in kleine Stücke und püriere sie mit dem Stabmixer. Dieses Püree lasse ich mindestens eine halbe Stunde in einem Haarsieb abtropfen. Aufgepasst: Den Gurkensaft schön auffangen, denn nur er wird für dieses Rezept gebraucht!

● Inzwischen schneide ich die kleine Zwiebel mit Liebe klein und dünste sie in der Butter an. Ich putze den Porree, schneide das Weiße fein und gebe es zur Zwiebel in den Topf. Ich schäle die Kartoffeln und würfele sie. Auch die Kartoffeln und der Hühnerfond, am liebsten selbst gekocht, kommen jetzt in den Topf. Ich lasse alles zusammen eine gute Viertelstunde köcheln. Danach gebe ich die Sahne hinein und lasse das Gemüse weitere fünf Minuten leise köcheln, bis es gut gar ist. Es ist dann mehr ein Püree als eine Suppe.

● Meine dicke Kartoffelsuppe lasse ich erkalten und püriere sie dann kurz mit dem Stabmixer. Ich gebe so viel vom Gurkensaft hinein, bis alles eine schöne Suppenkonsistenz hat. Zum Schluss gleiche ich eventuell mit etwas Sahne aus und schmecke mit Salz ab.

● Zum Servieren fülle ich das Süppchen in kleine, vorgekühlte Tassen und gebe je einen Esslöffel halbfest geschlagene Sahne obendrauf, die ich mit etwas Salz und einem Spritzer Zitronensaft gewürzt habe. Noch etwas fein geschnittene Minze als Deko – und fertig ist ein frisches Sommersüppchen!

FÜR 6 PERSONEN Foto Seite 27
2 Salatgurken à 500 g • 1 Zwiebel • 1 EL Butter
1 Porreestange (150 g Weißes) • 300 g Kartoffeln
½ l Hühnerfond (Rezept Seite 156)
100 g Sahne • Salz
Garnitur: 6 EL geschlagene Sahne • Salz
etwas Zitronensaft • Minzeblättchen

BROKKOLICREME MIT LEAS CROÛTONS

»Ich liebe es, wenn die kleinen Röschen knallgrün in der Suppe schwimmen«

Vom Brokkoli schneide ich die Rosen ab, entferne den Strunk und schneide die Stiele in kleine Stücke.

● Als Garnitur behalte ich ein paar Miniröschen zurück, die ich extra blanchiere. Ich lasse sie nur etwa eine bis zwei Minuten in Salzwasser kochen und schrecke sie dann sofort in Eiswasser ab, damit sie schön knallgrün bleiben.

● Auch der restliche Brokkoli wird blanchiert: eine halbe Minute im Wasser gekocht und anschließend sofort im Eiswasser abgeschreckt. Er wird im Hühnerfond mit etwas Salz etwa zehn Minuten weich gegart. Ich püriere die Masse mit dem Stabmixer, passiere sie durch ein Haarsieb und lasse sie weitere fünf Minuten kochen. Die Speisestärke löse ich in etwas Wasser auf und ziehe sie unter ständigem Rühren darunter, lasse die Suppe noch einmal aufkochen und schmecke mit Salz ab. Vor dem Servieren verquirle ich das Eigelb mit der Sahne, schlage es unter die Suppe, erhitze sie, lasse sie aber nicht mehr kochen.

● Für die Dekoration schneide ich den Schnittlauch in sehr feine Röllchen und streue ihn über die Creme. Gut schmecken auch ein paar von meinen Supercroûtons dazu.

FÜR 6 PERSONEN Foto Seite 28
700 g Brokkoli • Salz
1 l Hühnerfond (Rezept Seite 156)
etwa 1 EL Speisestärke • 1 Eigelb
100 g Sahne
Garnitur: etwas Schnittlauch • 4 EL Croûtons
(Rezept Seite 156)

BOUILLON VON EDELFISCHEN MIT SAFRAN

»Nicht verraten: Die Suppe macht wenig Arbeit. Dabei ist sie sehr raffiniert und ganz wunderbar, wenn man Gäste hat«

Ich putze das Gemüse und schneide es wieder einmal in feine Würfel (Brunoise, wie wir Profis sagen), schwitze es im Olivenöl an und lösche es mit dem Hühnerfond ab. Zur Not geht's auch mit Wasser. In die Brühe gebe ich den Sternanis, etwas Salz und den Safran. Alles lasse ich 15 Minuten leise köcheln.
● Wenn man eine schöne Gräte hat, zum Beispiel von der Seezunge, von einem Butt oder einer Barbe, kann man sie mitköcheln lassen – aber wirklich nur, wenn es eine ist, die sich im Ganzen wieder herausfischen lässt. Denn es dürfen nachher keine kleinen Gräten in der Suppe schwimmen!
● Inzwischen spüle ich die Filets von verschiedenen Fischen ab und schneide sie in Stückchen. Wenn das Gemüse dann schön knackig gar gekocht ist, gebe ich die Fischstückchen hinzu und lasse sie etwa fünf bis sechs Minuten bei mittlerer Hitze garen. Die Suppe sieht noch besser aus, wenn man pro Person außerdem eine Garnele und eine Jakobsmuschel (nur die weiße Nuss) nimmt.
● Ich serviere die feine Fischsuppe am liebsten in Portionen, es geht aber auch in einer Suppenschüssel. Unbedingt vorher mit Salz und Cayennepfeffer abschmecken.

Dazu mag ich Scheiben vom gerösteten Bauernbrot, die mit einer Knoblauchzehe eingerieben werden.

FÜR 4 PERSONEN Foto Seite 29
**1 Möhre • 1 Zwiebel • 1 kleine Fenchelknolle
1 Selleriestange • 1 Porreestange (das Weiße)
1 Knoblauchzehe • 1 EL Olivenöl
1½ l Hühnerfond (Rezept Seite 156)
1 Sternanis • Salz • einige Safranfäden
ca. 500 g Fischfilet (z. B. Lachs, Kabeljau, Steinbutt, Rotbarsch, Seezunge, Steinbeißer)
evtl. pro Person 1 Garnele und 1 Jakobsmuschel
Cayennepfeffer**

SELLERIECREMESUPPE

»Hier gehen Sellerie und Olivenöl eine schöne Verbindung fürs Leben ein«

Die Schalotte schneide ich fein und dünste sie in etwas Olivenöl glasig. Den Knollensellerie schälen, würfeln, kurz mit andünsten und mit 50 Milliliter vom Hühnerfond ablöschen. Milch und Sahne dazugießen, etwas Thymian und das Lorbeerblatt hinein und etwa 20 Minuten köcheln lassen.
● Wenn der Sellerie weich ist, gieße ich ihn ab, fange aber den köstlichen Sud auf. Den Sellerie püriere ich mit dem Stabmixer und hebe 50 Milliliter von dem Sud, einen Esslöffel Butter und etwas feinstes Olivenöl darunter und püriere noch einmal, bis alles schön glatt und geschmeidig ist. Nun erst salzen.
● Die Hälfte vom Püree verteile ich in vier Suppentassen, die zweite Hälfte vermische ich mit dem restlichen Sud, gebe weitere 150 bis 200 Milliliter heißen Hühnerfond dazu, fülle die Flüssigkeit auf das Püree und dekoriere mit einem kleinen Klacks geschlagener Sahne und ein paar Tropfen Olivenöl.

FÜR 4 PERSONEN Foto unten
**1 Schalotte • 3 El Olivenöl • 300 g Knollensellerie
200–250 ml Hühnerfond (Rezept Seite 156)
150 ml Milch • 150 g Sahne • ½ Bund Thymian
1 Lorbeerblatt • 1 EL Butter • Salz**
Garnitur: 2 EL geschlagene Sahne • Olivenöl

»Rind und Huhn in einer Brühe – es gibt nichts Feineres!«

Leas
Festtagsbrühe
Seite 33

LEAS TRADITIONELLE FESTTAGSBRÜHE

»Die Suppe gab's in Frisange zu jedem Fest, egal ob Hochzeit oder Beerdigung«

Alles ist ganz einfach: In einem großen Topf setze ich eine schöne Poularde und das Rindfleisch in drei Liter kaltem Wasser auf, bringe es zum Kochen und schäume die Suppe sorgfältig ab. Das Rindfleisch soll-te ein gutes Stück vom Bug sein: Später hat es seinen Starauftritt als Tafelspitz (Rezept Seite 89)!

● Jetzt erst darf das Gemüse hinein: die Möhren für die Süße, der Sellerie für die Würze, ein Bouquet garni für den runden Geschmack, etwas Salz und ein paar Pfefferkörner. Und, nicht zu vergessen, dicke, halbierte Zwiebeln, die man erst in einer Eisenpfanne brät, bis sie schwarz werden – das ist gut für Farbe und Aroma der Suppe. Ich gebe auch eine mit einer Nelke gespickte Zwiebel hinein und ein paar geviertelte Tomaten. Damit alles schön bindet, lasse ich pro Liter einen Esslöffel Sago mitkochen.

● Das Huhn nehme ich nach ungefähr einer Stunde aus der Suppe, lasse es abkühlen und verwende das Hühnerfleisch zum Beispiel für Königinpasteten.

● Das Rindfleisch muss weitere zwei Stunden auf kleiner Flamme in der Brühe köcheln. Wenn die Gallertstreifen im Rindfleisch zart sind, zergeht auch der Tafelspitz auf der Zunge. Das gare Fleisch nehme ich heraus, passiere die Brühe durch ein Haarsieb und stelle sie kalt, damit ich anschließend das erstarrte, überschüssige Fett abnehmen kann. Es bleiben etwa drei Liter feinste Brühe übrig.

● Vor dem Servieren erhitze ich die Suppe und koche die Eier hart. Sie werden mit der Gabel zerdrückt und in Suppenteller verteilt. Darauf fülle ich die heiße Brühe, gebe fein gehackte Petersilie drüber, und auch ein Schuss Madeira kann nicht schaden!

FÜR 3 LITER BRÜHE Foto Seite 32
**1 Poularde (1,3 kg) • 1,3 kg Rindfleisch • 3 Möhren
200 g Knollensellerie • 1 Bouquet garni (Petersilie, Thymian, Liebstöckel, Porree, Lorbeerblatt) • Salz
1 TL Pfefferkörner • 2 Zwiebeln • 1 Nelke
3 Tomaten • 3 EL Sago**

**Garnitur: 1 Ei pro Person • glatte Petersilie
evtl. Madeira**

DEFTIGER LINSENEINTOPF

»Den braucht man im Winter!«

Zuerst spüle ich die Puy-Linsen kalt ab, bringe sie in kaltem Wasser zum Kochen und lasse sie nur zwei Minuten kochen. Dann gieße ich sie durch ein Haarsieb ab und schrecke sie noch einmal kalt ab.

● In einem mittelgroßen Eisentopf dünste ich meine fein geschnittene Zwiebel in Butter glasig, gebe die blanchierten Linsen dazu, rühre einmal gut um und gieße dann den Hühnerfond an. Ich bringe alles zum Kochen und gebe das Bouquet garni und die Möhren und den Sellerie, beides fein gewürfelt, dazu.

● Ich lege ein Stück geräucherten Speck hinein, den ich vorher ebenfalls kurz blanchiere. Leise köcheln lassen, bis die Linsen gar sind, eventuell etwas Fond zugeben. Wenn die Linsen gar sind, fische ich das Bouquet garni und den Speck heraus. Vom Speck ziehe ich die Schwarte ab und lasse ihn etwas abkühlen. Dann schneide ich ihn in große Würfel.

● Pro Person eine Kochwurst in kochendes Wasser geben und etwa eine viertel Stunde ziehen lassen. Den Speck und die Kochwurst zu den Linsen tun. Mit Salz und Pfeffer abschmecken. Etwas gehackte Petersilie darüber geben und etwas Essig oder saure Sahne dazu servieren. Und der Winter ist vergessen!

Manchmal nehme ich zwei Kellen von der Suppe, püriere sie und gebe sie wieder dazu. So wird's wie ein dicker Linseneintopf.

FÜR 4 PERSONEN Foto oben
**300 g Puy-Linsen • 1 kleine Zwiebel
1 EL Butter • 1½ l Hühnerfond (Rezept Seite 156)
1 Bouquet garni (1 Lorbeerblatt, 1 Bund Thymian, 1 Nelke, 1 Knoblauchzehe, 1 Porreeblatt)
100 g Möhren • 150 g Knollensellerie
200 g durchwachsener Speck • 4 Kochwürste • Salz
Pfeffer • glatte Petersilie • Essig oder saure Sahne**

△ Leas feine Spargelcreme Seite 37

Essenz von roter Bete mit Sahnehäubchen Seite 37 ▷

» Als Kind liebte ich die Großmutter einer Kindergartenfreundin, weil die stets gut gelaunt war. So oft ich sie auch besuchte, sie hantierte mit roter Bete herum. Sie kochte, schälte, schnitt, marinierte oder aß die Knollen. Ich dachte, sie hätte deshalb so wunderschöne rote Bäckchen. Die wollte ich auch gern haben … «

» Kochen heißt, dem eigenen Geschmack zu vertrauen«

LEAS FEINE SPARGELCREME

»Aus einem königlichen Gemüse wird eine wahrhaft göttliche Suppe«

Den Spargel gut mit kaltem Wasser abspülen und schälen, die Enden knapp abschneiden. Die Spargelschalen koche ich 20 Minuten in einem Liter Wasser mit Salz und einer Prise Zucker. Diesen Spargelsud gieße ich durch ein Sieb und messe einen drei viertel Liter davon ab.

● Nun schneide ich die Spargelspitzen ab, lasse sie für zwei Minuten im Spargelsud sprudelnd kochen, nehme sie heraus und lasse sie abtropfen. Den restlichen Spargel schneide ich in kleine Stückchen.

● Ich ziehe die Schalotten ab, schneide sie in feine Würfel und dünste sie in der heißen Butter glasig. Dann kommen die Spargelstücke hinein und werden mitgedünstet. Anschließend siebe ich das Mehl darüber und dünste es ebenfalls kurz an.

● Ich gieße den heißen Spargelsud, den Hühnerfond und die Milch dazu, rühre dabei immer schön um und lasse alles 15 Minuten kochen. Die Suppe püriere ich anschließend mit dem Stabmixer und passiere sie, damit's ganz fein wird, durch ein Haarsieb und schmecke sie mit Salz und etwas Cayennepfeffer ab.

● Kurz vor dem Servieren schlage ich die Sahne steif. Ich fülle die Spargelcreme in vier Suppentassen und verteile die Spargelspitzen – ganz gerecht natürlich. Noch je einen Löffel geschlagene Sahne darauf und das Häubchen mit einem Hauch Cayennepfeffer und etwas Kresse, die ich frisch vom Beet schneide, dekorieren. Bon appétit!

FÜR 4 PERSONEN Foto Seite 34
1 kg weißer Spargel • Salz • 1 Prise Zucker
2 Schalotten • 30 g Butter • 1 EL Mehl
¼ l Hühnerfond (Rezept Seite 156)
100 ml Milch • Cayennepfeffer

Garnitur: 100 g Sahne • Cayennepfeffer
etwas Kresse

ESSENZ VON ROTER BETE

»Eine fruchtige Variante für meine über alles geliebte Hühnerbouillon«

Die rote Bete gut waschen, schälen und in kleine gleichmäßige Würfel schneiden. Zur Abwechslung kann man sie auch in eine kurze Julienne schneiden, also in sehr feine Streifen von etwa drei bis fünf Zentimeter Länge. Das ist in diesem Fall egal.

● Ich blanchiere die Rote-Bete-Würfel einmal kurz, damit der übermäßig irdene Geschmack weggeht. Dann bringe ich den Hühnerfond zum Kochen, gebe die Rote-Bete-Würfel hinein und lasse alles zusammen zehn Minuten kochen. Der Fond färbt sich dabei schön rot und schmeckt angenehm fruchtig. Ich gieße die Bouillon durch ein Sieb, schmecke sie mit Salz und Zucker ab und löse etwas Maizena in ein wenig Wasser auf und dicke die Suppe damit an.

● In einer kalten Schüssel schlage ich die kalte Sahne, die ich mit einem Spritzer Zitrone und einem Hauch Salz würze. Aber nicht zu fest, sie soll eher dickflüssig sein. Jedes Suppentässchen dekoriere ich mit einem Löffel von der Sahne und einem Hauch Kresse, frisch vom Beet geschnitten.

Als Erstes unbedingt Einweg- oder Gummihandschuhe anziehen – sonst haben Sie viel mehr Arbeit mit dem Händewaschen als mit der Zubereitung der roten Bete!

FÜR 6 PERSONEN Foto Seite 35
1 rote Bete (roh ca. 200 g)
1 l Hühnerfond (Rezept Seite 156) oder
Festtagsbrühe (Rezept Seite 33)
Salz • etwas Zucker • ½ TL Maizena

Garnitur: 75 g Sahne • etwas Zitronensaft
Salz • etwas Kresse

Garnelenschwänze auf Spargel-Bohnen-Salat Seite 44

» Ich komme aus dem kleinen Land Luxemburg, mein Dorf ist Frisange. Wer es nicht französisch ausspricht, sagt Frisingen. Zehn Minuten in die eine Richtung – man fährt über die Mosel und ist schon in Deutschland. Fünf Minuten in die andere Richtung, und man ist in Lothringen. Also, für eine Dorfköchin habe ich es ganz schön weit gebracht. Das liegt wohl daran, dass ich so viel Freude daran habe, stets das Beste aus allem zu machen.«

VORSPEISEN

»Ein dünner Teig mit köstlicher Füllung – das ist Nudelglück!«

Ravioli mit Kürbisfüllung Seite 44

Gefüllte
Zucchiniblüten
Seite 45

» Gutes Essen befriedigt alle Sinne des Menschen«

Carpaccio vom Tunfisch Seite 45

GARNELEN AUF SPARGEL-BOHNEN-SALAT

»Besser lässt sich ein echter Gourmet-Magen kaum öffnen, finde ich«

Zuerst koche ich die ausgepalten Bohnen vier Minuten in sprudelndem Salzwasser. Danach in ein Sieb gießen und mit kaltem Wasser abspülen. Die Bohnenkerne drücke ich aus den Schalen.

● Den Spargel kalt abspülen, schälen und die Enden abschneiden. Mit dem Sparschäler ziehe ich dann von oben nach unten dünne Späne ab, so als ob ich den Spargel immer weiterschälen würde. Voilà! Anschließend die Lauchzwiebel putzen, kalt abspülen und nur das Weiße in dünne Ringe schneiden.

● Ich halbiere die Garnelenschwänze der Länge nach, lasse sie aber am Schwanzende zusammen. Der schwarze Darm wird entfernt, die Garnelen kurz abgespült und gut trockengetupft.

● Die Rauke spüle ich kurz kalt ab, tupfe sie trocken und zupfe sie klein. Dann mische ich Rauke, Spargelspäne, Lauchzwiebel und Bohnenkerne und würze schön mit Salz, Pfeffer und einem guten Sherryessig.

● Jetzt schnell die Garnelenschwänze in zwei Esslöffel heißem Olivenöl von jeder Seite zwei Minuten braten. Herausnehmen, mit Salz und Pfeffer würzen.

● Ich verteile das Tomaten-Compôte auf vier Teller und dressiere den Salat und die gebratenen Garnelenschwänze darauf. Zum Schluss träufele ich noch etwas Melfor, die französische Essig-Honig-Spezialität, und gern auch etwas Olivenöl darüber.

FÜR 4 PERSONEN Foto Seite 38
250 g dicke Bohnen • Salz • 250 g weißer Spargel
1 Lauchzwiebel • 8 Garnelenschwänze • 20 g Rauke
Pfeffer • 1–2 EL Sherryessig • 3 EL Olivenöl
2 EL Tomaten-Compôte (Rezept Seite 119)
3 EL Melfor (oder ½ EL Akazienhonig mit 3 EL Obstessig vermischen)

RAVIOLI MIT KÜRBISFÜLLUNG

»Mein Sohn Louis liebt Halloween, diese Horrorsaison. Ich liebe sie nur, weil dann Kürbis in meinen Töpfen schmurgelt«

Zuerst mache ich den Nudelteig, verarbeite also das Mehl, das Ei, das Eigelb und das Olivenöl sorgfältig zu einem festen, glatten Nudelteig. Ich wickle ihn gut in Frischhaltefolie ein und lege ihn für mindestens eine Stunde in den Kühlschrank. Danach ist mein Teig schön elastisch und lässt sich richtig gut ausrollen.

● Für die Füllung schäle ich den Muskatkürbis und schneide das Fleisch in kleine Würfel. Ich zerlasse die Butter in einer Kasserolle und dünste meine kleine, fein geschnittene Zwiebel darin, bis sie glasig ist. Dann kommen die Kürbisstücke dazu, alles wird gesalzen und gepfeffert und ganz weich gekocht. Aber ohne Deckel – denn das Kürbiswasser muss verdunsten können! Der Kürbis ist perfekt, wenn eine festere Püreemasse im Topf ist, das dauert etwa 20 Minuten.

● Ich rühre den frisch geriebenen Parmesan unters Püree und das Eigelb, würze alles mit einem Hauch frisch geriebenem Muskat, schmecke ab – und fertig ist die fantastische Nudelfüllung.

● Den Nudelteig muss ich jetzt in vier Stücke schneiden und dünn ausrollen. Das geht natürlich mit der Teigrolle, einfacher ist's aber mit einer Nudelmaschine. Ich mache lange Bänder von etwa zwölf Zentimeter Breite und schneide sie dann in Quadrate (Seitenlänge zehn Zentimeter).

● Ich drehe den Teig so, dass ich Rauten vor mir liegen habe. Auf das untere Dreieck dressiere ich dann mit einem Teelöffel die Kürbisfüllung und bepinsele den Rand des oberen Dreiecks mit etwas Wasser. Nun schlage ich das obere Dreieck über das untere mit der Füllung und drücke die Teigtasche mit Daumen und Zeigefinger rundum ganz fest zu.

● Die Ravioli in viel Salzwasser nur etwa zwei bis drei Minuten gar kochen. Mit dem Schaumlöffel herausheben und auf eine warme Platte legen oder sofort auf die vorgewärmten Teller.

● Am besten schmecken mir die Ravioli mit etwas Salbeibutter und ein paar Spänen vom frischen Parmesan. Für die Salbeibutter nehme ich Blätter vom schönsten Salbei und zerschneide sie etwas. Ich

zerlasse die feine Butter, tue den Salbei hinein, salze, gebe Pfeffer aus der Mühle darüber und dann noch zwei Tropfen Zitronensaft hinein.

Trick beim Salbei: Man darf ihn nicht zu fein hacken, sonst wird der Geschmack zu streng!

FÜR 4 PERSONEN (12–15 Ravioli) Foto Seite 40
Nudelteig: 150 g Mehl • 1 Ei • 1–2 Eigelb
1 EL Olivenöl
Füllung: 400 g Muskatkürbis • 1 EL Butter
1 Zwiebel • Salz • Pfeffer • 60 g Parmesan
1 Eigelb • Muskatnuss
Salbeibutter: 6 Salbeiblätter • 50 g Butter
Salz • Pfeffer • 2 Tropfen Zitronensaft

GEFÜLLTE ZUCCHINIBLÜTEN

»Schluss mit Vorurteilen: Ich mache aus Zucchini eine kulinarische Köstlichkeit!«

Ich trenne die Blüten unten an der kleinen Zucchini ab und schneide die Blüte mit einer Küchenschere auf. Den Blütenstempel trenne ich mit einem kleinen Messer heraus und bewahre ihn als Garnitur auf. In die Blüte wickle ich ein Stückchen rohes Lachsfilet ohne Haut. Leicht salzen und in heißer Butter auf beiden Seiten etwa zwei Minuten garen. Der Lachs soll nicht ganz durch sein.

● Die kleinen Zucchini in knopfgroße Taler schneiden und in heißer Butter mit etwas Salz und Kardamom (frisch gemahlen wie Pfeffer) würzen. Ich gebe noch einen Spritzer Zitronensaft dazu und einen Esslöffel Hühnerfond. Die Zucchinischeibchen und die gefüllten Blüten serviere ich zusammen, und dazu gibt's bei mir einen guten Riesling. Bon appétit!

FÜR 4 PERSONEN Foto Seite 41
4 kleine Zucchini mit Blüte • ca. 120 g roher Lachs
Salz • 3 EL Butter • Kardamom
1 Spritzer Zitronensaft • 1 EL Hühnerfond

CARPACCIO VOM TUNFISCH

»Dieses Rezept bitte nur machen, wenn Sie ganz frischen Tunfisch bekommen!«

Ich nehme Tunfischfilet von erstklassiger Qualität und – wie gesagt – ganz frisches. Am besten gelingt es, wenn es ein rundes Stück ist. Das Tunfischfilet schneide ich in acht Scheiben und stelle es kalt. Ich verrühre die Crème fraîche mit dem Meerrettich und verteile die Masse auf vier Schälchen. Auch die Sojasoße und das Sesamöl fülle ich in kleine Schalen.

● Vom Nori-Blatt schneide ich mit einem scharfen Messer vier Streifen ab. Ich spüle die Limette ab, trockne sie und reibe die Schale fein ab. Auf jeden Teller drapiere ich jetzt einen Algenstreifen, eine feine Linie aus Limettenschale und eine feine Linie aus Paprikapulver. Ich gebe die Tunfischscheiben in die Mitte und bestreue sie mit ein paar Thymianblättchen und grobem Meersalz. Voilà – hier macht die Dekoration mehr Arbeit als das Kochen!

FÜR 4 PERSONEN Foto Seite 43
300 g Tunfischfilet • 2 EL Crème fraîche
1–2 TL Meerrettich (Glas) • Sojasoße • Sesamöl
1 Nori-Blatt (Algenblatt) • 1 Limette
Paprikapulver • 4 Stängel Thymian • Meersalz

Mousse de Jambon –
Schinkenmousse Seite 47

MOUSSE DE JAMBON – SCHINKENMOUSSE

»Nehmen Sie einen Schinken, der Ihnen gut schmeckt und nicht zu trocken ist«

Den feinen gekochten Schinken sorgfältig von allem Fett und allen Sehnen befreien, in kleine Würfel schneiden und kalt stellen.

● Nun mache ich eine Béchamelsoße: Dafür schmelze ich die Butter in einem Topf und rühre das Mehl mit dem Schneebesen darunter. Schön eine Minute lang dünsten. Ich gebe den kalten Geflügelfond dazu, verrühre ihn kräftig und lasse ihn unter Rühren aufkochen. Jetzt kommt die kalte Sahne hinein. Diese Flüssigkeit koche ich drei bis fünf Minuten ein, bis etwa 100 Milliliter dicke Béchamelsoße übrig ist, und lasse sie abkühlen.

● So, nun weiche ich die Gelatine in kaltem Wasser ein. Dann püriere ich die Schinkenwürfel ganz fein in der Küchenmaschine, gebe die kalte Béchamelsoße dazu und verarbeite alles sorgfältig zu einer glatten Farce. Nun muss die Gelatine in einem Esslöffel heißem Wasser aufgelöst und unter die Schinkenfarce gezogen werden, bis alles schön vermischt ist.

● Ich gebe noch einen guten Schuss Cognac und einen Schuss Portwein hinein und würze kräftig mit Salz und Pfeffer und gebe zum Schluss noch einen Hauch frisch geriebenen Muskat darüber. Jetzt wird die kalte Sahne steif geschlagen und vorsichtig mit einem Holzlöffel unter die Schinkenmasse gehoben.

● Die Schinkenmousse in eine Schüssel geben und kalt stellen, am besten über Nacht. Zum Servieren steche ich mit einem in Wasser getauchten Löffel Nocken davon ab. So wird's schön dekorativ!

FÜR 10 PERSONEN **Foto Seite 46**
750 g gekochter Schinken (600 g ohne Fett)
Cognac • Portwein • Salz • Pfeffer • Muskatnuss
300 g Sahne • 4 Blatt weiße Gelatine

Béchamelsoße: 1 EL Butter • 1 EL Mehl
150 ml Hühnerfond (Rezept Seite 156)
100 g Sahne

△ **Linsensalat mit geräucherter Entenbrust Seite 50**

Fenchel-Flan und seine Variationen Seite 50 ▷

» In der Sterne-Gastronomie ist es ganz selbstverständlich, Menüs mit vier, fünf oder gar sechs Gängen zu kreieren. Davor muss man als Gast keine Angst haben – die Mengen sind stets so berechnet, dass man sich nicht schwer fühlt. Und so sind die Vorspeisen meist klein und leicht!«

LINSENSALAT MIT GERÄUCHERTER ENTENBRUST

»Auch Hobbyköche haben Ideen. Diese ist von unserem Ex-Wirtschaftsminister!«

Die Puy-Linsen werden blanchiert, also abgespült, in reichlich kaltem Wasser ohne Salz zum Kochen gebracht und nach zwei Minuten auf einem Haarsieb abgegossen. Nochmals kalt abspülen. Jetzt erst koche ich die Linsen richtig: in nur ganz leicht gesalzenem Wasser mit einem Bouquet garni, so ungefähr 15 Minuten. Die Linsen sollen gar sein, aber noch Biss haben und nicht aufplatzen.

● Zwischendurch mache ich eine schöne Vinaigrette, am liebsten mit viel Senf, denn die Linsen können was vertragen! Die geräucherte Entenbrust bekommt man fertig geschnitten zu kaufen. Bitte die beste nehmen und in feine Scheibchen schneiden. Sie darf natürlich durch sehr guten Schinken oder Bündner Fleisch ersetzt werden.

● Die fast abgekühlten Linsen mit der kräftigen Vinaigrette vermischen und zehn bis 15 Minuten ziehen lassen. Nochmals abschmecken, denn die Linsen saugen viel Vinaigrette auf und dürfen nicht fade sein!

● Auf flachen Tellern einen Ausstecher von sechs bis acht Zentimeter Durchmesser mit den Linsen füllen, etwas andrücken, dann mit fünf bis sechs Entenbrustscheibchen rundum garnieren. Zwischen den Entenscheibchen sehen halbe Kirschtomaten als Dekoration schön aus und etwas Kerbel obendrauf.

FÜR 6 PERSONEN Foto Seite 48
**200 g Puy-Linsen • Salz • 1 Bouquet garni
150 g geräucherte Entenbrust
6 Kirschtomaten • etwas Kerbel**
Vinaigrette: 3 EL Weißweinessig • 2 EL scharfer Senf • Salz • Pfeffer • 6 EL Traubenkernöl

FENCHEL-FLAN

»Klein geschnitten gart Gemüse schneller und behält so seinen feinen Geschmack!«

Von den Fenchelknollen schneide ich erst mal rundum die zu harten Teile ab. Dann schneide ich die Knollen in kleine Würfel. Auch die Zwiebel schneide ich klein, dünste sie im Olivenöl an und gebe dann den Fenchel hinein. Noch etwas Salz dazu, zwei Esslöffel Wasser und den Deckel auf den Topf, damit das Gemüse schön im eigenen Saft gart. Das dauert etwa 20 Minuten bei kleiner Hitze. Dann den Deckel abnehmen und die Flüssigkeit unter ständigem Rühren verdunsten lassen – das Gemüse soll so trocken wie möglich sein, damit der Flan gelingt!

● Nun püriere ich das Gemüse ganz fein, zusammen mit der Sahne und der einmal aufgekochten Milch, zwei Eiern und einem Eigelb – am besten im Mixer der Küchenmaschine. Anschließend passiere ich alles durch ein Haarsieb, schmecke mit Salz und Pfeffer ab und fülle die Masse in acht kleine, gebutterte Auflaufförmchen (à 100 Milliliter).

● Heißes Wasser in die Fettpfanne des Backofens gießen, zwei bis drei Zentimeter hoch, und die Förmchen reinstellen. Die Masse bei 150 Grad (Umluft 130 Grad, Gas Stufe 1) ungefähr eine Stunde stocken lassen. Danach noch einige Minuten im Ofen verweilen lassen und dann stürzen. Wenn's nicht gleich klappt, löse ich den Flan mit einem Küchenmesser vom Rand der Förmchen.

Der Fenchel-Flan ist eine köstliche, kleine Vorspeise, warm oder kalt. Er passt auch hervorragend zu Lammfleisch, Rind und Kalb, denn er verträgt sich gut mit dem Fleisch-Jus.

FÜR 8 PERSONEN Foto Seite 49
**400 g Fenchelknollen • 1 Zwiebel • 2 EL Olivenöl
Salz • 150 g Sahne • 100 ml Milch • 3 Eier
Pfeffer • Butter**

VARIATION: Möhren-Flan
Wird genauso gemacht wie mit Fenchel, nur die Zwiebel kann man weglassen. Der Flan schmeckt auch aus Brokkoli, roter Bete, Sellerie, Paprika oder Blumenkohl.

LAUWARMER HUMMER MIT SAUCE BÉARNAISE

»Ich schlage meine Soße direkt im Topf. Ein Wasserbad macht's leichter«

Das Einfache zuerst: Der große, frische Hummer wird schon gekocht gekauft. Der Hummer wird im Ganzen locker in Alufolie gewickelt und kommt für zehn Minuten in den 150 Grad (Umluft 130 Grad, Gas Stufe 1) warmen Ofen. Dann wird er zerteilt, wie es auf den Fotos links von Lea gezeigt wird.

● Nun der schwere Teil: die Soße der Meisterköche. Dafür brauche ich erst einmal die Reduktion, die der Béarnaise ihren besonderen Geschmack gibt. Dafür schneide ich eine Schalotte mit Liebe in feine Würfel und hacke die Estragonblättchen, ich brauche einen Esslöffel davon. Beides gebe ich zusammen mit dem Weißweinessig und 50 Milliliter Wasser in einen kleinen Topf. Ich koche es so lange, bis die Flüssigkeit verdampft ist. Dann kommen wieder 50 Milliliter Wasser hinein und werden gekocht, bis nur noch etwa drei Esslöffel im Topf sind. Voilà, la réduction!

● Diese Reduktion drücke ich entweder durch ein feines Haarsieb oder gebe sie so in die Soße – wichtig ist der saure Kräutergeschmack. Jetzt schmelze ich die Butter und schöpfe ihren Schaum ab.

● Das ganz frische Eigelb und die Reduktion in einen Schlagkessel aus Edelstahl geben und aufs heiße Wasserbad setzen. Mit dem Schneebesen oder den Quirlen des Handrührers alles schön schaumig schlagen und nach und nach die flüssige Butter unterrühren, bis eine cremige, goldgelbe Soße entstanden ist. Die wird mit Salz abgeschmeckt, mit dem fein gehackten Estragon und, ganz wichtig, einem Esslöffel Kerbelblättchen verfeinert. Ich gebe noch einen Hauch weißen Pfeffer aus der Mühle darüber. Voilà! Sollte die Soße mal ein wenig zu fest oder zu sauer geraten: Mit einem Schuss Wasser oder Champagner lassen sich Konsistenz und Säure der meisterlichen Béarnaise regulieren.

FÜR 2 PERSONEN Fotos links
1 Hummer (800 g)
**Sauce Béarnaise: 1 Schalotte • 1 EL Estragon
3 EL Weißweinessig • 100 g Butter • 2 Eigelb • Salz
1 EL Kerbel • weißer Pfeffer • evtl. Champagner**

»Kochen ist mein Leben. Ich liebe es, zu sehen, zu riechen, zu schmecken, wie die guten Zutaten zu einem perfekten Essen werden. Und ich liebe nicht nur meine neuen Kreationen, sondern auch meine Klassiker. Zum Beispiel eine Sauce Choron. Die mache ich immer noch so, wie es mir Paul Bocuse schon vor mehr als zwanzig Jahren beigebracht hat. Die Soße passt perfekt zu einem Steinbutt. Und ich denke gar nicht daran zu experimentieren, wenn der absolute Genuss gefunden ist.«

FISCH

Lachs auf grünem Spargel Seite 58

Loup de mer
in der Salzkruste
Seite 58

»Die kostbarsten Sachen sind am Ende die preiswertesten«

Edler Steinbutt mit Sauce Choron Seite 59

» Ich bin froh, an der Mosel zu wohnen, bei meinem Weinberg!«

Marinierter Lachs Seite 59

LACHS-CONFIT AUF GRÜNEM SPARGEL

»Meine beiden Lieblinge Lachs und Spargel behandle ich hier besonders zärtlich«

Den Spargel kalt abspülen und das untere Drittel schälen. Die Spargelenden abschneiden. Die Spargelspitzen etwa acht Zentimeter lang abschneiden.

● Den Backofen heize ich auf 50 Grad vor. Dann erhitze ich das Öl in einem Topf auf etwa 40 Grad (wenn Sie mit einem Finger in das Öl tauchen, muss es also heißer sein als Ihr Badewasser!).

● Ich spüle den Lachs ab und tupfe ihn trocken. Dann lege ich ihn in eine kleine, vorgewärmte Auflaufform und bedecke ihn mit dem warmen Öl. Ich verschließe die Form gut mit Klarsichtfolie und lasse den Lachs etwa 40 Minuten im Ofen ziehen. Das Lachsfilet soll nicht fertig garen, sondern durch und durch warm werden, sonst würde das Eiweiß aus dem Fisch laufen.

● Jetzt koche ich die Spargelspitzen fünf Minuten im Geflügelfond. Ich nehme sie mit einer Schaumkelle vorsichtig heraus und halte sie warm. Die unteren Spargelstücke schneide ich in kleine Stücke und dünste sie in heißer Butter an. Ich gieße den Geflügelfond zu und dünste alles zehn Minuten bei kleiner Hitze. Danach püriere ich die Spargelstücke in der Brühe mit dem Stabmixer schaumig.

● Das Spargelpüree schmecke ich mit Salz, Pfeffer und einer Prise Zucker ab und dressiere es auf zwei vorgewärmte Teller. Auf das Püree schichte ich dann je zwei Lagen à vier Spargelspitzen so versetzt, dass sie ein raffiniertes Muster ergeben.

● Ich hebe den Lachs aus dem Öl, tupfe ihn ab und lege ihn vorsichtig auf den Spargel. Zum Schluss wird er noch mit grobem Meersalz und einem Hauch Cayennepfeffer bestreut. Ein Festessen!

FÜR 2 PERSONEN **Foto Seite 53**
16 Stangen grüner Spargel • ½ l Maiskeimöl
2 Stücke Lachsfilet ohne Haut à 150 g
200 ml Hühnerfond (Rezept Seite 156)
1 EL Butter • Salz • Pfeffer • 1 Prise Zucker
grobes Meersalz • etwas Cayennepfeffer

LOUP DE MER IN DER SALZKRUSTE

»Immer eine große Show im Restaurant. Die Garung muss natürlich perfekt sein!«

Den schönen Loup de mer oder Wolfsbarsch lasse ich vom Fischhändler küchenfertig machen.

● Zuerst heize ich den Backofen vor auf 200 Grad (Umluft 180 Grad, Gas Stufe 4). Ich spüle den Fisch dann kurz unter fließendem Wasser ab, tupfe ihn mit Küchenpapier trocken und lege vier kleine, frische Thymianstängel in die Bauchhöhle. Dann nehme ich ein Kilo grobes Meersalz (pro Fisch – falls Sie für mehr als zwei kochen!) und mische es mit 100 Milliliter Wasser, so dass es gerade gebunden ist.

● Nun kommt ein Viertel der Salzmischung auf ein mit Backpapier ausgelegtes Backblech und wird zu einem knapp einen Zentimeter hohen Sockel geformt, der so groß wie der Fisch sein soll. Ich lege den Fisch darauf und bedecke ihn großzügig mit dem restlichen Salz. Der Wolfsbarsch muss dann gute 15 bis 20 Minuten backen, bis er innen heiß ist, also eine Gartemperatur von 55 bis 60 Grad erreicht hat. Ist das geschafft, wird er aus dem Ofen genommen und ruht noch fünf Minuten.

● Nun kommt die Show: Die Salzkruste wird mit einem großen Küchenmesser aufgeschlagen, der Fisch vorsichtig herausgelöst und ohne jede Gräte auf eine vorgewärmte Platte gehoben! Dafür wird die obere Haut des Fisches mit der Gabel entfernt, das Filet vorsichtig von der Gräte gelöst und auf einen vorgewärmten Teller gelegt. Dann die Mittelgräte vom Schwanz aus mit der Gabel abheben, dabei das untere Filet mit dem Löffel von der Gräte lösen und aus der Haut heben. Ebenfalls auf den vorgewärmten Teller legen. Voilà! Frédéric, mein Maître d'hôtel, kann das perfekt und kann sich darauf verlassen, dass der Loup auch perfekt gegart aus der Küche kommt, so dass er ihn vor den Augen der Gäste aus dem Salz schlagen, fachgerecht filetieren und mit großer Geste servieren kann.

FÜR 2 PERSONEN **Foto Seite 54**
1 Loup de mer (Wolfsbarsch) ca. 500 g
4 kleine Stängel Thymian • 1 kg grobes Meersalz

EDLER STEINBUTT MIT SAUCE CHORON

»Dieser Fisch hat als Begleitung unbedingt Champagner verdient. Ihre Gäste auch!«

Ich mache zuerst eine Sauce Béarnaise und daraus dann Sauce Choron: Ich nehme rote Fleischtomaten, wasche und viertele sie. Tomaten pürieren, durchs Haarsieb passieren (ergibt ca. 250 Milliliter) und mit dem Tomatenmark im kleinen Topf gut vermischen. Mit einer Prise Salz und Zucker würzen und langsam köcheln lassen, bis ein feines Püree entstanden ist. Das hebe ich unter die Sauce Béarnaise, gebe etwas Kerbel und eventuell noch Estragon dazu, passiere alles durchs Haarsieb. Ich decke die Soße mit Folie ab und pikse diese ein, damit kein Kondenswasser entsteht. Im Wasserbad (45 Grad) bleibt die Soße bis zum Servieren schön heiß und gerinnt nicht.

● Lassen Sie einen dicken Steinbutt filetieren und portionieren. Die Filets waschen, trockentupfen, salzen und mit etwas geschmolzener Butter bestreichen. Im Bräter etwas Champagner erhitzen, die Filets schön flach reinlegen. Dann den Deckel drauflegen und in den auf 150 Grad (Umluft 130 Grad, Gas Stufe 1) vorgeheizten Ofen stellen und sechs bis acht Minuten garen lassen. Wenn ich mir nicht ganz sicher bin, nehme ich ein Stück Fisch heraus und teste mit einem kleinen Messer, ob er gar ist.

● Ich nehme den Bräter aus dem Ofen und lasse den Fisch eine Minute ruhen. Danach richte ich alles auf vorgewärmten Tellern an. Kleine Salzkartoffeln passen perfekt dazu – und ein Kerbelblättchen.

FÜR 4 PERSONEN Foto Seite 55

4 Steinbuttfilets à 120–150 g • Meersalz
etwas Butter • 100 ml Champagner • Kerbel
Für die Soße: Sauce Béarnaise (Rezept Seite 51)
500 g Fleischtomaten • 1½ EL Tomatenmark (Tube)
Salz • Zucker • etwas Kerbel • evtl. Estragon

MARINIERTER LACHS

»Wenn's keinen guten Räucherlachs gibt, ist dies eine schöne Alternative«

Das Lachsfilet soll ganz frisch und von allerbester Qualität sein. Es wird küchenfertig zubereitet: entschuppt und entgrätet, aber noch mit der Haut dran.

● Zum Marinieren werden das grobe Meersalz, die zerstoßenen Pfefferkörner, die Fenchelsaat und der Kristallzucker gemischt. Ein Drittel der Mischung kommt in eine flache Auflaufform. Darauf lege ich das Filet mit der Haut nach unten und bedecke es mit dem Rest der Gewürzmischung. Das Filet wird so 24 bis 48 Stunden im Kühlschrank mariniert, danach herausgehoben und sorgfältig unter kaltem, fließendem Wasser abgewaschen. Den Lachs noch mit Küchenpapier abtrocknen. Er wird anschließend wie Räucherlachs tranchiert.

Falls der Fisch nicht sofort gebraucht wird, wickle ich ihn sorgfältig in Frischhaltefolie, damit er nicht austrocknet.

FÜR 10 PERSONEN Foto Seite 56

750 g Lachsfilet • 500 g grobes Meersalz
50 g schwarze Pfefferkörner • 80 g Fenchelsaat
350 g Kristallzucker

» Nie werde ich meinen ersten Restaurantbesuch in Nizza vergessen. Es war eine Bretterbude am Strand, mit wackligen Terrassenstühlen und primitivster Küche. Aber der Fisch war unübertrefflich! Da liebte ich sogar die wackligen Stühle …«

GEBACKENE DORADEN

»Genial einfach, einfach genial!«

Die küchenfertigen Doraden spüle ich innen und außen gründlich ab und reibe sie schön mit Meersalz ein. Jede Dorade schneide ich auf der Oberseite vier- bis sechsmal ein (je nach Größe des Fisches). In jeden Einschnitt stecke ich ein Lorbeerblatt.

● Ich fette ein Backblech mit etwas Olivenöl und lege die Doraden darauf. Sie werden im Backofen bei 200 Grad (Umluft 180 Grad, Gas Stufe 4) etwa 20 bis 25 Minuten gebacken. Zum Schluss beträufele ich sie noch mit meinem feinsten Olivenöl und serviere sie mit frischen Zitronenschnitzen. Voilà!

FÜR 2 PERSONEN Foto Seite 60
2 Doraden à ca. 450 g • Meersalz
8–12 Lorbeerblätter • Olivenöl • 1 Zitrone

FENCHELSOSSE ZUM FISCH

»Zwei, die sich wunderbar ergänzen ...«

Ich schneide den Fenchel in feine Scheiben und die Schalotten in feine Würfel. Jetzt kommt die Hälfte der Butter in einen kleinen Topf. Bei milder Hitze schwitze ich Fenchel und Schalotten an und lösche mit dem trockenen Weißwein und Noilly Prat ab. Die Flüssigkeit reduziere ich bei großer Hitze fast ganz und gieße den Fischfond an. Frischen Thymian und Fenchelsaat hinein, den Fond auf knapp die Hälfte einkochen, Sahne und Milch dazu und weitere fünf Minuten sanft köcheln. Die Soße wird durch ein Haarsieb passiert und mit dem Stabmixer aufgeschäumt. Dann ziehe ich die restliche Butter unter und lasse sie schmelzen. Die Soße wird mit Salz, Pfeffer und ein paar Tropfen Zitronensaft abgeschmeckt und heiß zum Fisch gereicht. Am liebsten mag ich sie zu meinem Loup in Salz von Seite 58!

FÜR 4 PERSONEN ohne Foto
200 g Fenchelknolle • 2 Schalotten
40 g Butter • 100 ml trockener Weißwein
40 ml Noilly Prat • 400 ml Fischfond
1 Stängel Thymian • ½ TL Fenchelsaat
100 g Sahne • 100 ml Milch • Salz • Pfeffer
etwas Zitronensaft

JAKOBSMUSCHELN AUF GESCHMORTER ARTISCHOCKE

»An die Artischockenherzen zu kommen ist eine Mordsarbeit. Aber sie lohnt!«

Artischocken sind Disteln – deshalb muss man ihnen mutig zu Leibe rücken. Ich schneide also den Stiel knapp über dem Ansatz ab und die Blätter ungefähr zur Hälfte. Dann halbiere ich die Artischocke und entferne die harten Blätter und das »Heu«. Nun endlich kann ich die befreiten Artischockenherzen wie einen Kohlrabi schälen und ins kalte Wasser legen. Sie färben sich ein bisschen braun.

● Dann die Kirschtomaten enthäuten und in Spalten schneiden. Die Jakobsmuscheln waagerecht halbieren, kleine Exemplare lasse ich ganz. Je vier halbierte oder kleine Jakobsmuscheln auf einen Holzspieß stecken.

● Die halben Artischockenherzen schneide ich in Scheiben, schmore sie in einem bis zwei Esslöffel heißem Olivenöl etwa fünf Minuten und schwenke die Pfanne zwischendurch immer mal wieder. Ich würze mit Meersalz. Und gleichzeitig brate ich die Muschelspieße in einer großen Pfanne im restlichen Öl – von jeder Seite nicht länger als zwei Minuten.

● Die Artischockenscheiben richte ich auf zwei Platten schön an – wie Dachziegel. Darauf kommen die Spieße und die kleinen Tomatenspalten. Zum Schluss streue ich noch etwas Meersalz darüber, beträufle alles mit etwas von meinem Petersilienöl und dekoriere mit ein paar Kresseblättern.

FÜR 2 PERSONEN Foto oben
1 große Artischocke • 2–3 Kirschtomaten
4 große Jakobsmuscheln • 3–4 EL Olivenöl
Meersalz • Petersilienöl (Rezept Seite 122)
ein paar Kresseblättchen

Δ Seezungenröllchen auf weißen Champignons Seite 64

Loup de mer (Wolfsbarsch) à la niçoise Seite 65 ▷

»Schöne Gläser, Besteck und Porzellan bringen viel Atmosphäre in mein Restaurant. So sehr ich diese Accessoires liebe: Bei manchen Fischgerichten muss man auf alles Silber verzichten. Wenn eine Soße mit Eiern gemacht ist zum Beispiel. Die würden beim Kontakt oxidieren – eine feine Soße nimmt das übel.«

SEEZUNGENRÖLLCHEN AUF WEISSEN CHAMPIGNONS

»Feinste französische Küche – so wie ich sie immer schon geliebt habe«

Die schöne frische Seezunge küchenfertig filetieren lassen. Ich schneide jedes Filet in drei lange Streifen, salze sie leicht und rolle sie auf – das geht am besten um den Daumen herum. Damit sie gut zusammenhalten, fixiere ich die Röllchen mit Zahnstochern.
● Von den schönen großen Champignons schneide ich die Füße ab. Die Hüte (ohne die braunen Lamellen) schneide ich zunächst in dünne Scheiben, dann in feine Streifen. Diese Julienne von Champignons stelle ich beiseite.
● Ich gebe die Butter in eine große Pfanne und erhitze sie. Dann hinein mit den Seezungenröllchen, der fein geschnittenen Schalotte, der Sahne und dem Champagner. Alles lasse ich ungefähr fünf Minuten bei kleiner Hitze ziehen, gebe Meersalz darüber und halte den Fisch jetzt nur noch warm.
● Nun der Sabayon: Eigelb und Champagner werden in einer Edelstahlschüssel mit rundem Boden verrührt und auf dem heißen Wasserbad so lange mit dem Schneebesen geschlagen, bis die Soße cremig und abgebunden ist. Nun kommt der Fisch-Jus aus der Pfanne dazu, und ich schmecke noch mit etwas Meersalz ab. Voilà.
● Die Champignonstreifen werden kurz im heißen Olivenöl geschwenkt und mit Salz abgeschmeckt. Auf schön vorgewärmte Teller gebe ich zuerst die Champignons, dann die Seezungenröllchen und nappiere zum Schluss mit dem Sabayon. Bon appétit!

Was von den Champignons nicht gebraucht wird, kann fein gehackt mit etwas Knoblauch, Salz und einem Hauch Pfeffer in Olivenöl gedünstet werden. Das schmeckt prima auf Crostini!

FÜR 4 PERSONEN Foto Seite 62
1 Seezunge (ca. 750 g) • Meersalz
4 große weiße Champignons • 1 EL Butter
1 Schalotte • 3 EL Sahne • 5 EL Champagner
1–2 EL Olivenöl
Sabayon: 2 Eigelb • 150 ml Champagner • Salz

RAFFINIERTE GARNELEN IM KNUSPERBLATT

»Nicht ganz so leicht. Und deshalb nur für die Gäste, die es zu schätzen wissen«

Die Riesengarnelen sollen roh und in der Schale sein. Zuerst drehe ich den Kopf ab, dann schäle ich sie und lasse nur ein Stückchen Schale am Ende des Schwanzes. Ich entferne den schwarzen Darm, wasche die Garnelen, trockne sie mit Küchenkrepp. Zum Schluss werden sie noch leicht gesalzen.
● Ich nehme sechs mittelgroße Blätter Brickteig, viertele sie und feuchte sie etwas an. Auf jede Garnele lege ich ein Korianderblatt und wickele die Garnelen in den Teig – an der einen Spitze soll der Schwanz mit der Schale rausgucken. Die Garnelen werden jetzt in reichlich Öl in einer tiefen Pfanne knusprig-goldig ausgebraten. Danach lasse ich sie auf Küchenpapier gut abtropfen.

Dazu gibt's bei mir eine Currysoße, die ich schon in meinem ersten Kochbuch beschrieben habe. Wenn es mal schneller gehen soll, tue ich einfach 300 Gramm Sahne mit einem gehäuften Esslöffel Curry in den Topf und lasse die Flüssigkeit so lange köcheln, bis sie auf 200 Milliliter reduziert ist.

FÜR 4–6 PERSONEN Foto unten
24 Riesengarnelen • Meersalz
6 Blätter Brickteig (oder Wan-Tan-Teig)
24 Korianderblättchen • Öl zum Frittieren

LOUP DE MER À LA NIÇOISE

»Ich werde es Madame Henriette – oder hieß sie Huguette? – wirklich nie vergessen: Ihr Rezept ist einfach wundervoll!«

Der Loup muss küchenfertig sein: ohne Schuppen und Kiemen und sorgfältig ausgenommen. In seinen Bauch stecke ich den Thymian und die Rosmarinzweige. Voilà! So kommt er in einen großen Bräter.
● Ich putze die Fenchelknolle und viertele sie, ich ziehe die Zwiebeln ab und halbiere sie. Fenchel und Zwiebelhälften dünste ich kurz an. Danach halbiere ich den ungeschälten Knoblauch und entferne den grünen Keim, halbiere die reifen Tomaten und die Zitrone. Das Gemüse kommt zusammen mit den Lorbeerblättern rund um den Fisch in den Bräter.
● Nun gieße ich den Weißwein darüber, gebe ordentlich Meersalz darauf und eine großzügige Dosis feinstes Olivenöl. So kommt der Loup in den Ofen und gart bei 200 Grad (Umluft 180 Grad, Gas Stufe 4) ungefähr 35 Minuten lang. Alle fünf Minuten schaue ich nach und übergieße meinen schönen Wolfsbarsch mit dem Jus, der sich im Bräter bildet.
● Das weiße Fleisch des Loups, das sich jetzt leicht von der Gräte lösen lässt, kommt auf vorgewärmte Teller, dazu das Gemüse und die köstliche Soße. Und die darf man diesmal mit knusprigem Olivenölbrot auftunken (Rezept Seite 25). Bon appétit!

So wird's ein perfektes Gästeessen: Drei Loups oder Doraden à 500 Gramm in der Saftpfanne des Backofens garen – das reicht für sechs.

FÜR 2 PERSONEN Foto Seite 63
I Loup de mer (Wolfsbarsch) ca. 500 g
I Bund Thymian • 2–3 Zweige Rosmarin
I Fenchelknolle • 2 Zwiebeln • 6 Knoblauchzehen
3 Tomaten • I Zitrone • 2 Lorbeerblätter
½ l Weißwein • Meersalz • 3–4 EL Olivenöl

SEEZUNGE ASIATISCH

»Eine moderne Variante. Aber auch hier muss die klassische Basis stimmen ...«

Die bratfertigen Seezungen waschen, mit Küchenpapier trocknen und mit Meersalz und Pfeffer aus der Mühle würzen. Ich wälze die Fische in Mehl, klopfe das überflüssige energisch ab, damit nur ein Hauch davon an den Seezungen kleben bleibt.
● Zuerst also die klassische Seezunge. Dafür lasse ich 50 Gramm von der Butter in einer beschichteten Pfanne schön heiß werden und lege die Seezungen hinein. Dann hebe ich die Fische einmal an, damit die Butter darunter laufen kann. Ich brate sie zwei bis drei Minuten bei mittelstarker Hitze goldbraun, gebe die restliche Butter hinein und schöpfe sie immer wieder mit einem Esslöffel über die Seezungen. So verbrennt Butter nicht, und der Fisch bekommt einen herrlichen Geschmack!
● Asiatisch wird diese Seezunge »Müllerin« nun, wenn man in der Butter ein paar feine Scheibchen frische, geschälte Ingwerwurzel sowie etwas Zitronengras mitgaren lässt. Vor dem Servieren passiere ich das Buttersößchen durch ein Haarsieb. Als Garnitur verwende ich gern ein paar kleine Crevetten, etwas fein geschnittene Algen und einige Blättchen Koriander. Zum Schluss gebe ich noch Zitronensaft über die Mitte des Fisches. So ist's richtig modern, aber die Basis muss immer stimmen. Und das heißt für alle Rezepte: perfekte Garung und richtiges Würzen!

FÜR 2 PERSONEN Foto oben
2 Seezungen à 350–400 g • Meersalz
weißer Pfeffer • 2–3 EL Mehl • 60 g Butter
20 g frische Ingwerwurzel • I Stängel Zitronengras
16–20 Crevetten • I Nori-Blatt (Algenblatt)
frischer Koriander • etwas Zitronensaft

»Zum Glück gibt es heute überall schönen frischen Fisch!«

Rotbarbe auf Paprika-Coulis
Seite 67

ROTBARBE AUF PAPRIKA-COULIS

»Hhhmm, Rotbarben! Qualität und Frische erkennt man an ihrer Festigkeit«

Die Fischfilets mit einer Pinzette entgräten und kontrollieren, ob sie perfekt entschuppt sind.

● Zuerst das Paprika-Coulis: Die Paprika putzen und mit dem Blitzhacker klein hacken. Die Tomaten halbieren, Stielansätze herausschneiden, blitzhacken. Die Zwiebel mit der Hand fein schneiden.

● Ich erhitze drei Esslöffel vom Olivenöl, lasse die Zwiebel glasig werden und gebe Paprika, Tomaten, Lorbeerblatt und die Knoblauchzehe (halbiert, entkeimt) dazu und lasse alles schön köcheln. Eventuell muss noch etwas Wasser hinein. Die Paprikasoße köchelt eine viertel Stunde und bekommt eine Konsistenz wie ein leichtes Fruchtpüree. Ich schlage das restliche Olivenöl mit dem Stabmixer drunter.

● Nun nehme ich die Sardellenfilets aus dem Glas und vermische sie mit der Butter im Mörser zu einer Paste. Ich rühre die Sardellenbutter teelöffelweise unter die Soße, schmecke mit Piment d'Espelette und Salz ab. Die Soße fünf bis zehn Minuten ruhen lassen und durch ein Haarsieb passieren.

● In einer beschichteten Pfanne drei Esslöffel Olivenöl gut erhitzen und die Rotbarbenfilets mit der Hautseite nach unten in die Pfanne legen. Leicht salzen. Wenn sie sich wegen der Hitze hochwölben, mit dem Bratenwender runterdrücken. So werden sie auf der Hautseite schön kross. Das sieht toll aus und ist einfach köstlich! Nach etwa anderthalb bis zwei Minuten drehen. Wenn die Filets so gebraten sind, wenden und nun nur eine halbe Minute weiterbraten. Mit Meersalz und Pfeffer aus der Mühle würzen und schnell auf die vorgewärmten Teller tun.

● Die Soße nochmal erhitzen und auf die Teller dekorieren. Dazu passen Zucchini, die in dünnen Scheiben mit etwas Salz, einem Hauch Olivenöl und etwas Thymian im heißen Ofen kurz gegart werden.

FÜR 4 PERSONEN **Foto Seite 66**
Paprika-Coulis: **1 rote Paprikaschote • 3 Tomaten • 1 kleine Zwiebel • 80 ml Olivenöl • 1 Lorbeerblatt • 1 Knoblauchzehe • 2–3 Sardellenfilets (gesalzen) • 15 g Butter • Piment d'Espelette • Meersalz**
Fisch: **3 EL Olivenöl • 4 Rotbarbenfilets à 100 g • Meersalz • weißer Pfeffer**

BASKISCHER KABELJAU

»Am besten schmeckt der Jus mit ein paar Miesmuscheln, das macht ihn raffiniert«

Das schöne dicke Stück vom Kabeljau aus dem Rücken ist ideal. Ich gare den Fisch mit der Haut, also immer schön vorher waschen und abtrocknen.

● In einem gusseisernen Topf erhitze ich 60 Milliliter feinstes Olivenöl und gebe die fein geschnittenen Zwiebeln und die Knoblauchzehen (geschält, entkeimt, zerdrückt) dazu, dünste sie glasig und gieße behutsam den Fischfond an.

● Ich lasse alles etwa acht Minuten leise köcheln, dann kommen die vier Stücke vom Kabeljau und die geputzten Muscheln hinein. Ich salze vorsichtig mit Meersalz. Nach circa sechs Minuten ist alles gegart. Ich hebe Fisch und Muscheln heraus, lege sie auf einen vorgewärmten Teller und halte sie warm.

● Die Zwiebeln werden mit dem Jus und einer Hand voll platter Petersilienblätter mit dem Stabmixer püriert. Dann lasse ich das restliche Olivenöl in einem dünnen Faden hineinfließen. So emulgiert die Soße und wird durch die Petersilie grünlich. Ich würze mit Salz und gebe gern noch einen Hauch Piment d'Espelette hinein.

● Die Fischstücke und die Muscheln lege ich in gut vorgewärmte tiefe Teller, gebe den Jus vom Fisch zur Soße und erhitze sie nochmals gut. Den Fisch nappiere ich großzügig mit der Soße, gebe eventuell noch ein paar gehackte Muscheln dazu und reiche Salzkartoffeln dazu, denn die kann man mit der Gabel in der köstlichen Soße zerdrücken. Schmeckt wunderbar!

FÜR 4 PERSONEN Foto oben
4 Stücke Kabeljau à ca. 330 g • 120 ml Olivenöl • 2 Zwiebeln • 5 Knoblauchzehen • 300 ml Fischfond • 16 Miesmuscheln • Meersalz • 1 Bund glatte Petersilie • Piment d'Espelette

Wachtel im
Bacon-Mantel
Seite 74

»Wildgerichte sind Bravourstückchen der guten Küche. Ich freue mich jedes Jahr wieder auf die Saison, weil ich da weiß, was meine Gäste wollen. Aber ich bin auch immer ein bisschen nervös, bis die Soßen wirklich so sind wie erträumt – samtig, üppig und voll im Aroma. Wenn's gut gelingt, ist aller Streit ums Wildessen vergessen: Soll es mit Speck zubereitet sein? Lieber in Rotwein gebeizt? Oder mit Cognac? Probieren Sie es am besten selbst aus!«

WILD & GEFLÜGEL

» Schmecken kann man trainieren – beim Wein wie beim Essen!«

Kaninchenragout auf
italienische Art Seite 74

Kaninchenrückenfilets mit lauwarmer Vinaigrette Seite 75

Magrets de canard
mit Orangensoße Seite 75

»Eine klassische
Sinfonie – extra für
Sie komponiert!«

WACHTEL IM BACON-MANTEL MIT PFIFFERLINGSGEMÜSE

»Köstliches Geflügel mit zartem Fleisch. Und dazu gibt's mein Lieblingsgemüse!«

Wachteln sind häufig nicht ausgenommen, wenn man sie kauft. Sie müssen dann also beherzt hineingreifen und die Innereien herausholen. Die Wachteln im Ganzen abspülen und mit dem Küchenpapier gut trockentupfen. Ich gebe außen und innen Salz und Pfeffer aus der Mühle darüber, umwickle die Wachteln mit den Baconscheiben und fixiere diese mit Küchengarn. Das war's schon. Jetzt kommen die Wachteln bei 200 Grad (Umluft 180 Grad, Gas Stufe 4) für 25 bis 30 Minuten in den Backofen.

● Inzwischen bereite ich mein Lieblingsgemüse zu – ich kann ja nicht immer nur Spargel essen, das wäre langweilig! Also nehme ich frische Erbsen und pale sie aus den Schoten, so dass ich circa 400 Gramm erhalte. Ich koche den Hühnerfond auf, am liebsten natürlich selbst gemacht, gebe Salz und die Erbsen hinein. Die müssen, je nach Größe, nur fünf bis zehn Minuten leise kochen.

● Inzwischen putze ich die Pfifferlinge und bürste vorhandene Erde mit dem Pilzpinsel vorsichtig ab. Sie wissen ja: Pilze bloß nicht mit Wasser abspülen, das macht sie nur latschig. Ich schneide die Schalotte fein und schwitze sie in der Butter an. Dann kommen meine Pfifferlinge mit hinein und werden fünf Minuten gedünstet. Zum Schluss hebe ich die Erbsen darunter. Ich versichere Ihnen: Das feine Gemüse freut sich schon auf sein Rendezvous mit Wachtel und Speck. Bon appétit!

FÜR 2 PERSONEN Foto Seite 68
2 Wachteln à 200 g • Salz • Pfeffer
4 Scheiben Bacon • 1 kg Erbsen in der Schote
100 ml Hühnerfond (Rezept Seite 156)
100 g Pfifferlinge • 1 Schalotte • 2 EL Butter

KANINCHENRAGOUT AUF ITALIENISCHE ART

»Aufgewärmt schmeckt es noch besser«

Also, von meinem geliebten Ragout mache ich gleich mehr: Ich nehme junge Kaninchen, zerlege sie jeweils in acht Teile und verknote die Bauchlappen. Das Fleisch wird abgewaschen, mit Küchenpapier trockengetupft, gesalzen und gepfeffert.

● Ich erhitze das Olivenöl in einem gusseisernen Bräter und brate die Fleischstücke darin an. Dann kommen fein geschnittene Zwiebeln dazu und werden glasig gedünstet. Ich lösche mit halbtrockenem Weißwein ab. Eine Minute einkochen lassen, dann gebe ich die Tomaten dazu, die ich schon präpariert habe: Ich enthäute sie, schneide das Außenfleisch in Würfel und passiere das Innere durch ein Sieb. Alles umrühren, die ungeschälten Knoblauchzehen, ein kleines Lorbeerblatt und die Safranfäden hinein.

● Zum Schluss gieße ich Hühnerfond an, das Fleisch soll leicht bedeckt sein, und lasse alles mit Deckel und kleiner Hitze etwa eine Stunde lang gar kochen. Ab und zu schaue ich, dass ordentlich Flüssigkeit da ist: Es muss genügend Soße von sirupartiger Konsistenz bleiben. Wenn das Fleisch gar ist, also anfängt, von den Knochen zu fallen, ziehe ich den Topf vom Herd und lasse alles bei Küchentemperatur abkühlen und löse das Fleisch dann vom Knochen. Mit der Soße zusammen nochmals erhitzen und etwas einkochen lassen, abschmecken und sofort mit einem Löffel in blitzsaubere Schraubgläser randvoll füllen und verschließen. So hält sich das Ragout mindestens eine Woche im Kühlschrank.

● Natürlich darf man das Kaninchen auch sofort genießen, aber ich gebe zu, dass ich es aufgewärmt besser finde, zusammen mit den Lieblingsnudeln – bei mir sind's Penne oder Farfalle. Als Garnitur serviere ich frische, einmal blanchierte Erbsen und halbierte Kirschtomaten. Obendrauf kommen Basilikumblätter und frisch gehobelter Parmesan.

FÜR 8–10 PERSONEN Foto Seite 71
2 küchenfertige Kaninchen à ca. 1,6 kg
Salz • Pfeffer • 4–6 EL Olivenöl • 2 Zwiebeln
300 ml halbtrockener Weißwein • 350 g Tomaten
2 Knoblauchzehen • 1 Lorbeerblatt • 5 Safranfäden
800 ml Hühnerfond (Rezept Seite 156)

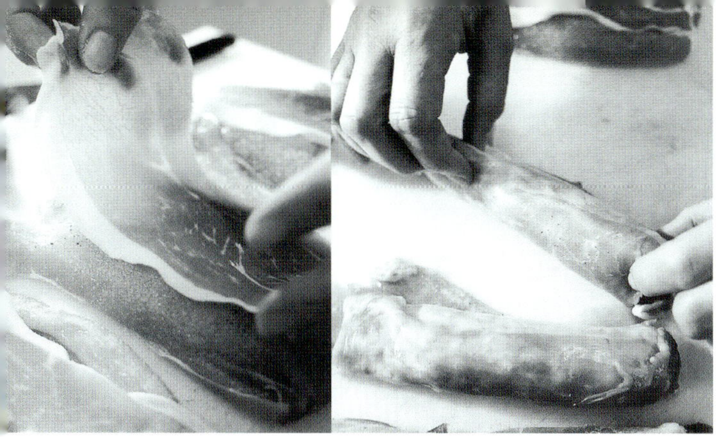

KANINCHENRÜCKENFILETS MIT LAUWARMER VINAIGRETTE

»Wenn Sie ganze Kaninchen haben, lässt sich daraus noch guter Fond kochen«

Die Kaninchenfilets sollen fertig ausgelöst, aber mit Bauchlappen sein. Ich salze und pfeffere sie und lege auf jedes Rückenfilet zwei Salbeiblätter und eine Scheibe hauchdünnen Luxemburger Schinken. Es geht auch mit Speck oder Parmaschinken. Dann die Filets zum Bauchlappen hinrollen, so dass sie wie Würste aussehen. Mit Zahnstochern feststecken oder mit Küchengarn festbinden.

● Ich erhitze die Butter im Bräter und brate die Kaninchenfilets goldig an, gebe die fein geschnittene Schalotte hinzu und lasse sie mitbraten. Ich lösche mit Weißwein und Hühnerfond ab. Ein paar Stängel frischen Thymian und die getrockneten Tomaten dazu, den Deckel drauf – und bei mittlerer Hitze zehn bis zwölf Minuten köcheln. Aufgepasst! Die Flüssigkeit darf nicht zu sehr einkochen.

● Aus Balsamico, Rotwein- oder Sherryessig, Meersalz, sehr gutem Olivenöl und der Tomate (geschält und gewürfelt) die Vinaigrette machen.

● Jetzt die Kaninchenröllchen aus dem Topf nehmen und auf einer vorgewärmten Platte anrichten. Den Thymian aus der Soße fischen und die Vinaigrette hineingeben. Die grob gehackte platte Petersilie kommt ebenfalls dazu. Die Soße rühre ich gut um und gebe sie über das Fleisch. Dazu esse ich am liebsten meine zerdrückten Kartoffeln mit Olivenöl (Rezept Seite 107) und ein paar Kaiserschoten.

FÜR 4 PERSONEN Foto Seite 72
**4 Kaninchenrückenfilets à ca. 160 g • Salz • Pfeffer
8 Salbeiblätter • 4 Scheiben Schinken oder Speck
2–3 EL Butter • 1 Schalotte • 100 ml Weißwein
¼ l Hühnerfond (Rezept Seite 156) • Thymian
3–4 Stücke getrocknete Tomate • glatte Petersilie**
Vinaigrette: 50 ml Balsamico • 10 ml Rotwein- oder Sherryessig • Salz • 4 EL Olivenöl • 1 Tomate

MAGRETS DE CANARD – ENTENBRUSTFILETS

»Und dazu eine superbe Orangensoße!«

Zuerst schäle ich eine feste Orange und entferne die weiße Haut mit dem Messer. Die Schale schneide ich in ganz feine Streifen und blanchiere sie dreimal. Dann lasse ich die Zesten mit dem Saft der Orange, Zucker, Essig und einem halben Liter Wasser etwa eine Stunde auf kleiner Flamme kandieren. Ich hebe sie dann heraus und hacke sie fein.

● Nun schneide ich die Magrets rundherum schön gerade und entferne überflüssiges Fett. Die Haut schneide ich mit einem scharfen Messer wie ein Schachbrett ein, ohne ans Fleisch zu kommen. Dann mit der Hautseite in den groben Pfeffer drücken.

● Ich brate die Entenbrustfilets in einer Pfanne auf der Hautseite sanft an, nehme höchstens etwas Öl dazu. Nach etwa sechs Minuten ist das Fett rausgelaufen und die Haut wird knusprig. Ich salze die Fleischseite mit gutem Meersalz und stelle die Pfanne mit dem Fleisch für fünf bis zehn Minuten in den warmen Ofen – das Entenfleisch soll innen rosa bleiben. Anschließend hebe ich die Magrets aus der Pfanne und lasse sie auf einem angewärmten Teller ein paar Minuten ruhen, diesmal mit der Hautseite nach oben. So werden sie noch zarter. Voilà!

● Für die Soße lasse ich den Zucker mit einem Esslöffel Wasser in der Pfanne schmelzen und zu hellbraunem Karamell werden. Ich lösche mit dem Saft der Orange und der Zitrone ab und lasse alles ganz einkochen. Enten- oder Hühnerfond dazugeben und nochmals zur Hälfte reduzieren. Zum Schluss gebe ich den Balsamico und einen Esslöffel von den Orangenzesten dazu und schmecke mit Salz ab.

● Zum Servieren schneide ich einige Orangenfilets, ohne Haut natürlich. Dazu lege ich die Magrets, in ein Zentimeter dicke Scheiben geschnitten.

FÜR 4 PERSONEN Foto Seite 73
**2 Entenbrustfilets (Magrets) à etwa 350 g
15 g grob zerstoßener schwarzer Pfeffer • Salz**
**Orangenzesten: 1 Bio-Orange • 30 g Zucker
20 ml Essig**
**Soße: 1 EL brauner Zucker • 1 Orange • 1 Zitrone
200 ml Enten-/Hühnerfond (Rezept Seite 156)
1–2 EL Balsamico • 1 EL Orangenzesten • Salz**

△ **Knuspriges Zitronenhühnchen Seite 79**

Hirschmedaillons mit Winterfrüchten Seite 79 ▷

» Geflügel ist wunderbar vielseitig. Aber gut muss es sein! Wenn man ein billiges Huhn kauft, kann man nicht einmal eine Suppe davon kochen, die Knochen halten es nur zusammen. Dabei ist Hühnerfond eine so wichtige Zutat – er ist neutral, man kann ihn für Fisch, Fleisch und Gemüse verwenden!«

» Gekocht wird mit Fantasie, angerichtet mit Genauigkeit«

KNUSPRIGES ZITRONENHÜHNCHEN

»Sie wissen ja: Ein Huhn lässt mich nie im Stich. Ein Zitronenhuhn schon gar nicht!«

Das schöne Hühnchen, das schon küchenfertig ausgenommen ist, spüle ich mit kaltem Wasser gut ab und tupfe es mit Küchenpapier sorgfältig trocken – auch innen.

● Ich salze das Hühnchen zunächst nur innen und stecke dann eine unbehandelte Zitrone hinein, die ich vorher heiß abspüle. Damit es ein schönes Aroma gibt, pikse ich die Zitrone entweder mehrmals mit einer Gabel ein oder – noch besser – ich halbiere sie. Außerdem kommt mein kleines Bund frischer Thymian mit dazu. Nun wird mein Hühnchen außen mit Salz und frischem Pfeffer aus der Mühle eingerieben und mit Olivenöl bestrichen. Voilà!

● Den Backofen heize ich schon mal auf 200 Grad (Umluft 180 Grad, Gas Stufe 4) vor. Das Zitronenhühnchen lege ich entweder in einen Bräter oder in die Fettpfanne des Backofens. Ich gebe noch ein paar abgezogene Schalotten und Knoblauchzehen im Ganzen dazu – und für circa eine Stunde ab in den Ofen damit. Zwischendrin beträufele ich mein Hühnchen immer mal wieder mit dem Saft, der austritt, so wird es schön braun und knusprig.

● Ich serviere mein Hühnchen am liebsten einfach mit Zitronenvierteln und einem knackigen Salat.

FÜR 4 PERSONEN Fotos Seite 76
1 Poularde à 1,3 kg • Salz • 2 Bio-Zitronen
1 Bund Thymian • Pfeffer • 1–2 EL Olivenöl
3–4 Schalotten • 2 Knoblauchzehen

HIRSCHMEDAILLONS MIT WINTERFRÜCHTEN

»Die herrliche Soße passt gut zu allem Kurzgebratenem: Lamm, Rind oder Wild«

Zuerst mache ich für die Soße die Rotweinreduktion aus gutem, kräftigem Rotwein (gern Burgunder). Ich stelle 20 Gramm von der Butter für die Soße kalt. Die Schalotte mit einem Esslöffel Butter und einem Teelöffel Zucker in einem kleinen Topf anschwitzen, bis sie goldbraun karamellisiert ist. Ich lösche mit Balsamico ab und lasse es zu Sirup reduzieren. Dann gebe ich meine Rotweinreduktion hinein und stelle die Soße erst einmal beiseite.

● Ich schäle die Quitte, achtele sie und dünste sie im Süßwein. Ich halbiere die Feigen, lasse sie in weiteren ein bis zwei Esslöffel Butter und im restlichen Zucker schön karamellisieren. Nun auch die braunen Champignons in Butter braten und mit Salz und Pfeffer abschmecken. Die geschälten und gegarten Esskastanien im Wasserdampf erhitzen.

● Die Hirschmedaillons salzen, pfeffern und im Butterschmalz schön anbraten, damit sich die Poren schließen. Anschließend wälze ich sie in den Haselnüssen und gare sie im Backofen fertig, den ich auf 200 Grad (Umluft 180 Grad, Gas Stufe 4) vorgeheizt habe. Danach lasse ich die Medaillons einige Minuten bei Küchentemperatur ruhen, damit sich das Fleisch entspannt und der Saft sammelt.

● Ich erwärme die Soße, gebe den aufgefangenen Fleischsaft hinein. Leicht salzen und das schwarze Johannisbeergelee und die Schokolade darin schmelzen lassen. Ich passiere die Soße noch einmal durch ein Haarsieb und montiere sie mit 20 Gramm kalter Butter. Mit Salz und frischem Pfeffer aus der Mühle abschmecken und zum Wild mit den Früchten, Pilzen und Kastanien auf die Teller dressieren.

FÜR 4 PERSONEN Foto Seite 77
150 ml Rotweinreduktion (Rezept Seite 157)
ca. 50 g Butter • 1 Schalotte • 2 TL Zucker
100 ml Balsamico • 1 Quitte • 100 ml Süßwein
4 Feigen • 250 g braune Champignons
Salz • Pfeffer • 8 Esskastanien (Glas)
4 Hirschmedaillons à 100 g • 2 EL Butterschmalz
100 g Haselnussblättchen
1 TL schwarzes Johannisbeergelee
1 Riegel bittere Schokolade

Hühnchen in
Tomaten geschmort
Seite 81

HÜHNCHEN IN TOMATEN UND WEISSWEIN GESCHMORT

»Ein gemütliches Hühnchen: Man kann es sogar schon am Vortag machen«

Zunächst nehme ich ein Poulet und teile es in acht Stücke. Dann erhitze ich einen halben Liter Chardonnay in einer Kasserolle, lasse ihn auf die Hälfte reduzieren und stelle ihn beiseite.

● Ich brauche zehn schöne italienische Strauchtomaten, am liebsten nehme ich die Sorte Roma. Sie werden klassisch geschält, entkernt, und das Fruchtfleisch wird klein gehackt. Drei Esslöffel vom Olivenöl lasse ich in einer tiefen Pfanne heiß werden, gebe meine fein gehackte Zwiebel dazu und gare sie fünf Minuten. Die Tomatenstückchen hinein, salzen, pfeffern, zuckern und so ungefähr zehn Minuten köcheln lassen. Beiseite stellen.

● Die Hühnchenstücke salzen und pfeffern. Ich erhitze das restliche Olivenöl zusammen mit der Butter in einem Topf mit Deckel. Zuerst brate ich vier Hühnchenteile auf der Hautseite goldbraun an, etwa fünf Minuten, hole sie heraus und brate die anderen Stücke ebenfalls an. Das Fett wird weggegossen.

● Ich tue meine Tomatensoße in den Topf, dazu den reduzierten Weißwein und ein Bouquet garni. Das mache ich diesmal einfach aus Petersilie und Stangensellerie. Ich lege die angebratenen Fleischstücke auf die Soße und drücke sie leicht hinein. Den Deckel drauf, und mein Hühnchen wird jetzt auf kleinster Flamme etwa eine halbe bis eine Stunde (je nach Größe und Hitze) gar geköchelt. Voilà!

FÜR 4 PERSONEN Foto Seite 80
1 Hühnchen à ca. 1,8 kg • ½ l Chardonnay
900 g Strauchtomaten • 6 EL Olivenöl
1 Zwiebel • Salz • Pfeffer • 1–2 TL Zucker
20 g Butter • 2–3 Stängel Petersilie
1 Stange Sellerie

POULARDENBRUST MIT SESAM

»Asiatisch und elegant. Auch das ist ganz nach meinem Geschmack!«

Den Porree putzen, in Längsstreifen schneiden, waschen und blanchieren. Die Sesamkörner fein rösten und auf einer Platte abkühlen lassen.

● Ich enthäute die Hühnerbrüste und schneide sie horizontal auf, so dass ich eine Tasche erhalte. Innen salzen und pfeffern und mit den Streifen vom jungen Porree füllen. Die Tasche wieder schließen, mit zwei Zahnstochern fixieren. Ich drücke die obere Seite der Brüste fest in den Sesam, so werden sie schön paniert. Das Öl mittelheiß werden lassen, die Brüste auf der Sesamseite kross braten, ohne dass sie zu viel Farbe annehmen. Auch die andere Seite anbraten und im heißen Ofen bei 200 Grad (Umluft 180 Grad, Gas Stufe 4) etwa sechs Minuten garen lassen.

● Für die Soße dünste ich meine fein gehackte Schalotte in einem Esslöffel Butter an und lösche mit dem Weißwein ab, der nicht zu trocken sein soll. Die Flüssigkeit einkochen lassen, dann den Hühnerfond dazugeben. Ich reduziere auf die Hälfte, gebe Sahne dazu und montiere die Soße mit der restlichen kalten Butter. Die Soße passiere ich durchs Haarsieb, gebe Salz und den fein gehackten Ingwer hinein. Mit etwas Zitronensaft und Salz abschmecken und mit dem Pürierstab schön aufschäumen.

● Die Poulardenbrüste aus dem Ofen nehmen und die Zahnstocher entfernen. Ich richte sie auf einer vorgewärmten Platte an, gern mit grünem Spargel, jungen Zuckerschoten und feinem Basmatireis.

FÜR 4 PERSONEN Foto oben
2 kleine Porreestangen • 4 EL Sesamsaat
4 Hühnerbrustfilets à 200 g
Salz • Pfeffer • 2 EL Öl
Soße: 1 Schalotte • 2 EL Butter • 100 ml Weißwein
200 ml Hühnerfond (Rezept Seite 156)
2 EL Sahne • 1 TL frischer Ingwer • Zitrone • Salz

avec Amour

» ›Es wird mit Recht ein guter Braten gerechnet zu den guten Taten‹ – diese Weisheit von Wilhelm Busch hat mich schon als Kind sehr beeindruckt. Und noch heute gönne ich meinen Freunden und mir gern solch ein schönes, saftiges Stück Fleisch. Freue ich mich darüber, dass es mal wieder so gut schmeckt? Oder freue ich mich noch mehr über den Schluss des Gedichts: »Wer einen guten Braten macht, hat auch ein gutes Herz…« Das stimmt genau, finde ich!«

Kalbsleber klassisch Seite 88

FLEISCH

» Manchmal habe ich richtig Lust auf einen Sonntagsbraten«

Lammkeule mit Weißbrotkruste Seite 88

Δ Tafelspitz nach Art der Großmutter Seite 89

Kalbsschnitzel mit gebratenem Spargel Seite 89 ▷

» In Luxemburg liebt man es zu schlemmen. Schon als Kind hörte ich in unserem Café die Geschichten über das Essen in anderen Ländern. Wer aus dem Urlaub zurückkam, sprach nicht vom Wetter oder den fremden Städten oder der Landschaft – alle erzählten, ob es dort gut geschmeckt hatte oder nicht…«

KALBSLEBER KLASSISCH

»Innen soll die Leber ganz leicht rosa sein, so wird sie ein wahrer Genuss«

Es muss eine sehr schöne Kalbsleber sein, von heller, rotbräunlicher Farbe und zarter, aber fester Konsistenz. Die Scheiben sollten nicht zu groß sein und anderthalb bis zwei Zentimeter dick.

• Also, in einer beschichteten Pfanne erhitze ich die Butter. Ich bestäube die Leberscheiben ganz leicht mit Mehl, lege sie in die heiße Butter, und nun gebe ich noch einen Esslöffel Butterschmalz oder Öl dazu. Die Leber hebe ich mit der Gabel an, damit das Fett darunterläuft und so schön gleichmäßig brät, nur zwei Minuten ungefähr. Bitte wenden (eventuell noch etwas Fett nachgeben) und die gebratene Seite mit Meersalz und Pfeffer aus der Mühle würzen.

• Ist auch die zweite Seite gebraten, lege ich die Leber auf Küchenpapier. Danach lasse ich sie noch für eine bis zwei Minuten bei offener Backofentür im heißen Ofen durchziehen. Vor dem Servieren auch die zweite Seite würzen: Ich mag es, wenn man die weißen Meersalzkörnchen sieht, und auch der Pfeffer braucht nicht zu fein gemahlen zu sein.

• Als Beilage schneide ich mir gern eine schöne Zwiebel mit Liebe ganz fein und lasse sie in einer Pfanne mit etwas Butter brutzeln – mit etwas Salz, einem Hauch Zucker und etwas Pfeffer. Dazu gebe ich einen Teelöffel fein gehackte Petersilie und zwei Salbeiblättchen, fein geschnitten. Nebenbei lasse ich unterm Grill für jede Leber zwei hauchdünne Scheiben mageren Speck ganz kross braten und presse sie dann zwischen zwei Blatt Küchenpapier. Um mir nicht die Finger zu verbrennen, nehme ich ein Tuch in die Hand. So gibt's den Rauchgeschmack, ohne dass es zu fett wird. Ich richte die Leber auf heißen Tellern an, gebe die Zwiebel, den zerbröselten Speck und etwas gehackte Petersilie darauf. Dazu passt Kartoffel- oder Erbsenpüree.

FÜR 2 PERSONEN **Foto Seite 83**
2 Scheiben Kalbsleber à 180 g • 2 EL Butter
2 EL Mehl • 1–2 EL Butterschmalz oder Öl
Meersalz • Pfeffer
Beilage: 1 Zwiebel • 1 EL Butter • Salz
etwas Zucker • Pfeffer • 2 Stängel glatte Petersilie
2 Salbeiblätter • 4 Scheiben magerer Speck

LAMMKEULE MIT WEISSBROTKRUSTE

»Wer Knoblauch gern mag, darf die Keule vor dem Braten mit zwei Zehen spicken«

Die Lammkeule ofenfertig vorbereiten lassen, nur der Hauptknochen soll dranbleiben. Die Keule muss rundum entfettet werden. Lassen Sie sich Fett und Knochen vom Fleischer unbedingt mitgeben!

• Ich verteile Fett und Knochen in einen großen Bräter, lege die Knoblauchknollen, einfach waagerecht halbiert, und mein Bouquet garni dazu. Die Keule reibe ich mit etwas Butter ein, würze sie gut mit Meersalz und Pfeffer aus der Mühle, lege sie in den Bräter und schiebe alles in den auf 220 Grad (Umluft 200 Grad, Gas Stufe 5) vorgeheizten Backofen. Die meiste Arbeit ist nun geschafft! Zwei- bis dreimal muss die Keule gewendet und mit dem eigenen Jus übergossen werden.

• Während die Keule im Ofen brät (gut zwei Stunden), mache ich eine Panade. Ich gebe das trockene Weißbrot ohne Rinde mit drei Esslöffel fein gehackter Petersilie, Salz und Pfeffer in den Mixer und vermische alles gut. Die Panade halte ich auf einem Teller bereit.

• Wenn die Keule gar ist, stelle ich eine Tasse umgedreht in eine tiefe Platte und lasse die Keule (der Knochen wird auf die Tasse gestützt) 20 Minuten im ausgeschalteten Ofen ausruhen – so verteilt sich der ganze Saft und macht die Keule butterzart.

• Den Bräter nochmals auf den Herd stellen und alles rösten, es klebt am Boden an. Fett abschöpfen und die festgeklebten Bratsäfte mit 300 Milliliter Wasser loslösen (deglacieren sagen wir Köche dazu). Den Saft durchs Sieb in einen Topf passieren und reduzieren lassen.

• Nun den Ofengrill erhitzen, die Lammkeule mit der Panade bedecken und unterm Grill zur Kruste erhitzen. Attention: Nicht zu dunkel werden lassen, das ist schnell passiert! Den Jus aus der Platte zur Soße tun und nochmals aufkochen. Voilà!

FÜR 8 PERSONEN **Foto Seite 85**
1 Lammkeule (etwa 2,5 kg) • 2 Knollen Knoblauch
1 Bouquet garni (siehe Seite 156)
1–2 EL Butter • Meersalz • Pfeffer • 60 g Weißbrot
1 Bund glatte Petersilie

Panaden-Parade: Mehl, Eier, Sammelbrösel mit Parmesan

TAFELSPITZ NACH ART DER GROSSMUTTER

»Das wunderbare Fleisch kommt aus dem großen Topf der Festtagsbrühe«

Jetzt hat das Rindfleisch der Festtagsbrühe seinen großen Auftritt! Wenn es gar ist, nehme ich es aus dem Topf und entferne alles Fett, damit ich appetitliche Scheiben schneiden kann.

● Ich serviere den Tafelspitz gern als »Pot-au-Feu«. Dafür putze ich das Gemüse und schneide es in große Stücke. Die Porreestangen (ohne das dunkle Grün) erst der Länge nach vierteln. Zunächst koche ich die jungen Möhren fünf Minuten in der Brühe, dann gebe ich den Staudensellerie dazu und koche alles weitere fünf Minuten. Zum Schluss den Porree noch drei Minuten mitkochen.

● Inzwischen bereite ich die Meerrettichsoße zu: Die Zutaten mit Salz und Pfeffer aus der Mühle vermischen und zum Schluss einen fein geriebenen Apfel darunterheben, dann wird die Soße fruchtiger.

● Zum Servieren schneide ich den Tafelspitz in acht Scheiben und lege je zwei zusammen mit Gemüse in einen Suppenteller. Fleisch und Gemüse bedecke ich mit der Brühe, gebe ein paar Kerbelblättchen drüber und reiche dazu grobes Meersalz, die Meerrettichsoße und eventuell noch Salzkartoffeln.

FÜR 4 PERSONEN Foto Seite 86
1,3 kg Rindfleisch von der Festtagsbrühe (Rezept Seite 33) • 1 Bund Möhren • 1 Staudensellerie
2 Stangen Porree • 1 Bund Kerbel
¾ l Festtagsbrühe (Rezept Seite 33)
Soße: 2–3 EL geriebener Meerrettich (Glas)
1 TL Senf • 200 g saure Sahne • Salz • Pfeffer
1 Apfel

KALBSSCHNITZEL MIT GEBRATENEM SPARGEL

»Eine Kombination von großer Klasse. Genau richtig für Gäste, die man liebt«

Zuerst schäle ich meinen Spargel, schneide holzige Enden großzügig ab, halbiere die Stangen der Länge nach und decke ein feuchtes Küchentuch darüber.

● Vom Parmesan ziehe ich mit einem Sparschäler feine Späne ab, die brauche ich nachher zur Dekoration. Die restlichen 30 Gramm Parmesan werden gerieben und mit den Semmelbröseln vermischt, die ich natürlich selbst gemacht habe.

● Die dünnen Kalbsschnitzel klopfe ich schön flach und würze sie mit Salz und Pfeffer. Voilà. Nun die Panade: Erst kommen die Schnitzel ins Mehl, überschüssiges klopfe ich energisch ab! Dann ins große verquirlte Ei, und zum Schluss wälze ich sie in der Semmelbrösel-Parmesan-Mischung. Die Panade soll schön fest ans Fleisch gedrückt sein. Ich tue reichlich Butter in die Pfanne (etwa 50 Gramm) und brate die Schnitzel von beiden Seiten goldbraun.

● Nebenbei erhitze ich die restliche Butter und brate den Spargel unter Rühren und Wenden an. Ich würze ihn mit Salz und einem Hauch Pfeffer. Die Salbeiblätter werden in einem kleinen Topf im heißen Öl frittiert und tropfen auf Küchenpapier ab.

● Ich gebe die Schnitzel und den Spargel auf vorgewärmte Teller und dekoriere mit dem gehobelten Parmesan und dem frittierten Salbei. Bon appétit!

Gern verzichte ich auf das Mehl: Dann bleiben die Schnitzel schön flach, und die Panade bläht sich beim Braten nicht so auf!

FÜR 4 PERSONEN Foto Seite 87 und oben
800 g weißer Spargel • 50 g Parmesan
4 EL Semmelbrösel (Rezept Seite 157)
4 Kalbsschnitzel à 100 g • Salz • Pfeffer
75 g Mehl • 1 Ei • 80 g Butter • 12 Salbeiblätter
1–2 EL Olivenöl

Choucroûte garnie aus dem Elsass Seite 93

»Ich finde, man muss es einfach draußen auf der Terrasse essen!«

Piccata vom Kalb auf frischem Spinat Seite 93

CHOUCROÛTE GARNIE AUS DEM ELSASS

»Das Champagnerkraut kann man sogar mit Fisch und Beurre blanc servieren!«

Ich nehme frisches Sauerkraut, am liebsten natürlich elsässisches. Man wäscht es ein- oder zweimal in lauwarmem Wasser, je nach Salzgehalt und Gärung. Dann drückt man es mit beiden Händen aus und lockert es wieder mit den Fingern.

● In einem Eisentopf lasse ich nun das Schmalz zergehen und dünste darin die Zwiebeln an, die ich vorher geschält und mit Liebe fein geschnitten habe. Wenn sie glasig sind, lege ich das Sauerkraut darauf und rühre einmal gut um. Dann gieße ich den trockenen Weißwein an. Die Knoblauchzehen, ein bisschen frischen Thymian und ein Lorbeerblatt tue ich in ein Gazetüchlein, schnüre es gut zu und lege es aufs Sauerkraut. Außerdem gebe ich eine Hand voll Wacholderbeeren darüber, die lassen sich gut mitessen. Nun noch ein Glas Fleischbrühe oder notfalls Wasser dazugeben.

● Den geräucherten Schweinebauch aufs Sauerkraut legen, Deckel drauf und bei kleiner Hitze etwa anderthalb Stunden köcheln lassen. Ich finde, es wird sogar noch besser, wenn ich den ganzen Topf in den heißen Backofen schiebe, und zwar bei 160 Grad (Umluft 140 Grad, Gas Stufe 2).

● Die Kochwürste, ich nehme eine bis zwei pro Person, werden in 65 Grad heißem Wasser pochiert, so bleiben sie prall und saftig. Wasser aufkochen, den Topf von der heißen Herdplatte nehmen und die Würste für etwa 20 Minuten reinlegen. Voilà!

● Wenn es mal ganz luxuriös sein soll, wird das Sauerkraut, wenn es schon auf der großen Platte auf dem Tisch steht, vor den Gästen mit einem ordentlichen Schuss Champagner übergossen. Das sprudelt schön, schmeckt und ist ein toller Effekt. Dazu ein Glas Riesling – und das Leben ist schön!

FÜR 4 PERSONEN Foto Seite 91
1,5 kg Sauerkraut • 2 EL Schmalz • 2 Zwiebeln
300 ml trockener Weißwein • 2 Knoblauchzehen
½ Bund Thymian • 1 Lorbeerblatt
20 Wacholderbeeren • 200 ml Fleischbrühe
750 g geräucherter Schweinebauch
4–6 Kochwürste • evtl. 1–2 Glas Champagner

PICCATA VOM KALB AUF FRISCHEM SPINAT

»Schnell, leicht und damit genau richtig für einen warmen Sommerabend«

Vom Metzger lasse ich mir dünne Schnitzelchen schneiden, am liebsten aus dem Rücken. Ich schlage sie noch mal mit dem Küchenbeil ganz platt. Dafür tue ich sie in einen Gefrierbeutel und passe auf, dass sie nicht reißen. Auf eine große Platte legen.

● Den Blattspinat putzen (harte Stiele und Strunk entfernen), waschen und trockenschleudern. In einer großen Pfanne zehn Gramm von der Butter mit dem Hühnerfond aufrühren und mit Salz abschmecken. Den Spinat darin nur kurz schwenken, bis er zusammenfällt. Abgießen, auf vorgewärmte Teller verteilen und im Ofen warm halten.

● Nun zu den Schnitzelchen: In einer großen Pfanne die restliche Butter erhitzen. Die Schnitzel nur leicht auf der Oberseite salzen und mit der gesalzenen Seite nach unten in die heiße Butter, die anfängt, Farbe zu bekommen, legen. Einmal anheben und die Oberseite auch leicht salzen. Erst wenn die Unterseite Farbe hat, die Scheibchen drehen und auf der zweiten Seite genauso braten. Aufgepasst! Wenn man Fleisch zu früh umdreht, kühlt die Butter ab, und das Fleisch brät nicht mehr.

● Die Schnitzelchen appetitlich auf dem Spinat verteilen. Die Butter mit etwas Zitronensaft ablöschen und einen Esslöffel fein gehackte Petersilie über die Schnitzelchen geben. Mit der Mühle pfeffern – fertig.

FÜR 3 Personen Foto Seite 92
3 Kalbsschnitzel à 125 g • 500 g Blattspinat
50 g Butter • 50 ml Hühnerfond (Rezept Seite 156)
Salz • 1–2 TL Zitronensaft • Petersilie • Pfeffer

Filet vigneronne –
auf Winzerinnen-Art
Seite 96

»Eine Bitte: auch zum Kochen immer einen guten Wein nehmen!«

Herzhaftes Rindfleischragout
Seite 97

FILET VIGNERONNE – AUF WINZERINNEN-ART

»Ein ideales Essen, wenn mal ein Rotweinkenner zu Gast ist. Oder eine Kennerin«

Ich nehme Entrecôte oder Filetsteak – egal. Schön abgehangen und marmoriert muss das Fleisch sein und rechtzeitig aus dem Kühlschrank geholt werden, damit die Filets beim Braten nicht zu kalt sind.

● Zunächst nehme ich den kräftigen Rotwein und lasse ihn auf die Hälfte reduzieren. Ich schäle die Schalotten und schneide sie fein. Für die Garnitur schneide ich schon Schnittlauch fein, zerdrücke die Pfefferkörner, vermische alles mit zwei guten Prisen Meersalz und stelle den Mix beiseite.

● So, nun 20 Gramm Butter zusammen mit dem Olivenöl erhitzen, bis die Butter etwas Farbe annimmt. Die Filets ungesalzen hineinlegen und sofort mit einer Gabel anheben, damit die heiße Butter drunterläuft: Nur so bekommen sie die Farbe von richtig angebratenem Fleisch. Bei großer Hitze anderthalb Minuten braten und dann in der Pfanne wenden, wieder kurz anheben, auf der gebratenen Seite salzen. Nach einer Minute das Fleisch wieder drehen und garen lassen: In fünf bis sechs Minuten ist es à point, drei Minuten länger durchgebraten. Die zweite Seite auch salzen. Danach darf sich das Fleisch zwischen zwei tiefen, heißen Tellern entspannen, dabei zwischendrin einmal wenden.

● Das Fett wegtun und weitere 20 Gramm Butter mit den Schalottenwürfeln in die Pfanne geben. Bei mittlerer Hitze zwei bis drei Minuten ziehen lassen, dann salzen. Mit dem Rotweinessig ablöschen, ganz einkochen lassen. Alles mit dem eingekochten Rotwein und dem heißen Hühnerfond ablöschen und munter weiterkochen lassen, bis nur noch 100 Milliliter Flüssigkeit übrig bleibt.

● Nun kommt der Fleischsaft vom Teller zur Soße, die erneut zum Kochen gebracht wird. 30 Gramm kalte Butter in Würfel schneiden, immer nur zwei bis drei Würfel in die Soße geben und den Topf kreisförmig schwenken, so dass sich die Butter mit der Soße verbindet und sie geschmeidig macht. Die Soße abschmecken, die Filets auf sehr heiße Teller dressieren und mit der Soße nappieren, damit sie wunderschön appetitlich dunkel glänzen. Ich bestreue sie schnell mit dem Gewürzgemisch. Voilà! Mit Bordeaux aus gutem Hause oder einem hochkarätigen Burgunder kredenzen – und mal wieder die Komplimente einsammeln. Bon appétit et à la votre!

Dazu gibt's bei mir Saison-Pilze, in Butter geschwenkt, zum Beispiel frische Pfifferlinge, Champignons und Austernseitlinge.

FÜR 4 PERSONEN Foto Seite 94
4 Filetsteaks oder Entrecôtes à 200 g
300 ml Rotwein • 2 Schalotten
½ Bund Schnittlauch • 4–6 Pfefferkörner • Meersalz
70 g Butter • ½ EL Olivenöl • 1 EL Rotweinessig
200 ml Hühnerfond (Rezept Seite 156)

RINDFLEISCHRAGOUT

»Schnell, herzhaft und bodenständig«

Das Fleisch, sehr gut und sehr gut abgehangen muss es sein, würfeln und im Öl kräftig anbraten. Mit Salz und Pfeffer würzen und mit dem Mehl bestäuben. Aus der Pfanne nehmen und beiseite stellen.

● Die Zwiebel abziehen und fein schneiden. Die Möhren schälen und in Würfel schneiden, den Stangensellerie in Scheiben und den Knollensellerie in Würfel schneiden. Das Gemüse kommt zusammen mit dem ungeschälten Knoblauch in die Pfanne und wird im Bratfett angedünstet. Den Rinderfond angießen, den Thymian und das Lorbeerblatt hinein, Deckel drauf und 15 Minuten schön schmoren. Dann kommt das Fleisch wieder dazu, alles wird bei großer Hitze einmal kräftig durchgekocht.

● Zum Schluss hebe ich die Butter drunter, schmekke nochmal mit Salz und Pfeffer ab und gebe die Petersilienblättchen obendrauf. Alles braucht nur eine halbe Stunde und ist perfekt mit Baguette, Bandnudeln oder Kartoffelpüree.

FÜR 3–4 PERSONEN Foto Seite 95
500 g Rumpsteak • 3 EL Olivenöl • Salz • Pfeffer
½ EL Mehl • 1 Zwiebel • 150 g Möhren
1 Stange Sellerie • 150 g Knollensellerie
1–2 Knoblauchzehen • 250–300 ml Rinderfond
1 Bund Thymian • 1 Lorbeerblatt
1 EL Butter • ½ Bund glatte Petersilie

KALBSROLLBRATEN MIT GENIALEM GEMÜSE

»Ein Hauch Parmesan macht's perfekt«

Geputzte Möhren in schräge Scheiben schneiden, die kleinen Kartoffeln schälen, Zwiebeln, Schalotten und Knoblauch abziehen, die Schalotten vierteln.

● Nun reibe ich meinen Kalbsrollbraten mit Salz und Pfeffer ein. Ich zerlasse das Butterschmalz in einer großen Kasserolle oder einem Bräter und brate das Fleisch etwa zehn Minuten von allen Seiten schön braun an, aber nicht zu dunkel. Ich gebe die Schalottenviertel und den Knoblauch dazu und brate sie mit an. Fleisch herausnehmen, in Alufolie wickeln, im vorgeheizten Backofen bei 200 Grad (Umluft 180 Grad, Gas Stufe 4) gut zwei Stunden garen.

● Salbei, Thymian, 200 Milliliter Wasser und Marsala in einem Topf etwa zehn Minuten einkochen. Die Soße passiere ich durchs Haarsieb, fülle sie zurück und rühre schnell zwei Esslöffel eiskalte Butter unter. Mit Meersalz und Pfeffer abschmecken.

● Ich erhitze einen Esslöffel Butter in einem großen Topf und gebe das restliche Gemüse und die Kastanien dazu. Salzen und 30 Minuten bei mittlerer Hitze braten, ab und zu umrühren. Beiseite stellen.

● Den fertigen Braten aus der Alufolie wickeln. Ich lege ihn auf eine Platte und lasse ihn im ausgeschalteten, offenen Backofen noch zehn Minuten ruhen. Dann schneide ich ihn in Scheiben. Ich erwärme schnell das Gemüse, bestreue es mit fein geriebenem Parmesan und rühre einmal um. Das Gemüse richte ich mit dem Fleisch auf vorgewärmten Tellern an. Die Soße wird kurz erhitzt, noch einmal abgeschmeckt und in einer Sauciere dazu serviert.

FÜR 8 PERSONEN Foto oben
4–5 große Möhren • 16 kleine Kartoffeln
8 Zwiebelchen • 3 Schalotten • 3 Knoblauchzehen
1 Kalbsrollbraten (ca. 1,5 kg) • Salz • Pfeffer
40 g Butterschmalz • 3 Salbeiblätter
3 Stängel Thymian • 250 ml Marsala • 3 EL Butter
120 g Esskastanien (Glas) • 2 EL Parmesan

Tagliatelle mit grünem und weißem Spargel Seite 102

» Dies ist die Küche der Hausfrauen und der Mütter, nicht die der Spitzenköchinnen. Aber gibt es etwas Tröstlicheres, als sich nach einem harten Tag ein Essen zu machen,

das man aus seiner Kindheit kennt und in guter Erinnerung hat? Ja, das gibt es: Nach Hause zu kommen, und ein lieber Mensch hat einem genau das gekocht! Es ist einfach schön, umsorgt zu werden. Und zu umsorgen: Auch wenn mein Sohn Louis jetzt erwachsen und selbständig ist, genießt er es noch sehr... «

SOULFOOD

Hauchdünne Crêpes Seite 102

» Kenne ich etwas Köstlicheres als neue Kartoffeln? Nein!«

Pellkartoffeln mit Speck-Sahne-Soße Seite 103

TAGLIATELLE MIT GRÜNEM UND WEISSEM SPARGEL

»Nudeln machen glücklich. Und wer sagt, dass sie nicht auch raffiniert sein dürfen?«

Den frischen Spargel zunächst gründlich unter kaltem Wasser abspülen und dann putzen: Den grünen Spargel nur am unteren Drittel der Stangen schälen, den weißen von oben nach unten schälen. Von beiden Spargelsorten die Enden knapp abschneiden.

● Voilà, ich gebe die weißen Spargelschalen in einen Topf, dazu eine große Prise Salz und eine große Prise Zucker. Die Spargelschalen werden knapp mit Wasser bedeckt und bei mittlerer Hitze 20 Minuten gekocht. Über einem Sieb abgießen und einen halben Liter Sud aufheben.

● Ich schneide die Spargelstangen in mundgerechte Stücke und nehme mir zunächst einmal die Spitzen vor: Ich koche die Spargelspitzen drei Minuten in 200 Milliliter vom Spargelsud, in den ich zusätzlich einen Klacks Butter gebe.

● Die Spargelstücke werden in 50 Gramm Butter hell angedünstet. Ich gieße den restlichen Spargelsud nach und nach dazu, lasse die Flüssigkeit dabei immer wieder bis auf etwa 100 Milliliter verdampfen. Inzwischen die Nudeln in reichlich Salzwasser nach Packungsanweisung bissfest kochen. In ein Sieb gießen und gut abtropfen lassen.

● Jetzt noch die Sahne steif schlagen und unter den Spargel heben. Ich schmecke mit Salz, Pfeffer und einer Prise Zucker ab. Zuerst mische ich die Nudeln und die Spargelspitzen vorsichtig, dann gebe ich die Spargelsahne darüber und bestreue alles mit fein geriebenem Parmesan. Bon appétit!

FÜR 4 PERSONEN **Foto Seite 98**
500 g grüner Spargel • 500 g weißer Spargel
Salz • Zucker • 60 g Butter • 250 g Tagliatelle
200 g Schlagsahne • 50 g Parmesan

HAUCHDÜNNE CRÊPES

»Ich bin gut dran, weil ich drei Pfannen gleichzeitig auf dem Herd habe ...«

Ich verrühre die Eier, das Mehl, eine Prise Salz, den Zucker und die Milch mit einem Schneebesen zu einem glatten Pfannkuchenteig. Die Butter lasse ich in einer beschichteten Bratpfanne schmelzen und gebe sie zum Teig. So ist die Pfanne schon mal gefettet. Den Teig gebe ich dann durch ein Sieb, damit kein Klümpchen mehr vorhanden ist.

● Nun backe ich mit viel Geduld einen Crêpe nach dem anderen hauchdünn aus. Bei einem Durchmesser von etwa 15 Zentimetern bekomme ich aus der Teigmenge rund 15 Stück.

● Die fertigen Crêpes lege ich zunächst auf ein Kuchengitter gleich neben meinem Herd. Weil es bei mir in der Restaurantküche ordentlich warm ist, reicht das aus. Zu Haus hält man die Pfannkuchen abgedeckt im Backofen bei 75 Grad warm. Wenn alle fertig sind, bestreiche ich meine Crêpes gern mit dem guten Luxemburger Pflaumenmus und rolle sie auf. Oder ich streue einfach nur Zimt und Zucker drüber – so schmeckt's wie in den Kindertagen!

Ganz leicht werden Crêpes, wenn man noch einen Schuss sprudelndes Mineralwasser in den Teig gibt.

FÜR 4 PERSONEN **Foto Seite 100**
3 Eier • 250 g Mehl • Salz • 1 EL Zucker
400 ml Milch • 20 g Butter

VARIATION: CRÊPES SUZETTE

Für das berühmte Dessert zerlasse ich zwei Teelöffel Butter in einer Pfanne. Dann wasche ich eine Bio-Orange und reibe zehn bis zwölf Stückchen Zucker kräftig an der Schale. Die Zuckerwürfel gebe ich dann zusammen mit 200 Milliliter frisch gepresstem Orangensaft in die heiße Butter. Ich lasse alles zu einer sirupartigen Soße einkochen. Die Crêpes dann einen nach dem anderen dazugeben und jeden zweimal zusammenklappen, so dass es ein Viertel ergibt. Nun kommt der Clou: Die Crêpes werden in der Pfanne mit einer Mischung aus Cognac und Grand Marnier flambiert. Superbe!

PELLKARTOFFELN MIT FEINER SPECK-SAHNE-SOSSE

»Solo sind sie ganz köstlich. Oder zu gegrilltem Fleisch, das spart die Soße«

Sobald es neue Kartoffeln gibt, mache ich gern diese ganz kleinen runden Kartoffeln. Ich dünste sie immer ein paar Minuten länger als üblich, dann werden sie wunderbar zart und lassen sich gut pellen.

● Inzwischen nehme ich den mageren Speck, schneide ihn in feine Würfel und gebe ihn in eine heiße Pfanne. Wenn das Fett ausgelaufen ist, schütte ich es durch ein Sieb, so dass die Speckwürfelchen aufgefangen werden. In die heiße Pfanne gebe ich drei Esslöffel Wasser, tue die Sahne, etwas Salz und dann die Speckwürfel dazu. Ich lasse alles kurz aufkochen und reduziere die Flüssigkeit etwas, bis ich eine Soße von leichter Konsistenz habe. Die gieße ich über die heißen Kartoffeln und bestreue sie großzügig mit fein geschnittenem Schnittlauch.

FÜR 2 PERSONEN Foto Seite 101
500 g kleine neue Kartoffeln • 50 g magerer Speck
100 g Sahne • Meersalz • 1 Bund Schnittlauch

PIZZA À LA LOUIS

»Die backt mein Sohn mit Leidenschaft«

Und es ist ja auch ganz einfach. Louis nimmt den Teig vom Olivenölbrot und rollt ihn sich schön als dünnen Boden aus, legt sich viele dünne Scheiben von schmackhaften Roma-Tomaten darauf, hauchdünne Scheiben gekochten Schinken, eine Hand voll dünn geschnittene Zwiebelringe, dann Mozzarella, in Scheiben geschnitten – und der Oregano darf nicht fehlen! Bei 220 Grad (Umluft 200 Grad, Gas Stufe 5) ab in den heißen Ofen, am besten auf die Steinplatte, wenn man eine hat. Sonst aufs Backblech, das mit etwas Olivenöl gefettet ist.

FÜR 1 PIZZA Foto rechts
200 g Teig vom Olivenölbrot (Rezept Seite 25)
1–2 Roma-Tomaten • 80 g gekochter Schinken
1 Zwiebel • 1 Mozzarella (125 g) • 1 Bund Oregano
evtl. Olivenöl

Knusprige Reibekuchen mit Petersilie Seite 107 △

Zerdrückte Pellkartoffeln in Olivenöl Seite 107 ▷

»Nachdem ich in meinem ersten Kochbuch die Pommes frites, selbst zubereitet natürlich, wieder hoffähig gemacht habe, trete ich nun endgültig die Ehrenrettung der Kartoffel an: Sie schmeckt mir in allen Variationen. Sogar eine einfache Pellkartoffel mit Olivenöl und Meersalz ist ein echter Genuss!«

»Es gibt einfaches
Essen, das wunderbar
tröstet – Soulfood«

KNUSPRIGE REIBEKUCHEN MIT PETERSILIE

»Knusprig und goldbraun direkt aus der Pfanne – das ist Kindheit pur!«

Zuerst bereite ich wieder alles vor: Die Kartoffeln schälen und waschen, die Petersilie und die Schalotte fein hacken. Ich reibe die Kartoffeln dann auf der Haushaltsreibe, halb grob und halb fein.

● Die geriebenen Kartoffeln drücke ich mit beiden Händen gut aus und gebe sie dann in eine Schüssel. Ich füge das Ei hinzu und siebe das Mehl hinein. Die Schalotte und die Petersilie dazu, Salz und Pfeffer aus der Mühle darübergeben und zum Schluss noch einen Hauch Muskat darüberreiben. Und alles natürlich sehr gut vermischen. Voilà!

● Jetzt erhitze ich reichlich Fett in einer Pfanne (ich nehme am liebsten neutrales Erdnussöl oder auch Butterschmalz) und backe meine Reibekuchen im heißen Fett. Dafür gebe ich meine Kartoffelmasse esslöffelweise in die Pfanne und wende die Reibekuchen erst, wenn sie schön goldbraun sind. Sie schmecken natürlich frisch aus der Pfanne am besten. Zum Beispiel mit Apfelmus.

Manchmal hat man Kartoffeln, die zu schnell Farbe annehmen, dann backe ich die Reibekuchen auf kleinerer Hitze, sonst werden sie schnell dunkel und sind innen noch halb gar.

FÜR 4 PERSONEN Foto Seite 104
800 g Kartoffeln • 1 Bund glatte Petersilie
1 kleine Schalotte • 1 Ei • 1 EL Mehl
Salz • Pfeffer • Muskatnuss
Öl oder Butterschmalz zum Ausbraten

ZERDRÜCKTE PELLKARTOFFELN IN OLIVENÖL

»Sie sind einfach wunderbar, schmecken solo und auch zu Fisch und Fleisch«

Ich nehme meine geliebten kleinen, gedünsteten Pellkartoffeln, lasse sie abkühlen und drücke sie flach. Die Schalen sollen leicht platzen, aber sie sollen die Kartoffeln noch zusammenhalten. Anschließend brate ich sie schön in einer heißen Pfanne mit meinem feinsten Olivenöl. Mit Meersalz salzen, mit gutem Pfeffer aus der Mühle pfeffern und beim Servieren noch jede Kartoffel mit ein paar Kerbelblättchen oder Schnittlauchröllchen dekorieren. Sieht klasse aus und schmeckt auch so!

FÜR 4 PERSONEN Foto Seite 105
750 g kleine Kartoffeln • 5 EL Olivenöl • Meersalz
Pfeffer • etwas Kerbel oder Schnittlauch

LEAS OLIVENCREME

»Passt herrlich zu meinen Pellkartoffeln – und auch auf Olivenölbrot«

Den Ricotta und das Olivenöl rühre ich mit den Quirlen des Handrührers glatt und schmecke mit Salz ab. Voilà. So serviere ich die Creme einfach zu den Pellkartoffeln in Olivenöl oder fülle sie in große Pellkartoffeln (Rezept Seite 111).

● Oder ich gebe die Masse in einen Spritzbeutel und drapiere sie auf die einen halben Zentimeter dick geschnittenen Scheiben vom Olivenölbrot (Rezept Seite 25). Ich halbiere dünne Chorizoscheiben und rolle sie fein auf. Jede Brotscheibe wird mit einem Chorizoröllchen, etwas Olive und einem Majoranblättchen dekoriert.

FÜR 20 SCHEIBEN OLIVENÖLBROT ohne Foto
250 g Ricotta • 2 EL Olivenöl • Salz
10 Scheiben Chorizo • 5 schwarze Oliven
Majoran

FRIKADELLEN MIT MAJORAN

»Kein Koch der Welt macht sie so gut wie Mütter, Omas, Tanten und Cousinen«

Ich gebe das Mett oder Hackfleisch in eine Küchenschüssel. Dazu die fein geschnittene Zwiebel, Milch und Eier. Ich mische auch noch Semmelbrösel darunter – selbst gemacht natürlich, am besten aus Baguette. Dann noch Salz und Pfeffer aus der Mühle, frische Majoranblättchen (fein gehackt) und eventuell einen Hauch frisch geriebenen Muskat. Alles wird gut vermischt, bis die Masse bindet.

● Um zu testen, ob meine Frikadellen ideal gewürzt sind, mache ich immer eine kleine Probe: Mit einem Esslöffel steche ich dafür einen Löffel voll aus der Masse, lege sie auf einen Teller mit Mehl, rolle sie ganz leicht darin und klopfe sie mit beiden Händen platt. Dann ab in die Pfanne, in der ich drei bis vier Esslöffel Öl erhitzt habe. Wenn die Basis stimmt und die Buletten in der Pfanne zusammenhalten, werden alle so gebraten.

● Und der Fantasie sind auch hier keine Grenzen gesetzt: Ein kleiner Rest an rohem oder gekochtem Schinken darf da mit rein, schön in feine Würfelchen geschnitten. Ganz fein werden Buletten, wenn die Hälfte vom Hack Kalbfleisch ist. Und wenn man dann statt der Milch Sahne nimmt, werden sie noch feiner. Halb Milch und halb Sahne schmeckt auch. Und genau wie Kalbfleisch kann man Lamm dazutun…

● Was passt dazu? Entweder Zwiebeln, in feine Halbringe geschnitten, in der Pfanne mit etwas Butter, Pfeffer und Salz karamellisiert und mit etwas Hühnerbrühe abgelöscht. Oder eine Senfsoße. Die schnellste ist, 100 Gramm Sahne zu erhitzen und zwei Esslöffel von Ihrem Lieblingssenf darunter zu mischen. Salz und Pfeffer dazu – fertig!

Zu den Frikadellen liebe ich mein Kartoffel-Kohl-Püree (Rezept Seite 125) – mit Wirsing gekocht oder, wenn es herzhafter sein soll, mit Grünkohl.

FÜR 20 FRIKADELLEN Foto rechts
800 g Mett oder gemischtes Hackfleisch
1 Zwiebel • 100 ml Milch • 2 Eier
2 EL Semmelbrösel • Salz • Pfeffer • Majoran
Muskatnuss • Mehl • Öl zum Ausbraten

Gnocchi
à la parisienne
Seite 111

GNOCCHI À LA PARISIENNE

»Nehmen Sie sich Zeit: Die Sauce Mornay ist die perfekte Soße zum Gratinieren«

In einem Topf erhitze ich die Milch zusammen mit der Butter. Inzwischen gebe ich das Mehl durch ein feines Sieb, vermische es mit dem Salz und der Prise frisch geriebenem Muskat. Sobald die Milch kocht, ziehe ich sie von der heißen Herdplatte und gebe die Mehlmischung auf einen Ruck hinein. Nun muss ich alles mit viel Kraft umrühren und wieder auf die Herdplatte nehmen, denn jetzt gilt es, den Teig zu kochen, und er muss trockener werden.

● Sobald das Ganze ein dicker, fester Klumpen ist, tue ich ihn in eine Plastikschüssel, arbeite ein Ei nach dem anderen unter und rühre den Teig immer wieder schön glatt. Sind alle Eier verarbeitet, rühre ich den fein geriebenen Parmesan hinein und fülle ihn in einen Spritzbeutel mit glatter, runder Tülle.

● Nun bringe ich in einem großen Topf Salzwasser zum Kochen, lege den Spritzbeutel auf den Rand des Topfes und schneide den Teig alle zwei Zentimeter mit einem Messer ab. Die Gnocchi lasse ich drei bis vier Minuten pochieren, also im nicht mehr kochenden Wasser ziehen. Wenn sie gar und groß geworden sind, lege ich sie auf ein trockenes Küchentuch.

● Dann bereite ich die Béchamelsoße zu: Ich zerlasse die Butter im Topf und gebe das gesiebte Mehl dazu, immer schön rühren, damit es nicht klumpt. Ich schwitze nur kurz an: Es soll ja eine helle Soße werden. Ich lösche dann mit der Milch und dem Hühnerfond ab, gebe Salz und etwas Pfeffer aus der Mühle dazu. Das Ganze lasse ich aufkochen und rühre dabei permanent mit dem Schneebesen. Geschafft!

● Aus der Béchamelsoße mache ich eine Sauce Mornay, die ist ideal zum Gratinieren: Dafür schlage ich in einer Tasse ein Eigelb auf und verquirle es mit der Sahne. Ich lasse die Béchamelsoße aufkochen und rühre die Ei-Sahne-Mischung darunter, die Soße darf nun aber nicht mehr kochen! Dann rühre ich den fein geriebenen Käse darunter.

● Zum Schluss buttere ich eine große Form, bestreiche den Boden mit etwas Sauce Mornay, lege die Gnocchi rein und bedecke sie wieder mit der Soße. Dann streue ich den geriebenen Käse darüber, tue die restliche Butter in Flöckchen obendrauf und lasse meine Gnocchi à la parisienne im Backofen bei 180 Grad (Umluft 160 Grad, Gas Stufe 3) etwa 30 Minuten gratinieren. Bon appétit!

FÜR 4 PERSONEN Foto Seite 110
Gnocchi: ¼ l Milch • 75 g Butter • 150 g Mehl ¼ TL Salz • Muskatnuss • 3 Eier • 75 g Parmesan
Béchamelsoße (¼ l): 2 EL Butter • 2 EL Mehl 150 ml Milch • 125 ml Hühnerfond (Rezept Seite 156) • Salz • Pfeffer
Sauce Mornay: ¼ l Béchamelsoße • 1 Eigelb 70 g Sahne • 25 g Emmentaler • 25 g Parmesan
Zum Überbacken: 2 EL Butter 40 g Emmentaler • 40 g Parmesan

GEFÜLLTE PELLKARTOFFELN

»Eines meiner Lieblingsrezepte, bin ich doch ein kleiner Kartoffelkäfer...«

Man wäscht die Kartoffeln und lässt sie mit der Schale im Backofen auf einem Blech mit grobem Meersalz bei 170 Grad (Umluft 150 Grad, Gas Stufe 3–4) in etwa einer Stunde weich garen. Dann das obere Drittel wie einen Deckel runterschneiden, die Kartoffeln mit einem Teelöffel vorsichtig aushöhlen.

● Für die Füllung mischt man das ausgelöste Kartoffelfleisch mit ein wenig frischem Majoran, etwas gehackter platter Petersilie, etwas fein geschnittener und gedünsteter Schalotte, Salz und Pfeffer und füllt jede Kartoffel zu zwei Drittel damit. Darauf setzt man pro Kartoffel drei bis vier gute Weinbergschnecken und bestreicht sie mit Butter oder – noch lieber – Kräuterbutter. Den Deckel wieder drauftun, die Kartoffeln in die Auflaufform stellen und im Ofen bei 180 Grad (Umluft 160 Grad, Gas Stufe 4) fünf bis zehn Minuten heiß werden lassen.

So gemacht, kann man die Kartoffeln nach eigener Fantasie und Lust und Laune füllen – mit Sauerrahm und Kräutern zum Beispiel.

FÜR 2 PERSONEN ohne Foto
2 große Kartoffeln • Meersalz
½ Bund Majoran • 2 Stängel glatte Petersilie
1 Schalotte • Pfeffer • 6–8 Weinbergschnecken
4 TL Butter oder Kräuterbutter

Zwiebel-Confit Seite 118

» Jede Zwiebel hat es verdient, mit Liebe geschnitten zu werden – den Satz kennen Sie ja schon von mir. Und das ist wirklich meine Küchenphilosophie. Jede Zutat muss sehr sorgfältig behandelt werden und jedes Detail muss stimmen. Was nützt mir der feinste Caesar's Salad, wenn ich auf kalten, laschen Croûtons herumkauen muss? Was bringt der schönste Braten, wenn die Beilagen fade sind? Gerade Gemüse verdient unsere höchste Aufmerksamkeit, ganz viel Liebe eben.«

GEMÜSE

Caesar's Salad
Seite 119

»Ein wahrhaft großer Koch macht aus allem Außergewöhnliches«

Compôte von
Tomaten mit Safran
Seite 119

» Nichts symbolisiert den Süden für mich besser als Tomaten. Und den Sommer!«

ZWIEBEL-CONFIT IN RIESLING

»Ich liebe sie für den Vorrat. Und auch als kleines Mitbringsel für gute Freunde«

Die kleinen weißen Zwiebeln werden geschält und fein geschnitten. In einem Eisentopf erhitze ich dann die Butter mit dem Olivenöl. Die geschnittenen Zwiebeln dazutun, salzen und pfeffern. Ich dünste die Zwiebeln an und lasse sie bei kleiner Hitze fünf Minuten köcheln. Die Zwiebeln werden so weich, ohne zu viel Farbe zu bekommen.

● Nun den Zucker, den Honig und die Schale der ungespritzten Orange (in Zesten) dazutun und alles auf kleiner Flamme weitergaren lassen. Man muss ab und zu mit einem Holzlöffel umrühren und nach ungefähr zehn Minuten den Weißweinessig, den Apfelessig und einen schönen Riesling (oder anderen trockenen Weißwein) dazugeben. Jetzt kommen auch noch Korinthen hinein. Alles gut unterheben und 50 Minuten kochen lassen, immer mal wieder umrühren. Die Flüssigkeit wird so reduziert, die Zwiebeln kandieren.

● Zum Schluss gebe ich noch Balsamico-Essig dazu, lasse alles ein letztes Mal aufkochen und schmecke mit Salz und Pfeffer ab. Ich fülle meine kandierten Zwiebeln in Gläser, schön voll, und lasse sie bis zum nächsten Tag abkühlen. Dann die Deckel auf die Gläser tun und im Kühlschrank aufbewahren.

Das Zwiebel-Confit passt ganz wunderbar zu Terrinen, zu einer Leberpastete, aber auch zum herzhaften Camembert.

FÜR 5 GLÄSER À 200 GRAMM **Foto Seite 113**

1 kg weiße Zwiebeln • 50 g Butter
50 ml Olivenöl • Salz • Pfeffer • 100 g Zucker
100 g Honig • 1 Bio-Orange
100 ml Weißweinessig • 100 ml Apfelessig
200 ml Riesling • 100 g Korinthen
50 ml Balsamico

CAESAR'S SALAD

»Man bereitet ihn vor den Gästen zu: Diese Show hat ihn berühmt gemacht!«

Zuerst stelle ich alles parat: das Eigelb, den Senf, Sherryessig, das Salz, die Pfeffermühle, gehackte Kapern, schöne, saftige Sardellenfilets, die angenehm schmecken und im Mörser zerdrückt werden, Erdnussöl, feines Nussöl, die halbe Zitrone ohne Kerne, Hühner- oder Gemüsebrühe und drei Esslöffel frisch geriebenen Parmesan. Auch den gewaschenen und getrockneten Römersalat habe ich schon griffbereit (eventuell im Kühlschrank), ebenso meine frisch gerösteten Croûtons, auch ein paar Parmesanspäne für die Dekoration, die ich möglichst dünn mit dem Sparschäler vom ganzen Stück hobele.

● Nun kann es losgehen: In die Mitte stellt man die große Glasschüssel mit dem Eigelb. Darin das Eigelb mit dem Senf, dem Essig, Salz und Pfeffer verrühren. Anschließend die gehackten Kapern und die pürierten Sardellenfilets hinzugeben. Alles immer schön glatt rühren (ich nehme zwei Gabeln, es geht aber auch mit dem Schneebesen). Nun das Öl langsam dazugießen. Die Soße soll schön binden, aber nicht zu mayonnaisig werden. Zum Schluss mit etwas Zitrone abschmecken, den geriebenen Parmesan dazugeben und mit der kalten Brühe die Konsistenz leichter und flüssiger machen.

● Ich gebe jetzt den Römersalat dazu. Ganz zum Schluss hebe ich etwa drei Viertel der krossen Croûtons unter den Salat und vermische alles gut mit der Vinaigrette. Auf die Teller dressieren, mit ein paar Parmesanspänen und den restlichen Croûtons dekorieren. Ich persönlich liebe etwas feine Gartenkresse darüber. Und freue mich: Caesar's Salad sieht gut aus und schmeckt köstlich. Man darf sich bewundern lassen!

FÜR 4 PERSONEN Foto Seite 114
**1 Eigelb • 1 EL Senf • 20–30 ml Sherryessig
Salz • Pfeffer • 1 EL Kapern • 2–3 Sardellenfilets
150 ml Erdnussöl • 2 EL Walnussöl • ½ Zitrone
60 ml Hühner- oder Gemüsebrühe
75 g Parmesan • 1 Römersalat • 4–6 EL Croûtons
(Rezept Seite 156) • evtl. etwas Kresse**

COMPÔTE VON TOMATEN MIT SAFRAN

»Raffiniert und vielseitig zu verwenden. Es kann kalt und warm gegessen werden«

Die Tomaten sollen dick und schwer und gut gereift sein. Sie werden gehäutet, geviertelt, Stielansätze und Kerne werden entfernt, und das Tomatenfleisch wird in kleine Würfel geschnitten. Die Schalotten schneide ich fein – mit Liebe, versteht sich. In einer tiefen Pfanne dünste ich dann die Schalotten in zwei Esslöffel Olivenöl an, gebe die Tomatenwürfel dazu und gare das Ganze bei mittlerer Hitze.

● Jetzt kommen das Gemüse-Bouquet, die geschälten, entkeimten und zerdrückten Knoblauchzehen, der Zucker und die Safranfäden dazu. Salz und Pfeffer gebe ich aus der Mühle darüber und lasse alles 20 Minuten schön leise köcheln. Ich fülle das Compôte in eine feuerfeste Glasschüssel, fische das Gemüse-Bouquet heraus und zerdrücke die Tomaten noch zusätzlich mit einer Gabel. Ein bisschen Olivenöl und frische Thymianblätter hinein und alles noch einmal abschmecken. Ich rühre dann gut um und lasse es zugedeckt im Kühlschrank eine Nacht ziehen. Voilà!

Kalt passt das Compôte wunderbar zu Crevetten und zu kleinen Toasts, die mit feinstem Olivenöl beträufelt werden. Warm schmeckt es zu Muscheln und ganz exzellent zu gegrilltem Fisch.

FÜR 4 PERSONEN Foto Seite 116
**1 kg Tomaten • 1–2 Schalotten • 2–3 EL Olivenöl
1 Bouquet garni (Porree, Sellerieblätter, Thymian)
2 Knoblauchzehen • ½ TL Zucker • 8 Safranfäden
Salz • Pfeffer • frischer Thymian**

△ Leas feines Petersilienöl Seite 122

Ratatouille provençal – sommerlicher Gemüsetopf Seite 122 ▷

»Auch wenn wir inzwischen fast alles fast immer kaufen können: Ich liebe den Sommer mit seinem erntefrischen Gemüse, den knackigen Salaten und den vielen wunderbaren Beeren und Früchten. Dann können meine Gäste sogar auf der Terrasse sitzen und den Abend bei einem Glas Champagner genießen!«

LEAS FEINES PETERSILIENÖL

»Ich nehme es für Salate und für die Jakobsmuscheln von Seite 61«

Ich spüle die Petersilie ab, zupfe die Blättchen von den Stängeln und tupfe sie trocken. Ich brauche etwa eine Hand voll davon. Die Petersilie püriere ich im Mixer zusammen mit allerfeinstem Olivenöl und Fleur de Sel, dem besten Salz aus der Bretagne.

Im Schraubdeckelglas aufbewahrt, hält sich das Petersilienöl etwa eine Woche im Kühlschrank.

FÜR 6 PERSONEN Foto Seite 120
3 Stängel glatte Petersilie • 125 ml Olivenöl
1 TL Meersalz (Fleur de Sel)

RATATOUILLE PROVENÇAL – SOMMERLICHER GEMÜSETOPF

»Ein klassisches Rezept der Provence«

Die Zucchini spüle ich ab und schneide sie ungeschält in Taler. Die Aubergine wird geschält und in Stücke geschnitten. Die Zwiebeln würfele ich fein. Dann die Tomaten in sechs Stücke teilen, häuten und entkernen. Die Knoblauchzehen werden entkeimt und zerdrückt, die Paprikaschoten entkernt und in Streifen geschnitten. Voilà! Alles zusammen einfach in drei bis vier Esslöffel Olivenöl etwa 30 Minuten schmoren, mit Salz und frisch gemahlenem Piment würzen und heiß servieren, zum Beispiel zu Lammkoteletts.

Puristen lieben ihre Ratatouille übrigens einen Tag alt und kalt. Probieren Sie's mal!

FÜR 4 PERSONEN Foto Seite 121
400 g Zucchini • 1 Aubergine (200 g) • 2 Zwiebeln
700 g Tomaten • 2 Knoblauchzehen
200 g grüne Paprikaschoten • 3–4 EL Olivenöl
Salz • Piment

SCHWARZWURZELN MIT SAHNE UND KERBEL

»Ein wundervolles Gemüse, das leider viel zu sehr verkannt wird«

Die Schwarzwurzeln müssen gewaschen und gut geschält werden. Aufgepasst! Dazu auf jeden Fall Gummihandschuhe anziehen, sonst wird's unangenehm. Zum Weißhalten lege ich die geschälten Wurzeln sofort in kaltes Zitronenwasser. Dann schneide ich sie in Stücke von acht Zentimeter Länge, blanchiere sie kurz in kochendem Wasser und schrecke sie in Eiswasser ab.

● In einem Topf mit dickem Boden lasse ich dann die Butter heiß werden, schäle und halbiere die Schalotte und gebe sie zusammen mit den Schwarzwurzeln hinein. Alles wird kurz angedünstet und gleich mit dem Hühnerfond aufgegossen. Dann kommen Salz und Thymian dazu. Deckel drauf, und ich lasse die Schwarzwurzeln bei niedriger Temperatur ungefähr 20 Minuten köcheln.

● Ich kontrolliere dann schon einmal die Garung, die Schwarzwurzeln dürfen nämlich nicht zu weich werden, sie brauchen allenfalls 30 Minuten. Ich fische dann das Thymiansträußchen heraus und lasse die Flüssigkeit einkochen. Nochmals schmecke ich ab, ziehe den gehackten Kerbel und die geschlagene Sahne darunter und bringe es sofort heiß auf den Tisch. Wirklich ein herrlicher Genuss, wenn man sich mal darauf einlässt!

Wenn Schwarzwurzeln einige Zeit im Wasser lagen, lassen sie sich einfacher schälen. Trotzdem benutze ich Gummihandschuhe.

FÜR 4 PERSONEN ohne Foto
800 g Schwarzwurzeln • 1 Zitrone • 2 EL Butter
1 Schalotte • ½ l Hühnerfond (Rezept Seite 156)
Salz • 1 kleines Bund Thymian • 1 EL Kerbel
3 EL Sahne

» Zum Glück ist es nicht immer nur stressig, in der Küche zu stehen und für die Gäste zu kochen. Es gibt sehr viele glückliche Momente. Nicht nur, wenn die Gäste zufrieden waren. Auch, wenn die Stimmung der Küchencrew gut ist. Ich versuche, jeden Tag dafür zu sorgen, dass alles stimmt.«

»Wirsing ist mein liebster Kohl – er ist nicht aufdringlich«

WIRSING-KARTOFFEL-PÜREE

»Echte Hausmannskost, wie ich sie liebe – aus meiner Heimat Luxemburg!«

Die Kartoffeln schälen, abspülen und in kleine Würfel schneiden. Aus dem Wirsing schneide ich den Strunk heraus, spüle den Kohl ab und schneide ihn in Stücke. Zuerst gebe ich die Kartoffeln in einen großen Topf, lege den Kohl obendrauf und gebe etwas Salz dazu. Alles mit etwa einem dreiviertel Liter Wasser aufkochen lassen. Den Topfdeckel drauftun und das Gemüse etwa 30 Minuten bei kleiner Hitze schön köcheln lassen.

● Nach der Garzeit gieße ich eventuell noch etwas vom Gemüsewasser ab, zerdrücke die Kartoffeln und den Kohl mit einem Kartoffelstampfer und rühre die Butter und etwas fein gehackte Petersilie mit einem Löffel unter das Püree. Fertig!

FÜR 6 PERSONEN ohne Foto
800 g mehlig kochende Kartoffeln • 500 g Wirsing
Salz • 30 g Butter • glatte Petersilie

SPARGEL MIT SPINAT UND POCHIERTEM EI

»Ein kleines bisschen kompliziert, alles unter einen Hut zu bringen«

Zuerst spüle ich den Spinat gründlich in kaltem Wasser ab und entferne die groben Stiele. Dann spüle ich den Spargel ab, schäle ihn und schneide die unteren holzigen Enden ab. Die Spargelschalen gebe ich in einen Topf und koche sie in anderthalb Liter Wasser mit Salz und einer Prise Zucker – ungefähr 20 Minuten lang. Ich gieße alles durchs Sieb ab, fange den Sud in einem Topf auf und halte ihn schön heiß. Den Essig in einem Liter Wasser aufkochen.

● Für die Hollandaise lasse ich die Butter schmelzen und hebe dabei den weißen Schaum ab. Die Butter soll goldgelb und flüssig sein.

● Sekt und Eigelb in eine Edelstahlschüssel geben und auf ein heißes Wasserbad stellen. Mit den Quirlen des Handrührers oder einem Schneebesen so lange schlagen, bis eine Creme entstanden ist. Die flüssige Butter unter ständigem Schlagen langsam zugießen. Voilà! Die Hollandaise mit etwas Zitronensaft und Salz abschmecken und auf dem Wasserbad warm halten. Für die gute Konsistenz zwischendurch immer mal wieder umrühren.

● Jetzt die Spargelstangen im Sud etwa acht Minuten kochen. Inzwischen einen Esslöffel Butter im großen Topf erhitzen. Den abgetropften Spinat hineingeben, zusammenfallen lassen. Den Topf vom Herd nehmen und den Spinat leicht salzen.

● Die Eier einzeln vorsichtig in einer Suppenkelle aufschlagen, in das siedende Essigwasser gleiten lassen und vier Minuten gar ziehen lassen. Nun sind es pochierte Eier! Ich fische sie mit einer Schaumkelle aus dem Essigwasser, hebe sie vorsichtig heraus und lasse sie auf Küchenkrepp abtropfen. Die Ränder schneide ich mit einem Messer gerade.

● Den abgetropften Spinat lege ich auf vier Teller und drapiere den abgetropften Spargel hübsch darauf. Alles großzügig mit der Hollandaise nappieren. Darauf das pochierte Ei legen und mit Kerbelblättchen garnieren. So wird Spinat mit Ei ein feiner Genuss für Gourmets!

Aufgepasst! Für die Hollandaise müssen die Eier natürlich ganz frisch sein – am liebsten von freilaufenden Bio-Hühnern.

FÜR 4 PERSONEN Foto oben
1 kg frischer Spinat • 1 kg weißer Spargel • Salz
1 Prise Zucker • 10 EL Weißweinessig
1–2 EL Butter • 4 Eier • Kerbelblättchen
Hollandaise: 200 g Butter
4–5 EL Sekt, Champagner oder Spargelsud
3 große Eigelb • etwas Zitronensaft • Salz

Pochierte Pfirsiche
in Rosmarin-Jus Seite 130

»Zum süßen Schluss eines Menüs kann ich immer noch einmal so richtig kreativ sein. Ich liebe das! Und verarbeite dabei gern feinste Früchte:

pochiert oder pur, gratiniert oder getrocknet als Dekoration. Und mit großer Leidenschaft mache ich Eis und Sorbet in allen Variationen, auch Panna cotta, Parfait und Clafoutis... Jede Jahreszeit bringt neue Ideen. Und wenn ich ehrlich bin, hätte ich gern einen kleinen Käsekeller. Weil auch Käse ein ganz wundervoller Abschluss eines köstlichen Essens sein kann!«

DESSERTS

Marzipaneis mit Mandel-Krokant-Deko Seite 130

»Feine Dekoration ist eine Kunst für sich. Wir pflegen sie sehr – voilà!«

Getrocknete,
hauchdünne Ananas
Seite 131

POCHIERTE PFIRSICHE IN ROSMARIN-JUS

»Sehr köstlich und schnell gemacht«

Wenn mal ein schnelles Dessert gefragt ist, liebe ich meine weißen Pfirsiche in Rosmarinsirup pochiert: Die Pfirsiche gut waschen, halbieren und entkernen. Die Hälften sollen ganz bleiben. Einen halben Liter Wasser mit dem Zucker und dem Rosmarinstängel aufkochen lassen und die Pfirsichkerne mitkochen. Dann vom Herd nehmen, die Pfirsiche hineintun und nur im Sirup ziehen lassen – etwa eine viertel Stunde. Die Haut und die Kerne färben den Sirup apart rosa. Die Hälften herausholen, enthäuten und in gleichmäßige Spalten schneiden. Ich passiere den Sirup durch ein Haarsieb, gebe etwas Zitronensaft dazu und lasse die Pfirsiche nun im Sirup abkühlen. Aufgepasst! Ganz bedeckt sollen sie sein, sonst werden sie braun, die Pfirsiche.

Ganz raffiniert schmeckt das Dessert mit halbfestem Johannisbeergelee. Oder einem Sorbet aus Limonen und Rosmarin, wie ich es in meinem ersten BRIGITTE-Kochbuch (»Einfach und genial«) beschrieben habe.

FÜR 4 PERSONEN Foto Seite 126
4 weiße Pfirsiche • 250 g Zucker
1 Stängel Rosmarin • 2–3 TL Zitronensaft

JOHANNISBEERGELEE

»Ich nappiere sehr gern meine pochierten weißen Pfirsiche damit«

Die Beeren zerdrücken oder einmal kurz mit dem Stabmixer zerkleinern und dann durch ein Spitzsieb passieren. Den gewonnenen Saft in einen Topf geben und bei kleiner Hitze aufkochen lassen. Dabei rühre ich nach und nach den Zucker hinein und koche alles weiter, bis der Saft zu gelieren beginnt. Vom Herd nehmen und zum Abkühlen in Gläser füllen.

FÜR 4 GLÄSER GELEE ohne Foto
500 g rote Johannisbeeren • 250 g Zucker

VERFÜHRERISCHES MARZIPANEIS

»Ein bisschen aufregend ist es schon, den genauen Kochpunkt abzupassen«

Das Marzipan zerkleinere ich in der Hälfte der Milch, am besten mit dem Stabmixer in einem hohen Topf. Dann gebe ich die restliche Milch dazu und koche alles einmal auf. Inzwischen schlage ich die mittelgroßen Eigelb mit dem Zucker und eventuell noch einem Tütchen echtem Vanillezucker mit dem Schneebesen schön cremig. Aber aufgepasst! Die Masse darf nicht zu schaumig werden, sonst wird es schwierig, gleich das genaue Kochen zu überwachen. Die Marzipanmilch vom Herd nehmen, eine viertel Stunde ziehen lassen und dann nochmals aufkochen.

● Die heiße Marzipanmilch gebe ich auf die Eicreme, und alles kommt zurück in den Topf. Die Masse muss jetzt auf den Punkt genau erhitzt und dabei schön langsam mit den Quirlen des Handrührers geschlagen werden, bis sie dicklich wird. Man merkt genau, wann das Eigelb bindet und das Milchgemisch dickflüssiger wird: Das ist der Punkt, den man unbedingt erkennen muss – denn die Masse darf keinesfalls aufkochen! Zwei Sekunden noch – und sofort die kalte Sahne unterrühren, alles in eine kalte Metallschüssel gießen und am besten aufs Eis stellen.

● Nun kommt meine feine Creme in die Eismaschine und wird gefroren. Wenn die Maschine kleiner ist, lieber in zwei Portionen teilen. Es macht aber auch nichts, wenn das Eis nicht knallhart gefroren ist, weil ich es noch in kleine Bombenförmchen gebe (Tassen mit rundem Boden gehen auch). In jedes Förmchen tue ich zuerst eine abgetropfte Amarena-Kirsche, verteile das Eis darauf und stelle es zum endgültigen Gefrieren in den Tiefkühler.

Ich dekoriere mein Marzipaneis am liebsten mit selbst gemachtem Mandel-Karamell (Rezept Seite 157).

FÜR 6–8 PERSONEN Foto Seite 128
100 g Marzipanrohmasse • ½ l Milch • 6 Eigelb
2 EL Zucker • evtl. 1 Tütchen Vanillezucker
100 g Sahne • 6–8 Amarena-Kirschen

ANANAS-BASILIKUM-SORBET

»Schön leicht, frisch, fruchtig und geliebt«

Dafür brauche ich süße, aromatische Ananas, zwei kleine oder eine große, auf jeden Fall muss es püriert einen Liter Fruchtfleisch und Saft ergeben. Man könnte das Sorbet ja auch mit Ananassaft aus dem Handel machen, aber das schmeckt nicht.

● Also, die fein geschälte Ananas vierteln und das Herz senkrecht herausschneiden. Dann das Fruchtfleisch grob würfeln, mit der Küchenmaschine oder im Mixer fein pürieren und durch ein grobes Sieb passieren. Ich möchte nur, dass die kleinen Pikser tatsächlich alle raus sind. Auf einen Liter Fruchtfleisch und Saft nehme ich 200 bis 250 Gramm Zucker und den Saft einer Zitrone. Außerdem kommen noch drei Esslöffel sehr fein gehacktes Basilikum dazu. Alles in die Eismaschine – und fertig!

FÜR 10 PERSONEN Foto rechts
1–2 Ananas • 200–250 g Zucker • 1 Zitrone
½ Bund Basilikum

GETROCKNETE ANANAS

»Hauchdünne Begleiter zum Sorbet«

Dazu schäle ich die Ananas und schneide sie auf der Maschine in hauchdünne Scheibchen. Das Herz braucht man nicht herauszuschneiden. In einem Topf erhitze ich einen viertel Liter Wasser mit dem Zucker, lasse den Sirup kurz aufkochen. Ich nehme ihn vom Herd, lege die Ananasscheibchen hinein und lasse sie ungefähr zwei Stunden lang darin ziehen. Die Scheibchen sorgfältig mit einer Gabel herausnehmen, kurz abtropfen lassen und schön flach auf ein Backblech (mit Backpapier ausgelegt) legen. Wichtig ist, dass die Scheiben nicht ankleben oder zerreißen. Bei 90 Grad Umluft lasse ich sie im Backofen in etwa anderthalb Stunden kross werden. Ich bewahre die Scheibchen in einer luftdichten Box auf.

FÜR ca. 20 ANANASSCHEIBEN **Foto Seite 129**
1 Ananas • 100 g Zucker

Clafoutis –
Kirschauflauf
Seite 133

CLAFOUTIS – KIRSCHAUFLAUF

»Man kann die Steine auch drinlassen. Aber für die Zähne ist es so viel sicherer«

Die Kirschen sollen fast schwarz sein und schön süß. Sie werden entsteint und auf eine Platte gelegt. Ich gebe 25 Gramm vom Puderzucker darüber und die Hälfte vom Kirschwasser (ein sehr gutes, natürlich!). Die Platte mit den Kirschen stelle ich bei 220 Grad (Umluft 200 Grad, Gas Stufe 5) in den vorgeheizten Backofen. Die Kirschen ziehen so Saft und können ausdunsten. Ich behalte sie etwa fünf Minuten im Ofen und lasse die Kirschen dann in einem Sieb ganz abtropfen. Den feinen Saft fange ich auf, denn er soll anschließend als Soße serviert werden. Den Backofen nun auf 180 Grad (Umluft 160 Grad, Gas Stufe 3) abkühlen lassen.

● Die großen Eier ein bis zwei Minuten mit den Quirlen des Handrührers schlagen, den restlichen Puderzucker hineingeben und weiterschlagen, bis die Masse schaumig wird, das dauert ungefähr zwei Minuten. Jetzt rühre ich noch die Sahne, die Milch und das restliche Kirschwasser kurz darunter und stelle die Eimasse zunächst beiseite.

● Die abgekühlten Kirschen auf eine Platte legen und in den zerbröckelten Butterkeksen hin- und herrollen, bis sie alle schön paniert sind. So kommen die Kirschen in eine gut gebutterte Auflaufform von 28 Zentimeter Durchmesser. Ich gieße die schau-mige Eiermasse darauf und stelle die Form in den Backofen. Insgesamt muss der Clafoutis etwa 35 bis 40 Minuten backen. Die Eimasse muss stocken und soll obendrauf schön goldbraun werden. Voilà!

● Der Kirschauflauf wird aus dem Ofen genommen und soll nun in der Auflaufform abkühlen, am besten auf einem Gitterrost. Er kann gern schon lauwarm gegessen werden. Ich finde es aber noch besser, wenn man ihn abkühlen lässt, dann großzügig mit Hagelzucker bestreut und unter dem Backofengrill eine Minute karamellisieren lässt. Dazu gibt's dann halbsteif geschlagene Sahne und den Kirschsaft.

FÜR 6 PERSONEN Foto Seite 132
500 g reife Kirschen • 125 g Puderzucker
30 ml Kirschwasser • 2 Eier • 100 g Sahne
100 ml Milch • 4–6 Butterkekse
evtl. 2–3 EL Hagelzucker

NOUGAT GLACÉ

»Mit einem Wort: himmlisch!«

Die kandierten Früchte in kleine Würfel schneiden und über Nacht in Rum oder Kirsch ziehen lassen. Oder die Amarena-Kirschen abtropfen lassen.

● Karamell aus 100 Gramm Zucker, 50 Milliliter Wasser und dem Zitronensaft kochen, sofort die Mandelblättchen unterrühren und alles schnell auf einer gut eingeölten Alufolie glatt ausstreichen und abkühlen lassen. Die kalte Nougatine breche ich in Stücke und zerkleinere sie im Blitzhacker zu grobem Pulver. Viel einfacher geht's, wenn Sie 150 Gramm gebrannte Mandeln kaufen und zerkleinern.

● Die eiskalte Sahne luftig schlagen. Die steife Sahne im Kühlschrank aufbewahren. Ich verarbeite dann das Eiweiß mit dem Puderzucker zu einer schönen, glänzenden Meringue (Baisermasse): Zuerst alles Eiweiß mit zwei Esslöffel Puderzucker in der Küchenmaschine verquirlen, etwas schneller schlagen, nach und nach den Zucker esslöffelweise dazugeben. Erst zum Schluss schlage ich die Masse auf der Höchststufe, so wird sie schön kräftig.

● So, jetzt die Sahne mit dem Spachtel unter die Baisermasse heben und zugleich die Nougatine und die kandierten, eingelegten Früchte. Ich vermische alles schön behutsam und fülle es in einzelne Förmchen. Oder eine rechteckige Kuchenform mit Frischhaltefolie auslegen und die Masse im Ganzen hineintun – dann kann man nachher ganz gemütlich Scheiben abschneiden und den Rest wieder zurück in den Tiefkühler stellen. Egal wie, die Masse muss über Nacht im Tiefkühlfach stehen und ist frühestens am Tag danach richtig gut. Dafür hält sich Nougat glacé dann zwei Monate im Tiefkühler – eine goldene Reserve also, wenn Besuch kommt oder die Lust auf ein wundervolles Dessert!

FÜR 10 PERSONEN Foto oben
150 g kandierte Früchte (Orangeat, Zitronat, rote Kirschen) • 100 ml Rum oder Kirschwasser
Oder: 150 g abgetropfte Amarena-Kirschen
100 g Zucker • 3 Tropfen Zitronensaft
80 g Mandelblättchen • 350 g Sahne
Meringue: 3 Eiweiß • 180 g Puderzucker

Köstliches Mokka-Parfait Seite 136 △

Panna cotta mit pochiertem Rhabarber Seite 136 ▷

» ›Deine Zeit wird auch noch kommen‹, sagte mein Vater immer, wenn ich eifersüchtig war, weil man sich beim Dorffest nicht um mich gerissen hatte. Dass Vaters Worte eine echte Lebensweisheit sind, erkenne ich heute am Rhabarber: Einst Außenseiter, ist er aus keinem Gourmet-Restaurant mehr wegzudenken …«

KÖSTLICHES MOKKA-PARFAIT

»Voilà! Ich zeige Ihnen mal wieder ein paar schöne professionelle Tricks!«

Also: Ich nehme eine runde Auflaufform von 14 Zentimeter Durchmesser, wickle Backpapier drum, so dass es die Seitenhöhe der Form in etwa verdoppelt, und binde es mit Küchenschnur schön fest.

● Danach koche ich 200 Milliliter Wasser mit dem Zucker und zwei bis drei Tropfen Zitronensaft zu einem Zuckersirup. Inzwischen verquirle ich das Eigelb in einer kalten Edelstahlschüssel. Der kochende Sirup wird kurz vom Feuer genommen. Ein Drittel davon verrühre ich mit der Eigelbmasse und tue alles zum restlichen Sirup in den Topf. Die Eier-Sirup-Masse nun auf kleiner Flamme erhitzen. Aufgepasst! Zum Umrühren nur einen Holzlöffel benutzen. Und das Eigelb muss binden, darf aber keinesfalls kochen! Dann die gebundene heiße Masse sofort zurück in die kalte Edelstahlschüssel geben und mit dem Schneebesen schlagen, bis sie kalt und fest-schaumig ist.

● Ich schlage die Sahne, vermische zwei bis drei Esslöffel davon mit dem hochkonzentrierten Espresso und hebe das dann mitsamt der restlichen Schlagsahne vorsichtig unter meine Eiermasse. Anschließend fülle ich sie in die aufmontierte Schüssel. Nun für ungefähr zwölf Stunden ins Gefrierfach. Bei alkoholischem Zusatz lieber 24 Stunden. Wenn man am nächsten Tag die Schnur durchschneidet und das Papier herunternimmt, ist das Parfait perfekt.

Wenn man ein Parfait glacé kann, kann man alle: mit Mokka, mit Nougat, mit Schokolade und mit Grand Marnier (Orangenlikör). Oder grünes mit Chartreuse oder Verveine-Likör und »Fine France« mit Cognac – wunderbar!

FÜR 8 PERSONEN Foto Seite 134
150 g Zucker • etwas Zitronensaft • 8 Eigelb
250 g Sahne • 60–80 ml Espresso

PANNA COTTA MIT POCHIERTEM RHABARBER

»Hier harmonieren Süße und Frucht perfekt. Die feine Säure kann aber auch feine Gänseleber raffiniert ergänzen«

Zuerst weiche ich die Gelatineblätter in reichlich kaltem Wasser ein. Dann vermische ich in einem Schlagkessel: Sahne, Crème fraîche, Mascarpone, Zucker, das ausgekratzte Vanillemark und den Zitronensaft. Diese Sahnemischung erhitze ich auf einem heißen Wasserbad, bis sie leicht cremig wird.

● Dann drücke ich die Gelatine aus und hebe sie mit einem Schneebesen sorgfältig unter meine Sahnemischung. Weiter über dem Wasserbad schlagen, bis alles 80 Grad heiß ist, dann durch ein Haarsieb streichen. Die Masse (es ist circa ein halber Liter) sofort in Souffléförmchen füllen und für mindestens sechs Stunden im Kühlschrank fest werden lassen. Fertig ist die Panna cotta.

● Für den Rhabarber koche ich zunächst einen Sirup. Dafür reiße ich die Zesten von einer viertel Orange und einer viertel Zitrone ab und gebe sie in einen Topf. Ich presse die Orangen und die Zitronen aus, so dass ich je 125 Milliliter Saft in den Topf tun kann, gebe 100 Milliliter Wasser, den Zucker, das Mark der Vanilleschote, ein paar Minzeblätter, einen Hauch Zimt und die abgezogenen Schalen des Rhabarbers in den Topf. Alles zusammen koche ich nun 25 Minuten – und bekomme etwa 150 Milliliter perfekten Sirup, um Rhabarber zu pochieren. Ich schneide die Rhabarberstängel in sechs Zentimeter lange und drei Millimeter kleine Streifen und pochiere sie eine bis zwei Minuten im Sirup.

● Zum Anrichten nehme ich den Rhabarber aus dem Sirup und lasse ihn gut abtropfen. Ich stürze je eine Panna cotta in die Mitte eines kalten Desserttellers, dekoriere mit den Rhabarberstiften und etwas Erdbeer-Jus (Rezept Seite 156) und serviere sofort.

FÜR 8 PERSONEN Foto Seite 135
Panna cotta: 3 Gelatineblätter • 200 g Sahne
170 g Crème fraîche • 150 g Mascarpone
100 g Zucker • 1 Vanilleschote • 1 TL Zitronensaft
Pochierter Rhabarber: 2 Bio-Orangen
1 Bio-Zitrone • 200 g Zucker • 1 Vanilleschote
etwas Minze • Zimt • 500 g Rhabarber

TRAUMHAFTES ERDBEERDESSERT

»Ich gebe nur ungern auf – und hoffe jedes Jahr auf schmackhafte Erdbeeren!«

Aus 200 Gramm Erdbeeren mache ich zunächst einen Jus: Ich wasche die Früchte, trockne sie mit Küchenpapier und schneide dann erst die Stiele ab. Die vier schönsten Beeren lege ich zur Seite. Die restlichen halbiere ich, gebe sie in eine flache Schüssel und bestreue sie mit einem bis zwei Esslöffel Zucker. Dann zerdrücke ich sie mit einer Gabel und träufele den Zitronen- und Orangensaft darüber. Ich lasse es einen Moment ziehen, schöpfe dann allen Saft ab und tue ihn in den Mixbecher. Die zerdrückten Erdbeeren kommen in den Kühlschrank und vier Cocktailgläser, die ich nachher zum Servieren nehmen will, in den Gefrierschrank.

● Jetzt wasche und putze ich weitere 200 Gramm Erdbeeren und gebe sie zusammen mit ein bis zwei Esslöffel Zucker und der eiskalten Milch zum Erdbeer-Jus in den Mixbecher. Dann hole ich die vier Cocktailgläser aus dem Gefrierfach und fülle sie zur Hälfte mit den kalten, zerdrückten Erdbeeren. Ich püriere das Milch-Erdbeer-Gemisch mit dem Stabmixer – ganz fein, bis es schaumig wird. Diesen Schaum fülle ich auf die Erdbeeren in den Gläsern, streue dann noch etwas grünen Zucker darauf und dekoriere mit einer unten eingeschnittenen Erdbeere. Mit Strohhalm und einem langen Dessertlöffel serviert, sieht es sehr dekorativ aus und ist traumhaft süß und kühl an schönen Sommertagen.

Ich dekoriere das Dessert immer mit einer Prise grünem Zucker. Und der geht so:
Einige Blättchen Pfefferminz mit ein bis zwei Esslöffel Kristallzucker und einer Miniprise Salz im Mörser zerstoßen – voilà!

FÜR 4 PERSONEN Foto links
400 g Erdbeeren • 2–4 EL Zucker
1 EL Zitronensaft • 1 EL Orangensaft
400 ml Milch

»Früchte sind ein Wunder der Natur. Ich unterstreiche sehr gern ihr Aroma«

Erdbeersalat Seite 139

ERDBEERSALAT MIT GRÜNEM PFEFFER

»Ein Klassiker, auch wenn man's im ersten Moment nicht annimmt«

Dazu braucht man schöne, kleine, feste, aromatische Erdbeeren. Die werden gewaschen, getrocknet, geputzt und halbiert. Ich tue sie in eine große Glasschüssel oder in vier Portionsschalen. Dann gebe ich den Saft einer Orange, feinen Honig (Akazie oder Lavendel) und einen Esslöffel Zucker in einen Topf, erhitze alles und lasse die Flüssigkeit zu einem Sirup reduzieren. Inzwischen nehme ich einen Esslöffel grünen Pfeffer (ohne Flüssigkeit) und spüle ihn kurz ab. Wenn der Sirup abgekühlt ist, den grünen Pfeffer dazutun, umrühren, auf die Erdbeeren verteilen und genießen. Bon appétit!

Der Erdbeersalat schmeckt auch ohne den grünen Pfeffer. Dann lasse ich den Zucker weg und nehme zwei Stück Würfelzucker. Damit reibe ich die Orangenschale ab und gebe den Zucker mit in den Topf. Diese Variante ist besonders prima zum Frischkäse-Eis!

FÜR 4 PERSONEN Foto Seite 138
**400 g Erdbeeren • 1 Orange • 1 TL Honig
1 EL Zucker • 1 EL eingelegter grüner Pfeffer**

SAHNIGES QUARK-EIS

»Schmeckt wunderbar zu Erdbeeren«

Ich rühre Zuckersirup, Quark, Zitronensaft und Sahne glatt. Die Creme gebe ich in die Eismaschine und lasse sie fast fest gefrieren. Dann lege ich eine kleine Kastenform mit Frischhaltefolie aus, gebe meine Eiscreme hinein und streiche die Oberfläche glatt. Voilà! Für etwa sechs Stunden in den Tiefkühler damit. Zum Servieren nehme ich das Eis aus der Form, lasse es antauen und schneide es in Scheiben. Ich drapiere das Eis auf Mürbeteig-Sablés (Rezept Seite 148/149) und mache feinen Erdbeersalat dazu.

FÜR 4 PERSONEN ohne Foto
**125 ml Zuckersirup (Rezept Seite 157)
275 g Sahnequark • ½ Zitrone (Saft) • 200 g Sahne**

GRATINIERTE GRAPEFRUITS

»Fein! Ein winterliches Fruchtdessert«

Die Grapefruits oben und unten abschneiden, mit einem scharfen Küchenmesser alle Haut entfernen, so dass das Fuchtfleisch sichtbar wird. Dabei den Saft in einer Schüssel auffangen. Den Biskuit zerkrümeln und auf vier Gratinformen verteilen. Nun das Grapefruitfleisch losschneiden und es wie eine Blume auf den Biskuit drapieren. Den Rest der Grapefruits mit der Hand auspressen und allen Saft mit dem Zucker vermischen und auf das Fruchtfleisch träufeln.

● Dann der Champagner-Sabayon: Ich nehme eine große Edelstahlschüssel mit rundem Boden, verrühre zuerst das Eigelb mit dem Zucker und gebe den Champagner dazu. Alles wird mit dem Schneebesen gut verquirlt und aufs Wasserbad gestellt. Nun schlage ich munter und kräftig, bis die Masse fest wird. Sobald der Boden der Schüssel beim Schlagen sichtbar wird, ist der Sabayon gebunden. Dann sofort vom Wasserbad nehmen und noch ein bisschen weiterschlagen. Ich lasse die Masse abkühlen und hebe die geschlagene Sahne unter. Voilà!

● Die Grapefruitspalten mit Sabayon bedecken, mit etwas Puderzucker bestäuben und unter dem Grill etwa zwei Minuten gratinieren.

FÜR 4 PERSONEN Foto oben
**4 Grapefruits • 2 EL Zucker
120 g Biskuitboden (Rezept Seite 151)
Puderzucker
Champagner-Sabayon: 3 Eigelb
2 EL Zucker • 200 ml Champagner oder Sekt
2–3 EL geschlagene Sahne**

Leas Käseplatte
Seite 141

LEAS KÄSEPLATTE

»Ein Muss für echte Gourmets«

In Frankreich hat man mir als junges Mädchen beigebracht, den Käse zu lieben. Da lassen sich die Genießer nach einem vollen Menü und noch vor dem Dessert den Käsewagen an den Tisch schieben. Und sind fähig, auf einen Blick abzuschätzen, ob ein Restaurant Käsekultur pflegt oder nicht: Sie urteilen nur nach Qualität, Reife und Temperatur.
● Wenn man diese Käse serviert, fehlt es einem an nichts: frischer Ziegenkäse aus der Provence, Saint Marcellin aus Lyon, Fourme d'Ambert aus der Auvergne, Ossau Iraty aus den Pyrenäen und Epoisses aus dem Burgund. Dazu passt am besten ein sehr guter Bourgogne blanc und Frucht-Chutney aus schwarzen Kirschen oder Quittengelee.

QUITTENGELEE

»Ideal zum Käse in der Winterzeit«

Die Quitten spüle ich ab, schneide sie in Stücke und gebe sie in einen großen Topf. Wasser dazu, bis die Quitten knapp bedeckt sind, und 20 Minuten schön weich kochen. Ein Sieb mit einem nassen Mulltuch auslegen, Quitten abgießen und die Flüssigkeit auffangen. Quitten über Nacht weiter abtropfen lassen.
● Ich messe 500 Milliliter Quittensaft ab, gebe den Zitronensaft und den Zucker dazu und koche alles bis zur gewünschten Konsistenz ein. Das dauert etwa 15 Minuten. Um den Geschmack zu verfeinern, gebe ich in den letzten zwei Minuten ein paar sehr feine Apfelwürfel oder Orangenzesten hinein. Das Quittengelee fülle ich in saubere Schraubdeckelgläser und habe es zum Käse parat.

FÜR 4 GLÄSER GELEE Foto unten
1,5 kg Quitten • 2 Zitronen (Saft) • 500 g Zucker
1 Apfel (ca. 75 g) • evtl. 1 Bio-Orange

KIRSCH-CHUTNEY

»Ideal zum Käse in der Sommerzeit«

Zuerst die Kirschen waschen und 500 Gramm davon entsteinen. Die Kirschkerne grob zerstoßen und in einen Topf geben. Die restlichen Kirschen aufschneiden und mit in den Topf geben. Den Portwein, den Rotwein, den Orangen- und den Zitronensaft mit 100 Milliliter Wasser, dem Zucker und den Gewürzen dazutun, aufkochen lassen und dann gut 15 Minuten kochen. Durchs Haarsieb in einen anderen Topf passieren und die entsteinten Kirschen dazutun. Ich lasse alles noch einmal aufkochen, lege den Deckel drauf und nehme den Topf vom Herd. Eine halbe Stunde ziehen lassen.
● Dann die Kirschen herausholen und in Gläser füllen. Den Jus sirupartig einkochen lassen. Die Kirschen in den Gläsern mit dem eingedickten Saft auffüllen und kalt werden lassen. Voilà!

FÜR 4 GLÄSER CHUTNEY ohne Foto
600 g dunkle Kirschen • 200 ml roter Portwein
100 ml Rotwein • 2 Orangen (Saft)
1 Zitrone (Saft) • 150 g Zucker
1 Zimtstange • 1 kleines Bund Minze

CÉRISES JUBILÉES – FLAMBIERTE KIRSCHEN

»Sie dürfen sich bejubeln lassen!«

Zuerst wasche ich die schönen Schattenmorellen und entsteine sie, das geht am besten mit einem Kirschentkerner. Dann kommt die Butter in eine Kasserolle und muss schäumend-heiß werden. Darin sautiere ich die Schattenmorellen, gare die Kirschen also kurz in der heißen Butter, ohne dass sie allzu weich werden. Dann gebe ich den Zucker dazu und lasse alles leicht karamellisieren. Nun wird mit Kirsch flambiert – und auch hier nehme ich natürlich nur den allerbesten! Ich serviere die Kirschen am liebsten in Glasschälchen und mit ein bisschen von meiner Vanille-Sahne (Rezept Seite 157).

FÜR 4 PERSONEN ohne Foto
300 g Schattenmorellen • 20 g Butter
1 EL Zucker • 6 cl Kirschwasser

»Zum französischen Savoir-vivre gehört unbedingt auch gutes Gebäck. Ich habe das Gefühl, in keinem Land erhält man eine so reiche Auswahl, es begleitet einen den ganzen Tag: Croissants zum Frühstück, Baguette und Brioche zum Mittagessen, feinste Kuchen und Torten zum Nachmittagstee, Petits Fours in allen Variationen zum Kaffee – und das zu jeder Zeit... Auch wenn ich eigentlich lieber koche als backe – diese Tradition aus dem Nachbarland liebe und pflege ich!«

Johannisbeerkuchen Seite 148

PÂTISSERIE

Carrés von
Mousse au chocolat
Seite 149

» Im Restaurant muss alles stimmen. Blumen wähle ich selbst aus«

»Ein Menü ohne Espresso? Undenkbar! Und ein Espresso ohne Petits fours? Genauso«
Knusprige Petits Fours
Seite 149

Apfelwürfel
mit Kuvertüre
Seite 149

ÉCLAIRS CLASSIQUES

»Salon de thé oder Pariser Grandhotel: Dieses Gebäck gehört einfach dazu!«

Für den Brandteig erhitze ich einen achtel Liter Wasser, die Milch, die Butter, eine gute Prise Salz und den Zucker. Sobald alles kocht, tue ich das gesiebte Mehl mit einem Ruck hinein. Sofort mit einem Holzkochlöffel rühren, bis ein glatter Teig entsteht, der sich leicht vom Topfboden lösen lässt. Den Teigkloß gebe ich in eine Schüssel und rühre nacheinander die Eier unter. Der Teig muss in langen, dicken Spitzen vom Löffel laufen – dann ist er richtig.

● Ich fülle die Masse in einen Spritzbeutel mit großer Sterntülle, lege zwei Backbleche mit Backpapier aus und spritze etwa zehn bis zwölf Zentimeter lange und zwei bis drei Zentimeter dicke Teigstreifen darauf. Im vorgeheizten Backofen bei 200 Grad (Umluft 180 Grad, Gas Stufe 4) voll aufgehen lassen, das dauert sechs bis acht Minuten. Auf 180 Grad herunterschalten und noch 15 bis 20 Minuten weiterbacken, bis der Teig außen kross und innen noch etwas weich ist. Abkühlen lassen und mit dem Kochlöffelstiel ein kleines Loch auf einer Seite bohren.

● Nun hebe ich unter meine Crème pâtissière noch die geschlagene Sahne und fülle die Masse mit dem Spritzbeutel in die Éclairs.

● Als Krönung kommt mein Mokka-Zuckerguss: Ich rühre Puderzucker, Instant-Kaffeepulver und einen bis zwei Esslöffel heißes Wasser glatt und überziehe das Gebäck der Extraklasse schön dünn damit. Voilà!

FÜR 12 ÉCLAIRS Foto unten
Brandteig: ⅛ l Milch • 100 g Butter • Salz
2 TL Zucker • 200 g Mehl • 4 Eier
Crème pâtissière: Rezept Seite 156 • 125 g Sahne
Mokka-Zuckerguss: 150 g Puderzucker
1–2 TL Instant-Kaffeepulver

JOHANNISBEERKUCHEN

»In drei Etappen zum Kuchenglück: mit Mürbeteig, Rührteig und Baiser!«

Zuerst mache ich einen Mürbeteig. Dafür verknete ich das Mehl, die kalte Butter (in Flöckchen), den Zucker und das Eigelb zunächst mit den Knethaken des Handrührers und dann mit den Händen zu einem schönen glatten Teig. Den Teig abgedeckt für 30 Minuten kalt stellen und ihn auf einer mit wenig Mehl bestreuten Arbeitsfläche zu einem Kreis ausrollen, der in eine Springform (26 cm Durchmesser!) passt. Ich lege die Form mit Backpapier aus, den Teigboden darauf und steche ihn mit einer Gabel mehrmals ein, damit sich darunter keine Blasen bilden. Der Boden wird im vorgeheizten Backofen bei 200 Grad (Umluft 180 Grad, Gas Stufe 4) etwa zehn Minuten gebacken, bis er goldgelb ist. Ich nehme ihn heraus und lasse ihn etwas abkühlen.

● Zweiter Schritt zu unserem Superkuchen ist ein einfacher Rührteig: Dafür muss ich die gemahlenen Mandeln in einer Pfanne ohne Fett rösten, bis dieses Mandelmehl goldbraun ist. Auf einem Teller abkühlen lassen. Nun die weiche Butter und den Zucker mit den Quirlen des Handrührers hell und cremig schlagen. Drei Eier trennen. Das Eiweiß kalt stellen, das Eigelb zusammen mit dem ganzen Ei unterrühren. Zum Schluss mische ich das Mehl, das Mandelmehl und das Backpulver und hebe alles unter den Teig.

● Nun werden die Johannisbeeren abgespült und sorgfältig von den Rispen gestreift. Ich verstreiche den Rührteig gleichmäßig auf dem Mürbeteigboden, streue die Johannisbeeren darauf und backe meinen Superkuchen bei 180 Grad (Umluft 160 Grad, Gas Stufe 3) weitere 25 bis 30 Minuten.

● Das Ganze wird jetzt noch mit Baiser getoppt! Dafür schlage ich die drei Eiweiß und eine Prise Salz steif, lasse den Zucker langsam einrieseln und schlage so lange weiter, bis sich der Zucker ganz aufgelöst hat. Die Baisermasse gebe ich auf den Teig und ziehe sie mit einem Löffel zu dekorativen Spitzen. Bei gleicher Temperatur wird der Johnnisbeerkuchen jetzt nochmals etwa 15 bis 20 Minuten gebacken, die Baiserspitzen sollen schön goldbraun sein. Den Ofen ausschalten und die Backofentür einen Spaltbreit öffnen, damit er in der Nachwärme noch 30 Minuten

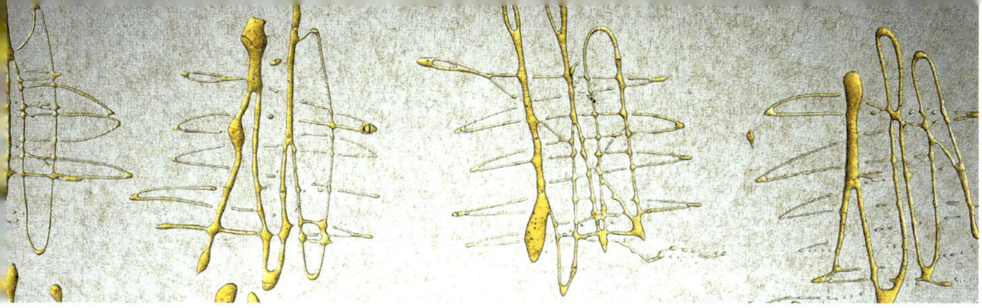

trocknen kann. Abkühlen lassen, aus der Form lösen. Mühe macht der Kuchen schon, wird aber geliebt!

Aus dem Mürbeteig werden auch 30 Sablés: Einfach sechs bis acht Minuten bei 200 Grad backen!

FÜR 12 STÜCKE Foto Seite 143
600 g Johannisbeeren
Mürbeteig: 175 g Mehl • 110 g Butter
75 g Zucker • 1 Eigelb
Rührteig: 80 g gemahlene Mandeln
125 g Butter • 100–125 g Zucker • 4 Eier
80 g Mehl • 1 TL Backpulver
Baiser: 3 Eiweiß • Salz • 120 g Zucker

KNUSPRIGE PETITS FOURS

»Wer Espresso liebt, wird auch sie lieben«

Alle Kerne gebe ich für 15 Minuten bei 150 Grad (Umluft 130 Grad, Gas Stufe 1–2) zum Rösten in den Backofen. Dann die Hälfte der Kuvertüre auf dem Wasserbad schmelzen, den Rest in Stückchen dazugeben und die flüssige Kuvertüre damit unter Rühren auf etwa 32 Grad kühlen. Ich gebe sie auf ein Backpapier und verstreiche sie drei bis vier Millimeter dünn. Sobald die Kuvertüre anfängt, fest zu werden, markiere ich die Formen mit einem Keksausstecher und belege die Kuvertüre mit den Nüssen. Erst wenn alles fest ist, steche ich die Petits Fours ganz aus und lasse sie trocknen.

FÜR 30 PETITS FOURS Foto Seite 146
40 Mandeln • 40 Haselnüsse
30 Pistazien- oder Pinienkerne
200 g gute dunkle Kuvertüre (85 % Kakaoanteil)

VARIATION: APFELWÜRFEL MIT KUVERTÜRE

Meine Apfelwürfel lege ich sofort nach dem Schneiden in eine Schale mit Zitronensaft, den ich mit Zuckersirup verdünne, so bleiben sie weiß. Dann kommen sie zum Abtropfen auf einen Rost. Sobald die Apfelwürfel nicht mehr nass sind, stecke ich genau oben in die Mitte jeweils einen halben Zahnstocher und tunke sie in die vorbereitete Kuvertüre, so dass sie zu drei Viertel mit Schokolade überzogen sind. Zum Festwerden stelle ich sie auf ein Marmorbrett.

CARRÉS AU CHOCOLAT

»Nicht ganz so leicht! Man kann sie aber wunderbar im Tiefkühlfach aufbewahren«

Aus Zucker und 80 Milliliter Wasser einen Sirup kochen. Eigelb verquirlen und auf dem Wasserbad unter ständigem Rühren den heißen Zuckersirup dazugeben. So lange weiterrühren, bis die Eimasse cremig und halbfest wird. Auf dem kalten Wasserbad weiterschlagen, bis sie abgekühlt ist. Die Schokolade schmelzen und behutsam einrühren. Die Sahne steif schlagen, unterheben, die Mousse kalt stellen.
● Für den Biskuit schmelze ich die Schokolade auf dem Wasserbad und verquirle Ei und Eigelb. Ich schlage die weiche Butter mit den Eiern, 50 Gramm vom Zucker und Kakao schaumig. Ich rühre die geschmolzene Schokolade hinein. Mein Eiweiß schlage ich mit dem restlichen Zucker zu einer festen Baisermasse und ziehe sie mit dem gesiebten Mehl darunter. Ich lege ein Backblech mit Backpapier aus, streiche den Teig darauf und backe ihn bei 200 Grad (Umluft 180 Grad, Gas Stufe 4) acht Minuten.
● Den abgekühlten Biskuitteig halbieren. Den ersten Boden etwa einen Zentimeter dick mit der kühlen Schokoladenmousse bestreichen, den zweiten drauflegen, eine Schicht von zwei Zentimeter Mousse aufstreichen. Zum Festwerden ins Tiefkühlfach stellen.
● Zum Glasieren weiche ich die Gelatine ein. Ich koche Sahne, Zucker und 70 Milliliter Wasser auf. Vom Herd nehmen, die ausgedrückte Gelatine mit dem Schneebesen einrühren, dann das Kakaopulver. Nach dem Abkühlen streiche ich meine Glasur mit einem Spachtel dünn auf die Torte und schneide sie schön exakt in 18 Quadrate (Messer zwischendurch in lauwarmes Wasser tauchen!). Wenn's schneller gehen soll, verzichte ich auf die Glasur und stäube einfach dick Kakao auf die Carrés!

FÜR 18 CARRÉS Foto Seite 144
Mousse au chocolat: 50 g Zucker • 5 Eigelb
250 g Zartbitterschokolade (mind. 55 % Kakao)
500 g Sahne
Schoko-Biskuit: 135 g Zartbitterschokolade
1 kleines Ei • 3 Eigelb • 110 g Butter • 125 g Zucker
1 EL Kakaopulver • 5 Eiweiß • 40 g Mehl
Glasur: 2 Blatt Gelatine • 60 g Sahne
90 g Zucker • 20 g Kakaopulver

Heidelbeerkuchen
Seite 151

HEIDELBEERKUCHEN

»Die Zunge wird blau, die Zähne auch – aber er ist sooo ein Genuss!«

Zuerst den Blätterteig auf 35 Zentimeter Durchmesser rund ausrollen, zwei Millimeter dünn, und in eine Tarteform (26 cm Durchmesser!) legen. Den Teig am Rand nicht zu kurz abschneiden, sondern ruhig überstehen lassen und mit Zeigefinger und Daumen zu einem schönen Rand kneifen. Mit einer Gabel ein paarmal in den Tortenboden piken und mit Frischhaltefolie abgedeckt für eine halbe Stunde in den Kühlschrank stellen.

● Ich spüle die Heidelbeeren ab und lasse sie im Sieb trocknen. Den Backofen auf 180 Grad (Umluft 160 Grad, Gas Stufe 3) heizen und den Tortenboden 15 Minuten backen. Danach lasse ich ihn abkühlen.

● Nun kommt erst der gekrümelte Biskuit auf den Teig, dann die Heidelbeeren, und zum Schluss streue ich den Zucker darüber. Den Teigrand bestreiche ich noch mit Eigelb, damit er nachher schön glänzt. Alles 35 Minuten backen lassen und dazu natürlich Schlagsahne essen.

FÜR 8 STÜCKE Foto Seite 150
300 g Blätterteig • 600 g Heidelbeeren
180 g vom Biskuit (Rezept unten)
150 g Zucker • 1 Eigelb

BISKUITBODEN

»Unentbehrlich, um raffinierte Desserts und Kuchen zu realisieren«

Mit dem Handrührgerät schlage ich die Eier mit dem Zucker schaumig. Das gesiebte Mehl wird vorsichtig mit dem Holzspatel oder Schneebesen untergehoben. Dann nicht mehr rühren! Ich fette eine Springform und bestäube sie mit Mehl: Ich tue eine Hand voll Mehl in die Form, lasse es überall ankleben und klopfe das überflüssige aus der Form. Jetzt fülle ich den Teig ein und backe den Teig bei 180 Grad (Umluft 160 Grad, Gas Stufe 3) etwa 20 Minuten. Zum Abkühlen auf einen Gitterrost damit. Fertig!

FÜR 1 BODEN (24 cm Ø) ohne Foto
6 Eier • 170 g Zucker • 170 g Mehl

SCHOKOLADENTÖRTCHEN

»Ihr köstliches Geheimnis: Der Kern ist nach dem Backen noch leicht flüssig!«

Ich brauche sechs Förmchen von etwa 8,5 Zentimeter Durchmesser. Sie werden gut gebuttert und dann dünn mit einer Schicht von den gemahlenen Mandeln ausgestreut. Ich erhitze die Butter, bis sie Blasen wirft und hellbraun wird, nussig sagen wir dazu. Vom Herd nehmen und in eine kleine Schüssel gießen (ohne die dunklen Partikelchen, die sich absetzen).

● Jetzt die dunkle Schokolade fein hacken und auf dem Wasserbad schmelzen. Mit einem sauberen Löffel umrühren und schon vom Wasserbad holen, wenn noch nicht alles geschmolzen ist – die Schokolade gibt weiter genügend Wärme ab.

● Puderzucker und Mehl fein sieben und alles mit 40 Gramm geschälten, gemahlenen Mandeln vermischen (mit den Quirlen des Handrührers). Schnell die flüssige Schokolade und die Butter dazugießen, noch einen Löffel Honig untermischen und zum Schluss drei halbfest geschlagene Eiweiß unterheben und den Teig in die Förmchen verteilen.

● Etwa eine halbe Stunde in den Kühlschrank stellen, dann im vorgeheizten Backofen bei 180 Grad (Umluft 160 Grad, Gas Stufe 3) etwa zehn Minuten backen, der Kern soll flüssig bleiben! Sie kommen zum Auskühlen auf ein Kuchengitter. Wenn sie lauwarm sind, werden sie aus der Form genommen. Voilà! Die Schokoladentörtchen serviere ich gern mit halbfest geschlagener Sahne, die ich mit ein bisschen Whisky oder Kaffee aromatisiere.

Schokolade immer auf dem Wasserbad schmelzen. Aufgepasst! Die Schüssel darf das Wasser nicht berühren, sonst könnte die Schokolade zu heiß werden und ihre samtige Textur verlieren.

FÜR 6 TÖRTCHEN Foto oben
110 g Butter • 45–50 g gemahlene Mandeln
90 g Schokolade (75 % Kakao) • 90 g Puderzucker
45 g Mehl • 1 EL Honig • 3 Eiweiß

△ Weihnachtsstollen à la famille Seite 154

Leas Madeleines in drei Varianten Seite 154 ▷

»Meine Gäste können absolut sicher sein, dass es zwei Dinge immer und immer ganz frisch bei mir im Restaurant gibt: meine knusprigen Brötchen und meine Madeleines. Beide sind einfach perfekt. Ich liebe den herrlichen Duft, wenn sie mehrmals täglich gebacken werden und schönen Appetit machen.«

WEIHNACHTSSTOLLEN À LA FAMILLE

»Ein Stück Familientradition: Das Rezept stammt von meinem Vater Émile«

In einer großen Backschüssel zerbrösele ich die Hefe. Ich vermische Milch und 100 Milliliter Wasser, beides lauwarm, und gebe sie hinein. Dann kommt das Mehl hinzu. Alles wird zu einem weichen Teig verarbeitet und muss eine halbe Stunde in der warmen Küche aufgehen.

● In diesen Ansatz knete ich die weiche Butter, die Eier, den Zucker und das Salz. Nach und nach knete ich dann das Mehl unter, bis ich einen schönen halb festen Teig habe, der nicht mehr an den Händen klebt. Die Nüsse und Früchte bestäube ich mit etwas Mehl, damit sie nicht zusammenkleben und im Teig versinken, und arbeite sie dann darunter. Ehrlich gesagt: Man braucht ordentlich Kraft dafür!

● Den Teig teile ich nun in drei Teile, forme jedes Teil zu einer Kugel und rolle es fingerdick aus. Nun bekommt der Teig seine Stollenform: Ein Drittel des Teiges wird auf die anderen zwei Drittel geschlagen. Ist das geschafft, kommen die drei Stollen auf ein gefettetes Backblech und müssen zugedeckt zwei Stunden bei Zimmertemperatur aufgehen.

● Der Backofen wird auf 200 Grad (Umluft 180 Grad, Gas Stufe 4) vorgeheizt. Die Stollen werden 15 Minuten bei dieser Temperatur gebacken, dann wird die Hitze auf 180 Grad (Umluft 160 Grad, Gas Stufe 3) reduziert. Da der Teig mit den Früchten so schwer gefüllt ist, muss er ungefähr 35 Minuten weiterbacken. Noch warm bestreiche ich die Stollen mit flüssiger Butter. Nach dem Abkühlen auf einem Gitterrost werden sie nochmals mit flüssiger Butter bestrichen. Voilà! Mit Puderzucker bestäubt, wird es perfekt.

FÜR 3 STOLLEN à 1000 g **Foto Seite 152**
Ansatz: 42 g Hefe • 100 ml Milch • 200 g Mehl
Teig: 400 g Butter • 2 Eier • 120 g Zucker
15 g Salz • 800 g Mehl • 180 g ganze Haselnüsse
100 g Orangeat • 100 g Zitronat
200 g Mandeln (je 100 g ganz und gehackt)
120 g Rosinen • 200 g Korinthen
Zum Bestreichen: 300 g flüssige Butter
Puderzucker

LEAS MADELEINES MIT SCHOKOLADE

»Eine schöne Variante, wenn man mal keine Lust auf die Standard-Madeleines hat. Ob mir das je passieren wird?«

Ich erhitze zunächst die Butter, bis sie etwas Farbe bekommt. Dann löse ich die Schokolade über dem Wasserbad vorsichtig auf – wie immer darf sie nicht zu heiß werden. Ich schlage das Eiweiß steif. Der Puderzucker und das Mehl werden gesiebt und mit den Mandeln vermischt. Dieser Mix kommt zum Eischnee, alles wird gut vermischt. Dann rühre ich die Butter darunter und die flüssige Schokolade. Geschafft! Nun kommt der wichtigste Trick, damit die Madeleines – egal in welcher Variante – gelingen: Der Teig muss unbedingt einen Tag lang im Kühlschrank ruhen.

● Vor dem Backen hebe ich noch das Backpulver unter den Teig und buttere meine Madeleine-Formen sehr sorgfältig. Mein Tipp: Nehmen Sie keine Formen aus Weißblech, das kann nur schief gehen… Ich heize also den Backofen auf 180 bis 190 Grad (Umluft 160–170 Grad, Gas Stufe 3–4) und bestäube die Formen mit etwas Mehl.

● Der Teig wird mit einem Löffel eingefüllt – und natürlich mit Fingerspitzengefühl. Denn es darf nicht zu viel Teig werden, sonst läuft es beim Heißwerden über, und es darf nicht zu wenig Teig sein, sonst bekommen meine Madeleines ihre typische Beule nicht und bleiben platt wie ein normaler Keks. Es ist eine kleine Kunst! Die Madeleines müssen jetzt nur 15 bis 20 Minuten backen, dann haben sie ihre schöne Farbe. Ich nehme sie raus, löse sie, wenn nötig, vom Formenrand und klopfe sie noch warm aus den Formen. So liebe ich sie!

Optimal werden Madeleines in beschichteten dunklen Backformen. Gut gelingt's auch in den modernen Backformen aus Silikon!

FÜR 12 MADELEINES Foto Seite 153
80 g Butter • 75 g Zartbitterschokolade
3 große Eiweiß • 100 g Puderzucker
60 g Mehl • 40 g fein gemahlene Mandeln
1 Messerspitze Backpulver

VARIATIONEN: LEAS MADELEINES
Für die Standard-Madeleines einfach die Schokolade weglassen. Wer mag, gibt mit der Butter noch etwas feinen Honig darunter – dann schmecken die Madeleines wie in der Provence. Statt wie gewohnt mit Mandeln kann man 40 Gramm fein gemahlene Haselnüsse oder 40 Gramm fein gemahlene Pistazien nehmen und mit Mehl und Puderzucker vermischt unter den Eischnee heben.

BISCUITS DE REIMS

»Klassischer geht's nicht: DAS Gebäck zum Champagner«

Die Eier und der Zucker werden mit den Schneebesen des Handrührers zehn Minuten lang schaumig geschlagen. Wer mag, würzt die Creme mit etwas abgeriebener Schale einer unbehandelten Zitrone. Danach siebe ich das Mehl und hebe es wie bei einem normalen Biskuitteig behutsam unter.
• Ich fülle die Masse in einen Spritzbeutel mit ungezackter Tülle und dressiere acht bis zehn Zentimeter lange Streifen, die ich mit Puderzucker bestäube, aber nicht zu dünn! Der Teig muss zehn Minuten trocknen und wird dann etwa zehn Minuten bei 170 Grad (Umluft 150 Grad, Gas Stufe 2–3) gebacken. Und fertig!

Die echten Biscuits aus der Champagnerstadt Reims sind rosa: Dafür hebt man einen bis zwei Tropfen Nahrungsmittelfarbe unter die Masse.

FÜR 20 STÜCK Foto rechts
2 Eier • 110 g Zucker • evtl. etwas Zitronenschale
140 g Mehl • Puderzucker zum Bestäuben
evtl. ein paar Tropfen rote Nahrungsmittelfarbe

LEAS STANDARDS

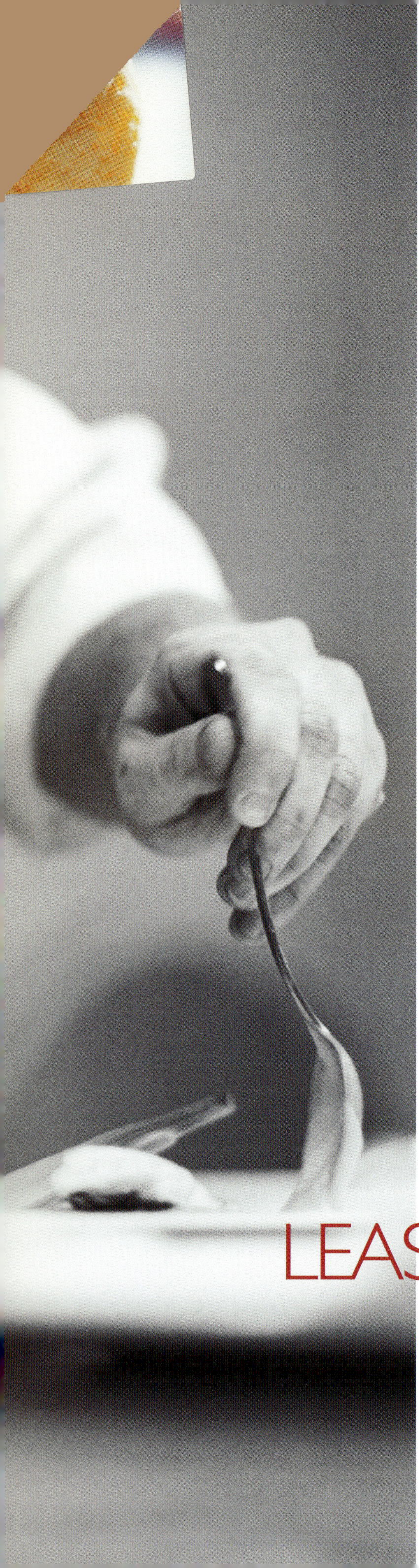

BLANCHIEREN Viele Gemüse und auch Speck koche ich ganz kurz (etwa zwei bis drei Minuten) in sprudelndem Salzwasser. Hinterher wird's in Eiswasser abgeschreckt, so bleiben zum Beispiel Erbsen und Brokkoli schön grün, der Knoblauch wird milder und der Speck zarter.

BOUQUET GARNI In Frankreich ist es Tradition, dass man ganz unterschiedliche Mischungen mit frischen Gewürzen und Kräutern beim Kochen mit in den Topf gibt. • Normalerweise wickle ich dann ein paar Stängel glatte Petersilie und ein bisschen frischen Thymian in ein Porreeblatt. • Bei meiner Festtagsbrühe aus Rind und Huhn (Seite 33) nehme ich noch ein Lorbeerblatt und etwas Liebstöckel mit hinein. • Und bei einem Fleischfond sollten eine Stange Sellerie, ein Stückchen Petersilienwurzel, ein Bund Thymian und ein Lorbeerblatt in zwei Blatt Porree gewickelt werden. Voilà!

BRUNOISE Das ist der Fachbegriff, wenn wir KöchInnen etwas in sehr feine Würfelchen schneiden, zum Beispiel Gemüse oder auch Speck.

CRÈME PÂTISSIÈRE Dafür nehme ich ½ l Milch, 125 g Zucker, 4 Eigelb und 80–90 g Mehl. Erst verrühre ich drei Esslöffel von der Milch und 40 Gramm vom Zucker mit dem Eigelb und dem Mehl zu einer glatten Masse. Die restliche Milch koche ich mit dem restlichen Zucker auf. Etwas von der heißen Milch zur Eicreme geben, verrühren und dann alles in die heiße Milch rühren. Ich lasse es kurz aufkochen, rühre dabei mit dem Schneebesen weiter und nehme die Creme dann vom Herd. Mit Klarsichtfolie abdekken und erkalten lassen. Zum Schluss die Creme noch durch ein Haarsieb streichen. Sie ist eine wunderbare Füllung für Gebäck. Und für meine Éclairs von Seite 148 rühre ich vor dem Abkühlen noch zwei Esslöffel Mokkalikör und ein bis zwei Teelöffel Instant-Kaffeepulver darunter.

CROÛTONS Dafür schneide ich zwei Scheiben Weißbrot ohne Rinde in Würfelchen und brate sie bei kleiner Hitze in etwa 20 Gramm Butter unter Wenden schön kross. Weißbrotwürfelchen kann man immer tiefgekühlt im Vorrat haben und schnell frisch braten.

ERDBEER-JUS 500 Gramm Früchte waschen, putzen, vierteln und in einem kleinen Topf mit einem bis zwei Esslöffel Zucker und etwas Wasser zum Kochen bringen. Fünf bis sechs Minuten leicht köcheln lassen, dann vom Herd nehmen. Sobald alles abgekühlt ist, gieße ich es durch ein Sieb und fange den Saft auf. Sehr schön zum Dekorieren von Desserts und eine ideale Ergänzung zur Panna cotta mit pochiertem Rhabarber (Seite 136).

HÜHNERFOND Ich schwöre auf einen selbst gekochten Hühnerfond: Für etwa 2½ Liter brauche ich: 1 schönes Suppenhuhn von etwa

2 kg, 1 Zwiebel, 3 TL Meersalz, 1 Tomate, 1 Möhre, ¼ Sellerieknolle, 1 kleine Porreestange, 1 Petersilienwurzel, etwas Liebstöckel, 6 Pfefferkörner, 1 Bund Thymian und 1 Lorbeerblatt.
Die Zwiebel halbiere ich und röste sie mit der Schnittfläche nach unten in einer beschichteten Pfanne ohne Fett schön dunkel, damit Farbe und Aroma des Fonds stimmen.
Das Huhn abwaschen und in einen großen Topf geben. 4 l Wasser und Salz dazu und aufkochen lassen. Ich fische den Schaum mit der Schaumkelle immer wieder ab, damit die Brühe klar bleibt. Sobald das Wasser kocht, die Hitze reduzieren. Das gewaschene und geputzte Gemüse und die Kräuter hinein. Ich lasse alles zwei bis drei Stunden leicht köcheln, bis das Huhn ausgekocht ist. Ich nehme es aus der Brühe und passiere sie durch ein Haarsieb und dann noch einmal durch ein Passiertuch. Wenn Sie es nicht so fett mögen, lassen Sie sie über Nacht abkühlen. Am nächsten Tag können Sie das überschüssige Fett gut abnehmen.
Den Fond am besten kochend heiß in Schraubdeckelgläser füllen, verschließen und umgedreht fünf Minuten stehen lassen. Im Kühlschrank hält er sich so etwa drei Monate und ist immer zur Hand!

JUS Es ist das französische Wort für Saft. Ich verwende die Bezeichnung oft für Bratensaft etc.

KARAMELL Für die Herstellung braucht man etwas Geschick, aber die Mühe lohnt sich, weil man raffinierte Desserts wie die Carrés von Mousse au chocolat von Seite 149 oder das Marzipaneis von Seite 130 wundervoll dekorieren kann. • Die Zuckerfäden gehen so: 200 Gramm Zucker werden mit 50 Milliliter Wasser und ewas Zitronensaft unter Rühren so lange erhitzt, bis der Zucker braun wird (karamellisiert). Ich lasse die Masse leicht abkühlen und etwas zäh werden. Ich tauche einen kleinen Löffel in den Karamell und ziehe immer wieder Fäden hoch, die ich auf gut geölte Alufolie gebe und zu fantasievollen Mustern forme.

MUSKAT Früher sagten wir: Als Koch bekommst du in der Lehre eine Muskatnuss – und wenn du pensioniert wirst, musst du den Rest wieder abgeben... Der Muskat ist aber – raffiniert eingesetzt – ein wunderbares Gewürz!

NAPPIEREN Zum Servieren wird Fleisch oder Fisch auf einem (vorgewärmten) Teller angerichtet. Gibt man dann gleichmäßig Soße darüber, heißt das in der Fachsprache der Köche nappieren.

PASSIEREN Eine feine Soße müssen Sie passieren, damit alle festen Teilchen rausgefischt werden und die Soße schön glatt wird: Einfach durch ein Haarsieb geben – fertig! Edle Zutaten wie Trüffel oder Safran werden erst anschließend zur Soße gegeben und nicht passiert.

PFEFFER Ich verwende grundsätzlich frisch gemahlenen Pfeffer aus der Mühle. Für feine helle Soßen (zum Beispiel für die Fenchelsoße von Seite 61) und für Fischrezepte nehme ich weißen Pfeffer, ebenfalls frisch aus der Mühle. Oft gebe ich auch einen Hauch Piment d'Espelette ans Essen.

PIMENT D'ESPELETTE Das chilischarfe Gewürz aus dem französischen Baskenland verwende ich oft als raffinierte Alternative zum Pfeffer. Es gibt Piment d'Espelette in guter Qualität in Gläsern zu kaufen.

REDUZIEREN Eine gute Soße muss in der Menge reduziert werden, also bei großer Hitze und offenem Topf so lange einkochen, bis sie eine schöne Konsistenz und einen kräftigen Geschmack hat. Erst danach montiere ich die Soße mit kalter Butter.

ROTWEINREDUKTION Die Soßenbasis mache ich aus einem gutem, kräftigem Rotwein, am liebsten nehme ich einen Burgunder. Also, 500 Milliliter Rotwein koche ich mit einem Bund Thymian, einem Lorbeerblatt, zwei Nelken, acht Pfefferkörnern und acht Wacholderbeeren so lange, bis nur noch 150 Milliliter Flüssigkeit im Topf sind. Anschließend passiere ich diese Reduktion durchs Haarsieb. Exzellent, zum Beispiel für die Hirschmedaillons von Seite 79.

SEMMELBRÖSEL Mache ich einfach aus getrocknetem Weißbrot (ohne Rinde) im Blitzhacker selbst. Wenn Sie einen guten Bäcker haben, können Sie auch dort danach fragen.

SOSSEN MONTIEREN So nennen wir Profis das Binden einer Soße mit Butter. Zum Montieren muss die Butter wirklich kalt sein. Ist sie zu weich, wird die Soße nicht sämig, sondern fettig. Deshalb am besten kleine Stücke in einer Frischhalte- oder Alufolie kurz im Kühlschrank oder Gefrierfach erkalten lassen und dann einzeln schnell mit dem Schneebesen unter die Soße rühren.

VANILLE-SAHNE Sie passt ganz wunderbar zu vielen Desserts und Kuchen. Für vier bis sechs Personen nehme ich 200 Gramm Sahne, das Mark einer halben Vanilleschote und etwas Puderzucker. Die eiskalte Sahne schlage ich nur halbfest, dann ist der Geschmack nicht so fettig!

ZUCKERSIRUP Den mache ich immer auf Vorrat, denn er ist fast unbegrenzt haltbar: Ich koche 750 Milliliter Wasser und ein Kilo Zucker zusammen auf und fülle den Sirup in Flaschen oder Gläser. Voilà!

REZEPT-REGISTER

A
Ananas-Basilikum-Sorbet 131
Ananas, getrocknet 131
Apfelwürfel mit Kuvertüre 149
Artischocke mit Jakobsmuscheln 61

B
Baskischer Kabeljau 67
Biscuits de Reims 155
Biskuitboden 151
Bouillon von Edelfischen 31
Bouquet garni 156
Brokkolicreme mit Leas Croûtons 30

C
Caesar's Salad 119
Carpaccio vom Tunfisch 45
Carrés au chocolat 149
Cérises jubilées – flambierte Kirschen 141
Choucroûte garnie – Champagner-sauerkraut 93
Clafoutis – Kirschauflauf 133
Compôte von Tomaten mit Safran 119
Coulis von Paprika 67
Crêpes 102
Crêpes Suzette 102
Crème patissière 156
Croques Monsieur 22
Crostini mit Zucchini-Püree 22
Croûtons 156
Currysoße (Tipp) 64

D
Deftiger Linseneintopf 33
Doraden, gebacken 61

E
Edelfisch-Bouillon 31
Edler Steinbutt mit Sauce Choron 59
Entenbrustfilets 75
Éclairs classiques 148
Erdbeerdessert 137
Erdbeer-Jus 156
Erdbeersalat mit grünem Pfeffer 139
Essenz von roter Bete 37

F
Fenchel-Flan 50
Fenchelsoße zum Fisch 61
Festtagsbrühe 33
Filet vigneronne – auf Winzerinnen-Art 96
Flambierte Kirschen 141
Frikadellen mit Majoran 108

G
Garnelen auf Spargel-Bohnen-Salat 44
Garnelen im Knusperblatt 65
Garnelen-Komposition in Tomatengelee 17
Galettes mit Lachs-Apfel-Creme 22
Gebackene Doraden 61
Gefüllte Pellkartoffeln 111
Gefüllte Zucchiniblüten 45
Gemüse-Flan (Variation) 50
Geniales Gemüse zum Kalbsrollbraten 97
Getrocknete Ananas 131
Gnocchi à la parisienne 111
Gratinierte Grapefruits 139
Grüner Spargel mit Lachs-Confit 58
Grüner Zucker 137
Gurkensüppchen, kalt 30

H
Hauchdünne Crêpes 102
Heidelbeerkuchen 151
Hirschmedaillons mit Winterfrüchten 79
Hühnchen in Tomaten und Weißwein geschmort 81
Hühnchen mit Zitrone 79
Hühnerbrust mit Sesam 81
Hühnerfond 156
Hummer mit Sauce Béarnaise 51

I
Indische Galettes mit Lachs-Apfel-Creme 22

J
Jakobsmuscheln auf geschmorter Artischocke 61
Johannisbeergelee 130
Johannisbeerkuchen 148

K
Kabeljau, baskisch 67
Kalbsleber, klassisch 88
Kalbs-Piccata mit Spinat 93
Kalbsrollbraten mit genialem Gemüse 97
Kalbsschnitzel mit gebratenem Spargel 89
Karamell 157
Käseplatte 141
Kaltes Gurkensüppchen 30
Kaninchenragout auf italienische Art 74
Kaninchenrückenfilets mit lauwarmer Vinaigrette 75
Kartoffeln mit Speck-Sahne-Soße 103
Kartoffel-Wirsing-Püree 125
Kirschauflauf – Clafoutis 133
Kirsch-Chutney 141
Knusprige Petits Fours 149
Knusprige Reibekuchen mit Petersilie 107
Knuspriges Zitronenhühnchen 79
Komposition von Garnelen in Tomatengelee 17
Köstliches Mokka-Parfait 136
Kürbis-Ravioli 44

L
Lachs-Apfel-Creme 22
Lachs-Confit auf grünem Spargel 58
Lachs, mariniert 59
Lachs, rohe Würfel mit Ingwer 16
Lachs-Sushi 23
Lammkeule mit Weißbrotkruste 88
Lauwarmer Hummer mit Sauce Béarnaise 51
Leas traditionelle Festtagsbrühe 33
Leas Käseplatte 141
Leas Madeleines mit Schokolade 154
Leas Madeleines (Variationen) 155
Leas Olivencreme 107
Leas Olivenölbrot 25
Leas feines Petersilienöl 122
Leas feine Spargelcreme 37
Linseneintopf 33
Linsensalat mit geräucherter Entenbrust 50
Loup de mer à la niçoise 65
Loup de mer in der Salzkruste 58

M
Magrets de canard – Entenbrust 75
Mandelkaramell 157
Marinierter Lachs 59
Marzipaneis 130
Mini-Tarteletts mit Rührei-Creme und Keta-Kaviar 17
Mini-Croques Monsieur 22
Möhren-Flan (Variante) 50
Mokka-Parfait 136
Mousse de Jambon 47
Mousse von Tomaten und Paprika 25

N
Nougat glacé 133

O
Olivencreme 107
Olivenölbrot 25

P
Panna cotta mit pochiertem Rhabarber 136
Pellkartoffeln, gefüllt 111
Pellkartoffeln in Olivenöl 107
Pellkartoffeln mit feiner Speck-Sahne-Soße 103
Petersilienöl 122
Petits Fours, knusprig 149
Pfifferlingsgemüse 74
Pfirsiche in Rosmarin-Jus 130
Piccata vom Kalb auf frischem Spinat 93
Pizza à la Louis 103
Pochierte Pfirsiche in Rosmarin-Jus 130
Poulardenbrust mit Sesam 81

Q
Quark-Eis 139
Quittengelee 141

R
Raffinierte Garnelen im Knusperblatt 64
Ratatouille provençal 122
Ravioli mit Kürbisfüllung 44
Reibekuchen mit Petersilie 107
Rhabarber mit Panna Cotta 136
Rindfleischragout 97
Rotbarbe auf Paprika-Coulis 67
Rote-Bete-Essenz 37
Rotweinreduktion 157

S
Sahniges Quark-Eis 139
Sauce Béarnaise 51
Sauce Choron 59
Schinkenmousse 47
Schokoladen-Carrés 149
Schokoladen-Madeleines 154
Schokoladentörtchen 151
Schwarzwurzeln mit Sahne und Kerbel 122
Seezunge asiatisch 65
Seezungenröllchen auf weißen Champignons 64
Selleriecremesuppe 31
Semmelbrösel 157
Sesam-Avocado-Sushi 23
Sommerlicher Gemüsetopf 122
Spargel, gebraten 89
Spargel mit Spinat und pochiertem Ei 125
Spargel-Bohnen-Salat 44
Spargelcreme, fein 37
Steinbutt mit Sauce Choron 59
Sushi in drei Variationen 23
Sushi mit Keta-Kaviar 23

T
Tafelspitz 89
Tagliatelle mit grünem und weißem Spargel 102
Tomaten-Paprika-Mousse 25
Tomaten-Safran-Compôte 119
Traumhaftes Erdbeerdessert 137
Tunfisch-Carpaccio 45

V
Vanille-Sahne 157
Verführerisches Marzipan-Eis 130

W
Wachtel im Bacon-Mantel mit Pfifferlingsgemüse 74
Weihnachtsstollen 154
Wirsing-Kartoffel-Püree 125
Wolfsbarsch à la niçoise 65
Wolfsbarsch in der Salzkruste 58
Würfel von rohem Lachs mit Ingwer und Koriander 16

Z
Zerdrückte Pellkartoffeln in Olivenöl 107
Zitronenhühnchen, knusprig 79
Zucchini-Blüten, gefüllt 45
Zucchini-Püree 23
Zuckersirup 157
Zwiebel-Confit in Riesling 118

Impressum

978-3-8094-3650-8

1. Auflage

Herausgeber: Andreas Lebert
Konzeption: Susanne Mersmann, Burgunde Uhlig
Rezepte + Produktion: Burgunde Uhlig
Texte: Lea Linster, Susanne Mersmann
Fotos: Thomas Neckermann
Art-Direktorin: Corinna Egerer
Koordination: Christine Tsolodimos (Brigitte), Cornelia Hanke
Lektorat: Susanne Mersmann, Karin Schanzenbach, Christine Tsolodimos
Umschlaggestaltung: Atelier Versen, Bad Aibling
Umschlagfoto: Ivo Guimaraes
Reproduktion: Lorenz & Zeller, Inning a. A.
Satz dieser Ausgabe: Nadine Thiel, kreativsatz, Baldham
Druck und Bindung: Mohn Media Mohndruck GmbH; Gütersloh

Printed in Germany

116390840309

MIX
Papier aus verantwortungsvollen Quellen
FSC® C011124

Verlagsgruppe Random House
FSC® N001967